国家一流专业建设资助项目
农林经济管理一流学科规划教材

ZIYUAN
JINGJIXUE

资源经济学

唐小平 ◎ 主　编

张文秀 ◎ 副主编

中国财经出版传媒集团

经济科学出版社
Economic Science Press

·北 京·

图书在版编目（CIP）数据

资源经济学 / 唐小平主编；张文秀副主编.
北京 ：经济科学出版社，2024. 8. —— ISBN 978 - 7 - 5218 -
6274 - 4

Ⅰ. F062. 1

中国国家版本馆 CIP 数据核字第 20247R5B80 号

责任编辑：庞丽佳　黎子民　王晗青　黄　硕
责任校对：蒋子明
责任印制：邱　天

资源经济学

唐小平　主　编

张文秀　副主编

经济科学出版社出版、发行　新华书店经销

社址：北京市海淀区阜成路甲 28 号　邮编：100142

总编部电话：010 - 88191217　发行部电话：010 - 88191522

网址：www. esp. com. cn

电子邮箱：esp@ esp. com. cn

天猫网店：经济科学出版社旗舰店

网址：http：//jjkxcbs. tmall. com

固安华明印业有限公司印装

787 × 1092　16 开　21. 25 印张　500000 字

2024 年 8 月第 1 版　2024 年 8 月第 1 次印刷

ISBN 978 - 7 - 5218 - 6274 - 4　定价：66. 00 元

前　　言

在浩瀚的人类历史长河中，资源作为推动文明进步的基石，始终扮演着至关重要的角色。从远古时期人类学会利用火种、驯化动物，到现代工业文明对石油、矿产等自然资源的深度开发，资源的获取、利用与分配方式不仅塑造了我们的生产、生活方式，更深刻地影响了人类社会的结构与发展轨迹。然而，随着全球化的加速、人口的增长以及科技的飞速发展，资源短缺、环境污染和生态退化等问题日益严峻，迫使我们不得不重新审视并调整与资源的关系，探索更加可持续的发展道路。《资源经济学》正是在这一背景下应运而生，它旨在通过深入剖析资源问题的经济本质，为我们提供理解、分析和解决资源挑战的理论工具与实践指南。

本书在编写过程中，力求全面而深入地探讨资源经济学的各个维度。首先，我们从资源的基本概念出发，明确其分类、特性与价值，为后续分析奠定坚实基础。随后，我们基于资源经济学的基本理论，逐步深入到资源市场的运行机制，分析资源的合理配置与各种资源的开发利用等。在编写风格上，本书注重理论与实践的紧密结合，通过大量生动的案例和深入的分析，使抽象的理论知识具体化、形象化，便于读者理解和掌握。我们相信，《资源经济学》不仅将成为经济管理类学生的重要学习资料，也将为政策制定者、企业管理者、环保组织以及广大公众提供有益的参考和启示。

本书由贵州大学经济学院唐小平教授任主编，四川农业大学管理学院张文秀教授任副主编，唐小平教授承担了第一、三、五、七、八、九、十、十二章的撰写，张文秀教授承担了第二、四、六、十一章的撰写。同时，罗利灵、任育琦、李青芸、王琼等研究生在本书编写过程中校对资料和细心编排，为本书的编写也付出了一定的努力。本书的出版得到了贵州大学国家一流专业"农林经济管理"建设项目的资助，同时贵州大学有关部门、贵州大学经济学院对于本书的出版提供了良好的条件和支持，经济科学出版社的各位老师为本书的出版付出了大量劳动，在此，一并致谢。

编者

2024 年 7 月

目 录
CONTENTS

第一章　绪论 ……………………………………………………… 1
　　第一节　资源的概念及其分类 ……………………………… 1
　　第二节　资源经济学的产生和发展 ………………………… 13
　　第三节　资源经济学的框架体系 …………………………… 17
　　第四节　资源经济学的发展趋势 …………………………… 20

第二章　资源的综合考察评价与区域综合开发 ………………… 24
　　第一节　资源综合考察评价的意义和原则 ………………… 24
　　第二节　资源综合考察评价的任务和内容 ………………… 27
　　第三节　资源经济价值评估方法 …………………………… 31
　　第四节　区域开发总体规划与国土整治 …………………… 37

第三章　资源经济学的基本理论 ………………………………… 42
　　第一节　人口经济理论 ……………………………………… 42
　　第二节　福利经济学理论 …………………………………… 53
　　第三节　资源产权理论 ……………………………………… 59

第四章　环境资源与可持续发展 ………………………………… 72
　　第一节　环境与发展的演变过程 …………………………… 72
　　第二节　可持续发展的内涵 ………………………………… 75
　　第三节　人类对于资源、环境稀缺认识的历史阶段性 …… 79
　　第四节　资源、环境与经济发展关系的再认识 …………… 84

第五章　资源的合理配置 ………………………………………… 92
　　第一节　资源合理配置的目标和原则 ……………………… 92
　　第二节　资源的期间分配 …………………………………… 95
　　第三节　资源开发利用的空间布局 ………………………… 100
　　第四节　资源配置与产业结构 ……………………………… 103

第六章　资源开发利用和环境生态保护 ………………………… 108
　　第一节　资源、环境和生态系统 …………………………… 108

第二节　环境外部性及其内部化 ……………………………………… 111
　　第三节　资源利用与生态经济平衡 …………………………………… 122

第七章　土地资源的开发利用 ……………………………………………… 130
　　第一节　土地资源的概念、特性及功能 ……………………………… 130
　　第二节　土地资源的分类与评价 ……………………………………… 133
　　第三节　我国土地资源概况及区域分析 ……………………………… 138
　　第四节　土地资源的开发利用与管理 ………………………………… 160

第八章　水资源的开发利用 ………………………………………………… 170
　　第一节　水资源的概念、特性及分类 ………………………………… 170
　　第二节　我国的水资源现状 …………………………………………… 175
　　第三节　地表水资源的开发利用 ……………………………………… 183
　　第四节　地下水资源的开发利用 ……………………………………… 193

第九章　生物资源的开发利用 ……………………………………………… 200
　　第一节　生物资源的概念、特征与分类 ……………………………… 200
　　第二节　森林资源的开发利用 ………………………………………… 201
　　第三节　草地资源的开发利用 ………………………………………… 207
　　第四节　野生动植物资源的开发利用 ………………………………… 212

第十章　旅游资源的开发利用 ……………………………………………… 220
　　第一节　旅游资源的概念、特点及分类 ……………………………… 220
　　第二节　旅游资源开发现状及存在的问题 …………………………… 231
　　第三节　旅游资源评价 ………………………………………………… 238
　　第四节　旅游资源的可持续利用 ……………………………………… 248

第十一章　人力资源的开发利用 …………………………………………… 252
　　第一节　人力资源的概念、分类及特性 ……………………………… 252
　　第二节　人力资源开发利用的人口基础和素质基础 ………………… 257
　　第三节　人力资源开发利用与经济发展 ……………………………… 278
　　第四节　人力资源的开发与利用 ……………………………………… 282

第十二章　矿产资源的开发利用 …………………………………………… 293
　　第一节　矿产资源的概念、分类及特性 ……………………………… 293
　　第二节　矿产资源开发利用存在的主要问题 ………………………… 297
　　第三节　矿产资源的规划 ……………………………………………… 300
　　第四节　矿产资源的可持续利用 ……………………………………… 316

绪　　论

本章从资源的基本概念和分类入手，阐述资源的基本特征及其与经济发展的关系，并对资源经济学的产生、发展以及资源经济学研究的范畴和方法进行介绍。

第一节　资源的概念及其分类

资源既是人类社会、经济发展的重要物质基础，也是人类创造社会财富的物质源泉。在不同的场合，"资源"一词被赋予了不同的内涵，不同的研究工作者根据各自的需要对资源加以定义，并在此基础上对资源进行了分类。

一、资源的概念

资源是一个历史的、可变的经济范畴，是生产实践的物质基础，具有实体性。虽然资源一词已被广泛应用于经济、社会的各个方面，但人们对资源的理解仍有不尽相同之处，归纳起来主要有以下五种具有代表性的观点。

一是从有用性的角度来认识资源。例如，阿兰·兰德尔对资源的定义是："资源是由人发现的有用途和有价值的物质。自然状态的或未加工过的资源可被输入生产过程，变成有价值的物质，或者也可以直接进入消费过程给人们以舒适而产生价值。"

二是从特定目的的角度来认识资源。例如，西里阿锡·万特鲁普认为："'资源'的概念意味着某个'计划管理者'在评价其环境对于达到一定目的所具有的作用。"

三是从利用的前提条件来认识资源。例如，朱迪·丽丝认为："任何成分在被划归为资源以前，必须满足两个前提：首先，必须有获得和利用它的知识和技术技能；其次，必须对所有产生的物资或者服务有某种需求。"

四是从财富的来源来认识资源。例如，《辞海》中也将资源定义为："资财的来源，一般指天然的财源。"陈大夫把资源的概念划分为广义和狭义，广义的是指"社会财富的来源，既包括自然资源，又包括社会资源"，而狭义的则是指"由人类发现的用以创造社会财富的天然物质来源"。

五是从系统角度来认识资源。资源是一个以资源开发利用为主体包括经济系统和资源系统的资源复合系统，而资源开发利用是劳动者借助科学技术运用生产工具把自然物转变为有用物的一项经济活动。

从以上五种对资源的不同定义可以看出，尽管对资源概念的认识或理解不完全相同，但他们对资源的定义还是有共同点的：一是强调资源的有用性和价值性；二是资源的内涵和范围是随着生产力的发展、科技的进步和人类认识的深化而不断拓展的。因此，也有学者提出，从现代认识角度来看，资源是由自然资源、社会资源和知识资源构成的；或者是由自然资源、社会经济资源和技术资源构成的。

综上所述，资源是指一切可为人类形成财富的因素。它包括自然因素和社会因素，即自然资源和社会资源两大部分。

自然资源，按照联合国环境规划署的定义，"是指在一定时间、地点条件下能够产生经济价值，以提高人类当前和将来福利的自然环境因素和条件"。

自然资源的范围是极其广泛的，它包括了地球上一切有生命和无生命的资源。其中有的可直接供人类消费，如饮水、野生食物、木材等，更多的则是作为人们劳动的对象或劳动的必要条件，如光、热、水等生态环境资源和矿物资源。土地资源除了作为农业生产最基本的劳动对象外，还提供了人类居住及进行一切经济、文化活动的场所，具有更加突出的重要性。

自然资源的外延是不断扩展的，因为人们对自然界的认识是没有止境的。20 世纪50 年代以来，随着经济、科学、文化等各项事业的发展，一些过去谈不上有经济价值的自然因素逐渐为人们所认识、所利用。例如，西班牙从 1960 年起大力发展旅游业，迅速成长为世界首屈一指的旅游之国，靠的就是阳光、海水、沙滩这三大资源，而在过去很少有人会把这三样东西当作资源看待。因此，随着生产力水平的发展，人们认识能力的提高，自然资源的种类是不断增多的。从这个意义上说，自然资源是一个动态的概念。

自然资源是人类赖以生存的基础，是人类获取生活资料和生产资料的基本源泉，是一切社会生产的物质基础。不管将来生产力进步到何种程度，人类总是脱离不开这个基础。从远古时代起，人类就开始利用自然资源。随着生产力的进步，这种利用越来越朝着深度和广度发展，可以说，整个人类的经济发展史就是一部不断广泛、深入利用自然资源的历史。尤其是工业革命以来，人类利用自然资源达到了空前巨大的规模，其增长速度是过去任何时代都无法相比的。例如，1870 年全世界耕地总面积约 6 亿公顷，而1980 年就激增到 14.5 亿公顷；存在于地球上的一百多种化学元素，工业革命前为人类所利用的只有金、银、铜、铁、锡等一二十种，而近两个世纪中新开发利用的元素是这个数的几倍。这都说明，利用自然资源的深度和广度同生产力水平呈正比关系。一个国家的经济发展水平越高，它所能加以利用的自然资源的种类和数量也就越多。而一个国家自然资源的丰富程度，也从一个侧面反映出它的经济实力。

社会资源指一切能用于创造财富的社会因素或社会条件。它是来自人类社会劳动的人为因素，是人类通过自身劳动提供的资源，涉及社会、经济、技术三方面，其中尤以劳动力资源最为重要。因为作为劳动力的人具有能动性，是开发利用一切资源、创造其他社会资源的主体和能动力量，所以是社会资源的集中体现。由于社会生产力的高速发展和生产的社会化，社会资源包括的范围越来越广，除人力和物质资源外，科学、技术、信息、管理等逐渐成为重要资源，这也说明社会资源是一个动态的概念。过去认为不是资源的，将来有可能成为资源，这取决于科学技术与生产力的发展水平和人们的认知水平。

自然资源同社会资源一起构成人类社会存在和发展的不可或缺的两大要素。在创造物质财富中，自然资源起基础作用，是生产得以进行的基础和前提，也是人类社会得以存在和发展的前提，而社会资源则起着积极的、主导的作用；自然资源是被动的，是被利用的对象，而社会资源是主动的、最活跃的因素，它的状况如何，决定着一个国家或地区的生产力发展水平和社会繁荣程度。

二、资源的分类

资源分类的目的是进一步分析各类资源的特点、功能或用途，以便更好地开发、利用、保护和管理资源。根据不同的分类标准，资源分类也不尽相同。通常可以分为以下几种：

1. 按资源的根本属性不同，可将资源分为自然资源和社会资源两大类。

自然资源可分为：（1）气候资源，包括阳光、温度、水分、空气等；（2）水资源，包括降水、地表水、地下水或淡水和肥水等；（3）生物资源，包括动物、植物、微生物等；（4）土地资源，包括陆地、平原、丘陵、山地、戈壁沙漠、冰雪高山等；（5）矿产资源，包括石油、煤炭、各种金属及稀有金属、非金属等各种矿物。

社会资源可分为：（1）劳动资源，包括具有劳动能力、劳动时间的各类人才；（2）技术资源，包括可用于各项生产生活服务的各种技术、生产工具、生产设备等；（3）智力资源，主要指人创造发明的能力、理解问题和解决问题的能力等；（4）经济资源，包括物资资料（主要是原料、材料及可再次利用的"废料"）、物质财富及其通货；（5）信息资源，包括科学技术信息、市场信息、生产信息、资源信息等。

此外，旅游资源通常包含多种自然资源和社会资源，也是一种能够创造社会价值或社会财富的综合性资源。但具体景区各有偏重，各种名山大川、海滨浴场、自然保护区，各种特殊的地形、地貌、地质构造区，各种名城、古墓、古刹、古建筑等名胜古迹和历史文物，各种优美的现代城镇建设、田园风光，优秀的科学文化、美术工艺，都可以构成不同的旅游景点，既可供人们游览观光、开阔眼界，又可供人们陶冶情操、领略大自然和人类社会的奥秘，学习和研究前人的经验、科学技术知识，激发各种创造能力。

2. 按资源的再生性能不同，可分为恒定资源、有限资源和发展性资源。

恒定资源为太阳能、地磁能、引力能等宇宙能源及原子能等。它们在地表空间上的分布虽然有较大差异，但在时间上变化很小。对同一地区的生产、生活来源，几乎是恒定的。

有限资源又可分为再生资源和非再生资源，但不论何种资源，其数量、质量总是有限的。可再生资源和各种动物、植物、微生物、土壤肥力息息相关。非再生资源又分为可循环利用资源（如水、土地、气候、潮汐能、旅游资源等）和非循环利用资源（如石油、煤炭、天然气及其他矿产资源）。非循环利用资源又称为一次性资源。

上述各资源再生性能上的差别，可用此关系式表示：恒定资源的再生能力 ＝ 该资源的消耗率，或者说再生能力/消耗率 ＝ 1；再生资源的再生能力 ≥ 该资源的消耗率，或者说再生能力/消耗率 ≥ 1；非再生资源的再生能力 ≤ 该资源的消耗率，或者说再生能力/

消耗率 =0。

发展性资源包括各种社会资源，但发展速度各不相同。其发展速度可排列为：信息资源快于技术资源，技术资源快于经济资源，经济资源又快于人才资源。

3. 按资源的用途不同，可分为生产资源和生活资源，也可分为农业资源、工业资源、服务性资源等。

4. 按资源的可利用状况不同，可分为现实资源、潜在资源、废物资源。

5. 按资源的功能关系不同，可分为可替代性资源、部分可替代性资源、不可替代性资源。

但无论怎样划分，资源的基本种类是不变的。资源系统的分类关系可归纳如图 1－1 所示。

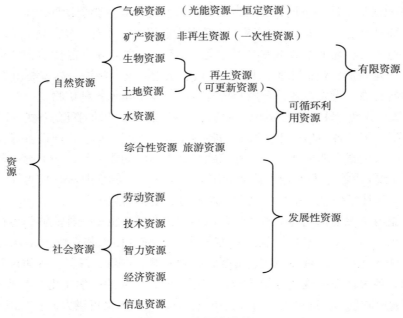

图 1－1　资源分类关系

三、资源的基本特性

资源是社会生产和生活不可缺少的基本源泉，不了解资源的特性，就难以做好资源的开发、利用、保护和管理，无法使资源的开发、利用、保护和管理建立在科学的基础之上。从而难以使资源得到经济、合理、有效的开发利用。

（一）自然资源的特点

自然资源的共同特点是：（1）资源分布的地域性（不均衡性和规律性）；（2）现实资源是有限的，发展潜力是无限的；（3）多用性；（4）整体性。

1. 资源分布的地域性。

影响自然资源地理分布和自然组合的因素有三类：

（1）因为地球与太阳的相对位置及其运动变化，造成太阳的光、热能量在地球表面不同纬度上分配不均，四季不同的变化，进而引起土壤和生物的不同分布。

（2）地球表面海陆分布及地形、地貌、地质条件上的不同，造成地表各地区、不同高度上的阳光、温度、空气、水分的分配不均，从而土壤类型和生物群落分布存在差异。因此形成了不同的自然资源区域。由于影响自然资源形成和分布的上述因素基本上是恒定的，在特定条件下形成和分布着相应的自然资源区域，所以自然资源的区域分布具有一定的规律性；由于影响自然资源形成和分布条件的不均衡性，决定了自然资源分布的不均衡性质。这种不均衡性和规律性的极好例证就是地球上五个地带的划分。各地带之间的资源状况有着巨大差异：赤道带水热资源丰富，植物生长极为繁茂，动物种类极多，温带次之，寒带最差。不同的资源分布有不同的承载能力，它直接影响人类对它的开发利用。苏联学者曾把陆地表面按适合人类生活、生产的程度分为四大类。其中最好和较好的占68%，共1亿平方千米，全部在热带和温带，较差和最差的占32%，共4700万平方千米，其中60%在寒带，40%在亚热带。热带地区集中了近1/3（15亿人）的世界人口。温带地区人口占2/3（约30亿人），寒带地区人口不足2%。

（3）人类的经济活动，特别是人类通过科学育种、科学驯化、大面积引种等各种有效措施，在不同程度上影响着自然资源的分布。如大面积种植林木、牧草，可以改造沙漠。绿化大地、保持水土、改造气候、更新空气……能在相当范围内影响自然资源的再分配，改变生态环境；不合理的开荒、过量放牧、过度采伐林木，不合理的灌溉，不合理的城市和工农业生产布局等，都会破坏良好的生态系统平衡，促使资源产生重新分配。

当然，从总体上说，前两个因素具有决定性作用，但是后一因素是人类唯一能够发挥巨大能动作用的方式。人类能动作用的大小取决于社会经济实力和科学技术的发展程度。随着科学技术的发展和社会经济的不断增强，人类在改变资源的自然组合和分布上，将发挥出更大的作用。然而历史的沉痛教训是不容忘记的，人类的一切行动要以自然规律和经济规律为准则。因地制宜、因时制宜、扬长避短、择优利用、发挥优势是我们开发利用资源的基本准则。

2. 现实资源的质量、数量是有限的，发展潜力是无限的。

现实资源的有限性是指：（1）在特定时间、地点条件下，任何资源的质量和数量都是有限的，不仅可利用的质量、数量有限，储存的质量和数量也是有限的；（2）在特定的时间、地点条件下，人类的科学技术水平，开发利用资源的能力、范围、种类也是有限的。

现实资源的有限性在矿产资源中尤其明显。因为任何一种矿物的形成不仅需要有特定的地质条件，还必须经过千百万年、上亿年漫长时间的物理、化学、生物作用过程。相对而言，人类寿命就显得非常短暂。因此，矿产资源对于人类，跟不可再生的一样，开采一点儿就会少一点儿，消耗一点儿就会缺一点儿。随着科学技术和经济的不断发展，一些未被发现的资源将被发现，一些不具备开采利用价值的矿产也将被逐步开发利用。但矿产资源并非取之不竭，绝不可滥用浪费。

现实的生物资源及其他可再生资源在特定的时间、地点条件下也是有限的。它们的再生能力不仅要受自身遗传因素的制约，还要受外界客观条件的限制，地球上一切生命活动、水循环、大气循环及其他物质循环运动，之所以能持续不断地进行，除其内部原因之外，其能量都来源于太阳辐射能。与其他有限资源相比，太阳辐射能可称为是无限的。但实际上，太阳辐射能也是有限的，任何地区所能获得的太阳能既是恒定的又是有限的，而且在目前条件下95%以上的辐射能尚无法利用。因此，其他物质的循环运动也受其制约，也都有一定的数量、质量限制。

另外，从发展的观点看，资源开发利用的潜力又是无限的。任何物质都是不断循环运动、不断更新发展的，因此都可以不断重复利用。水循环、大气循环、生物循环都已明显得到重复利用；土壤肥力通过一定时间的物理、化学、生物作用可以得到恢复和补充；其他无机物质资源也会通过地质循环的运动变化得到更新。但是由于不同资源的更新运动能力不同，更新所需要的周期也不同。如果消耗超过其更新能力和更新速度，资源就得不到恢复，甚至会遭到破坏，直至从地球上消失。相反，在其再生和更新能力范围内，若被充分、合理、有效地开发利用，资源就会转化为社会财富，如若不开发利用，不仅会白白浪费，甚至会影响其他资源的再生。特别是那些新陈代谢作用强的生物资源。例如，过熟林若不及时采伐，不仅会腐烂浪费，新幼林也不能很好地生长更新，而且森林密度过大时，不利生长成材；鱼的密度过大，也会影响生长，延长生产期和产量。因此，为使资源保持最佳的更新状态，同时又得到最合理的开发利用，必须研究、确定各种具体条件下，合理开发利用资源的方式方法和进度，包括森林采伐量与生长量的比，牧场产草量与载畜量，轮牧周期与牧草生长发育期等的关系。

再者，自然资源的种类、品种及其可利用的广度、深度，随着科学技术的不断进步，特别是生物科学、化学、工程技术的不断发展，经济力量的不断增强，人类改造自然、开发利用自然资源的能力也不断增强。例如，（1）只要把铜矿的可采品位由0.4%降到0.2%，全世界铜矿储量立即增加25倍以上。（2）海洋是一个巨大的聚宝盆。它占据地球表面70%以上，拥有极为丰富的食物资源、能源和矿产资源。随着海洋开发技术和社会经济的不断进步，各种资源将逐步得到开发利用。海洋中的锰可供人类使用24000年，钴可用13000多年。但绝大部分尚未能开发利用。（3）现在人类开发的矿产不过是地球储量的极小部分，绝大部分开采深度不到地壳厚度的1%，大量的矿产埋藏在地壳的深处。这些矿产将随着地壳运动和科技发展而逐步得到开发利用，与已经开发利用的资源量相比是无限的，资源开发利用的发展潜力也是无限的。因此，随意浪费资源是错误的，也是不合适的。

3. 资源的多用性：任何一种自然资源都有多种用途。

一是因为资源由多种物质成分组成，各种成分都有用处，所以任何一种资源都有多种用途。二是即使仅由一种物质成分构成的某种资源，如水等，在各种不同的系统内，由于物质循环、生态循环或由于物质本身理化性质的关系，同样也会具备多种用途。三是不同物质成分组成的资源，仍可具有相似的理化特性、生物特性和经济特性。因此，为了满足某种使用要求，并取得最佳效益，既可以通过实验选择最佳资源，也可以给同一种资源选择最佳用途或最佳利用方式。

资源的多用性即多功能性，决定着资源在开发利用时，须根据其可供利用的广度和深度，实行综合开发、利用和治理，否则就不能达到经济、合理、有效地开发、利用、保护和管理资源的目的。若其得不到经济、合理、有效地开发、利用、保护和管理，大量的资源将被废弃，甚至会给自然界和人类社会造成巨大的污染和危害。

例如，家禽一类的生物资源，除肉、蛋可食用外，其副产品只要适当加工即可变废为宝，创造出巨大的经济价值和社会效益。其中产量大、价值高的首推羽绒，其次是肠、肌胃、血、脚皮和咀壳，此外还有胆、胰、粪便等（除鸡粪便外，其余副产品占其活重总量的15%）。羽毛可加工成"刀翎切片"、羽毛球、羽毛扇、羽毛画及其他羽毛工艺产品，羽绒是制作羽绒服装的主要原料，废毛及其他羽毛下脚料还可以加工制造成营养丰富的优质蛋白质饲料或化工产品。家禽粪便含有丰富的氮、磷、钾，营养成分较全。如干鸡粪中含粗蛋白20%以上（其中苏氨酸、脱氨酸含量超过玉米），粗纤维12%、灰分28%、钙8.8%、磷25%，还有B族维生素和微量元素，是猪、牛、鱼的好饲料。据国内外实践证明，禽粪先作饲料，后作能源和肥料具有很大潜力，是解决蛋白饲料不足的有效途径，又是消除环境污染、提高其综合利用效益的典型。因此，资源的多用性或多功能性，在客观上为各地区、各企业、各家庭综合开发利用资源、发展多种经营提供了可靠的根据。

4. 资源的整体性：各种自然资源之间是互相联系、相互制约的统一整体。

在一定的水热条件下，形成一定的土壤、植物群体及其相应的动物、微生物群体。如果其中某种因素（资源条件）改变了，就会引起其他组成因素（资源条件）的相应变化。如植被被破坏，将造成土壤流失，使土壤肥力下降；土壤肥力下降的结果又进一步促使植被的退化，甚至沙漠化；植被退化和沙漠化的结果会使动物和微生物就会大量减少。相反，如果在沙漠地区通过种草种树慢慢恢复茂密的植被，水土将得以保持，动物和微生物将集结繁衍，土壤肥力将会逐步提高，从而促进植被进一步优化及各种生物良性循环。总之，各种资源在不同时间、空间条件下，按不同的比例、不同的关系联系在一起，形成不同的组合结构，并构成不同的生态系统。如森林生态系统、草原生态系统、高原生态系统、荒漠生态系统、农田生态系统、海洋生态系统、湖泊生态系统、沼泽生态系统等。这些生态系统在一定条件下可以相互转化。如毁林开荒可使森林生态系统转化为农田生态系统，由于水肥条件不足和风沙危害严重，又可进一步转化为荒漠生态系统……

自然资源的整体性，决定着资源的开发、利用、保护和管理都必须是综合性的。既要综合考察、综合评价，也要综合规划、综合开发利用和综合治理，否则就不能得到更好的经济效益、社会效益和生态效益。例如，要治理好黄淮海平原，就不能只着眼于平原本身，而是必须从整个流域进行综合治理，不仅黄河流域要实行综合治理，淮河流域、海河流域也要综合治理。

（二）社会资源的特点

社会资源的共同特点是：社会性、继承性、主导性、更新性和扩展性、可移动性、不平衡性。

1. 社会性。人类是一种"社会的动物"。

人类的生存、劳动、发展和繁衍都是在一定社会交往、社会活动中才得以实现的。人们用以创造社会财富的劳动资源、智力资源、技术资源、经济资源和信息资源无不是在一定的社会交往和社会活动中才能造就出来的。一切社会资源都是社会活动（主要是社会劳动）的产物。很难想象一个被抛弃在荒岛上的幼儿能生存下去，更难想象他会说话、会生产劳动、会有科学技术知识等。所以，社会资源都是打上社会烙印的。这种烙印不仅表明在各个不同的社会阶段（原始社会、奴隶社会、封建社会、资本主义社会、社会主义社会和共产主义社会）具有不同种类、数量和质量的社会资源，而且在不同的历史年代，不同的民族、文化，不同的外界条件，不同的社会活动方式，都会形成不同种类、数量、质量的社会资源。换句话说，不同的社会活动和交往方式方法所造成的各种不同的民族性、国度性、时代性等都是社会性的具体表现。开发利用社会资源时，必须充分重视不同的民族性、国度性和时代性，扬长避短、取长补短。

社会资源具有社会性还突出表现在，它们是没有疆界的，不分种族、性别。社会资源还将随着社会交流广泛、深入地发展，其数量越来越多，质量越来越好，种类越来越丰富，其社会性将因此越来越突出和明显。

2. 继承性。社会资源是通过三种不同的媒介和途径达到不断积累、发展和壮大的。

这三种媒介和途径是：（1）遗传信息；（2）书籍、教育及其他精神财富；（3）各种物质财富。关于精神财富和物质财富对继承和发展社会资源的作用是显而易见的，但对遗传信息在社会资源的继承和发展中的作用则须略加引证。

恩格斯在论述人类创造第一把石刀时写道："具有决定意义的一步完成了，手变得自由了，能够不断地获得新的技巧，而这样获得较大的灵活性便遗传下来，一代一代地增加着"。恩格斯精辟透彻的分析，明确无误地说明人类学会了劳动的技能，这种学会劳动的因子就通过遗传一代一代地传下来，即使人类刚生下来，就已经具备了学会某些劳动的先天可能性；同时在人类成长的过程中通过学习，在获得前人已经积累起来的科学技术知识的基础之上，去获得新的劳动技能和知识，进而不断创造新的技能和知识，使人类社会、经济的不断发展，科学技术水平和文化生活水平的不断提高成为现实可能。

人类智力和才能的获得不仅来源于现实生活、生产劳动和科学实验等各种社会实践的体验，更多的是来源于学习前人积累下来的已有知识和现实存在于各种物质财富中的知识。没有这种学习和继承，仅凭个人的实践体验所能获得的知识和技能是极为有限的，也是完全不够的。

继承性作用的本质是使社会资源不断积累增长、增值，从而使社会资源在创造社会财富的过程中所起的作用越来越大、越来越突出。一切发明创造不仅需要有现实生活、生产、科学实验上的丰富体验，更多的是在接受前人的经验教训和基本知识的基础上才能实现。

3. 主导性。与自然资源相比，社会资源在创造社会财富的过程中，具有越来越明显的主导作用。

这种主导作用不仅表现在自然界只能为劳动提供原材料，只有通过劳动才能把原材料转变成财富。更主要的是劳动本身就是一种有目的的活动。这是人类区别于动物，适应环境的本领活动的重要标志。马克思在描述这个特征时生动地指出："蜜蜂建筑蜂房的本领使人间的许多建筑师感到惭愧。但是，最蹩脚的建筑师从一开始就比最灵巧的蜜蜂高明的地方，是他用蜜蜡建筑蜂房之前，已经在自己的头脑中把它建成了……他不仅是自然物发生形式的变化，同时他还在自然物中实现了自己的目的。这个目的是他所知道的，是作为规律决定着活动的方式和方法的，他必须使他的意志服从这个目的。"就是说，人类随着自身知识和需求的不断发展，越来越多的社会财富按照人们的理解、想象被创造出来。人们所要创造的社会财富，首先在脑海中已经酝酿好了，甚至把它完整地设计在图纸上，然后付诸实施，对原材料进行加工、美化、装潢、包装。在整个加工生产过程中也是全靠人类的智力、技术、劳动技能、技巧、经验一步步去完成的。因此，社会资源在人类创造社会财富的活动中，自始至终发挥着决定性的、主导性的作用。

4. 更新性（无限性）和扩展性。

由于人们既能不断地继承前人遗留下来的一切有用的精神财富和物质财富，又能在生产实践、科学实践和生活实践中不断接受新的信息和知识，这些信息和知识的重新组合，就能创造出新的精神财富和物质财富。因此，不断创新进而不断扩展科学技术知识，扩展劳动技能，扩展生产设备、科研设备和经营管理技术及各种经济、科技信息，就成为很自然的事。一方面不断创新，另一方面又不断继承和扩展，其结果是科学技术知识积累得越来越多、越来越快，设备越来越好，劳动技能越来越强，信息量越来越大、越来越快。因此，越加速各种社会资源的更新速度，就越缩短其更新周期。时至今日已形成了所谓的"知识爆炸""信息爆炸"之说。因此，社会资源必然成为不可穷尽的宝藏。

5. 可移动性（可流动性）。社会资源都是可移动的，不像自然资源那样被地域条件禁锢在某一地区而难以变动。

现实生活中也有许多社会资源常因政治、经济原因被禁止在一定国度或企业之内，但并非其本性造成的。从发展的角度看，更新是流动，传播是流动，相互渗透也是流动，商业贸易、学术交流、资料交换、信息传递等都是流动性的具体体现。根据社会资源这个特点，可以采取相应的政策、制度或措施，如技术引进、人才引进、资金引进、科学技术设备引进等办法，促进国家和企业科学技术和社会经济的迅速发展。我国采取开放沿海经济特区，沿海城市得以高速发展的经验就是很好的例子。

6. 不平衡性。社会资源发展和分布上的不平衡性是由自然资源分布的不平衡性，政治、经济发展的不平衡性，以及投资政策、资金政策、教育政策、科学技术政策、产业政策、经济管理体制、经营管理方式方法等因素直接、间接影响决定的。从根本上分析，历代统治阶级（包括外来侵略者）对广大劳动群众在政治上的压迫和经济上的剥削，使其政治、经济得不到快速发展，智力、人才和科学技术资源得不到更快更好的开发利用，也是促使社会资源发展不平衡的重要原因。

（三）自然资源和社会资源的共同特点

自然资源和社会资源作为创造社会财富的共同源泉，不仅各具特性，而且有其共同的特点，即有限性、不平衡性、同一性、时效性、可代替性。

1. 有限性。无论自然资源还是社会资源，它们在特定的时间、地点条件下，具有一定的质量、数量和分布状况。因此，现实可利用的资源都是有限的。差别只在于不同的地区、不同的资源具有不同的丰度。丰度高的资源形成优势资源，丰度低的资源形成劣势资源。许多丰度低的劣势资源往往成为限制经济发展和社会发展的制约条件。资源的有限性变成了资源的稀缺性，稀缺资源必然成为限制当地发展的关键因素。因此，任何国家、企业、个人在开发利用资源之前，都必须根据现实资源可能承载的能力，进行合理的规划和可行性分析，然后才能根据规划去进行开发和利用。任何国家或个人都不得随心所欲地去开发利用某种资源，否则将受到惩罚。过去人们曾把水、火、土地和空气看成是取之不尽、用之不竭的无限资源。现在人们感到淡水、土地、火（泛指能源）已经逐步成为稀缺资源。从发展的观点上看，社会资源是无限的发展资源。但在实际生活中，在某个特定的时间地点内，人们感到最缺乏的又往往是资金、技术、人才和设备等社会资源。它们经常成为关键性因素。

2. 不平衡性。自然资源分布上的不平衡性（区域性）是十分明显的。只要有自然资源分布的不平衡性存在（梵蒂冈和圣马力诺之类的微型国可能除外），社会经济的发展就难以平衡。资源开发利用的顺序往往是：先好后次，先近后远，先低后高，先水后山。加上社会资源的继承、发展的不平衡性和可移动性等因素的作用，几乎人类的一切文明都集中在自然条件优越的、交通方便的富裕地区和发达地区，许多边远山区却仍然过着刀耕火种的原始生活。因而呈现出社会资源分布的不平衡性。产生社会资源的不同丰度，形成不同的资源优势和劣势。不改变社会资源分布的不平衡，不消除发达地区和不发达地区、城市和农村的不平衡状态，就难以促进社会经济更快发展。要改变这种不平衡的落后状态，一是必须充分利用新技术革命成果来发展普及教育，努力提高人民的文化科学技术水平，以提高社会经济效益，加速落后地区社会经济的发展。二是加强资源调查和统一规划，严格按照资源承载能力，控制大中小城市的发展，把农村乡镇统一纳入城市化轨道。三是加速科学技术的推广运用，尤其是高新技术成果的推广运用（如生物技术在农业上的运用等），以缩短城乡及发达地区与欠发达地区的差距。四是加强扶植老、少、边、远地区的发展工作等。

3. 同一性。资源的同一性是由自然资源的整体性和社会资源的主导性共同作用形成的。同一性表现在：（1）在生产过程中，各种资源存在着相互作用和相互制约的对立统一关系。（2）不同水平的社会资源，只能开发利用不同丰度的自然资源，随着社会资源的不断开发利用，不断丰富和不断提高，可被开发利用的自然资源也就随之增加。（3）资源的开发、利用、保护和管理之间是一种辩证统一的关系，其相互作用的结果使整个资源系统逐步趋于统一。（4）从资源的发展程度上看，社会资源对客观世界的认识能力和改造能力终始是资源经济运动中矛盾的主要方面，不断开发利用新的科学技术，不断提高社会生产力，始终是解决矛盾的关键。（5）人类的活动不能超越自然规律和经济规律允许的限度，必须调节人类与自然的关系，使自然资源与社会资源协调发展。

4. 时效性。资源的时效性是由于竞争或资源本身特性等多种原因促成的。资源的时效性表现在：（1）资源的开发是用于创造社会财富的。资源质量的优劣与其产品相联系，产品竞争的实质是技术的竞争、材料的竞争、信息的竞争、智力的竞争、人才的竞争、时间的竞争。因此，才有"时间就是金钱、效率就是生命"之说。（2）产品和技术都有寿命周期，不同的资源有不同的开发利用的寿命周期。处于不同寿命周期的资源，其效益是大不相同的。就经济效益来说，一般是"中间大、两头小"。（3）资源的种类、特性不同，其时效性也不同。古话说"一寸光阴一寸金、寸金难买寸光阴"，充分说明时间重于金钱，时间的价值应该是最高的。土地、生物、水等则属于长效性资源。人才培养、基建投资、自然生态环境的改造，则多属于迟效性的。时间、阳光等流逝性资源是短效性的。对这类资源若不能好好利用就会白白浪费掉。"时间就是金钱"，反映了商品的价值是由生产商品时所消耗的社会必要劳动量决定的，这是马克思主义经济学的观点。节约劳动时间就能赢得利润。浪费劳动时间就会消耗成本。"效率就是生命"，也反映了马克思主义经济学的基本原理，即劳动生产率与商品的使用价值量成正比，与商品的价值量成反比。节约劳动时间，就能提高劳动生产率，为社会多创造财富，相当于延长人的生命一样。因此，我们应该重视资源的时效性。及时开发利用各种资源，取得更好的经济效益、社会效益和生态效益。

当前各类企业，都普遍存在着流动资金紧缺，周转速度慢，不能满足生产发展的需要等矛盾。若能巧用各种资金的时间差，把资金用活，就能有效地解决资金不足的困难。根据产品寿命周期和市场销售实况，利用产品的时间差，适时地决定"引入期产品"资源的开发量，扩大"成长期产品"资源的生产批量，减少"成熟期产品"资源的供给，停止"衰退期产品"资源的购入，实行科学的经营策略，是抢占市场、加速流通、提高周转速度的有效措施，也能有效地解决资金不足的难题。

现代信息瞬息万变，讲求时效性尤其重要。采用准确、快速、可用的信息，能给企业带来巨大的财富和生机；而采用失实、过时的信息，会给企业带来巨大的灾难。因此，讲求信息的时效性，必须从信息的收集、传递、整理、分析抓起，各个环节都要确保信息的准确性、快速性、可用性。为促进人们讲求时效性，实行保证质量的计件工资制、联产承包责任制等都是有效的办法。

5. 可替代性。在现实生活中，大米、面粉、小米等可以相互代替供做食品，肉、奶、蛋、菜也可以部分代替粮食；各种细纤维可织布，并相互代替用作服装原料；在生产中各种耕作、栽培方式可以相互代替，甚至工厂化生产也可替代大田生产；在燃料发展中，煤替代了木材，石油、天然气又替代了煤，核燃料最终也将替代石油、天然气和煤，太阳能也将替代部分石化能源，等等；在劳动生产中，现代智能机器人已能部分地替代人类的劳动，甚至能替代人们进行设计、管理和自动化控制，等等。据说，现代世界上除了阳光、淡水和氧气等少数物质难以替代之外，其余物质都可以找到相应的替代物。可见，可替代性普遍存在于各种资源之间，并为人们经济、合理、有效地开发利用资源增加了可能性和可供选择的余地，为人类的社会生产、生活增添了丰富多彩的色调。

当然，任何物质之间的可替代性都是相对的、有一定限度的。根据可替代的限度不同，可划分为：固定替代、变动替代、完全替代、不可替代四种类型。

（1）固定替代：指 1 单位甲种资源可以代替一定比例的乙种资源，以满足某种需要，两种资源比例保持不变（其比值为固定边际替换率），产品产量也保持不变，这样的等产量曲线始终是一条直线。

（2）变动替代：指两种资源间的替代没有固定的比例关系。一种资源用于代替另一种资源时，随着甲种资源投入量的增加，能替代的乙种资源量逐步减少，因此表现出来的等产量线不是一条直线，而是一条曲线。曲线上各点斜率不同，反映出两种资源之间不同配合比例的变化，见图 1-2。

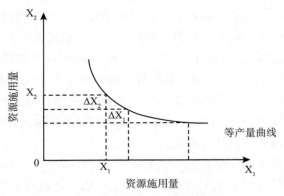

图 1-2　资源间的变动替代关系

例如，在乳牛业中，牧草和谷物的配合有各种各样的比例，当全部饲喂牧草做对照时，开始补充一点谷物饲料即可替换大量牧草并使产乳量保持不变。随着补充的谷物饲料逐步增加，每单位谷物饲料所替换下来的牧草量就逐步减少。这样的替代关系叫边际替代率递减。造成这种边际替代率递减的原因是谷物饲料报酬递减率引起的。这种替代关系又叫不完全的替代。其特点，除了边际替代率不等外，二者之间存在不能完全替代的关系。即图 1-2 中等产量曲线永远不能与纵轴 x_2，或横轴 x_1 相交。当 x_2 增加到一定的限度之后，无论你再增投多少 x_2，也不能将 x_1 的投入量减少到 0；反之，无论如何增加 x_1 的投入量，也不能将 x_2 完全替代。这里有个限度，在一定限度之内，两种资源处于竞争关系，在限度之外，两种资源由互竞关系变成互补关系。在农业生产资源中，绝大多数资源都属于这种不完全性质的替代关系，因此，发展农业生产既要有土地、工具、种子、种畜、资金，也需要有一定量的劳动、技术、肥料、水和阳光等，少一样也不行。

（3）完全替代：是指一种资源可以完全替代另一种资源的功能，以满足某种生产需要。例如，碳铵可以完全替代硫铵，尿素又可以完全替代碳铵或硫铵去肥田；反之亦然。凡是具有同样功能的不同资源之间，多具有这种完全替代的性质。这种完全替代关系又往往表现为固定替代关系，因此，它的等产量曲线是一条直线，斜率不变。

（4）不可替代：指某些资源由于具有特殊功能，其他资源不可替代。如淡水、氧气、阳光三种资源，都是一切生物生存所必需的条件。现在没有出现严重、剧烈的竞争，是因为这些资源还比较丰富，而且可以循环使用。但在局部地区的同一空间关系上，各种生物对这些资源的争夺是显而易见的，尤其在农业生产中，植物之间"争夺"

阳光和水就更加突出。在用水问题上，工农业争水、生产与生活争水的现象日益严重。

此外，森林和绿色植物的作用也是不可替代的。其原因是：（1）它们是空气净化和氧气再生"工厂"，平均每人需要 10 平方米以上森林面积才能保持空气中氧气的正常含量。（2）它们是人类及一切动物不可缺少的食物资源和生存的环境条件。

在更小的范围内，某种物质具有的特殊功能是其他物质无法替代的。不同功能的物质之间的不同结合，具有不同的特定结构，形成特有功能的新物质，如基因重组技术所研究的课题等。

在实践中真正实行替代时，除了功能替代的可行性之外，还有一个极重要的条件，即必须具备经济上的可行性。必须使人们感到使用新资源、新产品比使用旧资源、旧产品更为有利、更加合适时，人们才会在比较中选择和使用新资源、新产品。因此，新资源、新产品必须具备以下条件：（1）功能、价格与旧资源相同，但有广泛的来源及开发前途；（2）价格与资源相同，但功能更好；（3）功能与旧资源相同，但价格低廉；（4）功能和价格都比旧资源更好更合理；（5）功能虽然不是优质，但已够用，价格便宜很多；等等。若没有满足其中之一，新资源就不能实现对旧资源的替代。当资源用于甲种用途的收益低于乙种用途的收益时，资源的使用者将毫不犹豫地把该资源改用于乙种用途；当资源用于丙种用途比用于乙种用途的收益更大时，资源的使用者更愿意将该资源用于丙种用途。因此，一般来说，牧场容易改种粮食，粮田容易改种经济作物，低值经济作物地又容易改成高收益经济作物和蔬菜，农用地更容易改成生活用地、公共用地、工业用地，直至经济收益最高的商业用地……从这个意义上说，替代关系也服从比较利益原理。它所遵循的公式是：用新资源比用旧资源更经济合理时，就坚决不用旧资源。

第二节　资源经济学的产生和发展

一、资源问题与资源经济问题

任何一门学科的诞生都是为了解答某一特定的问题，而这一问题往往是在人类社会发展实践中产生的。人类社会经济发展中所遇到的资源问题以及资源经济问题，是资源经济学产生的基本前提。

（一）资源问题的产生

资源问题或资源危机已经成为近 50 年来最受关注的问题。尽管它更多的是作为现代经济发展的负面问题而提出来的，但资源危机在古代就已经发生过。例如古代的巴比伦文明，在底格里斯河和幼发拉底河之间的美索不达米亚地区的灌溉系统由于遭受战争的破坏和未能科学地开发水利资源，以致土壤盐渍化而丧失了生产力，影响了经济发展。直到今日，该地区的谷物产量只是正常产量水平的 1/10。墨西哥南部和危地马拉北部的玛雅文化，在公元前 5 世纪就高度发达，并导致城市化。但之后，由于在城市周围地区过度地发展农业，以致最后耗竭了本就瘠薄的热带土壤，给已高度发展的玛雅文化带来了灾难。

资源问题则是 20 世纪以来在现代经济发展过程中才大量产生的。进入 20 世纪以后，尤其是第二次世界大战以后，经济发展速度越来越快，经济规模空前的扩张致使资源投入的数量骤增，资源存量以惊人的速度锐减，日趋薄弱的资源基础连同人口爆炸、环境污染一起对人类社会未来的生存前景构成了威胁。

总之，20 世纪以来，人类所面临的资源问题十分严重，资源危机日趋严峻，迫使人们越来越多地关心资源问题，不断寻求解决资源问题的有效途径。

（二）资源经济问题的提出

资源经济问题是人们基于对资源问题的认识而从经济学角度提出的如何通过合理、有效地开发利用资源以满足人们日益增长的各种需求的一系列问题。人们在开发利用资源的过程中，会牵涉许多问题，而从经济角度分析或提出的需由经济学家回答的问题（即资源经济问题），主要包括以下几个方面：（1）资源与社会经济发展是怎样的关系？资源在多大程度上决定于社会经济的发展，技术进步能否克服资源有限性（稀缺性）对经济的制约等？（2）有限的资源怎样才能得到经济有效的利用？如何比较资源不同利用方式之间的有效性？（3）区域资源开发利用战略如何制定？如何将区域的资源优势与产品、产量优势相联系？（4）当前的资源经济政策会对未来产生怎样的影响？等等。所有这些问题的提出和不断的探索，促使了一门新的经济学科——资源经济学的诞生和发展。

二、资源经济学的产生与演变

人类在不断认识、开发、利用大自然赐予的各种资源中，遇到了许多问题，并在解决这些问题中积累了各种丰富的知识和经验，也就是说当人们利用资源发展社会生产时，就开始研究资源经济问题，并随着人口增长，资源问题日趋增多而越来越重视对资源经济问题的研究，从而逐步为资源经济学的产生创造了条件。从这种观点看，资源经济问题的研究可追溯到几千年之前。实际上，古代人类早已具有对资源及其利用的原始经验，并不乏一些学术价值的著作。但人们对资源经济问题的研究和资源经济学的形成与发展，是一个渐进的历史过程。对资源经济问题系统的科学研究到了资本主义社会出现以后才成为现实，而资源经济学成为一门独立的学科是在 20 世纪 20 年代。人类开始对资源经济问题进行研究到当代资源经济学产生，大致经历了三个阶段：

（1）第一阶段，古代社会至前资本主义时代。在这一阶段的早期，人口稀少，人类开发利用资源的范围、规模和深度极为有限，加上科技水平低下，开发利用资源的基本方式是"适应—利用—索取"。但由于资源相对丰富，开发利用强度不大，对资源的压力和环境的破坏程度也很低，所以人与自然的关系较为和谐，很少产生资源和资源经济问题。但后来在一些地区和国家，由于人口急剧增加，自然界不能满足人类需求为之提供足够的生活资料和产品时，迫使人类对资源过度开发和掠夺性利用，以致破坏生态环境，导致食物进一步短缺。这时，人们就不得不考虑如何对待大自然，如何合理开发利用资源，以适应大自然，从而产生了古代在开发利用资源上朴素的"经验基础上的保护生态和适应利用自然资源观"。这主要表现在古代中国、古希腊、罗马时代一些学者对农业资源经济研究的富有学术价值的著述和学说上。

古代资源经济思想最重要的体现在中国自周、秦以后的研究成果，在学术水平上有的早已达到了逾越时代的高度，中国古代《周易》一书曾有"阴阳五行""天人合一"学说，用以解释自然界的奥秘及人与自然之间的关系，将天、地、人视为一个整体，认为只要顺应自然，合理利用自然，就能五谷丰登；反之就会受到大自然的报复，影响人类社会的发展。在此思想指导下，以天、地、人的整体系统观看待人与自然和利用资源，就使中国传统农业形成了一种以低投入高效益和合理利用与保护资源为特征的资源经济体系。如《齐民要术》一书指出："顺天时，量地利，则用力少而成功多，任情返道，劳而无获。"这是适应自然、顺从自然规律的思想。战国《孟子·梁惠王篇》说："数罟不入洿池，鱼鳖不可胜食也，斧斤以时入山林，林木不可胜用也。"这是保护资源、适时适度利用资源的思想。这些论述集中反映了这一阶段中国传统的资源经济观，对以后资源经济研究的发展提供了朴素的思想来源。

（2）第二阶段，资本主义社会初期至20世纪20年代土地经济学的产生。这一时期是资源经济研究非常关键的时期。其间，由于经济科学的发展，"资源"一词日渐广泛地应用于经济学，资源经济问题的研究更多的是隶属于经济学科。在经济学中，研究资源经济问题的先驱者，首推17世纪英国资产阶级古典政治经济学创始人威廉·配第，他提出"劳动是财富之父，土地是财富之母"的名言。到了18～19世纪又有英国古典经济学派著名代表人物大卫·李嘉图以及德国著名农业经济学家屠能。前者创立了著名的差额地租论，并得出随着土地的日益稀缺，劣等地也投入农业生产过程，农产品成本会随生产规模的扩大而增加这一重要结论，这一论断被发展成为"李嘉图模型"。而后者则通过自己对农场的亲身经营，提出了"农业区位理论"，也叫"区位地租论"，完善和丰富了地租理论和土地经济理论。之后，无产阶级经济学家马克思、恩格斯对自然、土地乃至资源等问题进行了广泛的研究。再后来是英国经济学家马歇尔，对土地经济活动作出了特殊贡献，主要体现在他对土地的定义以及所做的系统分析，他认为"土地是指自然为辅助人类而自由赋予的陆、水、空气、光和热等各种物质与能力"。这一定义的特点，是反映土地是自然资源的主体，其他自然资源都是与土地结合为一体的，所以认为土地是自然的综合体。从而使人们对土地经济的研究逐步走向对资源经济的研究。以上代表人物均可谓是早期系统研究资源经济问题和开辟资源经济学的先驱者。在这一时期，土地仍然是经济发展最为主要的资源，他们主要对土地经济问题进行了开拓性研究，又把土地视为资源，侧重研究其经济意义和经济问题。因此可以认为，资源经济的研究主要源于经济学，并随着早期的资源经济学——土地经济学不断发展。

到了20世纪20年代后，伴随着地学、生物学、生态学等学科的出现，土地经济学作为一门独立的学科从经济学中独立出来。美国著名经济学家伊利（R. T. Ely）和莫尔豪斯（E. W. Morehouse）合著的《土地经济学原理》一书于1924年出版，成为早期资源经济学产生的标志，以后土地经济学相继在许多国家广为人知并加以研究，伊利从而成为土地经济学的创始人。伊利继承了马歇尔对土地的定义，认为"土地一词的含义，就经济学的术语来讲，不仅限于土地表面，它包括一切自然资源——森林、矿藏、水源等在内"。因此，我们可以认为他所出版的《土地经济学原理》就是早期的"资源经济学"，在今后逐渐衍生为现代意义上的"自然资源经济学"和"资源经济学"。

（3）第三阶段，20世纪20～30年代至70～80年代资源与环境经济学的产生。从20世纪20～30年代至60年代，在土地经济学发展的同时，由于一些经济学家不断开拓研究领域，自然资源经济学和资源经济学相继出现。在1931年，美国经济学家哈罗德·霍特林（H. Hotelling）发表了《可耗尽资源的经济学》，提出了资源保护和稀缺资源分配问题，并视为资源经济学独立于经济学研究的又一标志。随着资源经济学研究的兴起，许多经济学家把经济学定义为研究稀缺资源的利用与分配的科学，可见资源经济研究在经济学中占据了十分重要的地位。随着有关资源经济学著作的日益增多，西方许多国家大学里相继建立了资源经济专业或开设了专业课程，不少经济学家，如兰格（O. Lange）和罗宾斯（L. Robbins）甚至把资源的开发利用视为经济学的同义语。此时，在美、英等国对资源经济的研究，已日益成为研究其社会经济体系功能的核心。

20世纪60年代末至70年代，西方资源经济学的研究由于人口、资源、环境问题的日趋严重而产生了一次新的飞跃，其主要标志是环境经济学的产生。环境经济学是在全球性环境污染日趋严重和环境资源稀缺性的背景下产生的，它主要运用经济学，尤其是福利经济学原理研究经济发展与保护环境之间的相互关系的经济问题。1974年美国塞尼卡（J. Seneca）与陶西格（M. K. Taussig）合著的《环境经济学》，被认为是全世界第一部环境经济专著，之后又产生了生态经济学等相关学科。环境经济学及生态经济学的产生，使人们由单纯地研究资源经济问题转向将人口、资源、环境及生态问题加以综合研究，以解决复杂的资源与环境经济问题，探讨人类社会发展的未来命运。20世纪70年代初，梅道斯（D. Meadows）受罗马俱乐部的委托，发表了轰动西方的《增长的极限》，1972年英国经济学家戈德·史密斯（G. Smith）发表了资源经济名著《生存的蓝图》，以及后来出版的《只有一个地球》等著作，都把人口、资源、环境问题综合起来加以考察。这一趋势大大影响了资源经济学的研究，并使资源经济学与环境经济学的研究趋于融合，以至于在20世纪70年代末和80年代初产生了资源与环境经济学。如阿兰·兰德尔1981年出版了《资源经济学——从经济学角度对自然资源和环境政策的探讨》，并指出："自然资源与环境经济学是应用经济理论和定量分析的方法来解决自然资源和环境舒适的供应、配置、分配以及保护等公共政策问题。"资源经济学不仅研究稀缺资源配置，还研究环境经济问题。1981年美国的安东尼·费舍尔（A. C. Fisher）出版了《资源与环境经济学》。之后，在西方主要的资源经济研究是资源与环境问题的综合研究，其教材也大多采用"资源与环境经济学"或"环境与资源经济学"。

与此同时，苏联也十分重视对资源经济学的研究，1982年哈恰图洛夫（T. C. Xaqatypob）发表了《自然利用经济学》一书，从生态经济角度研究自然资源有计划、合理利用问题，特别是着重研究那些有限资源合理利用的原理与方法，这些都是资源经济学研究的重要进展。

在我国，资源经济学研究原有一定的基础，如1949年前，大学中开设过《土地经济学》课程，除了引用伊利等人的《土地经济学原理》和他后来的《土地经济学》作教材之外，张德粹也编著过《土地经济学》。但1949年以后，受苏联影响，认为土地与资源问题不是公有制国家的经济问题，大学也中断了土地经济学的教学与研究，直到20世纪80年代才得以恢复；而对资源经济学和资源与环境经济学的研究仍处于起步和创建时期。然而，随着我国人口、资源与环境的问题日益尖锐，资源经济学研究的不断深入，一些奠定资源经济学学科的著作相继问世。最早的首推刘书楷先生于1984年著成的《农业自然资源经济学》研究生教材，为中国资源经济学研究奠定了基础，后在大学里广为流传。刘书楷先生被认为是中国资源经济学的创始人，同年，由牛若峰先生组织编译并主编的《资源经济学与农业自然利用的生态经济问题》（国家计划委员会农业区划局内部版）较为全面地介绍了西方及苏联关于资源经济学研究的理论与方法。之后，刘书楷等著的《农业资源经济学》（1986年内部版，1989年正式版），黄奕妙等著的《资源经济学》（1988年版）以及陈迭云等著的《农业资源经济的理论与方法》（1990年版）等早期著作均对我国资源经济学的建立产生了很大影响。20世纪90年代后，随着市场经济体制的建立和对外开放的深入，中国资源经济学研究开始大量引进西方经济学及资源经济学的理论与方法，来改造传统的以计划体制为背景的资源经济学体系。在这期间，相继出版了《农业自然资源经济学》（万建中等，1992年版），《自然资源开发利用中的经济问题》（王锡桐等，1992年版），《资源经济学》（杨秀苔、蒲勇健，1993年版）、《环境与资源经济学》（张帆，2016年版）以及《人口、资源与环境经济学》（杨云颜等，2021年版）等。一个市场经济条件下的中国资源经济学体系正在形成。

值得一提的是随着资源与环境问题的日益严重和可持续发展的确立，中国的资源经济学研究得到了充分的重视和发展。1992年国务院学位委员会批准在南京农业大学设立"农业资源经济与土地利用管理"专业博士点学科，使资源经济学成为一个独立的学科门类。1997年公布的新的研究生专业目录增设了"人口、资源与环境经济"专业，为资源经济学的研究提供了更大的学科空间。目前，包括综合性大学在内的许多高校在相应的经济（管理）学院、系中已普遍开设这门课程。由此看出，在中国，资源经济学研究已在经济学体系中占据重要的地位。

第三节 资源经济学的框架体系

从资源经济学的产生与发展过程来看，资源经济研究的领域和范围相当广泛，这为该学科的发展奠定了基础。但要进一步完善和发展这一学科，弄清其研究对象、研究内容和研究方法，确立相对独立、明确的研究体系，具有重要意义。

一、资源经济学的研究对象

一门学科的研究对象就是这门学科所要研究的领域中特有的矛盾及其规律。只有这门学科具备独立的研究对象，才有存在和发展的基础。

资源经济学研究的客体是资源及其利用，但资源经济学并不是要研究资源系统及其开发利用中的自然规律和技术体系，而是研究资源及其利用过程中，人与资源以及人与人之间的相互关系，并阐明这些相互关系的客观规律，即资源经济规律。基于这一考虑，我们认为，资源经济学是要围绕着人类经济活动需求与资源供给之间的矛盾，着重研究这个矛盾运动过程中发生的资源与资源经济问题和所体现的经济关系，阐明资源经济问题的原因及其解决途径的理论原则，从而揭示有限资源在不同方向和不同时间配置的客观规律，以协调资源利用与经济发展之间的关系，实现社会经济的可持续发展。因而，我们可把资源经济学定义为："主要研究人类经济活动需求与资源供给之间的矛盾过程中，资源在当前和未来的配置及其实现问题规律的学科。"这就告诉我们，资源经济学主要关心的是社会在目前和将来之间如何分配它的资源，又是如何在全体社会成员中分配由资源配置决策产生的效益。因而，资源经济学的存在与发展，就是要在现有的市场和制度结构下，研究当代人之间的不同权利要求，以及当代人和后代人之间的权利要求对资源配置的影响；分析不同资源土地、水、矿产、生物、环境质量配置中存在的问题及其经济原因，提出用来解决这些问题的各种方案和政策工具，并对这些方案、政策的效益、成本及其对各方面的影响进行评价。由此可见资源经济学的学科性质是经济学，是属于应用经济学的一个分支。

二、资源经济学的研究内容

资源经济学研究的根本任务是要在正确认识人与自然、资源与经济发展相互关系的基础上，阐明资源经济问题及其变化的客观规律，揭示有限资源优化配置的一般规律和实现途径，旨在协调资源利用与经济发展的关系，实现社会经济的可持续发展。从资源经济学的研究任务出发，资源经济学研究的主要内容或大致范围包括以下五个方面：

（一）资源利用与社会经济发展的关系

资源经济学首先以资源经济的一些基本范畴、关系，尤其是资源与经济发展的联系作为研究内容，从而提出学科的基本范畴，为资源经济学的整体研究提供出发点。这些基本的范畴和关系包括：资源的定义、分类与基本特性的认识，资源及其利用在经济发展中的地位与作用，资源稀缺对经济发展的影响及其缓解的基本途径，以及资源经济学研究的对象、任务和方法及其演变规律等内容。

（二）资源配置的基本原理

作为经济学的重要分支，资源经济学应充分运用经济分析的方法，针对自己特定的研究客体和对象，建立起独特的思维体系和基本分析方法，从而形成该学科的基本原理。这是资源经济学研究的主要内容，主要包括：资源配置目标和优化配置的基本方法，资源配置的外部性、社会成本和效率标准、资源优化配置的主要模型和技术。由此可见，资源配置的基本原理取决于经济学，尤其是微观经济学的进展，并为不同资源的配置提供理论基础和方法指导。

（三）不同资源类型的配置理论与方法

资源经济学不仅要从经济学，尤其是微观经济学中获得自身所需要的理论和分析技术，形成资源经济学的基本原理，更重要的是要解决不同类型资源的优化配置问题，因为不同类型的资源，其存在的形态和利用的特点不一样。所以，资源经济学的另一重要内容就是针对不同类型资源的特点和资源经济问题的性质，运用资源配置的基本原理探讨主要类型资源的配置规律和方法体系，建立不同资源优化配置的准则和决策模型。其中包括：非再生资源的优化配置，可再生资源的优化配置，或共享资源、专有资源等的优化配置与实现的经济手段。

（四） 资源价值核算及环境经济评价

资源的多用性决定了一种资源会具有多种功能和发挥多种效益，但是长期以来资源配置只重视资源的市场价值，而忽视资源的非市场价值。同时，资源配置的环境影响往往未纳入资源决策评价体系之中，造成了资源配置信号失灵以及大量依靠牺牲资源和环境质量为代价换取经济的高增长等现象。因而，如何科学评价、核算资源的价值，对资源利用产生的环境影响进行经济评价成为资源经济学研究的重要内容。这一内容包括资源价值体系、资源实物和价值核算方法、环境质量的经济计量等。相对传统的资源经济学，这一部分内容是新发展起来的，主要是为资源配置评价标准的改善提供理论上的合理性和技术上的可能性。

（五） 资源利用制度与管理

资源经济的研究任务，不仅要研究资源的最优配置，而且还要研究优化配置实现的客观途径。而资源配置的实现直接涉及资源利用的经济制度安排和经济管理工具的运用等方面的问题。因而，研究如何通过制度的安排和利用管理的调整来实现资源的有效配置，成为资源经济学的又一内容，其中包括产权制度与资源利用、资源有效配置的价格、利率（汇率）、税收等政策体系以及资源的管理政策等。

三、资源经济学的研究方法

通观资源经济学的产生与发展，它是运用经济理论与定量分析方法来解决资源与环境舒适的供给、配置分配以及保护等问题，而它所依据的理论基础主要是微观经济学，它所使用的分析方法主要是数学中的最优化理论，作为二者之间的中介是生产函数理论。

（一） 微观经济学的分析方法

资源经济学主要依靠微观经济学的理论基础与分析方法建立了自身的理论与方法体系。从消费者理论、厂商理论到市场均衡理论，都是资源经济学基本的理论和分析方法。随着福利经济学的兴起，资源经济学又运用了大量的福利经济学理论与分析方法来解决市场不完善和低效率资源配置问题，如经济效率与社会福利理论、各种政策抉择判断标准与评价方法（如社会福利函数方法、帕累托安全方法和效益——成本方法等）和财产权利理论分析方法等。

（二） 数学分析方法

如同其他经济学一样，资源经济学的基本工具是通过抽象和假设建立抽象模型，并运用数学方法建立起精确的函数关系，通过数学函数关系的推导来找到资源利用的优化方案，从而解决资源优化配置问题，这是现代资源经济学的显著特点之一。

1. 生产函数理论与方法。

资源稀缺和资源最优配置本身是一种数量和极值的问题，必须运用数学的方法加以解决，而首要的分析工具则是生产函数。所谓生产函数是资源要素投入产出的关系。它是对现实生产过程所做的一般的、基于经验的近似描述。生产函数是通过建立资源要素投入与产出之间的数量关系，并找出具体的函数模型，为资源投入的利润最大化的计算提供基础。生产函数理论包括生产函数、成本函数和利润函数。假设我们用 K 和 L 两种资源生产 Y 产品，那么相应的函数形式分别是：

生产函数：　　　　　　　　$Y = f(K, L)$　　　　　　　　　　　(1-1)

成本函数：　　　　　　　　$C = \gamma K + \omega L$　　　　　　　　　(1-2)

利润函数：　　　　　$\pi = \rho \cdot Y - (\gamma K + \omega L)$　　　　　(1-3)

其中，γ、ω 和 ρ 分别为 K、L 和 Y 的单价。

对于以利润最大化为目标的资源投入（生产）过程，只要找到了生产函数，就可以通过对偶理论找到成本函数，当然也就找到了利润函数。这样，解决资源投入利润最大化问题，便只剩下数学计算过程了。

2. 最优化理论与方法。

经济学上的最优化是指利用有限资源投入获得最大的产出，这样一个问题的数学表述则是在某种约束条件下如何找到目标函数的极大值。资源经济学是要研究不同类型资源采取什么样的利用原则以求获得最大的净收益问题，这就决定了最优化理论在资源经济学中起着重要的作用。没有最优化理论就没有资源经济学，最优化理论的核心问题是极值求解问题。一般的极值问题可描述成以下的数学形式：

目标函数：

$$\Phi(X_1, X_2, \cdots, X_n) = \text{Max} f(x_1, x_2, \cdots, x_n) \tag{1-4}$$

约束条件：

$$g_i(X_1, X_2, X_n) = 0 \quad i = 1, 2, \cdots, n \tag{1-5}$$

一旦建立了问题的目标函数和约束条件公式，可通过找到极值存在的必要条件（即目标函数极值点的偏导数为零）就可求出目标函数的极值，并求出此时的资源投入量为最佳投入量。另外，数学家为了解决最优化问题，还提出诸如动态最优化、线性规划、非线性规划等方法，从而我们可以利用从静态到动态，从线性到非线性的最优化方法来解决复杂的资源经济问题。另外，博弈论已越来越广泛地应用到资源利用制度分析以及跨区域、跨国界的资源开发利用问题的分析之中。

第四节　资源经济学的发展趋势

1. 加强基础理论和基本理论。包括资源价值—价格理论、环境价值—价格理论、资源产权及其价值—价格理论、可持续发展理论和资源可持续利用理论、经济—自然界相互作用的物质平衡理论和再循环理论、资源配置理论、外部性理论、市场机制的缺陷和政府的职能理论、社会福利理论等。

2. 分化和综合并存。即建立和完善单种资源（如土地、矿产、水等）经济学、单类资源（如可耗竭性资源等）经济学、部门（如农业、林业等）资源经济学和区域资源经济学与建立和完善狭义资源（自然资源）经济学和广义资源（包括自然资源和社会资源）经济学，资源与环境经济学，人口、资源与环境经济学和可持续发展经济学等交叉经济学并存。

3. 建立和完善各种资源经济学的学科体系等。

4. 资源经济学从产生至今虽有了七八十年的历史，但它仍然是一门很不成熟的学科，尤其是对社会主义资源经济学来说更是如此。改革开放以前，中国只有土地经济学，没有形成自己的资源经济学。20 世纪 80 年代以来，除中译本外，中国学者写的资源经济学方面的书基本上限于单种或单门类资源（如农业自然资源）经济学，像李金昌写的《资源经济新论》那样涉及自然资源经济整体的书尚属少见，而涉及资源经济问题的环境经济学和生态经济学方面的书倒是多一些。而且，所有这些书都具有较强的引进和介绍西方资源经济学、环境经济学和生态经济学的特点，建立具有中国特色的社会主义资源经济学还有差距。因此，下面列举的资源经济学存在的问题和不足，自然也涵盖中国的资源经济学。这些问题和不足有：

（1）资源经济学的理论基础基本上是西方经济学，西方经济学的共同特点是抽去资本主义的生产关系、阶级关系来抽象地研究社会再生产过程。

（2）资源经济学的基础理论薄弱。首先，无论是传统马克思主义经济学还是西方主流经济学，都是从单一的物质商品或产品加工经济系统抽象概括出来的，将它们用于自然资源—经济，尤其是环境—经济和生态—经济等交叉系统，都存在局限性；其次，从物质商品再生产过程抽象出来的传统价值理论［包括劳动价值论、生产费用（成本）价值论、效用价值论、边际效用价值论、均衡价格论等］都认为，由于自然资源、自然环境和自然生态没有物化劳动或者由于不稀缺而没有价值。这样的价值理论用于自然资源、自然环境和自然生态的计价与核算都存在固有缺陷，作为资源经济学、环境经济学和生态经济学的基石，其缺陷就更加突显了；再次，传统国民经济核算理论把自然资源和自然环境排斥于国民经济核算体系之外，这样的理论自然也不能成为自然资源和自然环境核算的理论基础；最后，由 R. 科斯奠基的西方产权理论，由于缺乏价值理论基础，没有有意识地研究过产权是如何作用于价值运动的及产权价值和价格如何确定等重大问题，从而决定以它作为具有鲜明产权化特征的资源经济的基础理论，也必然存在局限性等。

（3）现有资源经济学在内容上存在不平衡和偏窄的不足。不平衡是指微观强于宏观，静态分析强于动态分析，有关资源经济运行和发展的内容强于资源经济制度的内容等。偏窄是指注重三大主题——效率、最优和可持续性研究，不够重视资源价值—价格、资源产权、资源宏观经济循环、资源流通、资源价值分配、资源金融等重要内容的研究，致使在现有资源经济学中，这些内容所占的比重偏小，水平也较低。

（4）资源经济学的学科体系还很不成熟。这表现在：还没有奠定坚实的理论基础，如资源价值—价格理论、资源核算理论、资源产权价值—价格理论等基本理论还处于探索阶段，各家各派的认识分歧还很大；专家、学者们对资源经济学研究对象的认识还很不统一，这不仅导致资源经济学与相关学科的界线模糊不清，还导致不同版本的资源经济学的逻辑结构和叙述结构五花八门。

习　题

一、名词解释

1. 资源　　　　　2. 自然资源　　　　　3. 社会资源

4. 资源经济问题　5. 生产函数理论

二、选择题

1. 再生能源又称为（　　）。

A. 一次性能源　　　　　　　　B. 二次能源

C. 消耗性能源　　　　　　　　D. 循环能源

2. 战略性资源是指对社会经济发展起积极推动作用的、不可替代的、稀缺的资源，下列属于战略性资源的是（　　）。

A. 空气　　　　　　　　　　　B. 淡水

C. 食物　　　　　　　　　　　D. 光能

3. 资源经济学的研究对象是（　　）。

A. 金属资源

B. 土地资源

C. 资源在经济过程中的结合和统一的相互关系

D. 信息资源

4. 生产函数的三阶段表明，取得最大利润其变动资源的合理投入量是（　　）。

A. 总产量最高　　　　　　　　B. 平均产量最高

C. 边际产量最高　　　　　　　D. 边际成本等于边际收益

5. 资源开发战略的研究涉及的是整个资源开发过程中具有（　　）。

A. 战术性的问题　　　　　　　B. 策略性的问题

C. 方向性、全局性、长远性的问题　D. 局部性的问题

6. 下列属于能源中一次性能源的是（　　）。

A. 原油　　　　　　　　　　　B. 电力

C. 蒸汽　　　　　　　　　　　D. 煤气

7. 当今社会面临的三大危机是（　　）。

A. 人口、资源、环境　　　　　B. 资源、技术、经济

C. 环境、人口、土地　　　　　D. 农业、工业、畜业

8. 下列各项对资源系统按照资源可利用状况进行分类，正确的是（　　）。

A. 现实资源、潜在资源、废物资源

B. 自然资源、社会经济资源、技术资源

C. 农业资源、工业资源、服务性资源

D. 自然资源、社会资源、经济资源

9. 把自然资源划分为农业资源、工业资源和服务性资源，其依据是（   ）。

A. 按性质分类　　　　　　　　　B. 按用途分类

C. 按可利用状况分类　　　　　　D. 按特点分类

10. 为了充分合理地利用资源，需要利用经济学的理论和方法，研究资源经济的运动规律，以指导实践，达到合理开发利用资源，求得较好的（   ）。

A. 经济效益　　　　　　　　　　B. 生态效益

C. 社会效益　　　　　　　　　　D. 综合效益

三、简答题

1. 简述资源经济学的研究内容。

2. 简述资源的基本特征。

3. 简述资源的分类。

4. 简述自然资源和社会资源有哪些共同特点。

5. 简述资源经济学研究的对象、内容和方法。

四、论述题

1. 论述资源问题与资源经济问题。

2. 论述资源经济学的发展趋势。

第二章

资源的综合考察评价与区域综合开发

随着人口的增长和经济的发展，对资源的需求越来越大，而资源是有限的，并且存在着明显的地域差异。因此，资源开发利用的首要和基础工作，就是对资源进行周密的考察和评价，从而对其进行合理有效地利用。

第一节　资源综合考察评价的意义和原则

一、资源综合考察评价的基本概念

对资源的综合考察评价，是要全面认识资源条件，发掘资源优势。综合考察与综合评价是相互联系而又有区别的两个概念。

所谓资源综合考察，就是在资源调查中强调综合性考察和研究。对一个国家、一个地区各种资源条件的种类、特性、结构、功能、数量、质量、分布和潜力及其开发利用现状进行全面综合考察，对资源条件的合理开发利用作出分析论证。而所谓农业资源综合评价，则是在综合考察的基础上，对综合考察所取得的资料信息，结合当地自然、社会经济、技术条件，对资源的种类、数量、质量、分布及其在利用中所产生的作用和效益，进行综合经济估价和综合评价。

对资源进行综合考察和评价，主要是由于资源在数量上的有限性，在质量和分布上的差异性，因而在资源利用中的功能、作用和效益不尽相同。要依据不同资源的特性功能，充分发挥资源优势，结合发展生产的要求，对各种资源在利用中可能发生或已发生的作用和效益予以科学的计量和评价，提出资源合理开发利用的方向和方式。所以，资源综合考察评价，是针对资源数量上的有限性和质量、分布及其结构功能的差异性而进行的，如果资源是无限的，又没有什么差别，那就不需要考察和评价了。

二、资源综合考察评价的目的和意义

资源综合考察评价的基本目的，就是要通过综合考察评价工作，协调人与自然、人与资源的关系，合理利用资源，保持和增进生物系统为人类需要提供资源的能力，提高资源的生产力和生产率，使生产的发展与资源、环境协调，取得最佳综合经济效益。资源综合考察评价是为合理开发利用资源提供依据的，在综合研究中必然要涉及资源的现状和变化，及其在利用中对生产所产生的影响。因而，我们在综合考察评价工作中既要

考虑目前各种资源的现有性状、用途、利用方式、经济管理措施，及其对经济社会发展和对环境产生的效益与后果，又要考虑研究各种资源在性状、用途、利用方式、经济管理措施上可能的变化，以便提出可供选用的不同方案及对其有利和不利后果的论证。

开展资源综合考察评价工作的重要意义，从根本上说，主要有以下三个方面。

（一）资源是生产发展的基本要素

资源的状况及其开发利用的合理程度，决定着生产发展和生产布局的可能性与适宜性。资源是一种生产要素，它决定着劳动生产率的高低。特别是对于农业来说，自然资源条件不仅在农业生产中起着特殊的作用，同时还是农业社会分工和农业地域分工的自然基础。农业生产须具备的资源条件包括自然生态条件、技术条件和社会经济条件，它们在农业生产中缺一不可，必须保持一定的量比关系和相互发生影响的反馈关系。这些资源条件作为生产要素，不是单独地对生产和生产布局发生作用，而是在相互交错的关系下综合地以合力影响着生产和生产布局。因此，必须对资源作出全面的综合考察和评价，才能为资源的合理开发利用、为生产力合理布局、发挥区域比较优势，提供科学依据。

（二）资源综合考察评价工作可促进国土资源的合理利用与保护，以及对生态系统和环境系统的改善

生物资源和长流资源是构成自然资源的主体，其特点在于具有可更新性、再生性与循环性，并有不同程度的稀缺性和有限性。如果利用得当，就能够不断更新和改善，构成周而复始的良性循环，保证生物系统为人类需要提供资源和产品的能力逐渐增长；反之，如果利用不当，或取多于给，或取多于养，破坏了生态平衡规律，就会导致资源、食物供求之间的差距扩大。而作为工业原料的矿产资源，其最突出的特点是有限性、稀缺性。如果合理利用，如计划开采、提高利用率等，可有效地缓和其稀缺性。否则，如乱开滥采、粗放利用等，就会导致极大的浪费、破坏，加剧资源的稀缺性，并造成严重的环境污染。鉴于长期以来中国对资源缺乏系统周密的调查，不少地方存在着滥用和破坏自然资源的情况，造成了严重恶果。因此，加强资源综合考察评价工作，查明资源条件及其适宜性与限制性，掌握其规律性，不仅对资源的合理开发利用和生态系统的改善十分重要，而且关系到中国国土的开发整治和整个环境条件的改善。这对于协调人与自然的关系，促进增产和经济发展，具有特殊的重要意义。

（三）资源综合考察评价是实现可持续发展的一项必不可少的基础工作

可持续发展要求当代人的发展不能损害后代人的利益，要求加强资源和环境的保护，在不增加自然界压力的情况下提高人们的生活质量。这就要求我们充分合理有效地利用资源，大幅度提高资源的生产率，使有限的资源生产出更多的物质产品，以满足人们日益增长的物质需要。而这一切都需要通过资源综合考察评价工作，充分了解并深刻认识各种资源要素及其动态规律，拟订出各种资源的利用方式，为实现可持续发展提供科学的资源利用方案。因此，对资源进行综合考察评价，成为合理利用资源，实现可持

续发展的一项必不可少的基础工作。

三、资源综合考察评价的原则

（一）资源综合考察评价要着眼长远，立足当前，实行长远与当前结合，为推进可持续发展服务

资源综合考察评价是基础性工作，也是长期性工作，既要考虑现时发展生产的需要，又要为持续发展创造条件，使考察评价的成果具有实用性和针对性，做到突出重点，有的放矢。要从中国当前的实际情况和特点出发，依据生产发展的具体要求，查明资源及潜力，探索地区的资源优势和生态规律，为制订区域规划布局和国土开发整治的最优方案提供依据。同时，也要考虑到随着生产力的发展，自然生态系统变化和经济周转速度加快的特点，使考察评价工作不断向深度和广度发展，以适应可持续发展的要求。这是资源综合考察评价必须围绕的中心，如果脱离了它，考察评价工作不仅会陷于盲目性，甚至会从根本上失去意义。

（二）用系统科学观点全面地综合考察和分析评价资源条件，并深入研究主导因素和限制因素

系统科学是把整体作为研究一切事物的出发点，从全局考虑研究整体的结构与功能，认为整体功能大于局部功能之和，即"非加和原则"。根据这个原则，对资源条件的考察与评价，必须把处于生产总体中的多种资源条件视为一个有机的整体，既要看到各项因素在生产总体中各有自己的发展规律，对生产有着特定的不可替代的影响作用，因而需要对各个自然因素分别进行考察和评价，同时又要看到各因素之间的相互联系与制约，以多种形式有规律地构成的多层次系统对生产综合体产生着合力作用。因而，要对一定地区范围内的各有关自然和社会因素之间的联系和影响，及其同一生产部门的复合关系，进行综合的考察分析与评价，并据此提出综合开发整治和综合利用的总体性综合规划。

但是，由于各种资源条件对不同作物与生产部门的意义、作用和适宜程度各不相同，因而资源综合考察，不能把所有因素放在同等的地位，而必须着力于对主导因素和限制因素的分析研究。因此，对资源条件的考察评价必须以单项分析为基础，在全面综合分析考察中区别主次因素，找出主导因素和主要矛盾。

全面综合地考察资源条件，除善于识别主次因素及其对生产和国土开发整治的作用外，还要注意预测因开发利用措施可能引起主导因素的转化，进而发现新的矛盾，及时采取解决途径。同时，还要将自然资源条件一分为二，兼顾有利和不利两个方面，提出趋利避害和利用与改造的关键措施。

（三）依据自然生态规律和社会经济规律，运用生态效益、经济效益和社会效益相结合的原则，进行综合效益的分析评价

生产是在自然、技术、社会诸因素的作用下进行的。任何关于资源条件的考察与评

价都应综合反映这三个方面。因此，综合考察评价工作既要依据自然生态规律要求，按照认识自然、利用改造自然的原则，查明和分析各生产部门在一定自然条件下的适应性及其发展的技术可能性；又要在此基础上，依据社会经济规律的要求，按照最大社会经济效益原则，分析论证其经济合理性和可行性，以期在保持增进生态效益的前提下，求得最大的社会经济效益。

一般来说，同样的资源条件在发展生产上常有不同等级的适宜性和多种技术可能性，其经济上的合理程度又常不相同。自然适宜性只是相对于某种特定的用途和利用类型才有意义，因为各种用途有其自己的要求和限制性，所以要求针对资源的某种特定的用途或利用类型进行适宜性评价，并在不同的用途之间进行比较。所谓自然适宜性，是指资源条件对发展某种生产项目和保持最优生物—环境结构是否适宜和适宜的程度；而所谓技术可能性，是指资源的开发利用在技术上是否可能及其可行性程度。至于资源开发利用的经济合理性，则体现着人们利用改造自然的基本目的和要求，即经济上是否有利和效益的大小。由于现代科学技术和生产力的发展，人们在生产中可以通过种种技术措施来扩大资源条件的有利一面，限制和改造不利的一面，化不利因素为有利因素。这就从自然、技术领域为发展生产提供了更大的可能性。但是，如果有些技术措施的采用在经济上不合算，那就没有多大现实意义和可行性。因此，自然的适宜性和技术上的可能性必须与经济上的合理性统一作为评价的标准尺度。

（四）要依据资源地域分异规律和因地制宜、扬长避短、发挥地区比较优势的原则，评价资源的质量等级及其合理利用的方向和途径

生产是在一定的地域进行的，由于各地区之间自然、技术、社会、经济条件的不同，形成了鲜明的地域性，而资源条件又是形成生产地域性的基本因素，特别是在社会、经济技术条件大体相同的情况下，资源条件的差异常常成为决定生产结构和地区布局的决定因素。这就要求资源考察评价工作要着力于发掘当地的资源优势，突出地域资源条件的特征和主导因素，研究确定各种资源不同等级质量的利用方向和途径，为因地制宜利用资源发展生产提供依据。

此外，资源的综合考察评价由于需要进行自然、技术、经济、社会多学科的综合研究，所需资料也十分广泛，还要求组织有关多方面的专家进行各学科活动的协作，以避免观察问题和所提建议的片面性，这也是综合考察评价工作不能忽视的一项原则。

第二节　资源综合考察评价的任务和内容

一、资源的综合考察

资源的综合考察，首先必须查清一个地区各种自然资源的种类、质量与数量，及其开发利用情况、发展前景及优势、存在的问题，以及各种自然资源在开发利用中的关系，社会经济资源的情况，市场供求关系，科学技术条件等。对区内的地形、地貌、土壤、水文、气候、植被及生物等进行勘测。对农、林、牧业的生产情况，以及当地人

口、交通运输、工商业、市场条件等也进行考察。

综合考察的任务就是要探明资源的数量、质量及其在空间的分布与时间上的变化，全面认识各种资源的条件，开发利用的现状，存在的问题与潜力，探索合理开发利用的途径与今后发展的趋势。为了摸清资源的情况，有的需要进行普查，如土壤资源；有的需要定点观察，如对气象资料、水文资料；有的需要进行抽样调查、野外调查，甚至进行动态监测，如对一个地区的生态环境体系；有的还可以使用现代的勘测工具，如航测及遥感手段等。除对自然资源进行全面考察外，对农业生产、人口、科学文化、交通运输、工商业与集市贸易等社会经济状况，也应进行全面的了解。

综合考察是一项系统工程。它的考察内容涉及一个地区的各种自然资源的组成、演变与发展情况，社会经济资源的开发利用状况，以及这个地区社会经济的发展过程。这是一个复杂的综合体系，各项内容都需要分层次、分阶段、分地区、分类型地进行综合考察。根据考察的内容与对象，需要分别确定各种指标体系，作为考察的任务。这里既应有数量指标，也应有质量指标，通过这些指标体系来反映这一个地区自然资源及社会经济的状况。根据考察所得的各项资料，就可以进行综合分析，探索它们之间的规律性，并从中找出它们之间相互依存与消长的关系。

为了保证考察的科学性，对各项考察到的数字都要进行综合分析，辨别其真伪，并分析出其中的因果关系以及演变的规律性。而各项评价均应建立在这种综合分析的基础上。评价的目的就在于在这些综合考察的各项资料及数字的基础上找出它的实际意义及其特征，从中分析各种因素之间存在的关系，何者在开发利用过程中起着主导作用，何者起着相辅相成的作用，以及它们之间存在的相互消长的关系。同时分析它们的演变条件及其在发展生产中所起的作用。

只有经过周密的现场勘测，由单项到综合、局部到整体，掌握第一手资料与情况，才有可能了解一个地区资源的特点及优势，进而进行综合分析，找出它的发展规律性与主要矛盾，最后才能得出正确的判断，提出全面的切合实际的结论。在汇集各地区的各项资料以后，还需要进行系统的整理与科学的分析，才能分别揭示出它们在地域上的分布规律。通过区域对比、相关分析及综合平衡，进行科学论证之后，就可以进一步探讨各地区各种资源开发利用的途径，进行合理配置与规划。

二、资源综合经济评价

对一个地区的资源进行考察，主要是为了弄清这个地区各种资源的分布及开发利用情况，探讨这个地区利用自然资源发展经济的途径，提出合理开发利用的方案与有效的措施。有些资源虽早已开发利用，但仍有很大潜力；有些资源虽长期存在着，但它的经济价值却没有得到社会的重视；有些资源的开发利用受到社会经济条件的限制。因此，在进行资源的综合考察后，需进行经济评价，才能得出一个正确的结论。

经济评价是进行自然资源综合考察评价的最后一项重要工作。研究农业资源的开发利用，首先应分析这种资源有无开发利用的价值。对一种资源应如何利用，它需要多少投资，经济效益有多大，在开发利用过程中对环境及生态体系会有什么影响，社会效益和生态效益究竟有多大，这些都是进行经济评价时必须考虑的内容。

进行经济评价需要掌握充分的数据和各项有关的信息。首先要掌握现有资源及其构成类型的详细信息。如各种资源的数量和质量，其可用性，拥有以及地域分布的情况。既应包括现有资源储量的数据与分布情况，也应包括尚难测定的资源，即使是预测数字，也是重要的资料。其次除资源本身外，对资源开发利用的条件，物质技术基础，交通、运输的投资，开采的设备及技术水平，市场供求关系等情况，均应收集各方面的资料。在资源的开发利用中，对社会环境及自然生态体系的影响，也应有充分的估计。

　　自然资源作为国民财富的重要成分，要看它有多大的社会价值，人类在多大程度上可以利用它。同时，还要看在投入生产的过程中，包括产前准备，需要多少投资，其中还有人类的劳动力。自然资源之所以具有使用价值，首先是因为在一定的技术条件下，它们可以用来发展生产，或向人类提供某种生活资料，或为人类提供某种服务。马克思在《资本论》中把自然资源分为两类，一类可向人类提供生活资料，另一类可向人类提供生产资料。马克思指出："外界自然条件在经济上可以分为两大类：生活资料的自然富源，例如土壤的肥力、渔产丰富的水，等等；劳动资料的自然富源，如奔腾的瀑布，可以航行的河流，森林、金属、煤炭，等等。"这都是需要进行经济评价的内容。为了确定自然资源在社会再生产中的地位与作用，还应确定它在社会总产值形成中的贡献，分析其市场供求关系和对国民经济发展的影响。

　　由于自然资源利用的多面性、广泛性与综合性，要求采取系统的方法来进行经济评价。合理开发利用自然资源，意味着自然资源与周围的社会环境和自然生态体系的利用、保护以及再生产的措施之间应是一个综合的有机体。它们之间有着相互联系、相互制约的关系。在这个综合的有机体内，根据生产范围和措施体系的综合程度，对自然资源的开发利用可从两个方面来进行考察与经济评价：一是从局部基层单位或部门来进行考察与经济评价。二是从地区或总体来进行考察与经济评价。自然资源开发利用的经济效果的大小，主要表现在：在节约使用资源的前提下，能以一定的耗费来获得最多的高质量的最终产品，为社会提供量多质优的商品。我们就是以此来建立起它在经济上的各种评价因素、条件和指标体系的。一般对自然资源开发利用进行经济评价的内容，可以概括为六个方面：（1）论证各种自然资源，包括数量、质量及其整个资源的潜力，分析其在不同开发利用方案下经济上的价值与地位；（2）按各部门专业化的程度进行评价，分析其在不同分配方案下资源开发利用的经济效果；（3）按地区生产的各级层次，企业、联合体、地区等自然资源开发利用的规划，分析其利用的程度；（4）按资源对国民经济各个部门的影响和作用，从资源的合理高效利用，资源的保护与再生产方面进行分析；（5）分析各种自然资源在开发利用过程中对资源消耗、环境保护及生态平衡体系的影响，包括其所造成的损失与破坏；（6）按市场供求关系，分析其商品价值及其对社会经济发展的影响。

　　社会经济资源条件的评价内容包括：劳动力资源的数量、素质、结构，特别是人才资源的开发利用现状及开发潜力评价，智力资源的开发利用状况及其对经济发展的影响；科学技术资源的开发利用和转化状况及其对生产发展的影响；信息资源的开发利用状况及其对经济发展的作用；财力资源的开发利用评价；以及区域经济发展水平、交通运输条件、区位条件及优势等的评价。

三、资源优势评价

资源的经济评价，是对资源开发利用进行决策时的最重要的依据。一个地区经济的发展，与这个地区的资源能否得到充分的开发利用有密切的关系。各地区各种自然资源的丰富程度有差别，开发利用的社会经济以及技术资源条件也不相同。各地区都有独特的条件和自己的优势，因此，资源的开发利用，需要全面规划，扬长避短，充分发挥区域优势，因地制宜地提出不同的策略与措施。经济评价就是衡量这种优势的最重要的一项工作。

所谓优势，是指与其他区域比较，该地区资源在经济上所占的优势。这种优势，有的是由于优越的自然条件而形成的，如储量大、品质高；有的是由于社会发展的结果，如开发最早或交通比较方便，接近市场，具有区位优势；有的是由于技术上占有优势，如投资少、消耗少、效益高；其他还有人才上的优势、管理上的优势等，这些均可体现出经济效益的高低。但是，我们对经济效益的评价，不只是单项的，而应是整体的、综合的；既要注意经济效益，也要注意社会效益、生态效益；既要分析其有利的方面，也要注意其不利的方面，即可能产生的负效益。

有无优势，这是开发利用资源中首先应明确的一个问题。我们不仅要注意在地区上的优势，而且要注意在时间上的优势。也就是说，既要注意现在的优势，也要考虑将来的优势。在注意这个地区资源的当前优势的同时，还要注意它在这个地区的潜力与未来的优势。因而，我们进行经济评价，既要考虑资源在地区上的差别，也要注意其未来的发展。有些资源的开发利用问题，不仅关系到这一地区经济发展的前途，而且关系到全国甚至关系到未来。只有在正确的战略思想指导之下，才能作出正确的决策。

如何估价资源的潜势？这也是正确估价经济优势的一个重要问题。潜势是潜在的优势与力量。由于资源的潜势往往被人忽视，加之受到技术条件的限制，以至有些资源的优势没有得到重视。如有些埋藏很深的矿藏及地下水资源；有些用途和经济价值尚未被人们发现的资源，如野生或新发现的动、植物和微生物；有些由于受社会经济条件的限制，现在开采利用尚有困难的资源；也有一些资源由于开发利用不当，配置或管理不善，以至造成巨大的损失与浪费，从而影响潜势的充分发挥。克服或改善这些环境条件方面的限制，就可以把潜势变为优势，大大提高资源的经济价值。

对资源进行综合评价，首先应着眼于资源全部，凡是可利用的，能为经济发展创造物质财富或服务的均应包括在内，加以合理的开发利用。其次，要正确对待资源开发利用的优势。不同地区、不同时期、不同类型的资源，它的开发利用价值各有不同，因此必须进行综合对比，才能作出正确的评价。最后，对已开发利用的资源是否取得最佳效益，也应进行综合评价，不仅要看它的效益，还要考虑它的经济结构、生产布局以及规模是否合理。所以，对资源的开发利用进行综合评价，既要看到其有利因素、长处和优势，也要看到其不利因素、短处和劣势；既要综合分析其所获得的效益，也要看到其对生态体系、自然环境以及对社会经济发展所造成的影响；既要看到资源开发利用在目前所引起的变化，也要考虑对长远的经济发展将产生的影响。只有经过科学的分析研究，才能对资源开发利用的规模与深度、利用方式以及开发利用的速度等作出正确的判断。

第三节　资源经济价值评估方法

一、经济价值评估方法

价值评估的目的是为非市场的产品和服务确定经济意义上的精确价值，但是，为了给非市场化的环境产品和服务赋予一个经济价值，首先需要鉴别出组成它的总经济价值（TEV）的不同部分。环境产品和服务的总经济价值包括使用价值和非使用价值。使用价值（UV）是过去、现在与未来个人使用特定资源获得的价值。它可以被分解成直接使用价值和间接使用价值。直接使用价值源于实际的使用资源，无论是以消耗性的方式还是以非消耗性的方式（例如，森林中的木材、休闲娱乐活动、捕捞活动）；间接使用价值是指从生态系统功能中获得的收益（例如，湿地保护或者森林碳汇）。

非使用价值（NUVs）是从知道一种自然资源（例如，一个物种或者是栖息地）的存在这个知识衍生出的价值。顾名思义，这种价值和使用资源不相关，和通过使用它而获得具体的收益也不相关。根据定义，它可以被分为两个有重叠的部分：第一，它是有存在价值的，这种价值并不取决于对产品实际地或者潜在地使用，而是反映了固有的一种价值，这种价值会持续存在，并且不取决于任何现在或者未来使用的价值。第二，与个人利益相关的遗产价值，它源于个人知道后代可能从使用这种资源中获得利益。当涉及的资源原则上也能够被当代的其他人利用时，这些价值又可以被称为利他价值。

一个单独的分类是选择价值，这是当给定一种资源可以在未来利用这种知识时，个体赋予它的价值。因此，可以想象它是一种保险，即一种资源能够在未来提供收益。选择价值中最具代表性的是准选择价值，它表示是给定知识增长的某种预期，从保护资源的未来潜在使用中获得的价值。由于仅是对未来效益的认知价值，并未真正得到实践验证，因此，准选择价值有时也被看作一种非使用价值。当消费决策具有高度的可逆性时，这种准选择价值便非常重要。其他值得一提但没有在本节中进行讨论的价值还有：功能性价值、人类中心主义价值、生物中心主义价值、分配价值、持有价值和心理学价值。

总经济价值可以通过森林作为生态系统的一部分来说明。使用价值可以是计划现在或以后到森林中去休闲旅游。非使用价值包括与森林相关的计划外的或不可用资源的福利，即个人对于森林存在或是把它留给其他人的支付意愿或接受意愿。一方面，一个人可能认为他有权保护森林（监护）；另一方面，他也可能渴望使森林为当代人所利用（利他主义），或允许它为后代人所利用（遗产）。估计的价值类型不同，运用的评估方法也会不同。

价值评估方法根据所考虑的收益来赋予产品和服务的属性。因此，根据属性我们将价值分为市场价值和非市场价值。并基于此，我们将价值评估方法分为市场方法和非市场方法，对于市场方法，生产函数方法和损害成本方法用于效率测算和成本控制；而非市场方法包括陈述性偏好方法（SP）和显示性偏好方法（RP）。陈述性偏好方法是直接的方法，具有假设性；而显示性偏好方法是一个间接的方法，它利用了基于收集的和真实记录的个体行为的市场数据。

以森林为例，表 2-1 说明了从森林获得的经济价值的分类，以及适用于对这样一个生态系统进行价值评估的各种不同的市场方法和非市场方法。在下文中，对市场方法和非市场方法分别有进一步的说明。

表 2-1 森林的经济价值分类

价值构成		举例	最适合的价值评估方法
使用价值	直接使用价值（DUV）	休闲和旅游价值，如徒步旅行、狩猎、野营和野生动物观赏	显示性偏好法，如旅行成本法
		有商业价值的森林资源，如伐木	总价分析[a]
	间接使用价值（IUV）	森林生态系统和生态功能，如侵蚀控制、水体净化、碳固定	生产函数法、损害成本法
非使用价值	遗产价值（BV）	遗传价值，如为后代保留森林	陈述性偏好法，如意愿调查法、选择实验法
	存在价值（EV）	存在价值，如一些森林资源未绝迹的认知	陈述性偏好法，如意愿调查法、选择实验法

注：a 代表市场价值评估方法。

二、市场价值评估法的类型

生态系统的很大一部分价值都是用商业上和财务上的所得与损失来表示的。市场价值评估法包括规避行为或预防性支出、替代/恢复成本法、生产要素法、剂量反应等。

（一）规避行为或预防性支出

规避行为或预防性支出方法度量的是为了规避对自然环境、基础设施或人类健康造成的伤害而产生的支出。这种方法能够用于度量生物多样性减少对市场和非市场的产品与服务产生的影响，但非使用价值除外。在生物多样性损失的引致成本方面，预防性支出可以被视为引致成本的最小估计值，因为它没有度量消费者剩余的变化（即消费者愿意为了保护一种特殊的产品或服务免受生物多样性损失的影响而在实际支出上额外支出）。在气候变化的背景下，承担的预防性支出实际上就是适应性成本，因为这个支出的目的是减少气候变化带来的影响（包括生物多样性损失的影响）。因此，如果是在适应性选择的成本收益分析中使用这种方法，就需要特别谨慎了。

（二）替代/恢复成本法

替代/恢复成本法能够用于度量由于环境退化的影响，恢复或者替代生产性资产、自然环境、人类健康等所需的成本。和预防性支出方法一样，恢复成本法是一个使用起来相对简单的方法，但是要比预防性支出方法更有优势，因为它是一种对影响的客观评估，即影响是已经发生的或者至少是已知的。因此，这种方法不可能适用于像生物多样性损失这样不可替代的财产损失所产生的成本核算。

（三）生产要素法

生产要素法通过"环境冲击—改善路径"方法估计生态系统的经济价值。在这种方法中，环境属性的变化与影响人类福利的"终端"相联系。例如，测度植树通过减少土壤侵蚀带来的收益，首先需要关联土壤覆盖率和侵蚀率，其次需要关联侵蚀率和农业生产率。这些方法在评价很多生态系统服务方面非常有用，包括林业（木材和非木材）、农业（农作物多样性的价值和遗传物质的使用）和海洋生态系统（过度捕捞的损失、物种入侵）。

（四）剂量反应

这种方法涉及环境质量的变化对商品（或服务）产出的影响。其原因是对环境产生影响（反应）的资源（剂量）。举例来说，空气中大量的二氧化硫（剂量）会形成酸雨，酸雨会注入河流（反应）导致水体酸化。然而，很难区分影响受体的不同因素，因此在剂量和其影响之间需要有强烈的联系。剂量反应函数能够用于估计使用价值，无论这种使用价值是直接的还是和陈述性偏好法及显示性偏好法相关联的。

三、非市场价值法的类型

市场价格和成本能够用于估计商业活动价值的增加，如木材采伐、渔业等，以及与参观自然景区相关的旅游活动的收益、由企业和政府机构签订的合约（即其他生物勘探合同）的价值。然而，一些环境产品和服务不影响市场，评估它们的市场数据也无法获得。在这些情况下，需要使用获得消费者偏好的方法，即显示性偏好（SP）法和陈述性偏好（RP）法。

当市场信息无法获得时，许多研究使用的是陈述性偏好法；相反，这些数据可获得时则使用显示性偏好法。此外，陈述性偏好法通常用于引出非使用价值，因为非使用价值没有记录行为，不像使用价值能通过显示性偏好法很好地进行度量。表2–2展示了陈述性偏好法和显示性偏好法之间的差别。

表2–2　　　　　　　　　　　陈述性偏好法和显示性偏好法的区别

陈述性偏好法	显示性偏好法
（1）描述假设的或虚拟的决策背景（多变的）	（1）以当前的实际来描述世界，即当前市场均衡
（2）控制了属性间的关系（允许含有技术的效用函数）	（2）由属性间的内在关系组成（技术约束是固定的）
（3）包括存在的、和/或推荐的、和/或一般的备选方案	（3）只有存在的备选方案作为可观测值
（4）不能有效地代表市场和个人约束的变化	（4）代表了决策者的市场和个人约束
（5）当受访者理解、承诺并对任务作出反馈时，是可靠的	（5）高可靠性和表面有效性
（6）每个受访者产生多个观测值	（6）每个受访者产生一个观测值

（一）陈述性偏好法

陈述性偏好法包括意愿调查法、综合选择法或选择试验法。

1. 意愿调查法。首先，意愿调查法是目前使用最多的对生态系统进行价值评估的方法，即个人陈述他们对产品或服务的支付意愿/接受意愿。其中一个重要的原因是只有陈述性偏好法的意愿调查法能够引出非使用价值的货币化价值，而不会留下"行为的市场痕迹"。其次，意愿调查法允许对环境的变化进行价值评估，甚至在变化没有发生的时候也可以进行评估（即事前评估）。它允许假想的政策情景或自然状态，而不考虑当前或过去的制度安排或规定。最后，意愿调查法允许通过将价值形成过程提交给公众讨论而丰富信息库。不过，批评者认为这些价值是假想的（支付并不是真实发生的或是现金支付），且该方法受到很多偏误的影响。

2. 综合选择法或选择试验法。综合选择法也是一种常用的陈述性偏好方法，它相对意愿调查法的优点是在文献中有大量的论述。这种方法通过询问个人在备选方案之间的选择引出价值信息。综合排序，即为了得到偏好和综合评价，个人对备选方案进行排序，反映了他们对标的物的偏好程度。

在环境、健康和交通领域，许多研究使用陈述性偏好法和/或同时使用意愿调查法和综合选择法。这两种方法之间的差别和相似之处并不是其中一种方法相对另一种方法有绝对的优势或相互支持，而是这些方法之间是互补的。尽管如此，对于一些陈述性偏好的研究来说，存在一些原因使意愿调查法比综合选择法更为可取，这受到诸多因素的综合影响，如研究者的兴趣、基金（或赞助）问题、抽样方法等，以及需要对商品总经济价值的哪一部分进行评估。

根据贝特曼等（Bateman et al.，2002）的研究，选择陈述性偏好法中的哪一种取决于所需的价值类别（即总价值还是相对价值）、信息的可得性（意愿调查法有更多的文献）、福利和/或福利一致性估计、认知过程和抽样方法（每个人的反馈数量）。弗里曼（Freeman，2003）对陈述性偏好法持"审慎而乐观的态度"，并认为其他人倾向于采用陈述性偏好法是因为它"是获得环境资源可用价值的一种相对容易且并不昂贵的方式"。与此类似，惠廷顿（Whittington，2002）总结认为，陈述性偏好法对于发展中国家的政策应用是至关重要的。但却不是一种低成本、高质量的选择。

（二）显示性偏好法

显示性偏好法包括特征价格法和旅行成本法。

1. 特征价格法。特征价格法估计的是某种环境物品的经济价值，例如，清洁空气或者引人入胜的风景，这种估计通过研究这些环境属性与住房价格之间的关系进行。特征价格法已应用于景观价值、基因以及物种多样性相关的环境或生态系统的价值。特征价格法还特别地应用在视觉享受、土壤资产质量和暴露于空气污染的价值评估方面。

2. 旅行成本法。旅行成本法通过分析参观旅游景观的一般化的旅行成本来估计其经济价值。通过使用各种经济和统计模型导出该景观的需求曲线，然后进行价值评估。当个人作出涉及不止一个景观的选择时，就可以使用随机效用理论框架下的离散选择模型来评估参观不同景观的价值，或者这些景观的各种属性（例如水质）的价值。旅行成本法应用广泛，特别是在北美洲，帕森斯（Parsons）就收集了超过 120 项这类研究。旅行成本法有三个维度，即将要评估的商品的质量、参观次数与时长以及对其他景观的替代性。

最后，收益转移包括在某个时间点，将之前的收益估计（无论是来自陈述性偏好法还是显示性偏好法的估计）从一个景观转移到另一个景观。在收益转移估计中，有三种可能的转移形式，分别是从一个原始研究中转移支付意愿估计值、转移支付意愿函数和通过寻找具有相似特征的可替代支付意愿估计得到转移支付意愿估计值。根据罗森伯格和卢米斯（Rosenberger and Loomis）的研究，收益转移涉及将一个具体区域的经济价值使用到另一个具有其他资源和政策条件的区域。通常，第一个地方被称为"研究景观"，第二个地方被称为"政策景观"，因各个地方的特征不同，因此应用这种方法在不同景观之间转移经济价值时应非常谨慎。虽然，这种方法无须进行一个完整的新的价值评估研究，从而降低了成本，但汇编一个综合的数据库通常也是代价高昂的。

卡森等（Carson et al.，2001）对陈述性偏好法和显示性偏好法进行了比较研究，对比了 1966~1994 年的 83 项研究，发现意愿调查法的估计值低于显示性偏好法的估计值，即意愿调查法的估计值比多景观旅行成本法的估计值低大约 30%。总而言之，在发展中国家和发达国家进行价值评估研究都会使用陈述性偏好法和显示性偏好法的组合，应用陈述性偏好法和显示性偏好法各有优劣，研究人员有时会把陈述性偏好法和显示性偏好法组合到一起，当两种方法组合到一起时，它们为环境产品和服务的价值评估提供了一个有用的工具箱。

尽管存在这些差异，但在环境资源的价值评估中同时使用陈述性偏好法和显示性偏好法呈现增加趋势，实践中体现在渔业、交通、休闲娱乐、林业、畜牧业和文物等方面。

四、如何开展非市场价值评估研究

这部分讨论的是开展非市场价值评估研究的推荐步骤，因为非市场方法不像市场方法那样存在的信息和数据是可以获得的。非市场价值评估的实践者们已经详细介绍了多种方法，尤其是意愿调查评估法。其中，最受推崇的是由美国国家海洋和大气管理局（NOAA）的研究小组推荐的指导原则。这些分析框架的大部分需要研究者遵循以下具体的步骤：确定研究目标，设计问卷和调查，创建数据库和分析数据，估计支付意愿或接受意愿的价值，以及验证结果。

第一步：需要给将要进行价值评估的产品（或服务、政策）、将要采访的被调查组和度量单位命名。米歇尔和卡森（Mitchell and Carson，1989）表示，价值评估文献中对于受访者是回答他们自己的（各自的）情况还是以家庭为单位回答这一点并不明确，根据奎金（Quiggin，1998）的研究，当涉及利他主义的动机时，家庭的支付意愿低于个人支付意愿的总和。尽管如此，家庭作为分析的度量单位在三种可能的方式下是可行的：个人价值的汇总、以家庭为单位以及应用公民投票方法。

第二步：问卷设计由几个主要部分组成，通常的格式是三部分的问卷。首先是受访者个人信息部分，其次是支付意愿情景，最后是社会经济和人口统计问题。支付意愿的问题涉及假设情景，其中受访者被要求通过提供一个对于所考虑物品的支付来评价非市场物品。例如，意愿调查法中的问卷设计需要周密和清晰的研究方法与设计。大部分文献对于意愿调查法问卷设计的指导原则都强调假设情景必须是真实的、可行的、易于理解的，并且能够让受访者很容易地关联。在某些情况下，使用视觉辅助，如照片、地图等，来提供产品的更多相关信息，尽管使用照片会影响支付意愿的数量，因而影响到展示这些东西的重要性。

此外，陈述性偏好法研究能够通过采用额外的工具进行补充，以加强研究的可信度。例如，民意调查、知晓率调查、局部影响研究和态度调查问卷。这类态度方面的问题有助于提高意愿调查法的有效性。大部分研究包括一些社会经济和人口统计的信息，如是否是户主、年龄、种族、教育水平、就业状况、城市化、婚姻状况、是否有小孩、买房还是租房以及是否是环保组织成员等。退出或维持现状选项的设置，也可以在陈述性偏好研究中进行，正如 NOAA 建议的那样。此外，对于支付意愿问题的反馈为"否"时，一个后续问题可以用于获得进一步的信息，正如 NOAA 的指导原则推荐的那样。

除此之外，NOAA 研究小组建议详细询问受访者并提醒他们注意预算约束。NOAA 研究小组提倡在问卷设计时采用集中小组讨论（FGDs）的方式，从而帮助研究者理解受访者的偏好以及问卷特征、问卷调查的预测试是测试可靠性的一种有效方式。

价值评估研究中另一个需要思考的问题是是否为受访者提供激励。一方面，诸如货币形式的激励能够激励受访者来回答问题；另一方面，这些激励会导致估计偏误。激励效果取决于激励的类型。明智的做法是在展示问卷之前先提供激励。

估计支付意愿中一个重要的特征是陈述性偏好法的引出方式，这样的方式包括：开放式问题、封闭式问题、二分选择问题（双边界和多边界的二分问题）、出价博弈问题和"要么接受要么放弃"的问题。研究发现，使用不同的方式会影响支付意愿的价值评估，而一些问卷调查的方式甚至是"认知负担"，即让受访者厌恶。例如，受访者可能发现回答开放式问题比回答封闭式问题更不容易。

另一个需要注意的问题是支付方式的类型，这指的是在价值评估的实践中对一个产品或服务的支付形式。与问题形式的类型相似，研究发现支付方式的类型也会影响支付意愿的价值。支付方式的类型很多，如征税、账单的价格增加以及对产品或服务收费。正确的支付方式需要可信、相关、可接受和具有强制性。

第三步：这涉及调查的设计和以不同的引导模式进行采访，如电子邮件、个人访谈、电话以及最新的网络方式。采用这些方法的成本和应答率各不相同，其中最流行的数据采集方法是邮件调查和面对面采访。一般来说，对于实施者而言，邮件调查相较于其他引导方式花费较低，但应答率只有 25% ~ 50%。

根据米歇尔和卡森（1989）的研究，这种数据采集方式的一个缺点是存在无应答偏误，即受访者并不情愿回答问题。无应答偏误可能出于多种原因，尤其是无知和自选择，这在邮件调查中很明显。在后一种情形中，对产品（或服务）感兴趣的受访者比其他受访者的应答率要高得多。陈述性偏好法的实践者可能会考虑组合几种不同的方式（电话、邮件或个人访谈），以减少自选择偏误和无应答偏误。例如，在电话采访之后

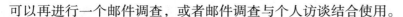

可以再进行一个邮件调查，或者邮件调查与个人访谈结合使用。

第四步：这一步涉及数据采集、数据库的创建以及对调查中汇总信息的分析这一阶段发生的偏误与在分析收集数据之前的选择偏误、样本无应答和条目无应答相关。怀特海（Whitehead，2006）认为，这些偏误能够通过对样本无应答构建反映总体的权重来解决；若存在选择偏误则进行一次后续调查；对条目无应答则需进行数据归集。调整偏误之后的数据就是干净的、编码的、归纳的，就可以输入计算机程序，准备进行分析。

第五步：这一步就是按照具体的模型进行支付意愿或接受意愿的价值评估。这些模型可能在引导方式上各不相同，如开放式的问题、出价和其他类型。此外，在这一阶段，对每年每个人和总体的支付意愿或接受意愿的估计对于计算总收益而言非常重要。最后，一项关于陈述性偏好的好的研究必须具有较高的有效性和可靠性。卡森等（Carson et al.，2001）将有效性定义为一个人希望测度的与实际测度之间的一致性；将可靠性定义为测度结果能否在重复案例中依旧成立，在意愿调查法研究中需要使用相同的方法。对于有效性，估计结果既可以进行内部检验，也可以进行外部检验。内部有效性和外部有效性的区别在于，前者只在一种价值评估方法中进行，而后者则将一种价值评估方法与另一种进行比较，如陈述性偏好法和显示性偏好法的比较。

价值评估方法中有三种类型的有效性，分别是内容、收敛和标准。内容有效性是指问题是否以清楚易懂的方式指代了那种产品或服务；收敛有效性则是交叉引用的比较过程，即一个陈述性偏好法研究所报告的估计结果是否和另一个陈述性偏好法的研究结果相近，或者如果结果不相近时，哪一个与预期形式不同。通过使用真实的市场信息或预测的市场信息，标准有效性将意愿调查法和特征价格法联系起来。

第四节　区域开发总体规划与国土整治

一、区域开发总体规划

规划是一种长期计划形式。它是从国民经济的需要出发，确定一定时期的建设规模、发展指标、发展速度和各种比例关系，以及人、财、物的投放，实施步骤和措施。

区域开发规划是在一定时期内，就一个地区的资源合理开发利用、保护整治和区域经济发展而制定的规划方案。它是从国民经济的需要出发，结合该地区的资源条件及其优势与不足、经济发展水平，研究这个地区各个阶段的战略目标、发展速度与比例关系，确定人力与基本建设投资的规模与结构、重点开发地区与项目，提出各种资源开发利用的步骤与方法，各地区各阶段的开发建设项目，各生产部门的分工与合作，以及技术改革的要求等。因此，它具有综合性、地域性和超前性的特点。通过规划，充分发挥各个地区的资源优势，合理配置生产力，进一步促进资源的开发利用，提高生产水平，促进经济发展，满足社会需要。

各地区各种自然资源的开发利用与保护整治规划是地区开发总体规划的核心部分。因为生产规划是规划的中心内容，在生产规划中，各种自然资源的开发利用又是完成各项任务指标的保证。因此，在制定综合发展规划中，必须对区域内的各种自然资源进行综合经济评价,这样才能确定经济发展与开发整治的方向和重点,并根据规划要求进行合理的时空布局,使其形成一个具有地区特色的综合经济发展体系,同时建立一个良性生态循环体系与优良的自然环境,取得好的经济效益、生态效益和社会效益。

中国幅员辽阔,各地的资源条件及其开发利用在客观上存在着明显的地区差异。同时,由于社会历史条件与民族风俗、生活习惯的不同,各地区的资源开发形式也各有其特点。因此,为了充分发挥各个地区自然资源环境与社会经济资源条件的优势,合理配置生产力,应制定各种不同层次的地区开发总体规划。既要从全国的全局出发,统筹安排,根据需要与可能制订一个全国性的开发总体规划,各省、市、区、县也应有自己的开发规划。不同层次的区域规划可以有不同的重点和内容,但应有共同的基本要求。既要有地区上的合理分工与协作,也要因地制宜,扬长避短,发挥区域比较优势。

从区域经济的发展来看,既要发挥优势,扬长避短,因地制宜地组织各种资源的开发利用工作,还要协调各方面的力量,统筹兼顾,正确处理局部与整体、当前与长远、利用与保护等方面的关系。从发挥优势来说,就是要充分发挥资源在这个地区的有利条件,以一定的投资获得最大的经济效果,提供大量的商品,为社会创造更多的财富,满足社会上各方面的需要。从经济发展来说,发挥优势还涉及调整产业结构、合理分工与布局的问题,既要实现地域生产的专业化,也要注意综合发展,使各地区的资源都能充分发挥作用。只有在这个前提下,才能使经济的发展有一个稳定的基础,进而促进各地区的经济迅速发展。这应是区域开发总体规划中一项重要的战略目标。

各级区域开发规划又包括总体开发规划、重点区域开发规划和专题规划三个层次。总体规划是对区域内各种资源和产品开发所作的统筹安排与总体布局。重点区域规划是对资源潜力大、社会经济条件好、投资少、见效快、能提供大量商品、社会经济效益高,或能改善生态环境的区域进行的重点开发规划。专题规划是指对一些具有特定意义,如某个生态环境条件遭受严重破坏的地区的综合治理与中低产田的改造,某种对国民经济有特殊意义的产品的开发规划,或某种有重大开发价值的自然资源的开发利用等。这些规划都要求做好时空布局,提出总体及不同规划阶段的开发目标与任务、资金、技术等所应采取的措施,以及对各项基础设施的建设规划等。

二、国土整治的内容及其作用

近几年,中国进行了大量的国土整治工作。所谓国土整治,就是对我们赖以生存的国土进行开发、利用、治理、保护等一系列活动的总称。合理地对国土资源进行开发,不但可以充分利用各种自然资源,发展生产力,为社会创造更多的财富,而且可以防止或减少对自然生态体系的破坏,减轻或避免对环境的污染。加强对国土的整治和保护,既可以使被破坏的自然生态环境体系得到恢复,甚至改造为更适于人类生产、生活的生态环境,也可以把治理过程引申为经济发展的过程,充分地发挥各种资源的优势,促进国民经济的发展。

国土整治是对国家主权范围内的各种自然资源进行不同层次的开发利用,不仅要考虑工农业生产,而且要考虑城市、海港、交通的建设与规划。不仅要从国民经济的发展出发,而且要从人类生存的高度来研究自然资源的开发、利用、治理与保护。即从一国主权范围的地域空间内全部自然资源开发利用的战略高度上来考虑。搞好国土开发整治，一定要坚持"全国一盘棋"的原则，同时也要承认地区差异，因地制宜，从地区的特点出发，发挥地区优势，促进地区之间的分工协作。要从战略的高度统筹兼顾，全面安排，既要考虑开发、利用，又要考虑治理、保护。国土整治是一项多目标、多层次、多效益的综合性很强的工作，必须进行综合平衡，正确处理各方面的关系。从国家整体利益出发，协调各方面的关系，调动各方面的积极性，以推动国民经济的全面发展。

国土规划是推动国土开发整治工作的中心环节。国土规划是一种长远性的规划，其主要任务是使全国和各地区社会经济的发展与人口、资源、环境等条件相协调，使全部国土资源都能得到充分利用，使各地区的优势都能充分发挥，生产力得到合理布局，从而促进国民经济的全面发展与繁荣。

国土规划的内容主要有以下几个方面：（1）对国土资源的综合评价；（2）确定各地区主要自然资源开发的规模与经济发展方向；（3）调整产业结构，进行合理布局；（4）统一安排能源、交通、水源、港湾等重大基础设施的建设；（5）人口与城镇建设的规划；（6）自然环境综合治理与保护的规划。

综合分析是国土整治与规划的基本方法。对各地区的资源要进行综合考察；对开发利用这些资源要作出综合经济评价；对有关经济建设和发展的各种条件要加以综合分析，对各地区的经济结构和比例关系要进行综合平衡；对各地区的自然环境要加以综合治理与保护；等等。

新中国成立以来，中国已形成一个比较完整的国民经济体系，由于经济发展水平较为落后，自然资源虽比较丰富，但多数尚未充分开发利用，生产力的分布也不平衡。从东到西经济发展明显地呈现出三个梯度，即经济发达的沿海地带，经济发展居中的内陆地带，经济欠发达的西部边远地带。当前，中国国土开发整治战略的基本设想就是充分利用沿海地带开发的优势，建立经济开发区，重点向内陆地带开发延伸，加强战略基地的建设，为国土开发整治的重点向西部边远地带转移积极创造条件，从而使中国生产力的布局更趋于合理，国民经济水平能得到更快的提高和更全面的发展。在制定国土开发整治的战略目标时，既要注意它的多层次性，又要注意它的分阶段性；既要注意战略性据点的布局，又要有面上地域性的分工。

国土开发整治的主要任务包括推进乡村国土空间治理、推进农用地综合整治、推进闲置低效建设用地整治、推进矿山地质环境整治、推进乡村国土绿化美化、整体推进农村环境整治和生态保护修复、探索农村自然资源资产评价和生态保护补偿机制。这些任务涵盖了国土资源管理的多个方面，旨在优化国土空间布局，提高土地利用效率，促进生态环境的改善和可持续发展。实际上主要有两个具体目标：一是要合理开发利用国土资源，发挥地区经济优势；二是要有效地搞好综合治理和环境保护。开发利用和整治保护是不可分割的，二者应紧密配合。在开发利用中要考虑整治和环境保护，在整治和环境保护中要考虑开发利用，它们之间相互影响、相互制约，必须通盘考虑，全面安排。要正确处理国土整治和环境保护与国土开发利用的关系，坚持开发与整治同步发展的原则，用建立良性生态循环体系的观点来改造和治理被破坏的生态环境。环境保护是中国的一项基本国策，在经济建设、城乡建设和环境建设中要同步规划、同步实施、同步发展，以防止污染与自然生态体系的破坏。要贯彻以防为主、防治结合、综合治理的方针，开发利用与治理保护并重的方针。在区域开发利用的规划中，应把国土开发整治与环境保护列为重要任务。

三、流域综合治理

国土整治是一项系统工程，重点项目应有重点措施。作为重点项目，大多具有特定的地域与空间，涉及不同层次的目标与要求，影响的因素也是多方面的，不仅与自然、社会、经济、科学技术等有关，而且还要考虑人口、民族、文化、历史、风俗习惯等方面的因素。因此，必须采取综合治理的方针，确定地域的范围，将各项影响因素都考虑在内，才能取得全面增长的综合效益。

按照联合国粮农组织的定义，流域是指流水汇集到一条溪、一条河或一个湖那样的一片土地区域。流域综合治理在国土整治中有着重要的影响，特别是对农业自然资源的开发利用具有重大的作用。从农业自然资源的开发利用来说，如何把一个地区的资源优势转变为经济优势，应是流域综合治理的一个中心问题。流域综合治理着眼于一个地区水土资源的综合利用，这是农业上的一个重大问题。但是，如何通过流域治理把这个地区水土资源的优势转变为经济优势，就需要把这个流域内的各种水土资源看成一个整体，进行综合治理，充分发挥它的优势，进行综合利用。一方面要整治山河，疏导河道及各种水系，进行农田基本建设，修建水利工程，把水土资源的综合利用与生产部门及地域分工结合起来，建立各种农、林、牧商品基地，修建水电站，开发航运，充分发挥自然资源的优势，合理配置生产力；另一方面，要对水土资源开发利用中的浪费及对自然环境的破坏进行整治，防止水土流失，拦、排、放相结合，工程措施与生物措施相结合，防止环境污染，改善生态环境体系与水资源循环体系，把防洪、排涝与发展农业生产、开发电力、水运、水产及旅游业等综合利用结合起来。因此，不仅对流域的工业及能源的开发利用要有一个合理布局，而且对城市，也要有统一规划。正是这样，它远远超出了农业综合开发的内容。

习　　题

一、名词解释

1. 资源综合考察　　　2. 资源综合经济评价　　　3. 资源优势评价
4. 非使用价值　　　5. 区域开发总体规划

二、选择题

1. 在进行资源开发项目的投资管理时放在首位的是（　　　）。

A. 节约投资　　　　　　　　　B. 充分利用外资

C. 取得最佳投资效益　　　　　D. 尽量争取中央投资

2. 我国资源开发利用的基本战略思想中强调（　　　）。

A. 以科技进步为主导　　　　　B. 以经济效益为主导

C. 以经济发展速度为主导　　　D. 以社会效益为主导

3. 资源开发利用技术经济效果评价的经济可行性标准为（　　）。

A. 实际经济效益/预期经济效益下限 ≥1

B. 实际经济效益/预期经济效益下限 =1

C. 实际经济效益/预期经济效益下限 ≤1

D. 实际经济效益/预期经济效益下限 <1

4. 市场价值评估法不包括下列哪个选项（　　）。

A. 规避行为 　　　　　　　　　　B. 替代/恢复成本法

C. 生产成本法 　　　　　　　　　D. 剂量反应

5. 价值评估方法中有三种类型的有效性，不包括下列哪个选项（　　）。

A. 内容有效性 　　　　　　　　　B. 收敛有效性

C. 标准有效性 　　　　　　　　　D. 发散有效性

三、简答题

1. 简述资源综合考察评价的目的、意义和原则。

2. 简述如何对资源进行综合考察评价，资源的综合考察评价包括哪些内容。

3. 简述自然资源开发利用进行经济评价的内容。

4. 简述市场价值评估法的类型。

5. 简述国土整治的内容及其作用。

四、论述题

1. 论述如何开展非市场价值评估研究。

2. 论述区域开发总体规划主要解决哪些问题。

第三章

资源经济学的基本理论

在人与自然、人与资源的经济关系中，人居于决定性地位。人与资源环境的关系、比例及其结合方式，决定着资源开发利用状况，影响经济发展程度。因此，人口经济问题的探讨就不可避免地成为本学科研究的首要问题和起点。

第一节　人口经济理论

一、近代西方人口经济理论

（一）早期古典经济学家配第和魁奈的人口经济思想

人口经济思想最早发轫于古代土地、人口与自然的财富关系的研究。到了资本主义社会，经济学家着重考察的是人口与财富、人口与资本的关系，法国古典经济学家更是着重研究了人口与收入的关系。

英国古典政治经济学的创始人威廉·配第（W. Petty，1623～1687）最先研究了人口与财富生产之间的关系。他从劳动价值论的观点出发，认识到劳动是财富的源泉，人口和土地是财富生产必不可少的条件。他的名言是："土地为财富之母，而劳动则为财富之父和能动的要素。"基于这样的认识，他认为人多则财富也多，国家的富强不在于领土的大小而在于人民的人数、技术水平及勤劳程度；相反地，国家贫弱的根源在于"人口少，特别是劳动者与工匠少"。在他看来，"人口少是真正的贫穷，有八百万人口的国家，要比面积相同而只有四百万人口的国家不止富裕一倍"。所以，他主张鼓励人口增殖，以利于资本主义生产的发展。然而，他还认为，国家要想增加财富和收入，一方面要尽量减少非生产人口和非生产性支出，使财产"从占有土地而游手好闲的人手里移转到聪明而勤勉的人手里"；另一方面应当强迫贫民劳动，尽量扩大劳动人数。同时，他看到贫富两极分化是内乱的根源，因此他主张为所有贫民寻找固定职业，使他们"规规矩矩地从事劳动"，以便得到温饱的生活。他的人口经济思想，反映了当时资产阶级要求更多的雇佣劳动来为他们创造财富。

法国重农学派代表人物魁奈（Quesnay，1694～1774）从生产劳动的观点，对人口与财富、人口与收入的关系作了进一步的分析。他重视农业，尤其是资本主义大农业，强调生产劳动的作用，曾经指出"收入是土地和人力所取得的生产物。如果没有人类的劳动，土地就不会有什么价值"。所以，他把人口看作财富的第一个创造性因素，是使国家强大的因素。但是，和前人不同，他认为财富的增长先于人口的增长，"一国的人口是随着国民收入的增长而增加的"；反过来，人口增长会扩大消费，从而又引起生产和收入的增长，人口和生产的发展"是互相促进的"。他认为人口增长决定于资本主义生产的发展，"人口的增长完全决定于财富的增加，决定于劳动、人力和这些财富本身的使用方法"。他强调：国家"应当注意的不是人口的增加，而是财富的增加，因为只有当人们劳动的成效得到保证的时候，人们才是真正有益的"。他认为人口数量要和财富数量相适应，并指出："如果人口的数量与从土地和对外贸易取得的财富数量比较起来显得过多的话，那这种过多的人口就不可能促进财富的增加，而是以其消费引起粮食产品价格的高涨，结果国家就会从繁荣变得贫穷。"他还最先论述了工业劳动对人口和财富的增加作用："假使一个国家的人口，超过本国土地收入所能维持的限度，那么，这些过剩人口，只能依赖向外国售卖手工业制品来维持生存。"他的人口经济思想，今天看来仍具有一定意义。

（二）马尔萨斯的《人口论》

18 世纪末叶，英国工业革命的蓬勃发展以及法国资产阶级革命的爆发，使劳动群众和剥削阶级之间的矛盾日益尖锐。广大劳动者陷于失业、贫困的悲惨境地，引起一些先进思想家激烈批判资本主义私有制，主张社会改革。他们认为社会弊病的根源是私有制，只要有保证财产平等的制度，人类理性的进步会使人们获得幸福。马尔萨斯（R. Malthus，1766~1834）面对阶级斗争的形势，从私有制和剥削阶级的利益出发，在1798 年出版了《人口论》。他强调了人口和生活资料的比例问题，宣扬人口增殖力对社会发展起决定作用。马尔萨斯的人口理论以"两个公理"为前提，他认为："第一，食物为人类生存所必需。第二，两性间的情欲是必然的"；它们是人类"本性的固定法则"。从这两个前提出发，他得出了两个级数的命题："人口增殖力，较之土地生产人类生活资料增长水平，是无限的较为巨大。人口在无所妨碍时，以几何级数率增加。生活资料，只以算术级数率增加。"在他看来，人口增殖力和土地生产力是不平衡的。基于上述论断，他提出了三个论点："人口增加，必须受生活资料的制约；生活资料增加，人口必增加；人口的增加，为贫穷及罪恶所压制，致使现实人口得与生活资料相平衡。"基于此，他便把资本主义社会存在的工人失业、贫穷等现象，说成是人口增殖过多的必然结果，并且是限制人口过多所必需的。因此他反对济贫法，认为这不利于限制工人群体的人口增殖，反而会使失业和贫困等现象更严重。他主张对人口增殖加以抑制，把贫困、罪恶、瘟疫和战争等都说成是"积极抑制"人口增长的手段。后来，他又提出所谓"道德的抑制"，即迫使穷人不结婚、不生育。他抨击废除私有制和实现财产平等的主张，断言这只会使人口增加得更快，因此不可能彻底解决贫困和失业问题。马尔萨斯曾用"土地报酬递减规律"作为食物增长必然落后于人口增长的"论据"。按照这个"规律"，在一块土地上连续投入同量资本或劳动，它的收益递减。可是，这个"规律"是以生产力水平不变为前提的，而事实上工业革命所建立的机械化大生产却是以生产力水平不断提高为现实条件的。所以，这个"规律"的作用是很有限的，不足以说明宏观的人口经济过程。马尔萨斯还把他的《人口论》用于工资理论。他断言：劳动的维持基金和人口之间的增长比率，或者说对劳动的需求和供给，决定工作的变动；由于资本用于劳动维持基金的比例是既定的，因此人口增长得越快、越多，每个工人所能得到的工资必然下降。他试图由此证明：工资下降和工人的贫困，都是工人自身人口增殖的结果。由于马尔萨斯的人口经济观点很适合资产阶级的需要，因此对后来的资产阶级人口经济学说影响很大。

（三）威克塞尔和坎南等的"适度人口论"

19世纪中叶以后，资本主义开始由自由竞争过渡到垄断。当时西欧各国的工业革命已经完成，工业高度机械化，并且在19世纪末逐渐电气化，农业也由于普遍使用化肥和农药而产量大增。生产力的高速发展，宣告了马尔萨斯所说的生活资料增长赶不上人口增长的论断完全破产。与此同时，法、英等国的人口出生率、人口增长率先后下降。由于资本主义国家政治、经济发展不平衡，争夺市场和殖民地的斗争日益激烈，扩军备战需要有大量兵源和劳动力资源，因此在存在失业的条件下统治者又感到人力不足。这反映在资产阶级人口经济思想上，表现为从强调土地报酬递减、人口和生活资料相比过剩以及必须限制人口增长，开始转而强调人口不足和人口过剩同样不利于资本主义经济的发展。于是在19世纪末和20世纪初，出现了"适度人口论"。

瑞典经济学家威克塞尔（J. C. K. Wicksell，1851~1926）认为："一个国家应当有适度的人口规模，合理的人口密度，不应使人口规模超过这个国家的农业资源及其提供食物的能力。一个国家的人口增长，应当和它的经济发展和技术进步相一致，要考虑工农业的生产能力和供养能力。一个国家的人口，应当是它的工业潜力允许的最大规模生产所能容纳的人口。"他声称，欧洲工业革命所带来的收入增长，在很大程度上已被人口的迅速增长所抵销，只有使人口放慢增长甚至停止增长，人们的收入和生活福利才可能迅速增长。他认为，要实现适度人口，必须降低出生率，使出生率和死亡率之间保持平衡，同时还要使人口密度趋于合理。经济发展和技术进步不应当用于促使人口数量增加，而应当用于提高人口质量以及人们的生活水平。

英国经济学家坎南（E. Cannan，1861~1935）最先系统论述了适度人口论。他认为，人口是否需要增加，不仅要看它对农业的影响，还要看它对全部产业的影响，因为人们不能只靠面包生活，还需要其他各种商品；在加工工业中可以设想，工人人数增加可以提供更大量的产品，分工也会导致收益递增。在一定时期里，"人口增加虽然会使农业收益递减，但同时会使工业收益递增；因此这两种趋势的影响之间会出现一种平衡：只有当农业收益的减少超过了工业收益的增加时，才会使全部产业的收益减少"。而且在任何时候，工农业生产都有一个"最大收益点"；假定其他条件不变，劳动的增加在达到"最大收益点"以前，农业和工业的收益都会相应地逐渐增加（即收益递增），一旦超过了"最大收益点"，那收益便会相应地逐渐减少（即收益递减）。进而他断言："正如每一个产业部门都有一个最大收益点一样，全部产业也一定有一个最大收益点。假如人口还没有大到足以使全部产业达到这个最大收益点，收益便少于它们所应达到的量，这时解救的办法就是增加人口。相反地，假如人口已经大到超过了最大收益点，收益又少于它们所应达到的量时，解救的办法，则是减少人口。"换句话说，在坎南看来，使工农业生产达到最大收益的人口是最理想的人口，亦即适度人口；在未达到"最大收益点"以前人口不足，而超过"最大收益点"以后则人口过剩。坎南的分析舍弃了技术进步等条件，只考虑人口数量和生产收益量的关系，因此被称为"静态适度人口论"。

（四）蒙伯特和凯恩斯等的人口经济思想

第一次世界大战以后欧洲经济亟待恢复，它引起一些资产阶级学者对人口经济关系的注意。德国人口学者蒙伯特（P. Mombert，1876～1938）曾着重从经济的角度来考察人口过剩问题。他 1916 年出版的《战后的人口政策》中，强调人口问题不是政治问题，而是人口和经济相适应的问题，如果经济和人口的平衡遭到破坏，就会产生过剩人口。他在 1929 年出版的《人口论》一书中，仍然强调在现阶段研究人口必须用经济观点。他曾经指出，如果经济衰退，即使人口的绝对数量减少，也会出现失业和人口过剩。这在一定程度上已从人口发展和经济发展的相互关系来考察人口问题。

1929 年资本主义经济危机的大爆发，使生产力受到极大破坏，使欧、美上千万名工人失业。这种情况迫使许多资产阶级学者重视危机和失业问题，凯恩斯（J. M. Keynes，1883～1946）就是其中最有影响的一个代表人物。早在第一次世界大战结束之后不久，他已经注意到战后人口问题，认为这主要是人口和被破坏了的经济之间的平衡问题，人口过剩是相对于经济发展来说的。在 1936 年出版的《就业利息和货币通论》中，他进一步把人口问题和"有效需求"，以及资本给雇佣劳动提供的就业量相联系。他承认大量"非自愿失业"的存在，认为这是由于有效需求不足，有效需求不足时，就业量亦不足。他认为从消费和投资两方面来解决"有效需求不足"，就可以解决资本主义社会的失业问题。他主张用通货膨胀来压低实际工资，用这样的办法来刺激投资，让工人在失业和通货膨胀之间进行选择。和"有效需求"相联系，他把人口增长看作是增加消费从而在一定时期适应经济增长的一个因素；他声称："19 世纪以内，就每十年的平均数字而论，人口和发明的增加，新区域的开发，公众的信任心，战事的频起，这种种因素，再加上消费倾向，似乎已足以建立一个资本边际效率表，一方面使就业的平均水准相当令人满意，另一方面利率也会高到财富持有人在心理上认为可以接受的程度。"1937 年 2 月在题为《论衰退人口的经济后果》的报告里，他声称在马尔萨斯的"人口过剩魔鬼"之外，从有效需求不足产生的失业是个更厉害的魔鬼。他认为生活水平的提高，要在增加投资的条件下才能实现，而"衰退人口"是不利于增加投资和消费的。

英国著名的经济学家希克斯（J. R. Hicks，1904），在 1936 年更明确地表述了人口增长比人口衰退更有利于经济增长的观点。他说："随着人口的增加，即使在没有什么发明的时候，投资也会剧增，因此增加人口有利于增加就业。"其实，这种认为人口衰退不利于经济增长的观点在资产阶级人口学家赫尔士（L. Hercsh）1934 年出版的《人口与失业》一书中有所论述。他根据第一次世界大战以后西方国家人口统计数字，认为在出生率下降、人口增长率比战前缓慢得多的情况下，不应当还把失业归咎于这些国家的人口增长过快过多。相反地，他断言这些国家的人口增长缓慢正是失业的根源，生产和人口的这种矛盾是战后出现的新矛盾："生产是以空前未有的速度在增长，而西方国家的人口增长率却在迅速下降"，人口少成了生产过剩从而导致失业的原因。赫尔士自称他这种理论是"倒过来的马尔萨斯主义"。这个说法不无道理，因为这种理论在表面看来和马尔萨斯的"两个级数"的说法相反，但是在本质上却是一致的，都抛开社会制度来谈人口和生产的关系，并把人口看作社会发展的决定因素，从而把资本主义制度下的危机和失业归因于人口本身。

二、当代西方人口经济理论

第二次世界大战以后，在经济增长的同时，人口急剧增加，西方国家资源浪费、环境污染、公害日益严重，20 世纪 70 年代初又出现了能源危机，于是人口与自然资源及生态平衡的矛盾越来越引起人们的关注，这时人口增长、工业发展导致自然资源枯竭的论调，又成为人口经济理论界的主要议题。

（一）萨缪尔森和斯彭格勒的人口经济思想

战后西方经济学界最有影响的美国经济学家萨缪尔森（P. A. Samuelson），在他所写的教科书《经济学》中，极力为马尔萨斯人口论辩护。他声称："虽然马尔萨斯没有预见到技术革新使生产能够扩大、使较多的人享受较高的生活水平，没有预见到西方生育力在 1870 年以后开始下降，然而他的理论所包含的一部分真理，对于了解印度、海地、中国以及世界其他部分的人口变动，仍然是重要的，在这些地方，人口数量与食物供给之间的平衡是一个重要因素。"他断言：马尔萨斯所说的"两个级数"，说明的是人口增长的倾向和抑制人口的必要，对于第三世界是完全适用的；它们必须控制人口增长，否则"人口数量便要爆炸"。因此，他赞同所谓的人口零值增长"理论"，认为今天的社会能够经受得住人口数量的停止增长。同时提倡用"适度人口论"来解决西方国家的人口经济问题，他说："对于先进国家来说，可以有一个适度的人口数量，既不太大也不太小，其大小正好足以使最理想的分工得以实现"。值得提及的是，1972 年美国人口经济学家斯彭格勒（J. J. Spengler）发表了《人口经济学》的专著，着重考察了人口增长、消费需求与自然资源和投资的关系。据他的测算，如果世界人口每年增加 2%，对食物的需求将增加 3%，同时要占用和消费更多的耕地、森林、淡水和能源等，有可能加速非再生资源的枯竭。他还估计，当人口年增长率为 1% 时，需要增加储蓄和投资4% ~ 5%，才能保持稳定的人口与财富的比例。因此，他主张稳定和控制人口增长。

（二）"悲观派"和"乐观派"

这是当代西方人口经济理论中影响较大的两种观点。"悲观派"的主要代表是梅道斯（D. H. Meadows）等，其受罗马俱乐部委托，于 1972 年完成关于人类状况的预测报告《增长的极限》。以他为代表的悲观派们认为，对当前世界经济增长最有影响的是五个因素：人口增长、粮食供应短缺、资本投资、环境污染和资源枯竭，这五个因素都是指数增长，即按一定百分比成复利增长，而其表现形式就是"倍增时间"，增长速度越快，倍增时间越短。而且，每个因素的增长都有一个循环的体系结构，都有它的反馈环路，人口增长的正反馈环路从出生率开始，而负反馈环路则通过死亡率来影响人口增长。他断言，人口增长是正反馈环路占统治地位，所以如果死亡率下降或不变时，必须降低出生率，延长两代人的生育间隔，才能降低人口增长率。同时他指出，上述五个因素是互相影响的：人口增长需要更多的粮食供应，从而需要更多的农业投资；而农业增产则需要使用更多的化肥和农药，这又会使环境污染日益严重，并且还要消耗更多的石油、煤等非再生资源；而环境污染和自然资源枯竭反过来又会影响人类自身。他声称，这种连锁的反馈环路，决定了世界体系中增长的因素和限度，如果任其恶性循环下去，必将导致"世界末日"的来临。他断言，要使世界体系避免最终的崩溃，出路在于使全球保持均衡；使出生和死亡人数相等，在 1975 年实现人口零值增长；并使投资率和折旧率相等，在 1990 年实现工业生产的零值增长。这个所谓的"零值增长理论"，对世界前途作了十分悲观的估计，受到各方面的批判。但是，所谓的"经济增长极限"从此在西方经济学界引起了争论，成为西方人口经济思想的一个重要课题。

"乐观派"的代表人物是朱利安·林肯·西蒙（Julian Lincoln Simon），代表作是其1981 年发表的《没有极限的增长》。这本书与《增长的极限》对人类前景所持的悲观论点截然相反，广泛而系统地论述了乐观派对人类资源、生态、人口等问题的看法。他首先抨击了罗马俱乐部研究问题的方法，认为用技术分析的方法预测未来，往往与历史的实际进展相差甚远，提出只有用历史外推的方法才是最切合实际的方法。他批驳了资源有限并将面临枯竭的论点，提出衡量资源是否紧缺的最恰当标准是自然资源的成本和价格，而从 1800 年以来，大多数自然资源的成本和价格一直在下降而不是上升。运用历史外推方法预测，资源的前景是乐观的。地球资源是无限的；特别是人类科学技术的进步有能力开辟其他途径即发明新的原材料或替代品来满足增长的需要。关于人口问题，他认为人口应从"最大多数人的最大利益"出发来判断其价值。如果有更多的人分享了生活的乐趣，较低的生活水平也不是一件坏事。长期来看，较多的人口反而带来较多的人均收入，"强大的经济和众多的人口产生了大量的知识创造者，会使人类拥有抵御风险的强大力量"。何况人口按指数增长是按照数学假设产生的观点，历史并非永远如此，在过去很长一段时期内，世界人口曾经停滞甚至规模缩小过。总之，根据他收集的资料和他的分析，得出人类资源没有尽头，人类的生态环境日益好转，恶化只是工业化过程中的暂时现象，粮食在未来将不成为问题，人口将在未来自然达到平衡的结论。

（三）美国国家科学院的研究报告

罗马俱乐部的研究报告《增长的极限》出版后在世界上一直存有很大争议。这本书的观点被称为新马尔萨斯主义。有关这本书的争议，刺激人们更进一步研究发展中国家迅速的人口增长是否影响以及怎样影响经济发展的问题。1983 年，美国国家研究理事会牵头组织了一个由萨缪尔森、普雷斯顿等美国著名大学和世界银行的经济学家、人口学家所组成的 11 人工作组，专门研究这一问题。三年后，这个工作组写出了综合研究报告《人口增长与经济发展政策问题》。这个报告从理论分析和经验材料两个方面来探讨人口增长与经济发展之间的内在关联机制。与其他有关这个问题的著述不同，这个报告从相反的角度来提出问题：人口的慢速增长本身是否会加速经济发展？从这个角度，这个工作组提出了如下9个问题：

1. 低速人口增长是否会通过增加人均可枯竭资源的可供量而提高人均收入的增长速度？

2. 低速人口增长是否会通过增加可再生资源的可供量而提高人均收入的增长速度？

3. 低速人口增长是否将减轻污染和缓解自然环境的退化？

4. 低速人口增长是否将导致工人的人均资本的增加从而提高每个工人的产量和消费？

5. 人口密度是否会通过减弱对技术发明的刺激和减少在生产及基础结构上的规模经济而降低人均收入？

6. 低速人口增长是否将提高人均教育和健康水平？

7. 低速人口增长是否将减少在收入分配上的不公平程度？

8. 低速人口增长是否将有益于劳动力被吸收进现代化经济部门和减轻城市化遇到的问题？

9. 一对夫妇的生育行为是否会让整个社会为之付出代价？

这个工作组的研究结果表明，除了第五个问题是否定的答案外，其他八个问题的答案都是有限制地肯定的。最后，这个工作组的报告指出："总的来说，我们得出一个定性的结论：对绝大多数发展中国家来说，人口的低速增长将有益于经济发展。"但是他们补充道："要对这些益处作严格的数量估计是困难的。"尽管如此，这个工作组还是设计了一个试图计算人口变化和人均收入增长之间的关系的简单模型；他们的计算表明，假如人口年增长率低于1%的话，30年后，人均产品和收入要比没有高于1%的情况高16%。但是他们也承认："这种简单的计算并不能完全反映人口增长和经济发展之间的复杂的联系。"

综上所述，西方人口经济学者的共同特点，总是离开社会经济制度来谈人口问题，多数人大都摆脱不了马尔萨斯人口论的束缚。但是，他们强调限制人口增殖，提出适度人口的理论是值得重视的。

三、马克思主义人口经济理论

（一）马克思、恩格斯的人口经济思想

辩证唯物论和历史唯物论是马克思主义人口经济思想的理论基础。马克思、恩格斯运用辩证唯物论和历史唯物论来研究人口经济问题，把人口经济放到生产力和生产关系、经济基础和上层建筑的矛盾运动中进行考察，从而使人口经济理论领域发生了深刻革命，科学地阐明了人口经济发展的客观规律。马克思、恩格斯在1845～1846年合写的《德意志意识形态》一书中最先系统地阐明了历史唯物主义的基本原理，指出："任何人类历史的第一个前提无疑是有生命的个人的存在，人们为了'创造历史'，必须能够生活。但是为了生活，首先就需要衣、食、住以及其他东西。因此第一个历史活动就是生产满足这些需要的资料，即生产物质生活本身。"这里所讲的生产物质生活本身，

就是社会历史发展的物质基础和物质资料的生产过程。恩格斯在 1884 年写的《家庭、私有制和国家的起源》一书中更进一步阐明了历史唯物主义的基本原理，他说："根据唯物主义观点，历史中的决定性因素，归根结底是直接生活的生产和再生产。"马克思、恩格斯创立的辩证唯物主义和历史唯物主义，从世界观的高度破除了资产阶级在人口经济研究中的唯心论和形而上学，为人口经济的研究提供了科学的理论基础。

人类自身的生产必须与物质资料生产相适应是马克思主义人口经济思想的核心。《德意志意识形态》一书中，马克思、恩格斯首先提出了"两种生产"的思想，他们指出："人们生产他们所必需的生活资料，同时也就间接地生产着他们的物质生活本身"，又说："一开始就纳入历史发展过程的第三种关系就是：每日都在重新生产自己生命的人们开始生产另外一些人，即增殖。这就是夫妻之间的关系、父母和子女之间的关系，也就是家庭。"他们揭示了从历史的最初时期起，物质资料生产和人类自身生产就同时存在着，而且都包括了双重关系，无论是自己生命的生产（通过劳动）或他人生命的生产（通过生育），这表现为双重关系：一方面是自然关系，另一方面是社会关系。两种生产并存，即物质资料生产（自己生命的生产）和人口的增殖（他人生命的生产）同时并存；但两种生产的方法不同，物质资料生产通过劳动来完成，人口生产通过生育来完成；并且两种生产都包含了双重关系，即两种生产都有不依社会生产方式为转移的自然过程，同时两种生产又都是在一定的社会形态下进行的。在《家庭、私有制和国家的起源》一书中，恩格斯更进一步精辟地论述了"两种生产"，"生产本身又有两种：一方面是生活资料，即食物、衣服、住房以及为此所必需的工具的生产；另一方面是人类自身的生产，即人类的繁衍"。人类社会要延续下去，一方面要通过生育繁殖，实现人口的不断更新，即人口再生产；另一方面又要进行物质资料生产，不断取得必需的生活资料。社会的历史就是在一定社会生产方式下，两种生产对立统一发展的历史，因此，人类自身生产和物质资料生产必须相互适应。

在 19 世纪 50 年代，马克思重新研究政治经济学，写了大量分析资本主义经济状况的论文，其中包含了丰富的人口经济思想。他在 1853 年写的《强迫移民》一文中，从分析当时英国移民问题入手，考察了人口发展与生产力的关系，提出了"人口压迫生产力"和"生产力压迫人口"的著名论点。马克思认为人口在不同地区的流动是受生产力和生产关系制约的结果，古代社会的人口大迁徙是由于生产力不足所造成的人口过剩的结果，这种过剩的人口又会成为生产力发展的障碍，所以是"人口压迫生产力"；而资本主义社会的情况正相反，"正是生产力的增长要求减少人口，借助于饥饿或移民来消除过剩的人口。现在，不是人口压迫生产力，而是生产力压迫人口"。马克思的这个论断揭示了人口和生产力之间不相适应的两种表现，揭示了资本主义以前的社会和资本主义社会不同的人口经济问题的主要特征。

在社会主义社会，人口要有计划地发展。在 19 世纪的 70 ~ 80 年代，恩格斯曾经提出了许多重要的人口经济思想，其中特别是对社会主义社会的人口发展提出了科学的论断。他在 1872 年发表的《论住宅问题》一文中指出，资本主义社会工人缺乏住宅的问题，只有通过革命和无产阶级专政才能解决，他阐述了人口的合理分布、废除资本主义生产方式和消灭城乡对立之间的关系。在 1877 ~ 1878 年《反杜林论》一书中，恩格斯进一步表示："只有实现生产资料公有制，社会生产内部的无政府状态才会被有计划且自觉的组织所代替，生存竞争停止了，人才在一定意义上最终脱离了动物界，从动物的生存条件进入真正人的生存条件，人们才最终成为自然界和社会的自觉的和真正的主人。"在1881年2月1日恩格斯致卡尔·考茨基的信里还明确地提出："如果说共产主义社会在将来某个时候不得不像已经对物的生产进行调整那样，同时也对人的生产进行调整，那么正是那个社会，而且只有那个社会才能毫无困难地做到这点。"这里恩格斯一方面再次说明了物的生产和人的生产这两者是并存的，必须相适应，另一方面，更重要的是强调了在社会主义条件下人口发展可以做到有计划的调节。恩格斯的这一科学论断和马克思、恩格斯的全部人口经济思想一样，对于我们实行计划生育和控制人口增长都具有重要的指导意义。

（二）列宁、斯大林的人口经济思想

列宁、斯大林运用马克思主义的基本原理，分析了帝国主义时代和苏联社会主义革命后的人口经济问题，进一步发展了马克思主义人口经济理论。

在19世纪90年代，列宁在许多著作中都着重分析了人口经济问题，捍卫马克思主义运用历史唯物主义来研究人口经济问题的立场，维护关于不同的社会生产方式有不同的人口规律的科学论断。针对民粹派朗格否认马克思关于每一种特殊的、历史的生产方式都有其特有人口规律的观点，列宁指出："马克思认为人生活在各种不同的社会机体中。人类的增殖条件决定于各种不同的社会机体的结构，因此应当分别研究每个社会机体的人口规律，不应当不管历史上有各种不同的社会结构形式而去'抽象地'研究人口规律。"

民粹派朗格提出"在土地属于大小占有者的农业国家里，只要自愿节育的风气在人民习俗中尚未有效传播，希望靠该地域的产品过活的人和消费者的经常过剩就是不可避免的"。对此，列宁进行了驳斥，他说："朗格简单地搬出这种纯粹的马尔萨斯原理，而没有提出任何论据，朗格这种忽视社会经济关系的论断，只是清楚地证明了他的方法毫不中用。除了这样的论断外，朗格再没有提供什么别的。"针对民粹派司徒卢威等把俄国19世纪中后期出现的资本主义人口过剩当作"适合自然经济的""非资本主义的人口过剩"的错误，列宁批驳说："决不能忽视历史上特定的社会关系体系及其发展阶段而按照人口增殖和生活资料相适应的公式来建立抽象的人口规律。"列宁强调了社会生产方式对人口发展的决定作用，指出不应抽掉社会经济关系的特征来抽象地研究人口规律。

列宁还提出在社会主义条件下提高人口质量、培养全面发展的人才，对经济建设具有重要意义。十月革命胜利之后，列宁在阐述共产主义建设的基本原理时，论述过人口和经济建设的关系，特别重视人口质量对社会主义建设的意义。在《苏维埃政权当前的任务》一文中，他指出："无产阶级夺取政权之后，必然要把创造高于资本主义社会的社会经济制度的根本任务提到首要地位；这个根本任务就是提高劳动生产率，为此就要有更高形式的劳动组织，要保证大工业的物质基础，还要发展群众的文化教育事业，提高劳动者的纪律、工作技能、效率、劳动强度、改善劳动组织等。"在《伟大的创举》

一文中，列宁强调了劳动者的共产主义觉悟对于经济建设的重要性，提出共产主义就是利用先进技术的、自觉自愿的、联合起来的工人所创造出来的较资本主义更高的劳动生产率。他还发展了马克思、恩格斯所提出的只有在共产主义社会人们才能得到全面发展的思想，他指出，必须教育、训练和培养出全面发展的、受到全面训练的人，才能消灭体力劳动和脑力劳动的差别。斯大林在领导苏联社会主义经济建设的实践中，也非常重视提高人口质量问题。他主张用发展教育，提高工农群文化水平的办法来达到提高人口质量的目的。斯大林在 1925 年发表的《致苏联无产阶级大学生第一次全国代表会议》一文中指出："高等学校，共产主义大学，工人进修学校和中等专业学校无疑都是重要的，都是培养建设新社会，建设社会主义经济指挥员的学校，不掌握科学是不能领导社会主义社会的建设的，从新的建设的需要出发，必须培养人才，要建设，就必须有知识，必须掌握科学，而要有知识，就顽强地、耐心地学习，掌握科学，培养各种知识部门的新的布尔什维克专家干部，学习，学习，最顽强地学习——这就是现在的任务。"他还发出了"革命青年向科学大进军"的号召。

继列宁之后，斯大林运用历史唯物主义的原理，进一步阐述了人口在社会生活中的地位和作用。他在 1938 年写的《论辩证唯物主义和历史唯物主义》一文中，批判了某些人主张地理环境、人口状况是"社会物质生活条件"中的决定性因素的观点。他指出："人口的增长、人口密度的大小，无疑也包括在'社会物质生活条件'这一概念中，因为人是社会物质生活条件的必要因素，没有一定的最低限度的人口，就不可能有任何社会物质生活。"但是，他认为，人口增长不是决定社会制度性质的主要力量。斯大林说："人口的增长对社会的发展有影响，它促进或延缓社会的发展，但是它不可能是社会发展的主要力量，它对社会发展的影响不可能是决定性的，因为人口的增长本身并不能说明为什么某种社会制度恰恰被一定的新制度所代替，即为什么原始公社制度恰恰被奴隶占有制度所代替，奴隶占有制度被封建制度所代替，封建制度被资产阶级制度所代替，而不是被其他某种制度所代替。"

人口增长对社会的发展起促进或延缓作用，明确地说明了人口在社会生活中的地位和作用，同时也说明了人口与经济的相互关系。人口的存在和发展是由生产方式决定的，是受社会经济所制约的。但人口的存在和发展又不是绝对消极和被动的，它对社会经济的发展，对生产力和生产关系的发展，起促进或延缓的作用。斯大林关于人口的增长对社会发展起促进或延缓作用的论述，是对马克思主义人口经济思想的丰富和发展。

（三）毛泽东的人口经济思想

毛泽东坚持历史唯物论，把人口问题与社会生产方式的变革联系起来，提出了许多精辟的见解。比如对"人口决定论"的批判。在新中国成立前夕，美国国务院发表了中美关系的白皮书和艾奇逊国务卿给杜鲁门总统的信。艾奇逊从帝国主义的立场出发，宣扬马尔萨斯的"人口决定论"，艾奇逊说："中国人口在 18、19 两个世纪里增加了一倍，因此使土地受到不堪负担的压力，人民的吃饭问题是每个中国政府必然碰到的第一个问题，一直到现在没有一个政府使这问题得到了解决。"他还断言新中国也无法解决人口问题。针对艾奇逊的谬论，毛泽东发表了《唯心历史观的破产》一文，他运用马克思主义关于物质资料生产方式是社会发展的决定因素的原理，用古今中外大量的历史事实，驳斥了艾奇逊之流"人多引起革命"的谬论，指出革命的发生是阶级压迫和阶级剥削的结果，而不是人口太多的缘故。毛泽东指出，中国的"失业问题即吃饭问题"，完全是帝国主义、封建主义、官僚资本主义和国民党反动政府的残酷无情的压迫和剥削的结果。并根据华北、东北等老解放区的经验，提出了"革命加生产即能解决吃饭问题"的科学论断。毛泽东坚持历史唯物论，把人口问题与社会生产方式的变革联系起来，建立起社会主义生产方式，从根本上解决了历史上遗留下来的人口经济问题。毛泽东的这些论述对于揭露帝国主义的侵略和掠夺的本质，批判马尔萨斯的人口决定论，鼓舞中国人民的革命意志都具有重大的意义。

（四）中国经济学家马寅初的《新人口论》

马寅初是中国著名经济学家，新中国成立以后，鉴于当时中国的人口增长及其趋势，他致力于研究人口问题。通过几年的观察与研究，他在 1957 年发表了《新人口论》，论述中国人口问题与社会主义经济建设，特别是发展生产力的关系。他否定了社会主义社会不存在人口问题的观点，指出"只要研究一下中国人口的增长情况就会感到人口问题十分严重"，中国人口如果继续这样无限制地发展下去，就一定会成为社会主义工业化和生产力发展的障碍。他认为，中国人口问题主要是"人口多、资金少"这一矛盾，"人口增加得太快而资金积累得似乎太慢"，拖住了中国经济建设的后腿。

他详细地列举了这一矛盾的表现形式：第一是人口发展得快和多，资金积累得慢和少，扩大再生产的规模取决于国民收入用于积累的部分，"因人口大，所以消费大，积累少，而这点积累又要分摊在这许多生产部门之中"，只有把人口控制起来，使消费的比例降低，才可以多积累资金；第二是人口迅速增长与生产设备不足的矛盾，这个矛盾降低了劳动者的技术装备水平和劳动生产率，而要提高工业的劳动生产率，"就要大力积累资金，加强每个工人的技术装备，同时还要控制人口"；第三是人口迅速增长与工业原料增长之间的矛盾，轻工业的原料主要来自农业，而农业则因人口增长必须扩大粮食生产，"经济作物的面积就要缩小，直接影响到轻工业"，人口增长破坏了经济作物和粮食在互争土地上的平衡，所以"从工业原料方面着眼亦非控制人口不可"；第四是人口增长与粮食增产之间的矛盾，中国地少人多，可垦耕地有限，由于人口增长，每人平均占有耕地面积在减少，粮食商品率低下，农民收入极不稳定，"故就粮食而论，亦非控制人口不可"；第五是人口发展与就业之间的矛盾，当时"这个情况已经相当严重，但每年还要增殖出来 1300 万人，除在工业部门安置 100 万人外，要把其余 1200 万人安置在农村"，既影响劳动生产率和生活水平的提高，又给政府带来许多困难，而且随着社会主义建设的发展，机械化、自动化必然随之扩大，剩余劳动力更多，为了解决这个矛盾也必须控制人口；第六是人口发展与教育事业落后的矛盾；第七是人口增长与提高科学技术水平之间的矛盾；第八是人口增长与提高人民生活水平之间的矛盾。他还论述了解决上述矛盾的根本途径，即发展生产、控制人口数量和提高人口质量。为此，要实行计划生育，提倡晚婚晚育，定期举行人口普查，广泛宣传控制人口增长的必要性，并运用行政和经济手段推行计划生育。但在"左"的思想干扰下，马寅初的

《新人口论》被斥为新马尔萨斯主义，受到了批判和围攻。马寅初坚持自己的观点，并且指出："中国的人口问题是一个特殊的人口问题，要调查、分析和研究，要用大量的有关资料来立自己的，不能专凭教条来破别人的。"现在看来，他的意见是中肯的，观点基本是正确的，主流是符合中国社会主义建设的实际情况的。

综上所述，马克思主义人口经济理论总是把人口发展与社会经济制度紧密联系起来，认为人口的增长不仅取决于自然因素，而且取决于社会经济、文化、传统习惯等多种因素。

第二节 福利经济学理论

福利经济学（Welfare Economics）是西方经济学家从福利观点或最大化原则出发，对经济体系的运行予以社会评价的经济学分支学科。福利经济学是研究社会经济福利的一种经济学理论体系，其主要内容有社会经济运行的目标，实现社会经济运行目标所需的生产、交换和分配的一般最适度的条件及其政策建议等。

一、福利经济学概述

福利是人们对满足的一种评价。能用货币来衡量的福利称为经济福利（也称社会福利），它是福利经济学的研究对象。福利经济学是从微观经济主体的角度出发，考察一个社会全体成员的经济福利最大化问题。或者说福利经济学从资源的有效配置和国民收入在社会成员之间的分配这两个方面，研究一个国家实现最大的社会福利所需具备的条件和国家为增加社会福利应采取的政策措施。

英国经济学家庇古（Arthur Cecil Pigou）的著名代表作《福利经济学》是福利经济学产生的标志。《福利经济学》一书，就是研究在实际生活中影响经济福利的一些重要因素，全书的中心就是研究如何使社会福利得到增加。庇古认为国民收入是衡量社会经济福利的一个尺度，国民收入水平越高，分配越平均，社会经济福利就越大。庇古从国民收入总量和国民收入分配这两个基本命题出发，提出资源的最优配置、收入的最优分配等理论。庇古的理论以基数效用论为基础，被称为旧福利经济学。以序数效用论为基础的福利经济学则称为新福利经济学，或称现代福利经济学。意大利经济学家帕累托（Vilfredo Pareto）被认为是新福利经济学的先驱。新福利经济学着重研究生产资源在社会生产中如何达到最优配置，认为当整个社会的生产和交换都最有效率时，整个社会的福利就达到最大。新福利经济学把帕累托提出的社会经济最大化的新标准——帕累托最佳准则作为福利经济学的出发点。随后，希克斯、卡尔多、伯格森和萨缪尔森等经济学家对帕累托最佳准则作了多方面的修正和完善，并提出了补偿原则论和社会福利函数论等，创立了新福利经济学。

帕累托最优状态（Pareto Optimum）是指在收入分配既定的情况下，如果生产要素的任何一种新组合，都不能使任何一个人在不损害他人利益的前提下增进自己的福利，资源配置就达到了最有效率的状态，即帕累托最优状态。帕累托最优状态意味着资源的配置达到了最大效率，任何重新配置的行为都只能使这一效率降低，而无法使这一效率升高。也就是说，如果某种新的资源配置能使所有人的处境都有所改善，或者能使一部分人的处境改善，又不至于减少其他人的福利，那么经济社会就没有达到帕累托最优状态。

要实现帕累托最优状态需要满足三个条件，即交换的帕累托最优条件，生产的帕累托最优条件，以及交换和生产的帕累托最优条件。帕累托最优状态的三个条件能够在完全竞争的经济社会中得到满足，即帕累托最优状态可以在完全竞争的市场中实现。在现实经济生活中，常常需要判断诸如社会福利是否增加了，某项政策的实施是好还是不好等问题。这里关键就在于社会福利增加与否的判别标准。如果一项变革或一个变化，可使一些人的福利增加又不会使其他人受损，那么这项变革或变化就增加了社会福利。这个标准称为帕累托准则，也称为帕累托许可变化。但帕累托准则有一个前提，即收入分配是既定的，这使许多政策无法根据这个标准评估，一些经济学家针对帕累托标准的缺陷，提出几种不同的判别标准。如英国经济学家卡尔多提出：如果一项变革使受益者从中得到的利益，比受损者从中遭受的损失，用货币价值来衡量要大的话，那么该变革就增加了社会福利，就是有利的。这称为卡尔多的判别标准。

如图3-1，有A、B两人或者两个团体，其福利水平分别为A福利和B福利，初始状态为m。现有两个运动状态，一是由初始状态m到i，称为方案1；二是由m到j为方案2，如图所示。如果实施方案1，则A、B双方的福利水平均得到提高，这种变化符合帕累托许可变化；如果实施方案2，则A的福利水平增加，而B的福利水平降低，这种变化就不符合帕累托准则。但如果按照卡尔多的判别标准，则要分析A福利增加和B福利减少的关系，如果A福利增加的部分大于B福利减少的部分，那么方案2也是有利的、可行的。所以对于方案2，如果对B进行补偿，使B高于或至少相当于初始的福利水平，则方案2就满足了帕累托准则的条件，变为一种许可的可行方案。如果方案2所需的补偿由A来承担，同时A的福利水平在承担后尚有正的净福利N_a，那么这样的变化是可行的，这种变化称为帕累托改进。若为改进后的方案，则改进后的方案2为帕累托可行方案。

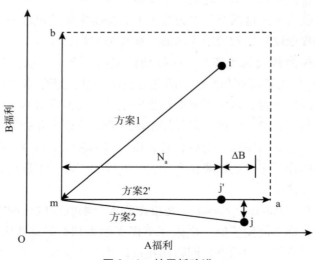

图3-1　帕累托改进

事实上，在任何一种运动状态中，一方受益难免不使另一方受损。英国经济学家希克斯等提出补偿检验。补偿检验的实质在于：政府可运用适当的经济政策使受损者得到补偿，如对受益者征收特别税，对受损者支付补偿金，使受损者至少保持原来的经济状态。如果补偿后还有剩余，意味着增加了社会福利，则可以实施这一改变。

二、社会福利函数

社会福利函数是福利经济学研究的一个重要内容，社会福利函数试图指出社会所追求的目标应该是什么；分析社会福利应该考虑哪些方面的因素，是某些人的利益或效用，还是所有人的利益或效用；当人们之间的利益或效用相冲突时，应该如何处理这些不同的利益或效用。美国经济学家伯格森和萨缪尔森提出以社会福利函数作为检验社会福利的标准。他们认为要确定最理想的帕累托最优状态，仅仅有交换和生产的最优条件，即资源配置的最优条件是不够的，还必须有收入分配的最优条件。

社会福利函数把社会福利看作个人福利的总和，所以社会福利是所有个人福利总和的函数。以效用水平表示个人的福利，则社会福利就是个人福利的函数。伯格森和萨缪尔森认为，社会福利是若干变量的函数，这些变量包括社会所有成员购买的各种商品的数量、提供的各种生产要素的数量，以及一些其他的因素。社会福利函数是社会所有成员效用水平的函数，即：

$$W = f(U_1, U_2, \cdots, U_n) \tag{3-1}$$

其中，W 表示社会福利；U 表示社会上所有个人的效用水平。

假设社会中共有 A、B、C 三个因素（如社会、经济、环境），这时的社会福利函数就可以写成：

$$W = f(U_A, U_B, U_C) \tag{3-2}$$

上述社会福利函数只是福利函数的一般表达式，其具体形式则需要根据具体分析对象确定。如果能得到社会福利函数的具体形式，便可以根据社会福利函数作出社会无差异曲线。与单个消费者的无差异曲线一样，社会无差异曲线也有无数条，而且越是离原点远的社会无差异曲线，代表的社会福利也越大。

三、公共物品

公共物品（Public Goods）是指供整个社会共同享用的各种（特殊）物品、设施和服务的总称。公共物品相对的是私人物品（Private Goods），公共物品一般由政府提供。公共物品有两个显著的特性，即非排他性和非竞争性。非排他性，就是无法排除其他人从公共物品中获得利益，这与私人物品的排他性完全不同。公共物品供整个社会的全体公民享用和消费，如城市基础设施、公路、环境保护、国防、经济制度等。公共物品非排他性意味着消费者可能做一个"搭便车者"。

非竞争性，就是消费者的增加不引起生产成本的增加。如公路在不拥挤的情况下，增加行驶车辆并不增加任何运作成本。私人物品的供给具有竞争性，如某种产品有利可图，生产者就纷纷上马生产，但人们一般不会竞相供给公共物品。不少公共物品同时具有非排他性和非竞争性，而有一些公共物品可能只具有其中一个特性。有竞争性，但无排他性的公共物品，通常称为公共资源（Common Resource），如海洋中的鱼是一种竞争性物品，你捕的鱼多了，别人捕的鱼就会少了，但这些鱼并不具有排他性，因为不可能对任何从海洋中捕到的鱼收费。环境也是一种公共资源。还有一种公共物品，有排他性但无竞争性，通常说这种物品存在自然垄断，如城市供水、有线电视等。公共物品的供给也受到社会需要程度的影响，也有一个最优供给量的问题。如一个城市有一个或两个飞机场就够了，建得再多就没有必要了。

四、市场失灵

市场在调节经济、配置资源等方面的缺陷，称为市场失灵（Market Failure）。市场机制在协调经济、配置资源等方面具有十分重要的作用，但是它也表现出许多自身无法克服的缺陷，主要表现在：市场经济活动会产生外部不经济问题，如环境污染；市场本身缺乏完整性，如不存在公共产品市场；通过市场进行的收入分配不平均，容易导致贫富两极分化；市场经济不能保证满足众多的社会目标；市场常受到经济波动、经济周期的影响而发生资源的浪费和社会福利水平的下降；市场不能保证信息的安全、充分和传递中的顺畅等。

市场失灵要求政府采取必要的政策措施来予以弥补和矫正，即政府干预。政府干预主要通过微观经济政策和宏观经济政策进行。微观经济政策的内容丰富，手段很多，如环境保护政策、反垄断政策、提供公共产品、失业救济政策等。有些微观经济政策是在宏观的背景下运用的，所以带有宏观的形式。宏观经济政策也是进行政府干预的主要政策，如通过货币政策、财政政策、收入政策等经济政策对市场进行调控。

图 3 – 2 中 MR 为边际收益，当厂商遵循边际收益 = 边际成本即 MR = MC 时，产量和价格确定在 c 点，但因其垄断地位，厂商可将价格定至 b 点，此时价格由 p′升到 p_m，利益也被垄断厂商所攫取，消费者剩余所剩无几。

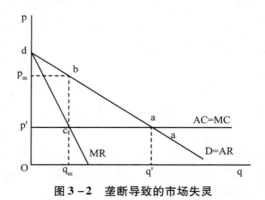

图 3 – 2　垄断导致的市场失灵

五、外部性

一个消费者的行为，可能有利或有害于其他消费者，一个生产者的行为，也可能对消费者和其他生产者产生有利或有害的影响。通常这种影响不直接作用于市场中的生产和消费。我们把经济主体对其他人产生的这种影响称为外部性（Externality）。市场交易中的买方与卖方并不关注他们行为的外部效应，所以当存在外部性时，市场调节并不是有效率的。在这种情况下，从社会角度关注市场结果必然要超出交易双方的福利之外。外部性可分为有利的和不利的两种。有利的称为正外部性（Positive Externality）或外部经济性（Externality Economy）；而不利的称为负外部性（Negative Externality），或称为外部不经济性（Externality Diseconomy）。外部经济性是指个体的经济活动使其他社会成员无须付出代价而从中得到好处的现象，如养蜜蜂获得的收入属于蜂农而不属于果农。外部经济性是社会受益高于个人受益的情况，也就是说，个人的一部分好处被其他人分享了。自己不支出或少支出成本，就可借助于别人的行动获益。这种收益为无偿的转移，在一般情况下是低效率的。过多的外部经济性会导致市场失灵。因此要使社会经济不断发展进步，就要不断地改革，使个人受益不断接近社会受益。外部经济性分为生产的外部经济性和消费的外部经济性。外部不经济性是指个体的经济活动使其他社会成员遭受损失而未得到补偿的现象，如造纸厂向河流中排放污染物。外部不经济性是社会成本高于个人成本的情况，也就是说，个人的一部分成本被其他人分摊了。自己的一部分收益是建立在别人受损的基础上。如造纸厂向河流里排放污水，其社会成本至少应该是造纸厂的成本加上渔业损失。外部不经济性分为生产的外部不经济性和消费的外部不经济性。生产的外部不经济性如生产活动造成的污染以及交通拥挤状况等。消费的外部不经济性如抽烟对他人健康及环境的损害等。经济学家庇古在《福利经济学》一书中指出：在经济活动中，如果某厂商给其他厂商或整个社会造成不需付出代价的损失，那就是外部不经济。这时厂商的边际私人成本小于边际社会成本，从而私人的最优导致社会的非最优。

在图3－3中，假设存在某一商品，生产该商品的企业因污染问题导致企业成本升高，进而引起社会总成本的升高，均衡点只有沿着市场均衡线往左上方移动才能够达到最优均衡，导致的最终结果即商品价格升高，生产数量减少。

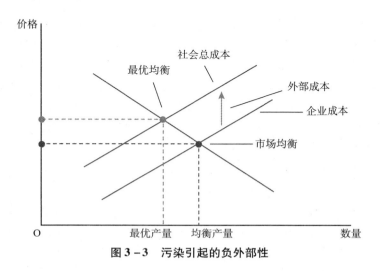

图3－3　污染引起的负外部性

图3－4中，受教育者付出相应成本后获得了学识、能力等方面的提高，相应地，不仅自身会获得更多的利益，对于全社会来说，高素质人民的增多也会进一步优化整体

的社会环境。因此，当人们接受良好教育时，除了自身获得了利益之外，社会也享受到了一份福利。总之，当人们注意到受教育者所带来的个人及整体的利益均有所提升时，对于教育的需求也会随之增加，最终沿着原先的市场均衡点向右上方移动至相应的最优均衡点，呈现的最终结果即教育作为一种商品价格升高，生产数量也增加。

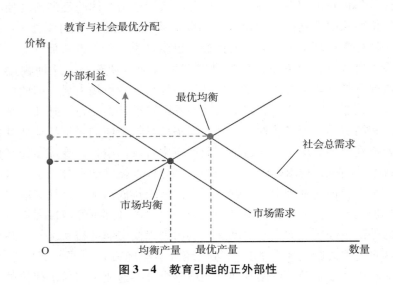

图 3-4　教育引起的正外部性

不管是外部经济性还是外部不经济性，从整个社会角度来看，都会导致资源配置的错误。在一般情况下，政府所关注并致力于解决的主要是外部不经济性问题。当出现外部不经济性问题时，依靠市场是不能完全解决这种损害的，必须通过政府的直接干预手段解决外部性问题。就是要在外部性场合通过政府行为使外部成本内部化，使生产稳定在社会最优水平。外部性的影响使市场机制不能达到有效率的帕累托最优状态，国家必须制定相关政策并有效实施来应对这一状况。主要政策一般有三种：一是使用税收和津贴的方法。如采取给予环境保护者津贴、减免税收等措施，使个人受益低于社会受益的部分得到补偿；对环境污染者采取征收税与费、罚款等措施，使个人成本上升到与社会成本基本保持一致。二是使用企业合并的方法。如有两家企业，甲企业的生产活动影响乙企业的产出水平，则甲的活动产生了外部性，反过来乙的活动也可能对甲产生外部性，在一定的条件下，如果合并甲、乙两家企业，实现外部性内部化，这样，原来两家企业各自的外部成本和外部收益变成了一家企业的内部成本和内部收益，相关的外部性就不存在了。三是使用规定产权的办法，产权是一种界定财产所有者，以及他们可以如何使用这些财产的法律规则。根据污染所造成的危害程度对排污者征税，用税收来弥补排污者生产的私人成本和社会成本之间的差距，使两者相等。这种税由庇古最先提出，也被称为"庇古税"。庇古税按照排放污染物的量或经济活动的危害来确定纳税义务，属于直接环境税。在研究外部性理论中有一个重要的定理，即科斯定理。科斯定理指出：如果当事各方能够无成本地讨价还价，无论最初的产权如何界定，他们最终都能够达成资源的帕累托最优配置。如环境的使用权应当作为一种财产权，这样，当某项生产活动产生负外部性时，就可以明确地划定损害方和受损方，并使受损方得到赔偿。科斯定理认为，外部性效应往往不是一方侵害另一方的单向问题，而是相互性，只通过征收庇古税来解决是不公平的，外部性问题的实质是避免将损害扩大化。科斯定理的核心在于明确产权，只要产权清晰，在交易成本为零的情况下，不论谁拥有产权，资源配置都是有效率的，可以基于自愿交易的私人合约行为对市场运转进行自我修正。科斯定理对产权理论的阐述，揭示了外部性问题的根源在于稀缺性导致的对资源使用的竞争性需求。

从以上分析可以看出，公共政策下的税收政策和科斯定理的产权原理都是针对有限资源下调整社会间经济主体的资源配置，但侧重点不同。两种手段都对负外部性，特别是污染等环境问题提出治理的可能，但就对解决环境污染问题的实践状况看，征收庇古税相对比科斯产权理论下的自愿协商解决产生的社会效应要大。对于外部不经济的治理，政府还可以采取其他政策措施，如运用法律手段对生产者进行强制管理、政府投资治理外部不经济、政府介入市场，保护当事人的利益促进资源的优化配置等。

第三节　资源产权理论

一、一般产权理论

（一）产权理论的起源

产权理论较传统经济学理论起源较晚，发展尚未完善，但却在经济学界得到了广泛的推崇和接受，对产权的概念、界定、性质和意义都有了更深层次的研究。产权理论自身的发展也进一步完善和发展了主流经济学，但其发展也存在许多不足。

产权的英语译文是 property rights，这表明产权这一概念是复数的，是一组权利束而非单一的权利。property 有资产、财产、财产权等意思；而 right 则有权利的意思。二者合在一起可以翻译成"财产权利""所有权利"等多种解释，一般认为产权就是财产权利的简称。目前关于产权的定义多种多样，由于大家看问题的角度和出发点不尽相同，出现了众多的观点，导致很多认识上的模糊和分歧，增加了人们理解的难度。要想明确产权的内涵，最有效的方法莫过于从产权的起源开始讨论。

产权经济学是新制度经济学的一个分支，它产生于 20 世纪 30 年代，在 50 年代以后有了较大的发展，到 80 年代中期，其理论体系基本成熟，形成了企业性质理论、企业产权结构理论和制度变迁理论三个主要分支。新制度经济学对产权的形成原因说法不一，主要有诺思和罗伯特·托马斯的"人口增长说"，德姆塞茨的"资源稀缺说"，以及伊夫·西蒙和迪蒙塞尔的"交易费用说"三种观点。

1. 诺思——人口增长说。

诺思在论述产权产生的原因时提出："人口压力会导致人类所开采的资源的相对稀缺性发生变化，与这些发展相适应，单个的群落开始不许外来者分享资源基数，在这一过程中，这样的群落就定居下来，排他性公有产权的建立使群落努力提高生产力。"诺思认为，产权诞生的原因是由于人口增长导致资源相对稀缺，人们（包括个人和群体）

开始对资源享有排他性的权利。也就是说产权是人们对资产（或财产）的独占权，实际上是一种所有权。

2. 德姆塞茨——资源稀缺说。

德姆塞茨列举了一个关于土地所有权的例子。古代北美印第安人在共有的土地上狩猎，当猎物资源丰富时，排他性不显著也就不存在产权。随着猎物存量的下降，他们就发明了产权，规定每人只能在一定的范围内狩猎，在这个范围内，只有他能打猎，别人就不行。于是他就间接获得了这块土地的所有权。德姆塞茨认为资源的稀缺性导致了产权的产生。虽然德姆塞茨与诺思对资源稀缺产生的原因看法不一致，但两人都认为产权是对某种资源的独占权，也是一种所有权。

3. 伊夫·西蒙和迪蒙塞尔——交易费用说。

西蒙和迪蒙塞尔也列举了一个例子。在一块村镇公有的土地上，某一成员放牧牲畜的数量是同乡的一倍，使自己增加了一倍的利益，而使其他99个共同体成员蒙受了损失，于是就需要进行协商。但是这么多人在一起协商的费用很高，为了避免麻烦，"最好把权利以私有形式分给个人，并允许那位与土地有很大利害关系的人同其他99名成员中的每个人进行协商，以便从每个人那里买得放奶牛三天半的权利。事实上，为了避免交易费用过高，他只会与一两个私人企业主谈判，进行土地合并或集中的交易"。西蒙和迪蒙塞尔的意思是说，在使用一项财产或资源时，比如土地，由于所有权的不明确性会产生较高的交易费用，而解决的办法是明确所有权关系，即土地由原来的100人公有变成每个人私有。实际上，西蒙和迪蒙塞尔也认为产权就是所有权，同时他们还描述了产权关系或者说产权制度的变革，即土地从公有向私有的转变。由此看来，产权就是所有权，但它是广义的所有权，包括所有者对财产的各种权利，例如狩猎权、占有权、放牧权等。上面的三种学说都列举了形象的例子，事实上，所有权的内涵要比上面提到的内容丰富得多，还包括使用权、收益权、支配权、管理权等多种权利。而且所有权的内涵也不是一成不变的，因而产权的内涵也是不断变化的。

（二）产权理论的界定

到目前为止，理论界对于产权还没有形成一致的看法，没有一个权威的、被普遍接受的定义。较为全面的定义是菲吕博腾和配杰威齐在《产权与经济理论：近期文献的一个综述》中给出的："产权不是关于人与物之间的关系，而是指由于物的存在和使用而引起的人与人之间被认可的一些行为关系，社会中盛行的产权制度便可以被描述为界定每个在稀缺资源利用方面的一组经济和社会关系。"产权是一个复杂的体系，必须从多方面来思考产权的各部分内容及其影响因素，这就需要对产权的内涵进行总结：

1. 产权就是广义的所有权，其主体既可以是国家，也可以是集体，还可以是自然人和法人，客体是财产。

2. 产权通常以法律的形式表现，依靠社会强制力量来界定产权。

3. 产权是多种权利的集合，即权利束，并且具有层次性，有时它指完整的产权体系，而有时它仅指单个的产权。

4. 产权的内涵是不断变化的。随着社会制度的变迁、经济生活的发展，某个产权可以派生出新的产权，某些产权可以组合成新的产权，产权的内涵也会随之变化。

5. 明确产权可以帮助人们进行更合理的交易，起到资源配置、收入分配、激励和约束等多种作用。

6. 产权具有相对独立性。

二、资源产权的基本理论

资源问题与产权理论密切相关，从 20 世纪 60 年代至今，人们对资源产权理论进行了多方面的研究。日益严重的资源问题使人们认识到对自然资源的过度利用已经对人类生存环境造成了恶劣的影响，向自然资源排放的废弃物几乎超过环境承载的极限。在追逐个体利益与保护环境的过程中，人类在不断寻求有效解决矛盾的方法，其中资源产权理论的发展指出了一条可以尝试的途径。

（一）资源产权理论的起源

科斯 1960 年发表的《社会成本问题》一文被认为是资源产权理论的起源。科斯从环境污染问题入手，提出了"问题的相互性"。如果允许污染，被污染者受到了损害（如粮食减产）；如果制止污染，则污染者受到了损害（如工业减产）。因此，"关键在于避免较严重的损害"。为了探讨解决的办法，要引入产权分析。科斯在文中不厌其烦地分析了 10 多个案例，这些案例几乎全是资源问题，科斯提出通过产权分析，处理外部效应问题，使社会产值最大化，或者说达到资源配置的帕累托最优状态。科斯的产权理论并不是针对资源问题的，但《社会成本问题》对产权的研究却是从资源问题入手的。通过对许多资源问题的案例展开经济学分析，最后得出被称为科斯定理的重要结论。因此，可以狭义地说，《社会成本问题》就是为了应对资源问题而诞生的。也许有人会认为这种说法过于牵强，但从另一角度看，产权理论是用经济学方法研究外部效应问题的一条重要思路，而资源问题往往与经济活动外部不经济性相联系，因此，资源问题是产权理论研究的起点和重要的应用领域，而产权理论又为分析那些引起资源浪费的权利安排提供了理论方法。

（二）资源产权束理论

资源产权是一组权利或者权利束，国外称为"产权束"。它包括所有权、使用权、收益权等。

1. 资源的所有权。

"财产所有权是指所有人依法对自己的财产享有占有、使用、收益和处分的权利。"这是自罗马法以来世界各国民法的共同规则。我国宪法明确规定，矿藏、水流、森林、山岭、草原、荒地、滩涂等自然资源，都属于国家所有。我国的资源所有权属于国家，其理论定位为公共财产权。个人既是所有者又是非所有者，这构成了我国资源产权国家所有的基本矛盾。根据我国《民法典》第二百四十六条规定"法律规定属于国家所有的财产，属于国家所有即全民所有"。社会全体共同拥有自然资源是我国国家自然资源公共财产权的特征，这一特征同时决定了每一个人既是自然资源的所有者又不是自然资源的所有者。之所以是所有者，是因为依照法律共同拥有即意味着每个人都拥有自然资源财产的所有权，这些所有权的集合构成共同拥有的权利；如果每个人都没有所有权，也就谈不上公共财产权。另外，他又不是资源的所有者，因为在公共拥有的情况下，只有每个人所拥有的所有权同其他所有人的所有权相结合构成公共所有权时，才能有效地发挥作用。作为个人，任何人都没有特殊的所有权去索取总收入的任何一份特殊份额。

2. 资源的使用权。

所谓自然资源使用权，也有称特许物权或用益物权、准物权，是指为了自然资源的有效和可持续利用，使用权人在依法取得自然资源主管部门批准后，所拥有的对自然资源使用收益的权利。我国集体所有的土地、草原、森林、水面等，一般由集体经济组织成员通过承包的方式取得承包经营权进行利用，对国家所有的农用土地、草原、森林等也可以由集体经济组织取得使用权，集体组织再以承包的方式给予集体组织成员承包经营，这些资源的使用权人具有集体经济组织成员的身份特征。

3. 资源的收益权。

按照产权理论，所有权主体拥有对"物"的收益权。产权是以所有者为基础的各种行为性权利的总和，最终体现和根本标志在于财产收益权。放弃财产收益权，就等于放弃了财产所有权。凭借财产权利从内容和形式上明确所有者的经济收益，这是对资源资产保值增值的必然要求。财产权益的实现方式是多种多样的，不同特点和性质的自然资源应当运用不同的方式来实现收益。下面以矿产资源收益权的实现为例进行介绍。国家是矿产资源的所有者，其财产收益的实现也要通过一定方式和途径来实现。矿产资源对国民经济发展的特殊作用以及其不可再生、耗竭性等特点，使各国矿产资源的所有者都采取了形式各异的矿产资源有偿使用制度，以保护自身的财产权益。目前，我国矿产资源收益的形式主要包括：

（1）矿产资源补偿费。

开采矿产资源必须按照矿产品销售收入的一定比例缴纳矿产资源补偿费。对中外合作开采陆上和海上石油资源的，征收矿区使用费，不再征收矿产资源补偿费，两者属同一性质。

（2）资源税。

在我国境内开采矿产资源的单位或个人，都要按照矿产品产量缴纳资源税。

（3）探矿权使用费。

国家实行探矿权有偿取得的制度，探矿权人在领取勘察许可证时，必须向国家缴纳探矿权使用费。探矿权使用费以勘察年度计算，逐年缴纳，纳入预算管理，由省级以上地质矿产行政主管机关负责征收。

（4）采矿权使用费。

国家实行采矿权有偿取得的制度，采矿权人在申请矿产资源开采许可证时必须向国家缴纳采矿权使用费。采矿权使用费按照矿区范围的面积逐年缴纳，标准为每平方千米每年1000元，纳入预算管理，由县级以上地质矿产行政主管机关负责征收。

（5）探矿权价款。

申请国家出资勘察并已经探明矿产地的区块，探矿权申请人除依法缴纳探矿权使用费外，还应当缴纳经评估确认的国家出资勘察形成的探矿权价款。

（6）采矿权价款。

申请国家出资勘察并已经探明矿产地的采矿权，采矿权申请人除依法缴纳采矿权使用费外，还应当缴纳经评估确认的国家出资勘察形成的采矿权价款。

三、资源产权的性质

资源产权具有价值性、可分割性、历史延续性、国际分配性的特点。

（一）资源产权的价值性

根据马克思的价值理论，价值是凝结在商品中无差别的人类劳动，是抽象劳动的结果。资源产权，如绿地、花草树木、喷泉、雕塑、人工的山林、湖泊等都凝结着产权主体的投入，其本身都含有无差别的人类劳动，都应具有价值。从产权交易来看，任何交易都是一组权利束的交易，而权利束常常附着在一种有形的物品或服务上。例如出售私有房屋，出售的不仅是房屋所有权、使用权、收益权等权利，其中还包括房屋周围的绿地、花草树木、景观等附带的环境产权，环境产权影响着房屋产权价值的高低。所以，并不是单一的资源产权决定着物品的价值，而是资源产权束决定着物品的价值。

（二）资源产权的可分割性

产权能够界定，且可以分割。关于产权形式，大部分人认为既有私有产权，也有公有产权。其中公有产权按其公有范围大小还可分为集体产权、国家产权（政府产权）和国际产权。私有产权是经济主体对标的物具有明确的、专一的、可以自由转让的产权，它是市场经济制度下经济主体不断地、高效率地使用资源，以追求财富积累的创新机制，并表现为持久的积极性、敏锐的市场意识和各领域内的创新行为，具有排他性和竞争性的特点。正是因为这种特点，它能够产生个人理性约束和激励约束，确保经济参与者正确地按效益最大化原则决策。新制度经济学指出，公有产权的特征是共享性和非排他性，它缺乏一种创新和激励机制，是一种效率有待提高的产权。

资源产权是否可分？我们认为是可以的，这不仅是因为产权可分，更主要的是资源有可分、可界定的基础。作为一个复杂的生态系统，资源既有私有部分，如花园、草地，西方已有被私人拥有的可耕地、森林、湖泊、水源等，也有公有部分，如空气、地下水、土地等。这些公有资源或由集体公有，或由国家公有，或由国际公有，如大气层、公海、极地乃至太空、月球等。因此，存在着资源私有产权和公有产权。其中，公有资源产权包括集体资源产权、国家资源产权和国际资源产权。所以，资源产权是多层次的混合体系，具有可分性。

（三）资源产权的历史延续性

从总体上看，资源不仅属于今人，也属于后人，它具有历史延续性。洛克曾提出劳动所有权思想，即只要付出劳动，其产品或资源就应属于劳动者。按照这种逻辑，对于资源而言，那些无劳动能力的人，包括丧失劳动能力的人、尚未具备劳动能力的人，以及尚未出生的人自然就没有所有权。仅限于当代具有劳动能力的人对资源拥有完全所有权，这显然是不公平的，这不仅会造成资源的过度利用，而且也危及其他人，包括后代人的生存利益。从伦理道德角度讲，产权是人类的产权，不仅属于当代人，也应包括后代人。所以，资源保护问题至少在伦理道德上应体现出历史公平延续性。因此，在当今生态资源危机这样一个特殊的历史条件下，资源代际公平分配十分具有现实和历史意义。当代人必须考虑后代的生存基础和福利，这是可持续发展及经济有效增长的基本伦理前提。从这种意义上讲，历史延续性所体现的公平伦理观具有一定的合理性与现实性。

（四）资源产权的国际分配性

从某种意义上说，资源产权具有国际性。这种国际性在资源产权中的表现就是所有权具有一定的国际融合性，即在现实上为某一国家所有，其占有权和使用权属于某一国家，但在功能发挥上又具有一定的国际性，属于国际社会。这是由于作为国际公共物品，资源使用权、占有权与所有权相分离造成的。资源产权所具有的国际性是资源产权不可分割的、具有超越一个国家的正负外部效应的公共品的属性。例如，某一地域的沙化引起的沙尘会传播到其他国家；某一地域地下水的枯竭、污染会引起其他国家地下水位下降甚至污染和枯竭。因此，环境资源具有复杂的国际传播性，资源产权的各项权能需在国际范围内可分配。

四、资源产权制度的基本模式

如果抛开别的因素不谈，单就产权制度而论，一般情况下私有产权制度比公有产权制度更有效率，也更有利于实现资源的环境生态效益和经济效益的优化配置。但当环境资源本身无法分割、产权界定成本太高时，公有产权制度则更有效率。什么样的环境资源产权结构对实现环境生态效益和经济效益更为有利，值得深入探讨。

（一）设置资源产权制度的原则

1. 必须处理好经济效益和环境生态效益的关系。

经济效益和环境生态效益并不总是矛盾的，总体上说提高经济效益对环境生态效益是有利的，从长远看环境生态效益的实现又有助于经济效益的提高，有利于经济的持续发展。经济效益低下必然造成资源浪费，单纯追求环境生态效益而牺牲经济效益是不可能的，也达不到环保目的。这应当是任何一种产权制度所必须坚持的一个基础。

2. 必须考虑到国家宏观方面的情况。

选择产权制度必须考虑到政治体制、经济发展水平和法律传统、公民的环境意识以及国家实施法律和管理环境的能力。

3. 私有产权与公有产权需要清晰界定。

如果某种自然资源主要以发挥经济功能为主，环境生态效益不重要，应当选择私有产权；如果某种自然资源利用中不会对生态环境造成损害或损害较少，也应选择私有产权；但也有一些资源，如水资源等产权，因其无法分割且产权界定成本高，实行公有产权制度更有效率。

4. 选择产权制度必须结合资源本身的特点。

因资源的具体情况有所区别，不同的资源公有产权与私有产权比重应当有所区别，同一种资源因发挥的主要功能不同，其产权也可能不同。

5. 单纯的公有产权制度和单纯的私有产权制度都应当避免。

混合所有权制度是一种较好的选择，实践证明单纯的公有产权制度带来的不是经济效益和生态效益的"双赢"，往往是"双输"，而且自然资源的公有产权制度容易为实际掌握自然资源的相关人员创造腐败机会，致使大量的公有自然资源在行政权力的掩护下转化为某些个人的财产。

6. 公有产权和私有产权的模式会根据国家不同的宏观情况各有侧重。

如果某种自然资源的生态价值更重要，应当实行公有产权制度。如果国家实施法律和管理环境的能力很强，公民环境觉悟比较高，以发挥生态效益为主的自然资源，实行公有产权的效果可能更好一些，公有产权所占的比重也可以大一些。对于以发挥环境生态效益为主的自然资源，如果实行私有产权制度，必须施加严厉的限制，而这种限制可能使私有产权人没有利益可得，会浪费、破坏以及低效利用资源。

7. 无论实行哪一种产权制度，都必须高度重视产权的完善及限制。

产权人不会自动地去追求环境生态效益，产权人利益的实现也必须有良好的市场机制，如果产权不完善，将无法达到理想的效果；如果产权不受限制或者有关产权限制的法律规定不具体、不健全、没有效力、实施不下去，任何产权制度都可能造成自然资源的极大破坏，根本谈不上环境生态效益。

（二）国外资源产权的制度模式

1. 英国模式。

资源属于国家或国王所有，由私人以多种形式使用，且使用期限较长，有的长达几百年。这种模式成功的核心在于使用期限一般应在 50 年以上。

2. 俄罗斯模式。

大部分资源属于国家所有，但是也允许地方政府和私人拥有少量的自然资源。这种模式对一些把资源的所有权和社会性质挂钩的国家来说，应该是可以的，不改变国家的性质，同时也有利于资源自身的利用和保护。

3. 德国模式。

除了水资源、森林资源等因资源自身特点以实行公有产权制度为主外，大部分自然资源以私有产权制度为主，同时国家对私有产权人行使产权的行为实行严格的限制。

（三）我国的资源产权制度模式

1. 我国资源产权制度的基本框架。

我国资源性资产管理实行的是国家所有的基本模式。我国宪法明确规定："矿藏、水流、森林、山岭、草原、荒地、滩涂等自然资源，都属于国家所有，即全民所有；由法律规定属于集体所有的森林和山岭、草原、荒地、滩涂除外。"在我国的各种自然资源中，矿藏和水流全部是国家所有的资源，不存在集体所有的问题，而森林、草原等其他资源则不完全是国家所有，还存在集体所有，如农村的土地多属于集体所有。如果自然资源在耕地下面，就形成了土地所有权和自然资源所有权相分离的状况，这种状况决定了我们在开发和利用自然资源时，必须正确处理国家和农民、国家和自然资源勘察与开发利用企业之间的关系。我国的这种管理模式的特点是土地属于集体所有和国家所有，其他自然资源则主要属于国家所有。对于国有资源性资产，目前的管理模式已经非常明确，国家作为出资者，在经营单位中按照明晰的产权关系依法取得经营管理权、收益权、处置权等，应该完全按照市场经济的市场运行规律来运营其资产。因此，关键的问题是如何提高资产的运营质量，尽可能做到资产的保值、增值。同时要节约使用资源，提高资源利用的经济、社会和生态效益，实现资源的永续利用。

2. 我国资源产权制度的模式选择。

进行资源产权制度模式选择时，必须充分考虑政府对制度创新的承受力。由于我国资源发育的程度不同，资源产权与环境产权整合性配置规范的孕育与形成和人们的观念需要一定的历史积淀，资源产权制度创新不可能一步到位，只能循着渐进的轨迹发展。我国可以实行一种理想的国有产权制度，即资源绝大部分实行国有产权，少量实行受限制的集体产权，不实行产权私有化，通过合理设置使用权制度来提高资源利用效率。在明确了所有权的基础上，搞活资源使用权，实现资源资产化管理是实行资源生态效益和经济效益双赢的有效途径。资源资产的范围广泛，所含内容复杂多样，必须采取不同手段搞活资源的使用权，选择不同的营运方式，实现对资源产权的资产化管理。资源资产营运形式的选择，必须充分考虑资源的类型和性质、管理人员的素质和管理水平、资产的规模、宏观经济体制、融资环境和资金成本等多种因素，而不宜追求千篇一律。承包经营、租赁经营、股份合作、股份制、中外合资或合作等都是可供选择的资产营运形式。不同的资产营运形式，必然要求有不同的监管形式。在财产所有权与法人财产权相分离、资源所有权与使用权相分离的情况下，经营管理主体应当具有充分的经营自主权，但这种自主权又不应是没有约束的。因此，在搞活经营管理的同时，必须加强对资源产权的监督管理。资源营运形式不同，监管的内容、方式和方法也不相同。也就是说，资源产权监管的内容、方式和方法必须与资源产权营运的形式相适应。

3. 我国资源的资产化管理模式。

资源资产是以自然资源状态存在的各类资产，包括土地、森林、水、海洋、矿藏、渔业等。

（1）森林资源的资产化管理。

在新形势下出现的森林资源资产化是在社会主义市场经济体制下的必然趋势，它的主要观点就在于把实物形态的森林资源计量转化为货币形态或证券形态，进行价值评估和经济核算。森林资源转变为货币形态或证券形态，其流动性较强，更易于在部门企业间调整，更容易形成资源的最优配置。

（2）水资源的资产化管理。

水资源资产具有非排他性和竞争性两个特点，因而是一种准公共品。科斯早就指出，公共产品存在浪费、效率低的问题。我国水资源的现状也充分说明了这一点。虽然国家已开始通过征收水资源费来实现其经济上的所有权，却不足以调整人们对水的消费行为。明确产权是解决公共资源低效率的有效方法。我国 20 世纪 70 年代以来经济发展的过程告诉我们，对于公有资产可通过承包、租赁、拍卖等多种方式来提高其使用效率。因此，对于水资源资产，在坚持国家所有的前提下，可将其经营使用权通过租赁、承包等方式推向社会，以提高水资源资产的使用效率和经济价值。

（3）矿产资源的资产化管理。

为适应社会主义市场经济体制的需要，扭转我国矿产资源资产浪费严重、大量流失、资源日益萎缩、资源形势严峻的局面，使我国矿产资源资产能够被合理、节约、高效地利用，走向良性发展道路，确保社会主义经济建设持续、稳定地发展，必须建立与社会主义市场经济相适应的矿产资源资产管理模式。明确和强化产权，实行矿产资源资产的有偿使用制度。建立并完善产权交易市场，促进矿业权的合理流转，通过市场来合理配置资源。

五、资源产权的初始分配

产权初始分配是传统的资源管理体制向资源产权制度这一现代管理制度转型的起点，必须在分配程序中兼顾现有体制和产权制度两个方面的要求。第一，为了保障产权初始分配的公正、公平，分配程序必须体现公开性和广泛的参与性，包含完善的协商机制和争议解决途径。第二，产权初始分配不但要对各个利益主体的产权作出规定，而且必须通过政府主导的分配过程，实现社会、经济方面的国家和地区战略，并保障生态和资源可持续利用的公共政策目标得以实现。

（一）我国资源使用产权初始分配

资源产权的初始分配包括所有权和使用权两个层面的产权初始分配。由于我国自然资源的所有权已界定，所以在这里只谈使用权的初始分配。在资源使用权初始分配中，对资源使用权进行分类的目的主要有两点：一是有利于资源使用权初始分配，科学合理地确定资源使用权量化指标；二是有利于资源的调度与监督管理，提高管理效率。在资源使用权初始分配中，合理确定资源使用权的拥有期限的目的主要有三点：一是体现资源国家所有权，分配的只是使用权，其权利是有一定时限的。二是便于政府宏观调控。资源对人类生存和发展具有不可替代的作用，进行其使用权初始分配，建立资源市场，可以提高资源的利用效率和效益，但对资源的使用离不开政府的宏观调控。按资源使用权类型设置一定的拥有期限，对防止社会公平失衡、市场失灵是有效的，也是必需的。三是有利于资源产权交易。任何交易都是有期限的，包括有限期限和无限期限。产权持有者在资源市场进行交易时，如无明确的法定拥有期限，则无法进行正常交易。

资源使用权初始分配主要体现在两个层次上：第一个层次是资源在中央和地方行政区域上的分配，实行总量控制；第二个层次是地方各级行政区域通过资源使用许可制度或其他法定方式的实施向各类机构配置资源，实行总量控制与定额管理相结合。资源使用权初始分配类型划分要从两个层次进行。在第一层次的分配中要重点考虑资源利用现状和未来经济社会发展对资源的需求情况，具有宏观配置的特点，分类方法要与现行的资源利用统计制度相衔接，其分类的意义在于合理界定资源使用权的量化指标。第二层次的分配，要重点考虑各种环境资源的功能、利用特点、经济属性和外部效应等，具有微观配置的特点，其类型划分要体现按照环境资源的使用功能实行差异化管理，与现行利用许可制度相衔接，其分类的意义在于更有效地对环境资源的使用进行管理。资源使用权初始分配期限，按照资源初始分配的两个层次分别设定。第一个层次要与国民经济和社会发展中长期规划期限相衔接（一般 10~30 年）；第二个层次的各种使用权类型的拥有期限既要体现资源国家所有权，与区域经济社会发展规划期限相衔接，又要考虑建立稳定的资源使用权，加快资源市场的培育，同时考虑项目使用期限和资源开发利用的方式、工程设施寿命情况等。不同类型的期限可以不一致，但一般应低于或等于第一个层次的资源使用权初始分配的期限。

为了保证国家资源得到有效利用，保证社会的安定以及各省（市）经济的整体协调发展，在进行地方政府间的资源产权初始分配时，应以国家生产建设时各省（市）发展情况所需的资源产权为主要依据，根据其所取得的资源产权来初始分配相应的使用权限。而在各省（市）行业之间进行资源分配时，应以保证居民的基本生活使用为前提，同时还要兼顾农业和工业使用，以及生态利用。其具体的产权初始分配原则是：

1. 生活利用优先原则。

为了维护社会安定，应使人们的基本生活使用得到保障。

2. 粮食安全优先原则。

我国是一个农业大国，农业对各种环境资源的依赖程度很高，尤其是水资源。因此，在进行资源产权初始分配时还应使全国的粮食安全得到保障。

3. 可持续发展原则。

资源是国民经济可持续发展的基础。资源遭到破坏，必然会影响自然界支持人类生存和发展的能力。因此，资源产权的分配必须坚持可持续发展原则，力图达到资源利用和环境保护的协调统一。

4. 效率优先原则。

在可持续发展的前提下，资源使用权的初始分配应坚持效率优先的原则。效率优先原则包括两层含义：一是资源使用权的分配能够起到节约资源、提高资源利用效率的激励作用，这对严重缺乏资源的地区尤为重要；二是从整体出发，在保证各省（市）对基本资源需求的基础上适当向资源利用效率高的省（市）倾斜，这样有利于引导资源向优化配置的方向发展。

5. 补偿原则。

在按上述原则进行产权分配时，不可避免地导致各省（市）之间在资源利用上收益的差异和利益的调整。要解决此类矛盾，在初始分配产权时应注意应用补偿原则，即如果产权的初始分配导致不同省（市）在资源利用上的收益变化，收益大的省（市）应向收益受损的省（市）进行适度补偿。

6. 政治影响分配原则。

当一些具有重大工程项目的省（市）的资源需求不能得到满足时，出于社会安定和政治影响方面的考虑，应首先保证那些具有重要政治和经济地位省（市）的资源的需求。

（二）国外资源产权初始分配情况

1. 相对完善的法律基础。

产权首先属于法律的范畴。西方发达国家资源产权的法律基础基本与产权分配同步发展，其内涵演变与产权分配的过程也相伴而行。在 20 世纪之前，由于资源、生态方面的公益价值尚未充分凸显，资源产权是一种包括所有权和使用权的纯粹的私权，最为典型的即是土地的私有权。显然，相比后来作为资源国家所有权之衍生物——资源使用权，早期的资源产权具有更强的排他性。资源的分配因此被自觉地纳入私有财产制度之上的市场经济模式之中。例如，美国的河流水权分配就是在水权明确的法律定位基础上（虽然这种法律定位也在不断变化）随经济社会发展长期演化的结果。从 1899 年的河流与港口法案算起，联邦和各州制定的主要相关法律和协定迄今已超过了 40 个。不过，这些法律的重心并不在于确立水权本身，而是对水权内涵的进一步明确以及对具体分配环节的进一步设定。

2. 经验主义的渐进模式。

如何从时间、空间、用途、使用过程等主要方面对资源产权的内涵进一步界定并完成具体分配是产权分配的关键。从产权分配具体方案设置的技术层面看，西方的资源产权分配并未提供非常明确的规范。历史过程表明，在明确资源产权的法律地位后，循序渐进地通过协商、讨论和不断的修正，可以形成有效的产权分配方案。西方的资源产权分配并非基于某一部特定的法律，而是针对每一种具体问题制定法律、法规、协议和协定。在这个意义上，包括各种资源法律法规在内的自然资源法，是一个独特的经验体系。当然，这种经验体系的演变形成，是以资源使用权的法律定位为基础的。在以法律保障的坚实利益主体以及组织化的利益集团之间，经过长期的博弈，最终形成相对成熟稳定、兼顾各方利益的产权分配。产权分配的渐进模式需要尊重现实又不拘泥于现实。要充分研究和理解现实用水的界限和规范，这种界限和规范即使不具有完备的法律形式，也要由原有管理模式、制度、经济布局、资源分布格局所界定。其中的有效成分需要进一步明晰，而其中不规范、影响公平和效率、破坏生态环境的成分需要进一步剔除和修正。要对彼此冲突的利益群体尤其是弱势群体和基本资源利用进行有效保障，对资源产权的侵害实行救济，并针对变化了的资源需求进行调整。要将继承现实资源分配格局和设定新的资源产权结合起来，将资源利用现状纳入新的产权分配框架之中。这些在西方国家的资源产权分配过程中得到了充分的体现。在受到经济发展、生活方式、国际关系乃至时代价值观冲击的资源利用的复杂领域内，不可能履行一种静止、抽象的原则来一劳永逸地指导产权分配。采取经验主义、问题主导和渐进的方式，则会实现稳定、连续的产权分配。当然，这和稳定的立法精神、协商机制和多元利益主体充分参与是分不开的。

3. 利益集团的广泛参与。

对于法律认定的渐进的产权分配过程来说，内部的协商和参与机制是最重要的基础。以美国流域水资源管理方案为例，较之具体的技术细节和操作规范，这种协商机制占有更突出的地位。事实上，流域水权分配方案从来都是多元利益格局下多方协商妥协的产物，每一次面对新问题对原有方案进行修正，也都是基于各方的共识。经济发展、生活方式和时代价值的变迁，也只有通过不同利益团体的深入广泛参与，才能充分表达。通过随机应变而不是提早设计，才能平衡各方利益。由此形成的方案，也才具有实施基础和激励机制。因此，在资源产权的初始分配中，具体方案固然是重要的，但是由此培植、鼓励各种利益群体的生长，引入、促成其广泛参与、相互协商、良性互动的机制，也许是更为重要的。毕竟，所谓初始分配或者任何特定的产权分配方案，无论如何努力加强预见性，本质上都不可能与社会经济发展长期保持协调。因此，西方国家在资源产权分配中会不遗余力地强调利益群体的参与协商，强调利益集团广泛参与协商的基础作用。

习　题

一、名词解释

1. 外部性　　　　　　2. 产权　　　　　　　3. 公共物品

4. 搭便车　　　　　　5. 市场失灵　　　　　6. 价值

二、选择题

1. 福利经济学是关于稀缺性资源使用效果的评价及判断的学问，是从（　　）的角度对（　　）的运行进行社会评估的经济学。

A. 福利经济体系　　　　　　　　　　B. 经济学福利体系

C. 福利收入分配体系　　　　　　　　D. 经济学收入分配体系

2. 庇古被西方学者推崇为（　　）。

A. 福利经济学之父　　　　　　　　　B. 社会保障之父

C. 干预主义之父　　　　　　　　　　D. 自由放任之父

3. 帕累托提出了社会资源配置的价值判断标准，被称为"帕累托最优"，这个标准是建立在（　　）理论基础之上。

A. 基数效用　　　　　　　　　　　　B. 序数效用

C. 社会福利函数　　　　　　　　　　D. 人际效用

4. 改进指的是一种什么样的状态（　　）。

A. 一项社会变革使一部分人的社会福利增加的同时，其他社会成员的福利并不减少

B. 一项社会变革使所有社会成员的福利均增加

C. 一项社会变革使一部分人的社会福利增加的同时，其他社会成员的福利可能减少

D. 一项社会变革使一部分人的社会福利增加的同时，其他社会成员的福利变化不确定

5. 享受公共物品的利益，而不愿意为自己的边际受益贡献边际成本的人是（　　）。

A. 搭便车者　　　　　　　　　　　　B. 政治家

C. 价格的制定者　　　　　　　　D. 价格的优化者

三、简答题

1. 什么是帕累托最优？

2. 我国产权初始分配中应遵循的原则有哪些？

3. 简述马尔萨斯的人口论。

4. 资源的权利束中包含哪几种权利？

四、论述题

1. 试分析我国和世界其他主要国家在产权制度模式上的异同。

2. 一个国家或者地区的政府该如何避免发生市场失灵的现象？如果发生了可以采取哪些措施进行处理？

环境资源与可持续发展

自 20 世纪以来，随着科学技术的进步和社会生产力的发展，人类创造了前所未有的物质财富，极大地推动了文明的发展进程。与此同时，人口剧增、资源过度消耗、生态破坏、环境污染以及南北差距扩大等问题也日益凸显，成为全球性的重大挑战，严重威胁着全人类未来的生存和发展。在这种严峻形势下，审视人类自身的社会经济行为以及发展历程，积极探索人口、经济、社会、环境和资源相互协调的发展道路，已成为人类所面临的重要课题。

第一节　环境与发展的演变过程

从人类历史看，环境与发展的关系，可划分为四个阶段。

一、第一阶段：发展 = 经济增长

自从 350 万年前人类在地球上诞生，一直到 20 世纪 50 年代产业急速发展时期的开始，尽管这一漫长的历史进程跨越了多个社会发展阶段，但从环境与发展的关系来看，都存在一个基本特征：即发展等同于经济增长，环境问题并未被纳入人类的议事日程。这一历史进程又可分为三个时期：

（1）前发展时期。在 1 万年以前，农业、畜牧业出现之前的漫长岁月中，人类主要是本能地利用环境，获取所必需的生活物质，并通过生理代谢与环境进行物质和能量的交换。此时，人类的经济活动融入天然食物链之中。人类对环境的影响主要源自人口的自然增长以及乱捕乱采导致的局部物种减少和物质资料短缺。在这个阶段，人类对环境的影响处于原始状态的协调之中。

（2）农业革命时期。在 18 世纪之前，农业和畜牧业的出现，标志着人类从简单地利用环境进入了主动改造自然的时代。这种改造主要表现为进一步向大自然索取资源。农牧业本身具有一定的天然生态性，其产品多具有可再生性，且农牧业产生的排泄物能够被农牧业自身循环利用，因此较容易实现生产与生态之间的良性循环。尽管简单的生产工具和自给自足的经济模式对局部环境造成了一定的污染和破坏（如水土流失、土壤盐渍化以及人口聚集区环境问题的出现），但从全局来看，人与自然、环境与发展的关系基本保持协调。

（3）工业时期。这一时期从 18 世纪初的工业革命开始，一直延续到 20 世纪 50 年

代的电子时代开端。随着科学技术和商品经济的飞速发展，人类社会生产力得到了极大提升。特别是第二次世界大战以后，出于重建家园的迫切愿望，世界各国纷纷追求经济的高速增长，掀起了一股前所未有的"增长热"。近一个世纪以来，矿物燃料的使用量增长了约30倍，工业生产更是增长了50倍以上。其中，大部分的增长都发生在20世纪50年代以后。经济发展将一个饱受战争创伤的世界，在短短20~30年的时间内推向了一个高度发达的电子时代，创造了前所未有的经济奇迹。然而，工业时期对环境造成的影响也是前所未有的。第一，大量矿藏的开发和利用导致了地圈与大气圈之间物质流和能量流的剧烈流动；第二，数十万种人工合成的化学物质进入了水圈与大气圈；第三，工业生产过程中大量物料的消耗产生了大量废物，这些废物进入环境，打破了地球表面长期形成的生态平衡。在人们庆贺经济这棵大树结出累累硕果的同时，经济赖以生存的环境根基却遭受了严重的破坏。尽管如此，响彻太空的仍然是对经济增长的一片赞歌。20世纪50年代，西方著名经济学家W.罗斯托在他的"经济增长阶段论"中，将人类社会的发展划分为五个阶段：传统阶段→"起飞"准备阶段→"起飞"阶段和成熟阶段→高额消费阶段→追求生活质量阶段。然而，这一划分仍然是从经济增长的角度来解释发展，并未将环境纳入发展的内涵之中。因此，这一阶段的发展可以概括为：发展等同于经济增长。

二、第二阶段：发展＝经济发展＋工业污染控制

从20世纪50年代末至70年代初，在经济增长、城市扩张和人口激增的巨大压力下，人们对"发展"的认识开始深化。1962年，蕾切尔·卡逊（Rachel Carson）的《寂静的春天》一书在美国出版，这是一部极好的环保启蒙著作。书中列举了大量污染事实，在欧美各国引起了轰动。人类一方面在创造高度文明，另一方面又在毁灭自己的文明。如果环境问题得不到解决，人类将"生活在幸福的坟墓之中"。因此，"发展"追求的不仅是经济增长，还包括经济结构的变化，并且要解决由于发展而引起的环境污染问题。自20世纪60年代末以来，美国、欧洲和日本等相继成立了中央政府级的环保机构，以工业污染控制为中心的环境管理活动也被一些政府列入日程。中国的环境保护就是从工业污染控制起步的。20世纪60年代末和70年代初，中国一些地方成立了"三废"办公室，开始进行工业污染源的调查和治理。当时人们的认识是，如果工业污染问题得到了有效控制，环境与发展就可以协调起来。然而，由于没有将污染与生态紧密联系起来，也没有将环境问题与社会问题相联系，因此这还不能称为完整意义上的环境保护。直到1972年联合国召开人类环境会议后，人类对环境与发展的认识才又升华到了新的阶段。

三、第三阶段：发展＝经济、社会发展＋环境保护

从20世纪70年代开始，"发展"的观念开始强调社会因素和政治因素的作用，把发展问题同人的基本需求结合起来，逐步将发展的概念由经济领域推向社会领域。同时，也将环境问题从单一的工业污染控制扩展到了全方位的环境保护。1972年，在斯德哥尔摩召开的人类环境会议指出了人类面临的多方面环境污染和广泛生态破坏问题，

并揭示了它们之间的相互关系。《人类环境宣言》声明："在地球上许多地区，我们可以看到周围有越来越多的人为损害迹象：水、空气、土壤以及生物中，污染已达到危险的程度；生物界的生态平衡受到重大和不适当的扰乱；一些无法取代的资源受到破坏和陷于枯竭；人为的环境问题，特别是生活和工作环境问题，不仅表现为对水、空气、土壤等的污染已达到危险程度，而且表现为对生态的破坏和资源的枯竭。"《宣言》还指出："在发展中国家，环境问题大多是由于发展不足造成的。千百万人的生活仍然远远低于基本生活所需的最低水平，他们无法获得充足的食物、衣服、住房以及教育、保健和卫生设施。因此，发展中国家必须致力于发展工作，牢记它们的优先任务和保护及改善环境的必要性。在工业化国家里，环境问题一般与工业化和技术发展有关。"这是联合国组织第一次将环境与社会因素联系起来的庄严宣言，指出部分环境问题是由于贫穷造成的，并明确提出发展中国家应在发展中解决环境问题。《人类环境宣言》最后提出了26条人类在环境问题上的共同原则和信念，强调为了这一代和将来的世世代代的利益，必须谴责和消除殖民主义以及其他形式的压迫，保护地球上的自然资源，支持各国人民为满足基本需求和反对污染的正义斗争，采取一切可能的步骤防止对人类健康产生的危害。因此，人类环境会议不仅提出了防止环境污染的技术方向，还提出了改革措施，成为人类对环境问题认识的一个转折点。

中国于1973年召开了第一次全国环境保护会议。从此，环境保护成为中国社会主义建设事业的一个重要组成部分。1974年5月，国务院环境保护领导小组成立；1979年9月，全国人大五届十一次会议通过了《中华人民共和国环境保护法（试行）》；1984年1月，在北京召开的第二次全国环境保护会议，明确提出环境保护是一项基本国策；1984年5月，国务院环境保护委员会成立。环境保护工作正式纳入了国家计划。尽管这段时期人类对环境与发展的认识和实践都有了飞跃，一些发达国家以人为中心的环境质量状况有所提高，但是，就全局而言，全球环境仍在恶化，更为严峻的诸如全球气候变化、臭氧层破坏、生物多样性减少以及水土流失、荒漠化等问题日益严重。

为了解自1972年以来全球环境保护问题的状况，并为1992年联合国环境与发展大会做好舆论和政策方面的准备，联合国环境与发展委员会组织了来自21个国家的专家前往世界各地进行考察。这次考察前后历时900天，于1987年4月发表了题为《我们共同的未来》的长篇报告。报告指出，世界上存在着急剧改变地球和威胁地球上许多物种（包括人类生命）的环境趋势，并列举了一系列全球重大环境问题。该报告试图告诫人们，如果人类再不反省自己的行为，世界的发展是不可持续的。

这里便产生了一个问题：为什么1972年的人类环境会议之后，环境与发展之间的矛盾反而更加尖锐了呢？原因是多方面的。从环境与发展关系的角度看，尽管1972年的会议起到了一定的推动作用，但环境与发展之间的"两张皮"问题在认识层面和政策层面上并未得到妥善解决。

四、第四阶段：环境与发展密不可分，即环境是发展自身的要素之一

自1992年起，以联合国环境与发展大会为标志，人类对环境与发展的认识迈入了一个新阶段，即环境与发展密不可分。要从根本上解决环境问题，必须转变发展模式和

消费模式。实践证明，采用过去传统的发展模式，将发展造成的污染留待环境保护部门去解决，这种将环境与发展分而治之的政策，仅将环境保护视为传统发展模式的补充，是无法解决环境问题的。因此，我们需要转变发展模式，逐步由资源型发展模式转向技术型发展模式，即依靠科技进步，节约资源与能源，减少废物排放，实施清洁生产和文明消费，建立经济、社会、资源与环境相协调、可持续发展的新模式。这是人类历经数个世纪的探索，终于领悟的新的发展观——可持续发展观。这些理念正是《21 世纪议程》的核心思想。

1992 年，联合国环境与发展大会高举环境与发展的旗帜，全球共有183 个国家的代表团和70 个国际组织的代表出席，其中102 位国家元首或政府首脑亲自到会。大会通过了《里约环境与发展宣言》《21 世纪议程》等重要文件，在人类环境与发展史上树立了新的里程碑。

第二节　可持续发展的内涵

什么是可持续发展？如何深入理解可持续发展的内涵？迄今为止，还没有哪个概念能像可持续发展一样，在全球范围内引起如此广泛的探讨并拥有如此丰富多样的定义和解释。尽管在理论上，政治家、哲学家、经济学家、生态学家和环境学家尚未形成一个公认的理论模式，但自1992 年联合国环境与发展大会通过《21 世纪议程》以来，人们已经超越了单纯的理论探索，将"可持续发展"确立为人类共同追求的实际目标。

一、几种具有代表性的定义

1992 年联合国环境与发展大会前后，全球范围内对可持续发展问题展开了热烈的讨论。其中，最具代表性且影响较大的可持续发展定义，可概括为以下几个方面：

（一）着重从自然属性定义可持续发展

较早时期，持续性这一概念由生态学首先提出，即所谓的生态持续性。它旨在说明自然资源及其开发利用程度间的平衡。1991 年11 月，国际生态学联合会（INTECOL）和国际生物科学联合会（IUBS）联合举行了关于可持续发展问题的专题研讨会。该研讨会的成果进一步发展和深化了可持续发展概念的自然属性，将可持续发展定义为"保护和加强环境系统的生产和更新能力"，也就是说，可持续发展不应超越环境系统的更新能力。从生物圈概念出发定义可持续发展，是从自然属性方面表征可持续发展的另一种代表观点，即认为可持续发展应寻求一种最佳的生态系统，以支持生态的完整性和人类愿望的实现，从而保障人类生存环境的可持续性。

（二）着重从社会属性定义可持续发展

1991 年，世界自然保护同盟（INCN）、联合国环境规划署（UNEP）和世界野生生物基金会（WWF）共同发表了《保护地球——可持续生存战略》（以下简称《生存战略》），其中提出的可持续发展定义为"在生存于不超过维持生态系统涵容能力之情况下，改善人类的生活品质"。该战略还提出了人类可持续发展的价值观和130个行动方案，重点论述了可持续发展的最终目标是改善人类的社会环境，提升人类的生活品质，创造美好的生活环境。《生存战略》认为各国可根据自身国情制定不同的发展目标。然而，只有在"发展"的内涵中涵盖提高人类健康水平、提高生活质量和优化获取必需资源的途径，并创造一个保障平等、自由、人权的环境，"发展"才算真正实现其意义。

（三）着重从经济属性定义可持续发展

关于经济属性的定义有多种表达方式，但所有这些都普遍认为可持续发展的核心是经济发展。爱德华·B.巴比尔（Edward B. Barbier）在其著作《经济、自然资源、不足和发展》中，把可持续发展定义为"保持自然资源的质量和其所提供服务的前提下，使经济发展的净利益增加到最大限度"。还有学者提出，可持续发展意味着"今天的资源使用不应减少未来的实际收入"。当然，这里的经济发展已不再是传统意义上以牺牲资源与环境为代价的发展，而是"不降低环境质量和不破坏世界自然资源基础的经济发展"。

（四）着重从科技属性定义可持续发展

在实施可持续发展的过程中，除了政策和管理因素，科技进步起着举足轻重的作用。没有科学技术的支持，人类的可持续发展无从谈起。因此，有学者从技术选择的角度扩展了可持续发展的定义，认为"可持续发展就是转向更清洁、更有效的技术——尽可能接近'零排放'或'密闭式'工艺方法——尽可能减少能源和其他自然资源的消耗"。另有学者提出："可持续发展就是建立极少产生废料和污染物的工艺或技术系统。"他们认为，污染并非工业活动不可避免的结果，而是技术落后、效率低下的表现。他们主张发达国家与发展中国家之间进行技术合作，以缩小技术差距，提高发展中国家的经济生产力。同时，应在全球范围内开发更高效的矿物能源使用技术，提供安全经济的可再生能源技术，限制二氧化碳排放以减缓全球气候变暖，并通过恰当的技术选择，停止某些有害化学品的生产与使用，保护臭氧层，逐步解决全球环境问题。

二、布氏可持续发展定义

时任挪威首相布伦特兰夫人及其所领导的，由21个国家的环境与发展领域著名专家组成的联合国世界环境与发展委员会，在其长篇调查报告《我们共同的未来》（以下简称《报告》）中，系统地阐述了人类面临的一系列重要资源、经济和环境方面的问题，并提出了可持续发展的概念。这一概念在最广泛的层面得到了接受和认可，并在1992年联合国环境与发展大会上达成了共识。布伦特兰夫人提出的可持续发展定义是"满足当代人的需求，又不损害子孙后代满足其需求能力的发展"。这一概念与其说是一种理论定义，不如说它表述的是一种主张，或者说是对经济与社会进程的描述。它内涵丰富，主要内容如下。

（一）可持续发展的公平性原则

可持续发展强调："人类需求和欲望的满足是发展的主要目标。"然而，在人类需求方面存在诸多不公平因素。可持续发展所追求的公平性原则，包含三层含义：一是本代人的公平。可持续发展应满足全体人民的基本需求，并给全体人民机会以满足他们追求更好生活的愿望。当前，世界现状是：一部分人富足，而另一部分人——特别是占世界人口 1/5 的人口仍处于贫困状态。这种贫富悬殊、两极分化的世界格局不可能实现可持续发展。因此，我们应致力于实现世界范围内的公平分配和公平发展，将消除贫困作为可持续发展进程中特别优先的问题来考虑。二是代际间的公平。我们应认识到人类赖以生存的自然资源是有限的。当代人不能因自身的需求与发展而损害后代人满足需求的条件——自然资源与环境。我们应确保后代人公平利用自然资源的权利。三是公平分配有限资源。目前的情况是，占全球人口 26% 的发达国家，消耗的能源、钢铁和纸张等都占全球的 80% 以上。美国总统可持续发展理事会在《美国可持续发展战略概要》中也承认：富国在利用地球资源上占据优势，这一长期存在的优势剥夺了发展中国家利用地球资源的合理部分来实现自身经济增长的机会。联合国环境与发展大会通过的《关于环境与发展的里约热内卢宣言》（以下简称《里约宣言》）已将这一公平原则上升为国家间的主权原则："各国拥有按其本国的环境与发展政策开发本国自然资源的主权，并负有确保在其管辖范围内或在其控制下的活动不致损害其他国家或在各国管辖范围以外地区的环境的责任。"

（二）可持续发展的持续性原则

布氏在论述可持续发展"需求"内涵的同时，也强调了可持续发展的"限制"因素。因为，没有限制也就无法实现持续。"人类对自然资源的耗竭速率应考虑到资源的临界性""可持续发展不应损害支持地球生命的自然系统：大气、水、土壤、生物……"一旦"发展"破坏了人类生存的物质基础，"发展"本身也就失去了意义。持续性原则的核心在于，人类的经济和社会发展不应超越资源与环境的承载能力。

（三）可持续发展的共同性原则

鉴于世界各国历史、文化和发展水平的差异，可持续发展的具体目标、政策和实施步骤必然会有所不同。然而，作为全球发展的总目标，可持续发展所体现的公平性和持续性原则是共同的。实现这一总目标，需要全球各国采取共同的联合行动。布伦特兰夫人在《报告》的前言中写道："今天我们最紧迫的任务也许是要说服各国认识回到多边主义的必要性""进一步发展共同的认识和共同的责任感，这是这个分裂的世界十分需要的"。共同性原则同样体现在《里约宣言》中："致力于达成既尊重所有各方的利益，又保护全球环境与发展体系的国际协定，认识到我们的家园——地球的整体性和相互依存性。"

总之，布伦特兰夫人的可持续发展概念，从社会观的角度主张公平分配，以满足当代和后代全体人民的基本需求；从经济观的角度主张建立在保护地球自然系统基础上的持续经济增长；从自然观的角度主张人类与自然和谐相处。这些观念是对传统发展模式的挑战，是为谋求新发展模式和新消费模式而建立的新型发展观。

三、从三维结构复合系统定义可持续发展

中国 21 世纪议程管理中心主任刘培哲教授认为，可持续发展既不是单指经济发展或社会发展，也不是单指生态持续，而是指以人为中心的自然－社会－经济复合系统的可持续。因此，从三维结构复合系统出发，定义可持续发展：

可持续发展是能动地调控自然－经济－社会复合系统，使人类在不超越资源与环境承载能力的条件下，促进经济发展、保持资源永续和提高生活质量（见图 4－1）。

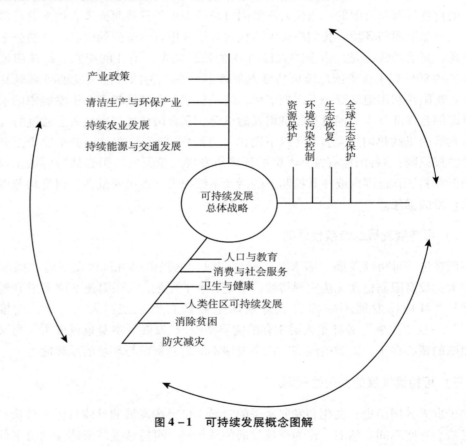

图 4－1　可持续发展概念图解

什么是发展？发展就是人类对这一复合系统的调控过程。可持续发展并没有绝对的标准，因为人类社会的发展是没有止境的。它反映的是复合系统的运作状态和总体趋势。那么，调控到哪一个层次才算是可持续发展呢？根据上述定义，首先，调控的机制应能促进经济发展；其次，发展不能超越资源与环境的承载能力；最后，发展的结果应是提高人的生活质量，创建人类美好的社会。因此，无论是哪一种定义，可持续发展都应具备三大特征：

（1）可持续发展鼓励经济增长，因为经济增长是国家实力和社会财富的体现。同时，可持续发展不仅重视增长数量，更追求提高质量、提高效益、节约能源、减少废物，改变传统的生产和消费模式，实现清洁生产和文明消费。

（2）可持续发展应以保护自然为基础，与资源和环境的承载能力相协调。因此，在发展的同时必须注重环境保护，包括控制环境污染、提高环境质量、保护生命支持系统、维护生物多样性、保持地球生态的完整性、确保以可持续的方式使用可再生资源，使人类的发展保持在地球承载能力之内。

（3）可持续发展应以提高生活质量为目的，与社会进步相适应。当前，世界上大多数人口仍处于半贫困或贫困状态，这是当代社会发展无法回避的事实。因此，可持续发展必须与解决大多数人口的贫困问题紧密相连。对于发展中国家而言，贫困与不发达是导致资源与环境破坏的基本原因之一。只有消除贫困，才能增强保护环境的能力。尽管世界各国的发展阶段和具体目标各不相同，但发展的内涵均应涵盖提高人类生活质量和健康水平，并创造一个保障平等、自由、教育、人权和免受暴力的社会环境。

以上三大特征可总结为：可持续发展涵盖了生态持续、经济持续和社会持续，它们之间相互关联、不可分割。孤立追求经济持续必然导致经济崩溃；孤立追求生态持续无法遏制全球环境的衰退。其中，生态持续是基础，经济持续是条件，社会持续是目标。人类共同追求的应是自然 – 经济 – 社会复合系统的持续、稳定、健康发展。

第三节　人类对于资源、环境稀缺认识的历史阶段性

一、资源稀缺认识的历史阶段性

人口增长、经济发展与资源和环境之间的关系错综复杂。人类发展的历史就是一部人与自然关系的进化史。历史上多数时期，大多数人都生活在赤贫的边缘，稀缺资源的有效利用一直是政治和经济关注的核心问题。资源经济学认为土地是财富之母，经济的本质就是将资源转换为生存资料。对自然资源作为"财富之母"地位的充分肯定，不仅是对客观存在的认可，也是人类对于人与资源关系重新认识的结果。早在200多年前，资源的稀缺性就已经成为经济发展的一个主题。主流经济学主要是后工业时代的产物。而任何时代的经济学家都面临的共同主题是：资源在多大程度上会限制人类的繁荣。虽然各个时代的经济学家观点不一，但基本理论都是围绕技术、经济增长和人类发展前景展开的。人类对于资源稀缺性的认识都反映在宏观经济学的关于生产函数的界定中。

从经济角度考虑，自然资源，尤其是经济价值较高的自然资源，其稀缺性是必然的，是市场供需作用下的必然结果。正是由于其稀缺的经济特性，我们才需要考察其效率配置问题，以使稀缺资源的利用收益最大化。资源的稀缺性是指资源可获得量相对于其需求而言是有限的。关于资源的稀缺性理论，有马尔萨斯的资源绝对稀缺论、李嘉图的资源相对稀缺论和约翰·穆勒的静态经济观点。

（一）古典经济学家的资源稀缺观

虽然自然资源与环境经济学作为一门独立的分支学科出现是相对较近的事情，但有

关资源与环境的问题一直是古典经济学家所关注的主要问题。当工业革命的初始阶段接近尾声时，古典经济学诞生了。在18世纪和19世纪，一大批经济学家在古典经济学的标签下聚集，这一时期正处于工业化革命兴起以及农业生产率飞速增长的阶段。促进贸易和经济增长的合适的制度安排的政治经济争论的主题被重新提起，这些论题是亚当·斯密著作的中心要点。斯密是第一个系统论述市场对资源配置的重要性的作者，他认为，"通过追逐个人的利益，他更经常地增进了社会的利益，其效果要比他真正想增进社会利益时所得到的效果更好"。以上关于市场机制作用的简单描述，是现代经济学，包括资源与环境经济学在内的一个基本信条。

古典经济学家关注的核心问题是经济增长和生活水平提高的决定因素。在古典经济学家看来，社会生产函数可以表述为：

$$Y = f(D, K, L) \tag{4-1}$$

其中，Y代表产出，D代表包括土地和矿藏资源在内的自然资源投入，K代表资本投入，L代表劳动投入。

古典经济学家们的日常经历使他们更加关注技术进步，而并未对资本在经济发展中的作用给予足够的关注。因此，自然资源通常被视为国家财富及其增长的决定性因素。经济受到土地供应的制约和支配，这一因素关系到生活水平的长期发展前景，并贯穿整个古典经济学。由于土地供应的有限性，早期的古典经济学家认为：经济增长只具有短暂的历史特征，最终将不可避免地进入稳定状态。随着人口的进一步增长，人类的生活前景堪忧。托马斯·马尔萨斯在一篇名为《人口原则》（1798）的文章中进行了详细的论证。

马尔萨斯认为，不变的土地供给、人口的持续正增长，以及农业的报酬递减，意味着长期来看每单位资本的产出将呈下降趋势。马尔萨斯（1798）指出，两性间的情欲导致人口的几何级数增长，而食品生产受土地禀赋制约则按算术级数增长。由于人均食品供应超出生存水平的剩余都将被增长的人口所消耗，饥荒、瘟疫和战争等终将抑制人口的进一步增长，但人均收入从长期来看将维持在最低生存水平。按照马尔萨斯的观点，存在一种使人们的生活水平下降到只能维持生计的最低水平的发展趋势。在维持生计的最低工资水平上，现状只能容许人口的再生产维持在一个稳定的水平，经济达到稳定状态。迫于生存压力，人口的增长和需求的增加促使人类不断开发质量较差的土地资源。同时，马尔萨斯认为人口以指数级数增长，生产以自然基数增长，从而导致人口的增长快于生产的增长。

人类对自然的依赖性并未随自身改造自然能力的增强而减弱，反而更加离不开自然。关于物资储备的短缺、环境质量的退化，甚至关于进口依赖的危险等，早在马尔萨斯被赋予悲观论者之名之前就已经存在。第二次世界大战期间，金属矿产和能源的迅速耗竭，促使人类开始关注原料稀缺退化问题。在美国和整个欧洲，人们对人类还能得到多少重建和工业复兴所需要的矿产资源颇为忧虑。人类对资源短缺的忧虑，诱导了资源开发的技术创新和经济结构调整。技术上的投资使原本不经济的矿产储量得以开采，大大提高了原材料和能源投入的效率；更为重要的是，随着对第三世界国家投资的高涨，开发活动规模逐步升级。20世纪50年代末，作为经济发展一大制约的直接资源短缺似乎已成为过去，但人类对于资源短缺潜在威胁的担心依然存在，认为经济增长的自然极限迟早会到来。20世纪五六十年代的超速经济增长与资源消耗的迅速增长，加剧了人类自身对于资源稀缺经济增长约束的恐惧。在发达的市场经济国家，人均国民生产总值在20世纪50年代以年均3%的速度上升，20世纪60年代则超过4%。工业产出在20年间翻了两番；这个增长速度比此前的上半个世纪高出4倍。其结果是，所有重要金属和能源矿产的消耗空前高涨。综合消费的增长速度达到年均2%，很多矿产则超过5%。这种景象酷似现已广为人知的马尔萨斯模式，把此类指数增长的消费与设想为固定的资源基础相比较，从而预言经济灾难将迫近。

在马尔萨斯的悲观论的基础上，大卫·李嘉图（1817）在他的《政治经济学及赋税原理》一书中提出了发展的稳定状态的概念。李嘉图以能够获得小块不同质量的土地修正了马尔萨斯土地供给不变的假定，认为农业能够通过扩大内涵，通过对给定土地的集约化耕作，或通过开垦更多的荒地来增加农业产出。但无论如何，土地投入的报酬仍然都是递减的，经济发展只能以这样一种方式进行：即经济剩余逐渐以地租和土地报酬的形式被占用，经济最终走向马尔萨斯所谓的稳定状态。李嘉图认为现代工业的资本积累是经济增长的主要驱动力量，但由于农业受土地禀赋限制而呈现报酬递减，食品的边际成本和价格必然累积性上升，从而推动工业部门名义生存工资的提高，资本利润率则因工资成本的提高而趋于下降，最终会下降到某一临界点，此时已无法为进一步投资提供激励，故经济增长将在稳态点停滞下来。

约翰·斯图亚特·穆勒则从边际报酬递减的假定出发，更加强调知识增长和技术进步对农业及制造业的替代作用。考虑到殖民开拓获得了新的土地，矿物燃料得到开发以及革新使农业生产率飞速增长从而减轻了对外延界限的制约，因此，穆勒并不十分强调规模报酬递减的影响；但无论如何，经济发展的稳定状态的概念并没有被舍弃，被认为是能够达到相对较高水平的物质繁荣的一种状态。与其前辈相比，穆勒对自然资源所起作用的研究则具有更加开阔的视野。他认为：土地除了农业和采掘的用途外，还具有游憩价值；同时，随着物质条件的改善，游憩价值会变得相对越来越重要。

（二）新古典经济学家的资源稀缺观

随着时间的推移，工业革命迅速发展，资本在经济发展中的作用逐渐加强；同时，动物和植物原料替代矿产资源，降低资源稀缺的经济发展效果；随着技术进步发展的持续，人们开始关心制度结构。西欧各国依靠殖民地提供原材料和劳动力。虽然人们已经注意到资源储量的有限性，但此时新的资源不断被发现或者总有替代资源出现，似乎资源对于经济发展的作用日益下降。广义的土地似乎是无限的，更重要的是，似乎土地也没有什么特殊或唯一之处。新古典经济学家对资源约束的态度借由生产函数得以表达。新古典经济学的生产函数为：

$$Y = g(K, L) \tag{4-2}$$

其中，Y代表产出，K代表资本投入，L代表劳动投入。

尽管工业化国家在19世纪之后一度克服了马尔萨斯和李嘉图的经济停滞的恐惧，然而这种危机的可能性并没有永久消除。20世纪70年代爆发的世界性粮食危机和能源危机使上述研究重新受到关注，并催生出"新马尔萨斯主义"。其代表作是罗马俱乐部的报告《增长的极限》。该报告不仅关注由固定的土地禀赋导致的人口与食品危机，而且进一步关注由经济活动指数化增长引起的资源耗竭和环境恶化危机。报告预测，如果不抑制这种指数化的增长，在 21 世纪内，将会因资源耗竭和环境恶化而导致工业化停滞和经济活动萎缩。

新古典经济学家认为，自然资源是相对稀缺的，而不是绝对稀缺的。新古典经济学的分析强调效用和需求理论，建立了消费者偏好理论，进而更加注重经济行为的结构与效率，而不是经济行为的总体水平。19 世纪 70 年代的"新古典经济学"派则认为，价值取决于劳动，劳动力直接或间接地体现在产出中。这一观点在马克思的著作中得到了最充分的体现。新古典经济学则主张：价值决定于交换，它反映了产品偏好和成本，价格和价值在理想情况下是一致的，没有本质区别。

（三）现代"人力资本"的资源稀缺观

对于当代经济学家而言，他们的日常经历与古典经济学家的体验迥然不同。对于发达国家的普通公民来说，繁荣是他们心中的准则。从农业到信息产业，技术进步日新月异，教育和培训则成了一种终身的过程。像许多同时代、与新古典经济学有深厚渊源的经济学家一样，舒尔茨提出了以下两个观点：一是对于农业而言，土地也不再占据重要地位；二是劳动力是对投资的回应，也就是说，劳动力培训资本的投入能够提升劳动力技能，从而提高产量，并使进一步的技术发展成为可能。舒尔茨的生产函数演化为：

$$Y = h(K) \tag{4-3}$$

其中，Y 代表产出，K 代表资本投入。在此函数中，K 具有现代的意义，在这里资本被视作投资行为产生的任何结果，包括物质、厂房、受到良好教育的智力和体力、农场和森林，技术包含于所有这些生产性设施中。其主要观点为，在这个世界上人类维持其生存的唯一限制因素是投资，按照这种观点，自然资源不单单是基础，它们可由替代资本和技术革命所替代。

二、环境资源稀缺认识的历史阶段性

人类活动造成的环境问题，可追溯到远古时期。在人类发展的远古时代，由于用火不慎，大片草地、森林发生火灾，生物资源遭到破坏，人类不得不迁往他地以谋生存。随着社会分工和商品交换的发展，城市逐渐成为手工业和商业的中心。城市里人口密集，房屋毗连。炼铁、冶铜、锻造、纺织、制革等各种手工业作坊与居民住房混在一起。这些作坊排出的废水、废气、废渣，以及城镇居民排放的生活垃圾，造成了环境污染。工业革命后，蒸汽机的发明和广泛使用进一步推动了生产力的发展。然而，第二次世界大战以后，社会生产力突飞猛进，现代工业发展带来的范围更大、更加严重的环境污染问题，严重威胁着人类的生存。

现代环境与经济发展理论源于 19 世纪初叶的古典经济学理论和自然保护学说。前者主要关注的是自然资源的稀缺性对经济发展的影响，后者则主张人类与自然的和谐共生。经济发展依赖环境和自然资源的支持，同时也对环境质量产生影响。20 世纪下半

叶，人类的发展已经在全球范围内威胁到人类自身的生存环境。人类对环境问题的认知、觉醒和反思，标志着人类对自身和世界认识的进步。19 世纪 60 年代，在工业发达国家兴起了"环境运动"，要求政府采取有效措施解决环境问题。到了 70 年代，人们进一步认识到除了环境污染问题外，地球上人类生存环境所必需的生态条件也正在日趋恶化。

20 世纪 60 年代后期，人们对人类生存可持续性的忧虑进一步加剧，对于经济增长对生态环境的挑战表示担忧，并对消费主义的合理性提出质疑。对于那些准备放弃经济竞争的人，环境运动似乎提供了一种新的生活哲学。随着时间的推移，公众对于环境与经济发展的态度发生了变化。朱迪·丽斯（2002）将这一变化分为两个阶段：一是环境限制阶段；二是社会、经济及政治关注阶段。人口的大幅度增长，森林的过度采伐，沙漠化面积的扩大，水土流失的加剧，加上许多不可再生资源的过度消耗，都向当代社会和世界经济提出了严峻的挑战。为此，联合国及其有关机构召开了一系列会议，探讨人类面临的环境问题。1972 年，联合国召开了人类环境会议，通过了《联合国人类环境会议宣言》，呼吁世界各国政府和人民共同努力来维护和改善人类环境，为子孙后代造福。随后，1974 年在布加勒斯特召开了世界人口会议，同年在罗马召开了世界粮食大会。1977 年，马德普拉塔举办了世界气候会议，同时在斯德哥尔摩召开了资源、环境、人口和发展相互关系学术讨论会。1980 年 3 月 5 日，国际自然及自然资源保护联合会在许多国家的首都同时公布了《世界自然资源保护大纲》，呼吁各国保护生物资源。这些频繁的会议和活动说明，自 20 世纪 70 年代以来，环境问题已成为当代世界上一个重大的社会、经济、技术问题。石油输出国组织（OPEC）的出现，使一些经济学家开始关注资源与环境问题，并尝试将热力学第一定律——物质不灭定律引入经济学。他们强调，物质并不是像一般经济学家所想的那样被消费掉，而仅仅是进行了形式转化。按照这种观点，废物的管理或者对生产或消费过程的残余的处理成为环境管理的首要问题。环境对废物的超负荷承载不仅直接威胁到环境的清洁和恢复能力，稀缺性本身也扩展到包括环境系统的限制。人类对于资源稀缺的关注逐渐扩展到环境资源。

在环境运动作为一种政治力量出现之前，社会科学家对资源和环境问题的关注程度是极其有限的。即使在 20 世纪 80 年代后期，对环境问题的认识还缺乏明晰的社会学透视。一度把其论题限定为人与环境关系研究的地理学家，在 60 年代还忙于空间秩序探究，导致自然环境不可避免地消失在城市聚集空间布局和运输网络发展的规划后面。对自然资源问题的社会科学贡献无疑主要来自经济学，但即使在那里，从事该领域应用研究的研究者数量还是寥寥无几。从传统福利经济学的框架看问题，可更新资源耗竭和环境退化都被看作是市场失效和存在外部性的结果。为了促进对自然资源产品和服务的合理、有效利用，就必须保证它们具有价格（价值）并全部纳入市场体系中。这里贯穿了一个假设：即任何资源管理计划的合理目标都是从资源利用中获得的经济福利达到最大。然而，此时社会科学家在稀缺资源的最优利用方面还没有发挥某种独特的作用。他们往往是在别人提出问题时，才被动地有所反应，而不是从自己学科的视野来重新界定问题的关键。

资源的基本问题倾向于限定在自然概念内，注意力围绕着四种稀缺展开：第一，重要金属矿藏和能源矿藏的耗竭；第二，存在某种危险，即污染和生物单一化会破坏极其重要的全球生物地球化学循环，以至维系生命的生态圈将严重受损乃至整个消亡；第三，天然可更新的"生产性"资源的过度耗损；第四，至少对部分人口具有康乐和美学价值的环境质量资源的日益丧失和稀缺。

20 世纪 70 年代中期，人们对经济发展与资源、环境问题的关系有了更深入的认识。环境运动的兴起，作为一种社会现象，反映了大众对环境问题的忧虑与关注。人们很快认识到，环境污染和可再生资源的耗竭对各国人民来说，并没有共同的绝对意义。由于世界在环境和经济上的多样性，不同国家在其优先考虑的细节上可能会有所不同。这种观点在 1972 年联合国人类环境会议上变得更加清晰。在这次大会上，发展中国家对环境运动表示了根深蒂固的怀疑，他们认为这是剥夺其实现物质昌盛机会的又一场闹剧。不仅如此，控制污染或减缓资源耗竭的政策和技术，不能简单地从一个国家转移到另一个国家，它们的表现依赖于其应用的社会经济、法律和政治背景，这一点也越来越清楚。即使在一个国家内部，对可更新资源管理和污染控制的目标也不会完全一致；对实现这些目标的方法也不会达成一致意见。污染的发生、景观的变化、生物资源的耗损和生物种类的丧失，这些事实意味着必须采取措施来避免此类环境扰动。所有形式的可再生资源退化都将给社会中的某些团体带来经济和福利的损失，但要避免耗竭和污染的损害，并不是一个无代价的过程。总有一些人必须为此付出代价，而选择哪种避免机制将决定这些人是谁。提供何种环境物质和服务？谁得到它们？谁来支付？这些问题最终都必须做出选择。而这些选择都不可避免地涉及主观、政治、社会和道德层面，它们不可能仅由理性的分析得出结论。

正如某些评论家将石油危机视为国际经济关系巨大变化的一大标志一样，很多人也将环境运动看作是经济发展史上的一个转折点，认为它代表了一个新的后物质时代的开端。然而，这种解释似乎更多的是希望的产物而非现实的产物。当越来越多的人在需求环境物质和服务时，对物质财富的争夺是否会自然减弱呢？答案是否定的。随着人类对自然界物质不灭定律的日益理解，人类对潜在资源稀缺的忧虑也加深了。原材料在加工和利用之后不会轻易消失，残余物质最终会以大致与当初提取时相等的量释放到地球生态圈中，并在某处聚集。因此，环境恶化被视为资源开发利用不可避免的后果。更重要的是，随着资本投入和人力资本的不断积聚，开发利用低等级矿产资源成为可能。这不仅增加了所产生的废料比例，还需要投入更多的能源，而且会将开发活动推进到环境更为脆弱的地区。这样，除了对资源供给自然极限日益增长的忧虑外，又增加了对环境吸收废物能力的担忧。

第四节 资源、环境与经济发展关系的再认识

一、资源与环境问题的再认识

人类既是环境的产物，又是环境的改造者。在与自然界的斗争中，人类运用智慧，通过劳动，不断改造自然，创造新的生存条件。科学技术以前所未有的速度和规模迅速

发展，增强了人类改造自然的能力，给人类社会带来了空前的繁荣，也为今后的进一步发展奠定了必要的物质技术基础。然而，随着人口的增加和科技的进步，人类对资源与环境的掠夺式利用已经造成了生态环境的极大破坏，对自然的破坏日益严重。由于人类认识能力和科学技术水平的限制，在改造环境的过程中，往往会造成对环境的污染和破坏。自然资源的开发和环境的无偿利用，一方面创造了前所未有的物质文明与精神文明，另一方面也导致了全球性的资源短缺和环境破坏。经济发展和人口激增，使自然资源的过度利用和对环境的严重污染成为突出问题，引发了世界各国对资源短缺与环境污染的深刻反思。这一问题表现为一系列国际会议的召开，资源与环境管理已成为超越国界的世界性难题。同时，贫困人口相较于富裕人群承受着更大的痛苦，包括食物短缺、水资源缺乏以及极端气候条件导致的洪涝灾害威胁。由于流动性限制和发展机会的不平等，贫困人口与富裕群体的福利差距正在加大。

自 20 世纪 70 年代以来，严重的资源和环境问题引起了公众的极大关注。1972 年 6 月 5 日，联合国人类环境会议在瑞典首都斯德哥尔摩召开，来自 113 个国家的 1300 多名代表齐聚一堂，首次全球性地讨论了环境问题及人类对于环境的权利与义务。大会通过了《人类环境宣言》，该宣言郑重申明：①人类有权享有良好的环境，也有责任为子孙后代保护和改善环境；②各国有责任确保不损害其他国家的环境；③环境政策应当促进发展中国家的发展潜力。会议还决定将每年的 6 月 5 日定为"世界环境日"。

1974 年，联合国环境规划署、联合国贸易和发展会议（UNCTAD）在墨西哥联合召开了资源利用、环境和发展战略方针讨论会。会议提出了发展应满足人类需求，但不得超出生物圈承载能力的原则，并指出协调环境和发展目标的方法在于环境管理。环境管理旨在对损害人类自然环境质量的人为活动施加影响，这种影响是由多人协同做出的自觉、系统的努力活动所产生的，旨在创造一个既美观又经济可持续发展的环境。

尽管一些工业国家在环境治理方面取得了重大成果，但区域和全球性的环境问题仍然日益严重。为此，1992 年 6 月，在巴西里约热内卢举行了"联合国环境和发展大会"。会议通过了《关于环境和发展问题的里约热内卢宣言》，并确立了《21 世纪行动议程》，具体规划了实现这些目标的途径。大会回顾了自第一次人类环境会议以来全球环境保护的历程，并敦促各国政府和公众采取积极措施，共同为保护人类生存环境努力。

随着工业化进程的不断推进，环境问题日益凸显，环境保护和管理已成为当今世界各国人民共同关心的重大社会经济问题。在 20 世纪 70 年代以前，环境问题往往仅被视为单纯的污染问题，采取的对策主要是运用工程技术手段进行治理，并运用法律、行政手段限制排污。通过实践，人们逐渐认识到环境问题远不止污染问题那么简单，还包括沙漠化、水土流失、生态失调等自然资源的破坏问题。然而，在传统经济体系中，衡量社会总福利最常用的指标是国民生产总值（GNP）。但事实上，这种衡量标准存在诸多问题。短期内，GNP 可能因开采不可再生资源或过度使用再生资源而增长，但在计算中却没有对资源消耗进行补偿。因此，可以说 GNP 仅是一种衡量生产量的尺度，它无法反映生产和消费中的经济性以及经济福利的净变化状况。又因为 GNP 是以市场价值为基础的，所以它也无法反映那些不通过市场的商品和服务的变动情况。更重要的是，自然资源和环境舒适度的价值在市场上无法体现。传统发展观的根本缺陷在于：它忽视了现代经济社会健康、稳定、持续发展的前提是维持自然生态财富，即生态资本存量的非减性，否认了自然资源和自然环境的承载力，即生态环境支撑能力的有限性，违背了经济发展与物质财富增长应以生态环境良性循环为基础的法则。

传统发展观已经完全不适应当代经济、社会与资源和环境生态之间相互协调和可持续发展的需求，因此，可持续发展观应运而生。1987年，以挪威前首相布伦特兰夫人为主席的世界环境与发展委员会（WCED）发表了《我们共同的未来》的报告，这标志着可持续发展观的基本形成。随着环境科学、管理理论、经济学理论和法学理论的不断发展，环境管理的内涵也在不断经历着变化与发展。环境保护经历了从消极的"公害治理"与应对"全球性环境问题"到积极实施"可持续发展"战略的阶段。我们对环境管理的认识更加深入，环境管理的内容也变得更加广泛。

20世纪90年代初，西方学者开始在可持续发展的理论平台上探索自然资本的相关问题，并将其纳入生态经济学的理论框架，从而促进了生态经济学理论的新发展。自90年代中期以来，生态服务理论受到经济学家和生态学家的广泛青睐，成为西方生态经济学研究的前沿。在发展过程中，西方生态经济学展现出了多元化的理论观点，其主流学派的理论发展已经从生态经济协调发展论走向生态经济可持续发展论。

国际经验表明，人口数量的多少、质量的优劣、结构的变动以及分布状况都直接作用于资源与环境。人口数量越多，对环境的压力就越大。同时，不可持续的生产方式和消费方式是环境恶化的主要原因。粗放型的生产方式以及人类不合理的资源消费方式，加剧了资源短缺和环境恶化的状况。因此，人口、资源和环境的协调发展，是我们在资源利用和环境保护方面必须正视的首要问题。可持续发展旨在实现人口、资源、环境和经济、社会的相互协调发展，"既要满足当代人的需求，又不对后代人满足其发展需求的能力构成危害"。实现可持续发展的关键在于协调人与自然、经济增长与环境保护、社会发展与人的发展等不同层面的关系。

资源短缺与环境问题是随着人类社会的发展而日益凸显的，同时也是随着社会进步和科学技术发展而必然要被认识和解决的。资源与环境理应被视为一个不可分割的整体，自然资源和自然环境是人类社会的基础性共享资源。自然资源无不属于特定的环境之中，以某种形态存在，并充当着环境的载体或物质—能量交换、传递和转移的介质。因此，两者之间存在着相互联系、彼此作用、融为一体的关系。自然资源流失和衰竭、自然环境污染和生态破坏，常常是同时或先后出现的。自然资源和自然环境可以互相转化，具有双重性。人类从自然环境中选取了可以直接利用的部分作为自然资源后，往往将资源和环境分开对待。然而，随着科学技术的飞速发展、人类需求的转变和自然环境的变迁，自然资源的含义也在不断转化，很多过去所谓的自然环境因子，后来转变为了自然资源。可以说，自然资源是自然环境的内在组成部分，资源与环境的统一管理应该成为研究者和政策制定者考虑的重要内容。人类对资源与环境问题的认知、觉醒和反思，以及全人类在环境问题上形成的共识，标志着人类对自身和世界认识的进步。这需要人类从认识论的深度重新考虑资源、环境与人类发展的内在关系，必须深入思考人与环境关系的基础。

二、经济发展的资源与环境依赖

经济活动发生在地球及其大气圈系统之内，只是该系统的一部分。这个系统被称为"自然环境"，简称"环境"。而这个自然环境系统自身也有一个外围环境，即宇宙的其余部分。

图4-2简要地展示了经济和环境之间的相互依赖关系。图中粗黑线框代表环境，它是一个热力学封闭系统，能量在其中交换但物质不交换。这个环境接收来自太阳辐射的能量输入。部分辐射被吸收并推动环境演化，而另一部分则被反射回太空。这通过图中顶部穿越粗黑线的箭头来表示。物质不会穿越粗黑线框定的边界。能量吸收和反射之间的平衡取决于全球气候系统的功能。能量进出箭头穿越的三个框（即"环境服务""资源基础""消纳废物"），代表与经济活动相关的环境所发挥的三种功能。而由粗黑线所代表的第四种功能，指的是生命支撑系统的功能以及将这些功能整合在一起的系统。三个框相互交叉，粗黑线穿过它们，这表明这四种功能相互作用，这将在下文进行探讨。

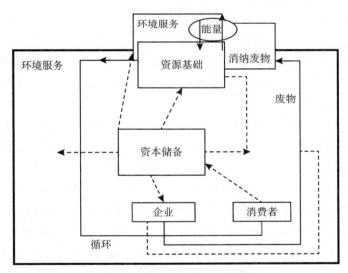

图4-2 自然环境中的经济活动

如图4-2所示，经济活动位于环境之中，包含生产和消费两个环节，它们均依赖于环境服务，如粗黑线框中的实线所示。生产活动并非都是消耗性的，部分生产活动的产出被纳入人为制造的、可再生的资本存量中，进而在生产过程中与劳动力一同发挥作用。图4-2展示了一个从环境中开采资源，并通过三种类型投入进行生产的流程。生产过程中产生的废物最终回归环境。消费过程亦是如此，并且消费还直接利用环境提供的舒适性服务。接下来，我们将详细讨论这四种环境功能及它们之间的相互作用。

（一）环境服务

生产中使用的自然资源具有多种形式。其中一个显著的特点是资源是以存量还是流量的形式存在。这种区别决定了现在的使用是否会影响未来的可供应能力。另一个重要的区分点在于当前可再生资源的使用与未来供应能力之间的联系。可再生资源主要包括生物群落，即动植物群。而可枯竭资源则主要是矿物，尤其是化石燃料。对于前者，某一时刻的存量可以通过自然再生产得到补充。如果在某个时间段内，资源的利用量低于其自然生长速度，那么存量就会增加。如果利用或总收获量与自然增长保持同步，那么理论上资源可以持续利用。这种利用率通常被称为"可持续产量"。当利用率超过可持续产量时，就意味着存量将减少。至于不可再生资源，它们无法自然再生产。因此，现在的使用量越多，未来可用的就越少。

在可枯竭资源中，将化石燃料和其他矿物资源分开是十分重要的。第一，在工业化经济国家中，化石燃料的使用非常普遍，可以说是这些国家的本质特征之一。第二，化石燃料的燃烧是一个不可逆的过程，燃烧后的燃料无法回收，哪怕是部分回收也不可能。到目前为止，煤炭、石油和天然气主要用于产生热能，而不是作为化工过程的投入，因此它们无法被循环利用。相反，用于生产原料的矿产品则具备循环利用的可能性。也就是说，在特定使用率的条件下，对于一定的初始存量，矿产品消耗殆尽的日期可能会得以延长，而化石燃料则无法实现这一点。第三，化石燃料的燃烧还是一些废物排放的主要来源，特别是向大气中排放的气体。

在生产和消费过程中，许多活动都会产生废物或残留物，并被排放到自然环境中。当然，当我们探讨物质平衡原则时，可以发现从自然环境中开采物质并最终返回自然环境中是一个必然的结果。从经济学的角度来看，与废物排放到环境中相关的问题常常在"污染"的框架下进行讨论。

在某种程度上，且仅在这种程度上，由废物排放引起的、被人类经济学家所察觉的问题被称为污染问题。污染问题可以通过两种方式进行概念化。其一，是经济学家常用的概念。经济学家通常将污染视为自然环境中物质存量的增加。其二，是生态学家常用的概念，他们将污染视为对自然环境流量的影响。在前一种情况下，污染被视为一种存量资源，其存量的增加意味着负价值的累积。当剩余流量进入环境时，它增加了资源的存量，而自然的衰退过程则会从价值中减去相应的部分。在流量模式下，环境被视为具有"同化能力"，这一定义与剩余流量的速率相关。污染则是剩余流量速率超过"同化能力"的结果。如果剩余流量速率等于或小于"同化能力"，则不会发生污染。然而，如果剩余流量速率持续超过"同化能力"，那么"同化能力"将逐渐下降，最终可能降至零。

在图4-2中，舒适性服务可以直接从环境流向个人。生物圈为人们提供了休闲场所和其他娱乐资源。例如，在海滨游泳，无须任何生产活动就可以使环境资源转化为人们休闲的资源。野外娱乐指的是没有任何其他人为干预的活动。有些人喜欢简单地躺在户外的阳光下享受自然。在提供舒适性服务的过程中，人们逐渐认识到自然环境的重要性。不妨想象一下占有一艘宇宙飞船的情形，缺少自然环境的人们会出现什么样的情况。在许多情况下，舒适性服务流并不直接包含消耗性物质流。例如，野外休闲活动并不会掠夺野外环境的资源，尽管可能会用到一些木材来生火或捕猎一些野味作为食物。在海滨待一天并不会像消耗石油那样消耗滨海资源。但这并不意味着舒适性服务流不影响物质上的自然环境。海滨地区的过度利用会导致其性质的变化，游客的频繁造访会导致植被消失，进而引发沙丘侵蚀等问题。

在图4－2中，用粗框表示的环境第四功能，很难用简单而具体的方式表达。除了作为资源基础、废物的"沉淀"和舒适性基地外，目前生物圈还为人类提供着基本的生命支撑功能。人类在生物学上所需的环境条件要高于其他物种，人类的忍耐力有限。例如，人类对所呼吸的空气有特殊的要求。对于地球而言，我们所能接受的生存温度范围虽然较宽，但若与太阳系其他星球相比，又显得非常狭窄。此外，人类对水的摄入也有最低要求等。如今，环境正是以满足人类需求的方式发挥着作用，使人类得以在其中生存。

经济活动和环境的相互关系极为普遍且复杂。由于环境作用的存在，特别是四种环境服务之间的相互作用，使这种复杂性进一步加剧。这正如图4－2中三个相互交叉的框所示，并与表示生命支撑功能的粗黑框相交，所涵盖的内容可以通过以下实例进行说明。

假设有一个河口湾，它作为一个地方经济发展的资源基础，既可以在其中进行渔业活动，也可作为一个废物"沉淀"地，城市污水会被排放到其中。此外，它还可以作为休闲活动提供场所，如游泳和划船，同时也可以作为提供舒适性服务的资源。如果不用于商业性开发，河口湾还可以作为海洋物种的繁衍场所，具有生命支撑功能。然而，商业性开发在海洋生态系统中也扮演着重要的角色。当污水排放速率等于或小于河口湾的"同化能力"时，这四种功能可以同时存在。但是，如果污水排放速率大于河口湾的"同化能力"，不仅会出现污染，而且河口湾的其他功能也会受到削弱。污染将妨碍商业开发中渔业资源的再生产能力，并可能导致渔场关闭。但这并不意味着生物灭绝。只要污染危及公共健康，渔业活动就会停止。污染还会降低河口湾支持娱乐活动的能力，在某些方面（如游泳），活动将完全终止。此外，污染也会影响非商业性的海洋物种，导致涉及海洋生态系统功能的物种灭绝。

（二）环境服务的可能替代

图4－2中还剩一个特征有待研究。迄今为止，我们已经讨论了图中的实线部分，还有一些虚线部分没有讨论。它们代表了环境服务替代的可能性。

考虑第一个循环，它涉及在废物流返回到自然环境之前被中途拦截，并将其中的一部分返回到生产中去。环境功能的循环替代主要有两种方式。其一，它可以降低对废物沉淀功能的需求；其二，只要循环的物质能够替代环境中的资源开采，它就能降低对资源基础功能的需求。

同样，在图4－2中，从资本储备框引出的四条虚线分别通向其他框和代表环境功能的粗黑线框。这些虚线代表资本服务替代环境服务的可能性。

举一个例子，考虑与废物沉淀功能相关的向河口排放废水的问题。在将污水排放到河里之前进行多级处理是可行的。依据处理程度的不同，能满足河口"同化能力"要求的排放可以降低对污水处理的级别。以污水处理厂的形式出现的资本可以替代废物沉淀的自然环境的功能，其替代程度取决于污水处理厂的处理水平。

能源保护领域的实例表明，资本能够替代资源基础功能。举一个满足人类舒适需求的例子，一栋房子通过安装隔热和控制系统可以降低能源消耗，这些措施又增加了房子及其配套设施的资本总量，因此，也增加了房子的总资本存量。然而，需要注意的是，隔热和控制系统本身是物质结构，生产它们需要从环境中获取物质，包括能源等。在生产活动中也存在类似的燃料节省替代的可能性。

　　明显地，在生命支撑功能方面，许多科学家认为可能的替代是非常有限的。但是，从技术角度看，这种情况并不明确。已经有人造环境能够支撑人类生命，如空间站及相关装备已能使人们生活在生物圈之外，尽管支撑时长还很有限。如果不考虑过于高昂的成本，很明显，人类完全有可能在月球上建造维持人类生存的环境，并提供某种合适的能源。但是，由于缺乏自然生命支撑功能，能够维持的人口数量必定很小。不是这些功能完全不可替换，而是运行的规模无法被替代。另外，关于生命的质量，一些人自然而然地认为，人类和其他生物生活在一个寂静的星球上是可行的，但肯定是不情愿的。

　　我们讨论了用资本、装备替代环境服务的可能性。当目前的生产量没有被用于当时的消费时，资本便得以积累。资本体现为当前生产的物质结构，它不仅包括各种装备，如机器、建筑物、道路等实体资产；同时，当目前的生产活动致力于提升知识水平，进而形成技术转变的基础时，"人力资本"也随之增长。然而，人力资本的积累对环境问题显然具有重要意义。为了从技术上改变经济活动对环境的影响，就需要将新技术固化在新装备中。只有当知识固化到能够替代环境功能的装备中时，这些降低环境功能要求的知识才能真正发挥作用。

　　环境服务资本替代并不是经济与环境相互关系的唯一替代形式。在图 4 - 2 中，经济与环境之间的流动以细实线来表示。当然，每根细实线实际上代表了不同流的整个范围，各构成流之间的替代是可能的，并会影响对环境服务的需求。任何给定的替代都暗示着可以超越环境功能直接影响的范围。例如，用水力发电替代化石燃料，降低了化石燃料的消耗及其在燃烧过程中产生的废物。同样，当自然娱乐场所遭受洪水侵袭后，其提供的舒适性服务流同样会受到影响。

　　人体组织的组成元素及其含量在一定程度上与地壳的元素及其丰度之间具有相关关系。人类只是地球环境演变到一定阶段的产物。人类出现以后，通过生产和消费活动，从自然界获取生存资源，随后又将经过改造和使用的自然物以及各种废弃物归还给自然界，从而参与自然界的物质循环和能量流动过程，不断地改变着地球环境。例如，人体通过新陈代谢与周围环境进行物质交换，吸入氧气，呼出二氧化碳，摄取水和各类营养物质，以维持人体的发育、成长。这使人体的物质组成与环境的物质组成具有高度的统一性。也就是说，人类和其他生物不仅是环境发展到一定阶段的产物，而且他们的物质组成也与环境的物质组成保持平衡关系。但如果这种平衡被破坏，将对人体健康造成危害。环境污染或公害问题，主要源于环境中的物质组成与人类的生存需求不相适应。

　　人类对环境的利用和改造已取得了巨大的成就。据估算，原始土地上通过光合作用产生的绿色植物及其供养的动物只能为一千万人提供食物，而现代农业通过机械化生产，并施用化肥和农药，获得的农产品却足以供养几十亿人。人类还成功控制了某些河流的洪水泛滥，改良了土壤，驯化了野生动植物并培育出优良品种。同时，我们发展了各种能源和制造业，生产出了原本环境中不存在的但对人类有用的物质。此外，人类打造了舒适的居住环境，并创造出各种具备物质和精神文明的环境，使人类的生活水平大大提高。这些都反映了人类正在从适应环境的地位，逐渐转变为环境中的主导地位。

环境中的各种资源与人类之间都处于动态平衡之中。因此，在不同的生产水平时期，环境对人口的承载量都有一个最佳点。如果超出这个平衡点，环境质量会下降或者人类生活水平会降低。所以，人类在改造环境的过程中，必须保持自身与环境之间的动态平衡关系，这是实现可持续发展的关键。

习　题

一、名词解释

1. 资源　　　2. 环境　　　3. 可持续发展　　　4. 资源稀缺性

二、选择题

1. 人类环境的中心事物是（　　　）。

A. 人类

B. 人类和其他生物

C. 人类、其他生物和无生命物质

D. 人类、其他生物、无生命物质和外部空间

2. 按照环境的功能不同，可以将环境分为（　　　）。

A. 自然环境和人工环境

B. 生活环境和生态环境

C. 室内环境、村内环境、城市环境，区域环境、全球环境和宇宙环境

D. 大气环境、水环境、土环境、生物环境、地质环境等

3. 人为原因引起的环境问题被称为（　　　）。

A. 原生环境问题　　　　　　　　B. 次生环境问题

C. 第一环境问题　　　　　　　　D. 继发环境问题

4. 以下属于无限资源的是（　　　）。

A. 土壤　　　　　　　　　　　　B. 淡水

C. 动植物　　　　　　　　　　　D. 太阳能

5. 环境科学主要研究（　　　）。

A. 第一环境问题　　　　　　　　B. 第二环境问题

C. 原生环境问题　　　　　　　　D. 第三环境问题

三、解答题

1. 可持续发展的特征。

2. 请简述可持续发展的原则。

3. 马尔萨斯人口理论。

四、论述题

请论述环境与发展关系的四个阶段。

第五章

资源的合理配置

现代经济社会的一切管理问题，几乎都可以归结为资源的合理配置问题。企业管理，实质是通过有效地配置企业拥有的各种资源，实现最大化的企业经营目标。国家经济社会的管理，则是通过一定的调控手段，来实现社会资源的合理配置，取得好的经济、生态和社会效益。因此，从有经济组织开始，就有了资源的合理配置问题。

第一节 资源合理配置的目标和原则

一、资源合理配置的含义和目标

一种经济资源，是现在使用还是留待将来使用，这是一个资源配置问题；一种经济资源是用在沿海地区还是内地，也是一个资源配置问题；一种经济资源，是用于工业、建筑业或是农业部门，仍然是一个资源配置问题。因此，资源配置是指对资源开发利用的时间结构、空间结构和产业结构等方面所作的安排。这是资源开发利用中必须解决的问题。资源在不同的时间使用产生出来的效益不一样，在区域之间、部门之间的不同分配，其产出效益也有差异。根据经济、技术等条件，把资源从时间上进行合理分配，从空间上进行合理布局，在产业之间进行合理调整，以充分利用资源，使资源产出的总体效益最大化，满足日益增长的各种社会需要，这就是资源合理配置的基本目标。

效益是资源合理配置追求的目标，而效益又是多层次的，从低到高由消费者个人效益、企业效益、国民经济效益和社会效益组成。消费者效益指人的需求的满足；企业效益目标是利润的最大化；国民经济效益目标是要在有限的资源条件下，实现整个国民经济稳定的、迅速的增长和全面的发展；社会效益包括经济社会效益和生态环境效益，前者为社会财富分配的公平、地区间发展水平的协调、就业情况、社会文化事业的发展等，后者指生态环境的保护或改善等。社会效益是资源配置效益追求的最高层次。

各种层次的效益是有区别的，并且常常彼此矛盾。由于外部性的存在，使个别企业的效益与国民经济效益呈反向变化。社会效益与经济效益有时也是矛盾的。例如，为了追求一国或一地区的经济发展速度，要求资本和财富向经济效益高的部门、地区转移，这就可能加剧地区之间的发展不平衡。又如，为了节省生产成本，常常引起生态环境的恶化；而为了治理环境、保护生态，就必须牺牲一定的经济财富，付出必要的代价。

在现代经济社会中，资源配置各层次的效益又是彼此相互联系的。个人和企业的效益，是国民经济和社会效益的基础，而国民经济和社会效益最终又是个人、企业能获得效益的保证。没有一定的经济效益，社会发展及生态建设就无从谈起；不重视社会发展及生态建设而一味地强调经济的高速增长，则经济增长也难以持续。

资源的合理配置，不仅是一个微观决策问题，而且也涉及宏观的管理。在市场经济条件下，企业拥有的有限资源面临着多种用途的竞争性利用。为了实现企业利润最大化，资源配置应使各种用途中资源的边际生产率相等，这就是从微观上对资源进行有效配置的基本条件。但是，单纯依靠微观上的优化作用还不能保证整个社会资源利用效益的最大化。这是因为：第一，企业资源利用的优化决策要以适应市场机制及供求关系为前提。如果市场机制不完善，价格不能真正反映资源的供给和需求的特点，虽然在微观上实现了最优政策，但整个国民经济的资源配置格局仍然可能缺乏效率。第二，企业的资源配置决策主要考虑局部利益和近期效益。即使市场机制充分发挥作用，也可能导致忽视和损害全社会整体利益和长远利益的资源配置结果。第三，在经济发展过程中，由于各种原因的影响，经常会出现区域之间的不平衡和产业之间的不协调，进而降低资源利用的整体效益。第四，在发展中国家的现代化过程中，面临着不利的贸易条件和落后的产业结构，需要在整体上干预和调节资源配置过程，扶持主导产业部门的发展，带动整个国民经济的现代化。因此，为了达到资源合理配置的目标，国家还应该进行积极有效的干预和调节。作为一个发展中的社会主义国家，中国资源配置过程中的国家计划和调节，更具有重要的意义和作用。

自然资源的开发利用过程不仅是一个单纯的经济过程，而且涉及人类社会的利益协调和人与自然界的生态协调问题。其中，资源配置效益的整体性、综合性、长期性和地域性特点十分突出，长远利益与眼前利益、整体利益与局部利益之间的矛盾极为复杂。因此，自然资源合理配置所要求的是一种综合性整体效益：既要全面考虑经济效益、社会效益和生态效益，还应把利用和保护有机地统一起来。

二、资源合理配置的机制

资源配置机制是指调节资源使用的数量、规模、结构、布局等方面的经济机制，它是经济体制的一项重要内容。

资产阶级古典经济学认为，市场机制是能够完善地、合理地在社会有限资源条件下配置各种资源的唯一有效的机制，资源配置学说无非是一种市场对经济自发地进行调节的学说。然而，20世纪30年代的经济大危机无情地宣告了资本主义自由市场制度的破产，他们发现从资源配置的过程和效果看来，市场机制具有很大的局限性。这种局限性或者表现为资源的利用不善，从而造成资源的闲置和浪费；或者表现为资源配置与收入分配之间的不协调，进而影响整个经济的稳定运行。因此，有些人开始提出应该用政府的调节和干预职能来克服市场机制的局限性。第二次世界大战以后，对这个问题的研究仍存在很多分歧，不少人已逐渐认识到，市场机制仍应与国家调节结合起来，才有可能实现资源的合理有效配置。

在以苏联为代表的传统的社会主义经济体制中，普遍否认商品经济的存在，单纯依靠高度集中的计划机制来配置资源。实践证明，这种资源配置办法虽然具有一定的优越性，但也存在着僵化、低效和浪费等一系列弊病。因此，从 20 世纪 50 年代以来，社会主义国家纷纷开始探索经济改革的路子，重视市场机制的作用，寻求计划机制与市场机制有机结合的方法和途径。

看来单靠市场机制或计划机制不足以实现资源的合理配置，二者在某种程度上的有机结合是当今世界各国经济发展的共同趋势。这也体现了社会主义的优越性。

无论是以市场机制为主还是以计划机制为主来配置资源，价格体系都具有至关重要的作用。价格如果不能真正体现供求关系的特征，资源配置必然受到扭曲，整体效率降低。中国经济体制正处于改革过程中，价格体系不完善的问题十分突出，特别是对自然资源没有价值和价格的观念还没有彻底消除，自然资源无偿使用的现象、自然资源产品价格偏低问题依然存在，制约着资源的合理有效配置。因此，应该在深化改革过程中逐步理顺价格关系，以保证资源配置机制有效地发挥作用。

三、资源合理配置的原则

在传统的静态经济的分析中，当资源的任何转移都不会进一步提高实际国民收入水平的时候，资源分配被看作是最优或效益最高。这就应当使资源在可供选择的各项活动中的边际生产率都相等，这是边际均等原则。在实际的资源配置过程中，静态的边际均等原则有很大的局限性。首先，如果市场体系不完善，资源的市场价格不能反映其真实的社会机会成本，资源利用的边际私人净收益与边际社会净收益不一致，市场价格会对资源分配发出错误的信号，因而导致资源配置不当。其次，资源配置不仅应考虑静态原则，还应有动态发展观念。特别是对发展中国家的经济来说，一方面要努力增加近期的产出水平，另一方面还要注意培育长期发展能力。最后，资源配置不仅要考虑经济效益，还要考虑社会效益和生态效益。在一般情况下，后两种效益难以计入成本和收益中，只能作为外部性表现出来。如果单纯依据边际均等原则配置资源，很可能忽视社会效益和生态效益。这在自然资源开发利用中显得尤为突出。因此，在资源配置过程中，除遵从边际均等原则外，还要考虑其他一些主要的基本原则。

（一）经济效益、社会效益和生态效益相结合的原则

就是在资源配置过程中要把资源的开发、利用、保护和管理结合起来，不能单纯追求经济效益的最大化，还要结合考虑社会效益和生态效益。资源配置的社会效益主要表现在促进经济社会全面均衡发展、增加就业和调节收入分配等方面。资源配置的生态效益主要表现在改善生态环境、维护生态平衡、防治环境污染等方面。这两种效益都具有分散性和长期性的特点，主要应通过宏观的干预和调节加以保证。

（二）各种不同利益兼顾和协调的原则

在资源配置过程中，往往会出现近期利益与长远利益之间、局部利益与整体利益之

间以及不同地区之间不同部门之间的利益冲突和矛盾。由于资源稀有性的制约，许多不同的利益之间具有此消彼长的关系。这就要求在资源配置过程中注意兼顾和协调各方面的不同利益，调动各方面积极性，促进资源合理有效地流动和配置，以获得最优的整体综合效益。

（三）多层次综合利用的原则

自然资源的稀有性和多用途特点，要求在自然资源的配置中尽量实现多层次综合利用，提高资源利用率和生产率，防止资源破坏、浪费和环境污染。同时，自然资源本身处于社会、经济、生态三大系统组成的综合体系之中，自然资源的开发利用过程是一个复杂的社会经济生态过程。这种体系和过程的复杂结构在客观上要求对自然资源进行多层次综合利用，也为在资源配置中贯彻多层次综合利用的原则创造了条件。

（四）因地制宜发挥优势的原则

大多数自然资源的分布都具有地域性特点，其中相当一部分的位置是自然资源固定的，只能进行现场利用。因此，在资源利用和产业布局中必须贯彻因地制宜的原则。发扬各地区的优势，就是要根据当地自然资源的适宜性特点和综合优势，配置最适宜的生产部门，以便扬长避短，使资源的利用取得最佳的总体综合效益。

第二节 资源的期间分配

简单地讲，资源的期间分配就是对现在和未来的权衡，即特定的资源现在应利用多少，留给未来利用多少，才能对社会最有利。从全人类的整体利益和长远发展来看，资源开发利用的近期利益和长远利益在根本上是统一的，但对每一代人或某一时期的决策者来说，二者又是相互竞争和矛盾的。因为现在的开发利用总是通过各种方式影响到未来的开发利用，现在过多的开发利用要以牺牲未来的开发利用为代价。因此，随着人类文明的进步，必然对资源的期间分配问题给予越来越多的重视。从政治、经济、法律和社会文化等各个方面确立资源期间分配的优化准则。在社会主义经济条件下，统筹兼顾近期利益和长远利益，保证资源在各时期的合理分配和利用，更具有必要性和现实性。

一、资源期间分配的原则

（一）保证国民经济持续稳定发展的原则

经济发展必须建立在一定的资源基础上，资源期间分配必须满足国民经济持续稳定发展的要求。从历史上看，每一代人都要在前辈开创的物质技术基础上从事各种经济活动，同时又要把自己的经济活动成果中的相当一部分积累起来，留给后代使用。因此，在资源期间分配问题上既不能采取"自然保护主义"的态度，也不可采取"竭泽而渔"的不负责任做法。当代人留给后代的财富包括许多内容：如基础设施、科学技术、人力资本、固定资产、自然资源等。如果单纯采取"自然保护主义"的态度，虽然可以交给后代一个良好的自然环境和较多的自然资源，但当代经济发展受到制约，生产力进步受到阻碍，对当代人和后代人都会造成巨大损失。特别是在发展中国家，迅速发展国民经济更是当前摆脱落后状态的唯一出路。当然，由于自然资源是人类的生存和发展之本，竭泽而渔是对后代不负责任的做法，不能保证经济的持续稳定发展，反而会招来灾难。在人类发展过程中，过度利用自然资源所造成的悲剧再也不应重演了。

（二）维护整个社会长远利益的原则

资源期间分配中的主要矛盾是近期利益和长远利益、局部利益和整体利益的矛盾。在自然资源开发利用决策中，近期利益和局部利益是看得见、摸得着的，容易得到应有的重视，而长远利益和整体利益则往往具有分散性和间接性特点，容易被忽视。如黄土高原的坡耕地开垦，从当地农民的近期利益和局部利益来看是有利的，但会导致严重的水土流失，破坏土地的长久生产力，给整个生态系统，甚至下游经济建设带来很大危害，对长远利益和整体利益造成了损害。由于这种损害对农民来说只是一种负的外部性效果，而在其决策过程中并不会受到关注。因此，在资源的期间分配过程中，应该强调维护长远利益的原则，实现近期利益和长远利益之间的均衡。

（三）保护生态环境的原则

生态系统和自然环境是自然资源的重要组成部分，对自然资源不合理的开发利用会引起生态系统和自然环境的不可逆性变化，如环境污染、森林破坏、草原退化、物种灭绝等。这些变化都是很难恢复的，对人类未来利益损害极大。因此，各类自然资源的期间分配都应贯彻保护生态环境的原则，每个时期的利用水平都应以生态环境的承受能力为最高限度，保证生态系统的良性循环，避免自然环境的不可逆性变化。

以上三条原则是资源期间分配的基本原则，对于不同类型的资源来说，还应根据自身特点考虑其特殊的分配原则。如濒临枯竭的资源存量有限，在期间分配中应重视节约利用的原则，尽量避免资源浪费。对于可更新资源来说，应重视适度的合理利用原则，如果利用水平低于适度水平，则不能发挥资源的最大生产潜力，甚至不利于资源更新；反之，如果利用水平高于适度水平，也会破坏资源更新能力，生产能力无法长久维持。对于太阳能、风能、水能等流逝性资源来说，目前的利用不但不影响未来利用，而且还可以积累开发利用的经验、技术和设施，不存在期间分配矛盾，应当在科学技术、社会经济可行的条件下尽量开发利用，使它们的价值尽快发挥出来。

二、资源期间分配的优化标准

资源期间分配的各项原则必须反映到资源开发利用的决策过程中去，形成一定的优化标准。例如，采用帕累托效率标准，就可用来进行期间优化分析，所谓帕累托效率标准是指社会资源配置的一种理想状态，在这种状态下，无法在不减少任何人福利的条件下，增加其他人的福利。将其推广应用到资源的期间分配问题上，就是说对于特定的资源利用方式，在不减少其他时期福利的条件下，不可能再增加任何时期的福利，这时就达到了帕累托效率标准。也就是说，当资源在各时期的转移不能再增加资源利用的总效益时，资源利用方式是最佳的。由于在福利函数的定量估计方面存在困难，我们在实际的评价工作中，往往用经济效益最大化的标准来代替帕累托效率标准，因为经济效益是决定社会福利水平的最主要因素，而且容易计量。但是，我们不能忘记，除了经济效益外，决定社会福利水平的还有其他一些因素，如与资源开发利用有关的生态效益和社会效益等。在经济效益中，有些间接效益和次级效益也很难准确估计出来。因此，经济效益最大化标准不是资源期间分配优化的唯一标准或绝对标准，在决策中还要综合考虑其他因素的影响。

三、贴现在资源期间分配决策中的应用

贴现是计算货币时间价值的一种常用方法。从动态观点来看，货币在经济生活中是可以增值的。把一笔资金存入银行，可以在取出本金的同时得到利息收入。利息的多少与本金数额、利率高低和存款期限有关。在本金和利率一定时，存款期限越长，可以取得的利息收入就越多。同样，如果把资金投入某一产业，则可通过收回投资和利润来实现增值。因此，当经济决策涉及不同时期的收益和费用时，不能简单地把不同时期的效益和费用相加减，而要用贴现方法把各个时期的效益和费用折算成"现值"，然后再进行加减运算。由于资源的期间分配涉及不同时期开发利用的效益和费用，按照总效益最大化的标准，必须把不同时期的效益和费用进行加总。这时，贴现方法就可用来解决不同时期效益和费用的可比性问题。

（一）贴现因子和贴现率

把特定的资源在不同的时间进行分配，会形成一种随时间而变化的收益流和费用流。在每一个时点上，收益与费用之间的差额为纯收益，纯收益随时间的变化趋势与资源期间分配方案有直接关系。

贴现方法就是以现在为基准点，把将来不同时点的效益或费用统一折算成现值，然后再进行加总和比较。它的基本公式为：

$$PV = \frac{F}{(1+r)^t} \tag{5-1}$$

其中，PV 代表现值，F 代表终值，即未来各时期的效益或费用数值，t 代表时期，r 代表贴现率。

式（5-1）表明，所谓贴现实质上是一种加权未来的收益的方法，即给未来 t 时期的收益 F 一个权数 $1/(1+r)^t$，使它可以与现值相比较。这个权数 $1/(1+r)^t$ 即称为贴现因子，它由贴现率 r 和时期 t 两个变量决定，贴现率越高，时期越长，贴现因子越小。

在时期 t 的收益 F 确定以后，现值的大小直接取决于贴现率的高低。如表 5-1 所示，选择不同的贴现率时，未来特定年份的特定收入具有不同的现值。因此，贴现率的选择对于贴现结果具有极其重要的影响。

表 5 – 1　　　　　　按不同贴现率计算的若干年份以后 1000 元未来收入的现值

贴现率（%）	在今后以下年末 1000 元收入的现值（元）			
	30 年	40 年	50 年	80 年
0	1000	1000	1000	1000
2	552. 07	452. 89	371. 53	205. 11
4	308. 32	208. 29	140. 71	43. 34
6	174. 11	97. 22	54. 29	9. 45

（二）贴现率的选择

在投资决策中，贴现率与利率不同，利率是由银行规定和调整的，贴现率则是由决策者选择的，它代表投资的期望收益率。因此，贴现率的选择既受决策者主观因素的影响，也受投资环境和条件的客观约束。

在影响贴现率选择的主观因素中，主要包括决策者的时间偏好和风险偏好。时间偏好指决策者对现在和将来的权衡。有的人属于"守财型"决策者，注重未来的收益；有的人则属于"浪费型"决策者，采取"今朝有酒今朝醉"的态度。根据贴现的基本公式可知，在贴现方法中，现在收益的权数为 1，将来 t 时期的权数为 $1/(1+r)^t$。所以，现在与将来的权数之比为 $(1+r)^t$。r 值越大，权数的比值就越高，说明给现在以相对较高的权重。r 值越小，权数的比值就越低，说明给现在以相对较低的权重。因此，注重现在的决策者倾向于选择较高的贴现率，注重未来的决策者倾向于选择较低的贴现率。

风险偏好是指决策者对投资风险的态度。可分为回避风险的"保守型"决策者和敢于承担风险的"冒险型"决策者。一般来说，投资风险的高低与投资环境、投资类型和投资期限有关，风险总是与未来联系在一起的。因此，保守型决策者将给现在以较高的权重，选择较高的贴现率。冒险型决策者愿意给将来以较高的权重，选择较低的贴现率。

当然，决策者的主观因素和偏好对贴现率的影响是有一定限度的，还要受投资环境和条件的客观约束。一般来说，贴现率的选择有一个最低标准。这个标准可以从两个方面来解释：其一，贴现率不应低于社会的最低安全利率。这可以用政府的长期债券利率来表示。因为购买政府债券是一种无风险的安全投资，而其他投资活动都要在一定程度上承担风险，如果其预期收益率低于政府债券利率，则不如选择购买债券更为有利。其二，在投资方向选择不受限制的条件下，贴现率不应低于社会资产的平均收益率。平均收益率代表社会投资的平均盈利能力。如果一项投资的预期收益率低于平均收益率，则可以通过投资转移，获得更高的收益。在最低标准的基础上，贴现率还要考虑收益的确定性、收益的均衡性、资本的流动性和投资管理负担等因素。因此，实际的贴现率应在一定程度上高于其最低标准。

综合考虑以上各种因素，贴现率的具体确定可以采取"加总法"，把影响贴现率的各种主观因素和客观因素结合起来。如假设投资的最低安全利率为 7%，决策者的风险保险率为2%，资本滞流惩罚率为1.5%，管理负担折扣率为1%，则加总后得到的贴现率为11.5%。如果要考虑通货膨胀的影响，则还要加上通货膨胀率。

（三）社会贴现率

对于公共投资决策来说，用上述方法所确定的贴现率可能偏高，特别是在自然资源的期间分配决策中，应该使用低于一般贴现率的社会贴现率。这是因为：第一，私人决策不可能全面考虑资源开发利用的整体效益和长远影响，公共部门在保护资源和维护人类长远利益方面负有更大的责任，应该给未来以较大的权重，采用较低的贴现率。第二，资源的期间分配往往涉及代际分配问题，而决策是由当代人作出的，后代人没有保护自己利益的能力，在资源分配决策中没有发言权，特别是当决策涉及以后几代人的利益时更是这样。因此，应当有意识地使用较低的贴现率，维护后代的利益。第三，市场利率和收益率是由多种因素决定和经常波动的，它们甚至不能反映正常的时间偏好。同时，在许多差别很大的利率和收益率中，究竟以哪一个为基准来反映资源利用的机会成本，这也是一个十分困难的问题。第四，市场利率和收益率包含着私人部门的投资风险保险因素，这一因素在企业决策中是必须考虑的，但在公共部门的社会决策中却可以忽略，因为许多风险都是由收益或成本的转移引起的，对整个社会来说并没有造成损失。由于以上原因，许多人认为公共部门的资源开发利用决策应选择较低的社会贴现率，以反映"社会的时间偏好"。

在国外的投资项目评价方法中，社会贴现率究竟如何确定，存在着三种不同的观点：

第一种方法认为，应以资本的边际生产率（即资本的机会费用）来确定社会贴现率。资本的边际生产率可以从不同的角度进行解释：（1）随着资本投入项目的使用，它同时也就失去了在其他项目中投资的收益，这个放弃的收益率为机会成本。（2）如果把全部投资依收益率高低安排在不同的项目中，排列在最后的边际项目的收益率可以代表资本的边际收益率。（3）如果对一系列项目进行投资，以收益率高低作为取舍标准，最末一个被选取项目的内部收益率为资本的边际收益率。

第二种方法认为，方案的选择是为了获得最大限度的社会福利，社会福利是用累积总消费来衡量的。社会贴现率应该随着人均消费水平的变化而调整，由消费的边际效用弹性与人均消费增长率的乘积决定。在这里，消费的边际效用弹性表示消费的边际效用随着消费水平的提高而下降的速度。这个指标在目前还无法精确计算，因而最终只能以决策者的主观判断来确定贴现率。

第三种方法认为，社会贴现率就是计算利率，是可供使用的公共项目投资供需平衡时的社会收益率，可以用可接受边际项目的内部社会收益率来确定。这种方法与第一种方法相似。

（四）贴现方法的应用

用贴现方法解决期间决策中不同时期效益和费用的可比性问题，在投资项目或资源利用方案评价中称为费用－效益分析法，应用这种方法的主要步骤有五个。

1. 项目形成。

根据资源开发利用的特点，设计开发项目，拟定项目实施的时间、地点、期限、规模和手段，论证项目的必要性和可行性。

2. 效益和费用的估计。

在项目形成以后，要采取各种手段估计项目计划期内各时点上发生的效益和费用，并按发生时间先后排列成表，形成效益费用流量表。精确估计效益和费用是保证费用效益分析结果可靠性的基础，但往往面临许多困难，如风险和不确定性的影响、价格的确定、投入和产出规模与效率的预测、间接效益和间接成本的估算、次级效益和次级成本的估算、生态效益和社会效益的估计等。因此，效益和成本的估计是应用费用－效益分析方法的技术关键。

3. 进行贴现计算。

效益流和费用流估计出来以后，要选择合适的贴现率，并用贴现公式把各时点的效益和费用折算成现值，然后加总得到效益现值和与费用现值和。这种计算本身十分简单。

4. 计算分析评价指标。

在费用效益分析中，常用的评价指标有四项：

（1）净现值：由效益现值和减去费用现值和求得，也可用每个时点上的净效益现值和求得。如果计算的净现值为正，则项目是可行的，净现值如果为负，则项目是不可行的。净现值指标是一个绝对指标，仅从这个指标不能反映投资效益的高低，因而应与其他指标结合应用。

（2）效益费用比：指效益现值与费用现值的比率。如果效益费用比大于1，表明项目实施的总收益大于总费用，是可行的。如果效益费用比小于1，则是不可行的。如果要进行不同方案的比较，则效益费用比较大的方案为优。

（3）净现值比率：指项目净现值与投资现值之比，表示单位投资现值所能带来的净现值。这个指标是效益费用比的补充指标，可以用于不同投资方案的比较。

（4）内部收益率：也称内部报酬率，指能够使费用现值和效益现值总和相等，净现值等于零的贴现率，表示项目实际可以达到的收益率。内部收益率的计算可以采取试算法或内插法求得，它是项目评价和比较的主要指标。在项目评价中，只有内部收益率高于社会贴现率时，项目才是可行的。在项目方案比较中，内部收益率较高的方案为优。

5. 判断项目经济可行性，作出评价结论。

当对一个独立的项目或方案作出评价时，上述几个指标的结论应该是一致的。如果要对几个方案进行选择比较，则上述评价指标所得结论可能不一致，这时要结合资金来源和投资数额大小进行综合分析。

第三节　资源开发利用的空间布局

一、资源开发利用空间布局的意义和作用

资源开发利用空间布局是指资源生产力在空间位置上的分布和配置。它不仅是指资源的客观分布现状，更要求努力调整资源的分布状况，通过合理配置资源生产力，选择最佳的空间条件，增加资源开发利用的整体效益。

任何资源的开发利用活动都是在一定的空间结构中进行的，要受当地自然、社会、经济、技术等因素的综合影响。在空间上合理配置资源生产力的要求，源于下面几个因素：第一，资源的分布具有明显的地域性特点，往往导致资源产品的生产和需要在空间上出现错位，要求合理布置资源开发利用的空间位置，使总的社会成本最低，效益最大。如当原材料生产和加工业生产位置不一致时，需要解决原材料运往何地加工和加工使用何地原材料的问题。第二，土地等自然资源的位置是固定的，不能移动。不同地区的自然资源具有不同的优势和适宜性特点，不同的生产部门也对自然资源条件具有不同的要求，需要将当地的自然资源用于最适宜发展的生产部门中去。第三，资源的实际生产力不仅取决于它本身的性质，而且受当地社会、经济和技术条件的影响，并随这些因素的空间差异而有所变化，应当在开发利用方面进行相应的调整。第四，当地区之间的经济社会发展水平差距过大时，不利于整个国家的繁荣和稳定。需要调整资源生产力的空间配置，促进区域之间协调发展。

资源开发利用的空间分布涉及微观方面的企业布局和配置决策，但更多地具有宏观性和战略性特点，对整个国民经济的长期发展具有重要影响。第一，通过合理配置资源生产力，有利于充分合理地利用全国各地的自然资源和社会经济资源综合地域优势，科学地组织地域之间的生产、交换、分配和消费。第二，通过合理配置资源开发利用的空间结构，可以促进区域分工和专业化生产的发展，有利于发展大规模商品化生产和技术进步。第三，通过有目的的空间配置，充分利用和挖掘贫困落后地区的资源优势，促进和带动当地经济全面发展，有利于先进技术的扩散和转移，协调区域之间的社会经济发展。第四，自然资源开发利用在空间上合理布局还有利于保护环境，促进生态平衡，充分利用自然资源，为提高生活环境质量和发展国民经济提供自然物质基础。

二、资源开发利用空间布局的依据和原则

资源生产力的空间布局要受自然因素、技术因素、经济因素和社会因素的综合影响。近年来，在中国区域经济研究中，梯度推移理论和发展极－增长点理论具有广泛的影响。所谓梯度推移或梯度发展，是指根据不同经济地带的自然、社会、经济、技术等方面的差异，在资源配置中贯彻速度倾斜和非均衡发展原则，使各地带分步骤、分阶段地实现现代化。这种理论实质上强调资源区域配置的利润最大化原则，没有重视地带内部的差异性，对资源配置的长期性、战略性和综合性特点注意不够。发展极－增长点理论认为，在经济发展过程中，经济增长在各地区和各部门并不同步，而是集中于某些主导部门和有创新能力的行业，这些部门和行业往往集中在一定的城镇，它们构成了经济增长和发展的极点。在区域经济发展中，这些极点具有三种重要作用：第一，聚集效应，在其周围聚集许多与之相关的产业和企业；第二，扩散效应，把新的生产技术和管理经验扩散到周围地区；第三，外部经济性，为本地区经济发展提供基础设施、经济信息、文化教育等方面的服务。因此，发展极－增长点对于带动落后地区的经济现代化具有十分重要的作用，在区域资源配置过程中应进行有意识的扶持和培养。可见，梯度推移和发展极－增长点带动具有相互补充的作用，在资源利用空间布局中应当点面结合，远近兼顾。根据资源开发利用空间布局的理论要求，在实践中应坚持下面几项原则。

（一）最低成本原则

就是要求在完全成本最低的地点配置资源开发利用项目。完全成本是指生产费用和流通费用的总和，为了使完全成本最低，就应使企业尽可能接近原料燃料产地、消费地及基础设施完善的地方。然而，使生产地点同时接近原料燃料产地、消费地和基础设施条件好的地方是不容易办到的，因为这些地点通常并不一致。因此，就需要按照最低成本原则进行反复的技术经济论证，把生产配置在完全成本最低的地方。

（二）专业化分工和协作原则

要在企业生产经营专业化的基础上，努力打破地域界限，发展区域间的分工协作，建立起各具特色的、能够充分发挥区域优势的专业化经济区。每个地区的自然条件和社会经济条件都有自己的优势和劣势，在生产布局中不能追求一种封闭的完整经济体系，而要根据区域特点，确定区域主导部门，并围绕主导部门建立专业化的区域经济体系，这样才能在全国范围内形成合理的生产布局。同时，专业化分工协作原则还要求积极开展国际交流，参与国际经济大循环，更好地发挥本国资源的优势，提高整体生产能力。

（三）协调发展原则

首先，协调发展原则要求从国民经济发展的全局出发，协调各区域之间的利益关系和发展水平，既保证重点开发地区的发展要求，又兼顾其他地区的建设需要，促进各地区经济水平全面提高。其次，协调发展原则要求在资源生产力布局中促进先进生产技术的转移和运用，带动落后部门和地区的技术进步，促进城乡经济一体化。最后，协调发展原则还体现在平等和效率兼顾方面。在追求经济效益目标的同时，要注意协调地区之间的平衡发展关系，防止区域之间的发展差距拉得过大，避免区域之间的不等价交换。

（四）生态平衡原则

自然资源的开发利用过程是人与自然界的物质和能量交换过程，人类面临的许多生态环境问题都与对自然资源的不合理开发利用直接有关。因此，需要在自然资源生产的空间布局过程中贯彻生态平衡原则，使自然资源的开发利用有利于当地的环境保护和生态平衡，建立一种良性循环的社会、经济、生态综合体系。

三、资源开发利用空间布局的优化方法

为了优化资源开发利用的空间布局，需要分层次对不同范围的布局问题进行考察。

第一层次是国家总体布局，指全国范围内区域之间的总体部署和配置，形成生产力的总体框架。在国家总体布局中，要注意发挥各地区的优势，把区域专业化与综合发展结合起来，在保证重点的同时，协调经济区域之间的关系。第二层次是区域内部布局，指一个经济区域内资源利用的布局，着重要解决资源利用集中的规模、地点和结构，处理好城镇网络和城乡关系，充分发挥城市的辐射和带动作用。第三层次是生产地点布局，指资源开发利用地点的选择。需要根据资源的开发利用特点，选择合理的区位，以便取得最佳的综合效益。

资源开发利用空间布局的优化方法与资源本身的开发利用特点有很大关系，在不同的产业部门各有特点。在第一产业部门中，自然资源在空间位置上不可移动，生产布局在很大程度上是由自然资源的特点和适宜性决定的，优化布局主要通过自然资源的综合考察和评价，配置适宜的生产部门来实现。第二产业和第三产业各部门主要是利用第一产业所提供的自然资源产品进行加工转化和服务，所使用的原材料在空间位置上是可以移动的，因而生产地点的选择余地较大，要综合考虑自然、经济、社会和技术等各种因素，优化布局的方法也较复杂，常用的有部门指向法和成本比较法。

部门指向法是从影响某一部门生产成本的诸多因素中，找出一种最主要的因素，然后确定该部门企业布局的指向，即这种主要因素的所在地点。根据部门的布局指向，就可以大致确定该部门企业布局的最优区位。根据各部门的技术经济性质，其布局指向可以分为许多类型。第一，原料指向型，包括原料成本比重较大、原料运输指数较高、原料生产的地方性很强或原料不易运输和储存的部门。生产地点应尽量接近原料产地，以便最大限度地减少运输成本和储存成本，并使原料的持续供给有保证。第二，市场指向型，包括成品运输费用较高、成品不宜长途运输或储存的部门，生产地点应接近销售市场。第三，能源指向型，指能源消耗的成本比重很高的行业。第四，劳动力指向型，是指在单位产品成本中，工资所占比例较大的行业。第五，技术指向型，指技术因素对生产成本影响很大的行业，应在科技文化发达、劳动力熟练程度高、协作企业技术水平先进的地点布局。

部门指向法只考察了制约生产布局的最主要条件，在具体布局中还要综合考虑其他因素，用成本比较法确定布局地点。成本比较法就是将几个适于配置某企业的地点进行比较，找出能使该企业成本最低的地点，具体包括三个步骤：第一，确定比较项目，通过所要配置企业的成本构成，找出那些占产品成本比重较大和地区差异性显著的因素，作为比较项目。第二，选定比较地点，即有可能配置该企业的各个地点。第三，进行成本比较，按比较项目分别收集和计算各比较地点的成本水平，并进行比较，完全成本最低的地点就是生产布局的最佳地点。

第四节　资源配置与产业结构

一、资源开发与产业发展

产业是指各种制造或供应货物、提供劳务或收入来源的生产性和非生产性企业或组织体系。经济学中通常将其划分为第一产业、第二产业和第三产业。这里的产业划分标准是按照劳动对象的特点来制定的。第一产业是以天然资源为对象进行活动的经济部门，主要指农业和矿业（矿业因属工业活动，与制造业结合相对应，多将其划归为第二产业）；第二产业是对初级产品主要为农产品、矿产品进行加工的部门，主要指制造业和建筑业；第三产业是提供多种服务的部门，如批零商业、运输邮电、金融保险、文化教育、科研卫生等部门以及近年飞速发展的高科技、信息等产业。

从人类发展的历史看，三大产业是依次出现的。随其发展，资源的开发利用范围和程度不断拓展，而资源的开发又促进了产业的发展。

第一产业的生产是人类最早的生产活动，其得以存在和发展的基本条件是土地资源、生物资源、水资源和人力资源。第二产业的出现与发展，使煤、石油、钢铁等矿产资源得到广泛的开采利用，对人力资源提出了新的要求，资本资源的作用上升到重要地位，资源开发利用的范围进一步拓宽。大规模的全球性的第三产业发展，使过去从未利用过的许多天然和人造的资源，如合金、塑料、新能源等投入使用，特别是智力化的人力资源和信息资源的作用日益凸显，拓展了资源利用的新领域。

以上说明，产业的发展促进了资源的开发，并且各类资源的重要性也随产业的发展而变化。

资源作为产业发展的条件和基础，其赋存状况又极大地影响产业的发展。一般来说，在产业形成的初期，土地肥沃、水量充沛、动植物资源丰富的国家或地区，农牧业得以极大发展，成为支柱产业，如中国、印度；土地贫瘠、矿产资源丰富的国家或地区，则往往以矿业为支柱产业，如中东的产油国家；而既缺少农牧业资源、又缺乏矿业资源的国家或地区，则被迫另辟蹊径，致力于第三产业，如日本；各种资源条件都很好的国家，各业都会得到极好的发展，如美国，它既有大量耕地，又有丰富的矿藏，再加上世界各地的移民带来各民族文明的精华，科技水平很高，因此农业先进，工商业发达，以信息业、高科技为代表的第三产业居世界领先地位。

二、资源开发利用中的结构效应

资源的开发利用是一个复杂的经济过程。一定的开发利用形成一定的经济结构，产生一定的结构功能和效益。如果资源开发利用结构发生变化，产业功能和效益也发生变化。因此，通过合理地调整资源开发利用的产业结构，可以改进其产出功能和效益，更好地满足社会需要，这是结构效应的一种表现形式。结构效应的另一种表现是通过调整结构促进整个国民经济的现代化。经济发展过程实质上是一种持续不断的产业结构变革过程，在不同的经济阶段和水平，具有不同的产业结构。如果推行有效的产业结构政策，改变资源配置、调整产业结构，使之适应经济发展的客观要求，就会产生促进经济全面发展的效果。

在资源开发利用过程中，优化产业结构的主要目标是利用结构效应关系，提高资源利用效率。在微观经济活动中，企业根据当地资源的特点和市场需要，把有限的资源配置在效益较好的生产项目中，建立合理的生产结构，可以取得较好的经济效益和生态效益。除完成国家计划和保证生态平衡外，要根据边际均等原则安排生产项目，使资源在各生产项目的边际生产率相等。在宏观经济管理中，国家要根据国民经济发展阶段和国家资源基础，制定正确的资源开发利用战略和经济社会发展战略，有目的地引导产业结构调整，这是促进国民经济发展的重要手段。

日本制定的实施产业政策，促进经济现代化的成功经验，进一步强化了人们对产业结构调整问题的重视程度。第二次世界大战以后，日本经过 10 年的经济恢复，于 20 世纪 50 年代中期面临着经济振兴的课题，即如何能尽快赶上欧美经济发达国家的经济水平。当时日本的许多经济学家认为，单纯依靠市场机制的自发作用和调节是不能实现这一目标的，必须根据经济发展过程中产业结构演进的客观规律，由国家规划和干预产业结构的形成和变动，干预资源在产业之间的分配，才能促进经济的高速发展。在这种观点指导下，日本在规划产业发展方向、促进和扶持战略产业起飞、带动整个国民经济高速发展等方面取得了巨大成功，对发展中国家的经济发展战略产生了重要影响。

三、优化产业结构的依据和原则

产业结构是一种动态的经济系统，随着一定的时间、地点和条件而变化。经济发展水平与资源在国民经济各部门的分配结构之间存在着内在联系。调整和优化产业结构是一个连续不断的实践过程。这里应遵循的四个原则如下。

（一）充分开发利用资源优势的原则

要综合分析当地的自然资源和社会经济资源条件，明确资源系统的优势和劣势，使产业配置能够扬长避短，发挥区域比较优势，这是优化产业结构的一项基本要求。

（二）最大限度满足社会需要的原则

优化产业结构的基本目标是满足社会多种多样的需要，提高资源利用的经济效益，这就要求在调整产业结构过程中充分考虑社会需求的水平、结构及其变化，使产业结构的产出功能与之协调和适应。

（三）带动整个经济全面发展的原则

产业结构变动是整个经济现代化的一个核心环节。在产业结构优化过程中，要根据当地经济发展的客观要求，选择能带动整个经济全面发展的产业作为战略产业加以扶持，使资源配置有所倾斜，能够保证重点。

（四）协调产业发展的原则

就是要根据产业结构系统内部协调发展的客观要求，合理安排各产业的速度和比例，使它们能够相互配合和促进，保证产业结构整体效益的不断提高。

四、合理资源配置优化产业结构的途径

根据上述优化产业结构的依据和原则，在调整资源配置的产业结构时，第一，要从当地资源条件出发，结合经济社会发展的阶段特征，制定出资源开发利用与经济发展的战略方向和重点，为调整产业结构指明方向。

第二，要根据资源开发利用战略和经济社会发展战略的要求，选择主导产业体系。在产业结构调整过程中，主导产业是指对整个产业结构转换具有决定意义，能够推动、促进和带动其他产业发展，因而被作为重点保护、扶持和促进对象的产业。显然，主导产业不是孤立的一个产业，而是由一组产业组成的主导产业体系。在不同的国家和地区，在经济发展的不同阶段，主导产业体系是不断调整和变化的。选择主导产业的关键在于要有科学的主导产业选择标准。要选择那些收入弹性较大、有巨大社会需要潜力、技术进步和生产率上升速度快的产业；要选择那些感应度系数和带动度系数较高的产业作为主导产业。同时，要考虑创造就业机会，增长后劲，还要考虑"瓶颈效应"以及加强基础产业等。这一系列标准在实际应用中也应有所侧重。

第三，应当根据主导产业发展的要求，配置相应的配套产业体系，共同构成一种综合效益最高的产业结构体系。由于不同产业的发展具有一定的相互联系，主导产业不可能脱离其他产业而孤立发展，这也不是选择主导产业的本意。只有围绕主导产业建立起合理的产业结构，带动整个经济全面发展，才能达到有效配置资源的目标。

第四，资源配置合理化涉及经济体制、政策和利益关系的调整，因此，还要有相应的配套政策，以保证资源在产业之间合理流动和组合，改进产业组织，促进技术进步。

习　题

一、名词解释

1. 资源合理配置　　　2. 资源的期间分配　　　3. 产业结构

二、选择题

1. 资源合理配置追求的目标是（　　）。

A. 效率　　　　　　　　　　　B. 效益

C. 效果　　　　　　　　　　　D. 成果

2. 市场经济是（　　）。

A. 以交换为目的的经济

B. 以市场为基础和主要手段的资源配置方式

C. 商品交换的场所

D. 商品交换关系的总和

3. 在市场经济条件下，资源配置主要是依靠（　　）实现的。

A. 计划的调节作用　　　　　　B. 行政命令

C. 市场的调节作用　　　　　　D. 法律的约束

4. 资源配置主要有两种基本手段，它们是（　　）。

A. 价格与供求　　　　　　　　B. 价格与竞争

C. 供求与竞争　　　　　　　　D. 计划与市场

三、解答题

1. 资源合理配置的原则。

2. 资源期间分配的原则。

3. 资源开发利用空间布局的依据和原则。

4. 优化产业结构的依据和原则。

四、论述题

1. 为什么要强调资源的合理配置？

2. 怎样才能搞好资源的期间分配？

3. 如何利用资源开发利用中的结构效应优化产业结构？

第六章

资源开发利用和环境生态保护

资源、环境和生态系统是相互联系、密不可分的，资源的开发利用必然会对环境和生态带来影响，生态和环境状况也会对资源的开发利用发生作用，从而影响经济发展。因此，加强资源开发利用过程中的环境和生态保护，对促进经济社会的可持续发展具有重要意义。

第一节　资源、环境和生态系统

一、环境概述

从一般意义来说，"环境"指的是事物之间特定的相互关系，而不是事物本身。它是相对于某一个中心事物而言的，即围绕某个中心事物的外部空间、条件和状况，便构成这一中心事物的"环境"。在复杂的世界中，存在大大小小的各种各样的具体事物，同时又有围绕着这些不同事物的各种"环境"。中心事物不同，其环境的内容和范围也不相同，因此，"环境"是一个相对可变的概念，它因中心事物的不同而有不同的含义和范围。

本书所讲的环境，是指人类环境，即以人类为中心，人以外的、充满着各种有生命和无生命的物质的空间、条件和状况。它既不同于生物的生存环境，也不同于自然环境。因人类在其漫长的发展过程中，不断地通过自己的劳动来改造环境，把自然环境转变成新的生存环境。因此，现在人类赖以生存的环境并不是单纯地由自然因素构成的，它凝聚着自然因素和社会因素的交互作用，体现着人类利用和改造自然的水平，影响着人类的生产和生活，关系着人类的生存和健康。

人类对自然利用的深度和广度，在时间上随着人类社会的发展而发展，在空间上随着人类活动领域的扩张而扩张。虽然，迄今为止人类主要还是居住在地球表层，但其活动领域已远远超出地球表层，不仅深入到地壳的深处，而且已经离开地球开始进入星际空间。至于影响人类生产和生活的因素更是远远超出了地球表层的范围。因此，人类的生存环境，可由近及远、由小到大地分为聚落环境、地理环境、地质环境和星际环境。

（一）聚落环境

聚落环境是人类有计划、有目的地利用和改造自然环境而创造的生存环境。它是与人类生产和生活关系最密切、最直接的环境。聚落环境根据其性质、功能和规模，可分为院落环境、村落环境、城市环境等。

（二）地理环境

地理环境位于地球表层，处于岩石圈、水圈、大气圈、土壤圈、生物圈等相互作用、相互渗透、相互制约、相互转化的交错带上。下起岩石圈的表层，上至大气圈下部的对流层，厚约 10～20 千米，包括全部土壤圈，其范围大致与水圈和生物圈相当，地理环境是来自地球的内能和太阳辐射的外能的交锋地带，有适合人类生存的物理、化学和生物条件。虽然人类的活动已远远超出地理环境的范围，但迄今为止，人类依然只能正常生活在地理环境之中。地理环境是由水、土、气、生物等环境因素组成的，具有一定结构的多级自然系统。水、土、气、生物等都是它的子系统，它们在整个系统中的地位和作用是各不相同的。概括地说，水、土、气都是生物赖以生存的环境因素，它们共同组成生物的生境。生物则包括植物、动物和微生物，它们共同组成各种不同的生物群落。一定的生物群落和相应的生存环境组成一定的地理环境结构单元。任何一个最基本的地理环境结构单元（或称单元景观）都是一个生态系统。

（三）地质环境

所谓地质环境主要是指自地表以下的坚硬地壳层，即岩石圈。地质环境和地理环境有着密切的联系。地理环境是在地质环境的基础上，在宇宙因素的影响下发生和发展起来的，地理环境、地质环境以及星际环境间经常进行物质和能量交换。如果说地理环境为我们提供了大量的生活资料和可再生的资源，那么地质环境则为人类提供了大量的生产资料——丰富的矿产资源。随着社会的发展，人类对地质环境的依赖也越来越大。

（四）星际环境

星际环境是远离地球的环境。地球属于太阳系的一个星球，我们生存环境中的能量主要来自星际环境中的太阳辐射。因此，星际环境的重要性是不容忽视的。特别是如何充分有效地利用太阳辐射这个既丰富又清洁的能源，对人类社会的发展具有重要意义。

二、生态系统

生态系统是占据一定空间的自然界的客观存在的实体，是生命系统和环境系统在特定空间的组合。生态系统不仅包括植物，还包括与植物共同栖居的动物，生境或环境中作用于生物的物理化学成分。这些生物和非生物相结合便构成具体的生态系统。

任何生态系统都包括两个子系统，即生命系统和环境系统。环境系统包括太阳辐射、水分、空气等气候因子，以及各种无机元素和有机化合物（蛋白质、碳水化合物、脂类、腐殖质等）；生命系统包括生产者、消费者和还原者。生产者主要是指绿色植物以及蓝绿藻等光合细菌，它们能把环境中的无机元素、水和二氧化碳这些无机物合成为蛋白质、碳水化合物和脂肪类等有机物，它们是世界一切生物赖以生存的能量来源。消费者是异养生物，根据消费对象又可以分为草食动物（又称一级消费者），肉食动物（又称二级消费者）。还原者主要指微生物和真菌，也包括某些原生物及腐殖性动物，它们能把复杂的动植物有机残体和动物排泄物分解为水、二氧化碳和无机元素归还给环境，供生产者再用。

构成生态系统的各种成分，并不是杂乱无章地偶然堆积，而是在一定时空内处于有序状态，这种相对稳定有序的状态称为生态系统的结构。

生态系统的结构可以通过形态、营养关系和类型三方面得到反映。

（一）生态系统的形态结构

它包括生态系统的生物种类、种群数量，种类和种群的空间配置和时间变化构成其形态结构。

（二）营养结构

生态系统各组分建立起来的营养关系，构成生态系统的营养结构。营养结构又称为食物链结构，它是生态系统中能量和物质流动的基础。

（三）类型结构

根据环境性质和形态类型特征，生态系统类型构成可分为陆地生态系统、淡水生态系统和海洋生态系统等几个大类型。并可根据其组成和特征进行再分类，如陆地生态系统可分为森林、草原、农田、荒漠、山地等自然生态系统，以及农田、城市、工矿区等人工生态系统。

地球上生命的存在完全依赖于生态系统的能量流动和物质循环。而能量流动和物质循环是不可分割的，它们紧密结合在一起成为生态的动力核心，能量的单方向流动和物质的周而复始循环构成生态系统的基本功能。生态系统的能量来源于太阳能。太阳光照到地面上产生两种能量形式：一种是热能，它温暖大地，推动水分循环；另一种是光化学能，为绿色植物能吸收和固定，进入生态系统的初级能量运动。生态系统的能量运动完全按照热力学定律进行，它可以从一种形式等量地转化为另一种形式，其传递总是从高位能向低位能，由集中向分散进行，在传递过程中将有一部分成为无用能而损耗。与能量的单向流动相反，生态系统的物流是循环的，物质循环的本质是生物地球化学循环。按物质循环的属性又可分为水循环、气循环和沉积循环。生态系统的能流和物流是由生产者、消费者和分解者三个不同营养水平的生物类群，通过物质能量的建成、储运和还原过程来完成的。

生态系统还具有发育、繁殖、生长和衰亡等生物有机体的特征及其生物体自动调节功能。前者反映了生态系统的演替，后者体现了生态系统的稳定性和持续性。所谓生态系统的演替，是指系统随时间变化的特征。生态系统随时间变化的特征不是随意的、偶然的，而是在生态系统发育过程中各群落的生物和非生物成分之间动态的、相互作用的结果。这些相互作用形成一系列的反馈机制，驱使系统演替成为所谓演替顶级的稳态系统。演替是一个过程，通过这个过程，生态系统的反馈调节机制使其朝尽可能最稳定的状态发展。能量和物质通过生态系统的路线越多，网络越复杂，其抗外界干扰的能力和自然恢复能力越强，该系统就越稳定。生态系统的反馈调节功能主要表现在三个方面：一是同种生物的种群密度调节；二是异种生物之间的数量调节；三是生物与环境之间的相互适应调节。

三、资源、环境和生态系统

资源、环境和生态系统的关系大致可用图 6 - 1 表示。自然资源中的生物资源及部分非生物资源（生态环境）来自生态系统，而生态系统又是地理环境和星际环境作用的结果。

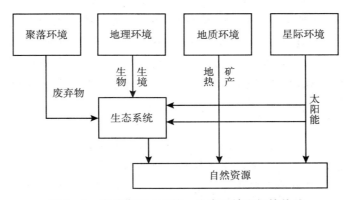

图 6 - 1　自然资源、环境、生态系统之间的关系

地热资源、矿产资源又是地质环境的产物，因此，自然资源、生态系统与人类的生存环境是密不可分的。自然资源的开发利用必然对生态系统和环境产生影响。如对生态系统中可再生资源的再生速率和持续生产力的影响，对聚落环境的污染等。由此，自然资源的开发利用过程，必然要和生态系统、人类生存环境的管理、保护密切结合，并且放在重要地位。

第二节　环境外部性及其内部化

环境为人类提供生存的空间，提供人类赖以生存和发展的资源，同时还吸纳人类生产和生活中排放的废弃物质。当排放的废弃物超过环境自净能力，或达到最大环境容量后，就会形成环境污染，产生外部不经济性。

一、外部性和外部不经济性

（一）外部性和外部不经济性概念

1. 河流污染与外部性。

在给出外部性和外部不经济性的经济学定义前，首先来看一个简单的假想例子，说明什么是外部性和外部不经济性。

假设一条小河的流域内只存在一个游乐场和一个纺织厂，并且纺织厂处于河流的上游，而游乐场处于河流的下游。河流的流量很小，其纳污能力或水环境净化容量几乎为零。纺织厂和游乐场都想利用河流水资源，纺织厂把小河作为纳污体，将未处理的印染废水直接排入河流；游乐场则想利用河水来吸引旅客消闲娱乐（如游泳、垂钓和划船等）。如果这两家企业或公司不由同一个主人或主管单位所有，那么该河流资源的有效利用是不可能的。其原因可以从以下几个方面来分析：（1）纺织厂不承担废水处理费用；（2）纺织厂不承担由于它向河流排放废水引起游乐场收入减少的补偿；（3）纺织厂生产的产品消费者不是游乐场；（4）游乐场生产中的投入要素除了一般的资本、劳动和土地外，还有取自于河流的水量和水质；（5）河流水资源不为纺织厂所有，也不为游乐场所有。在这种情况下，游乐场收入减少完全不能反映于纺织厂的生产费用或成本核算之中，其结果是纺织厂产量越高，排放废水量越大，河流污染也越严重，游乐场的收入也越少，最后导致游乐场的关闭或另寻水源。我们称这种纺织厂给游乐场带来不利影响的现象为外部性，确切地说，这是一种负外部性或外部不经济性。

2. 外部性定义。

有关外部性的定义有很多。简单地说，外部性就是实际经济活动中，生产者或消费者的活动对其他消费者和生产者产生的超越活动主体范围的利害影响。按照传统福利经济学的观点来看，外部性是一种经济力量对于另一种经济力量的"非市场性"的附带影响，是经济力量相互作用的结果。这种影响有好的，也有坏的。好的作用称为外部经济性或正外部性；坏的作用称为外部不经济性或负外部性。因此，外部不经济性是外部性的一个方面，在现实经济生活中屡屡可见。前面提到的河流污染例子就是一个典型的外部不经济性。环境外部性一般也就是环境外部不经济性。

需要指出的是，不要误解为外部不经济性表现的就是一种低效率状态，而外部经济性体现的是一种高效率状态。应该说，无论是外部经济性还是外部不经济性，它们都是一种低效率的资源配置状态，而且游离于市场之外。

（二）外部性类型

从外部性的定义可以看出，外部性有两个明显的标志：第一，它们是伴随生产或消费的活动而产生的；第二，它们或者是积极的影响（即带来正效益），或者是消极的影响（即带来负效益），二者必居其一。从这两个标志出发，可以把外部性分成生产的外部经济性、消费的外部经济性、生产的外部不经济性和消费的外部不经济性四种类型。

1. 生产的外部经济性。

当一个生产者在生产过程中给他人带来有利的影响，而生产者不能从中得到补偿时，便产生了积极的外部效果。如果这种有利的影响是由于生产者的产量增加而带来的，则这种现象称为生产的外部经济性。例如，苹果园和养蜂场紧邻，这两个企业单位的生产互相受益。蜜蜂要到苹果园采蜜，而苹果园要依靠蜜蜂传授花粉，因此，它们之间的生产是一种互相受益的外部经济性。从效益的观点看，生产外部经济性体现的是企业生产的私人效益与社会效益之间的差值，即社会效益总是大于私人效益。

2. 消费的外部经济性。

当一个消费者在其消费过程中给他人带来有利的影响，而消费者本身却不能从中得到补偿时，便产生了消费的外部经济性。如果这种有利的影响随着消费者消费数量的增加而增加，则这种外部性称为消费的外部经济性。花圃爱好者种植花圃、低门票收费或节假日免费的公园游乐项目，甚至教育子女形成一种诚实和值得信赖的品德等都是消费的外部经济性。不过，需要注意的是，把低门票收费的公园游乐项目划分为消费的外部经济性，主要是依据它的消费生产性，而且有一些国家森林公园或政府部门直接经营的公园，其门票之外的收益可能部分从政府预算得到补偿。

3. 生产的外部不经济性。

当一个生产者在其生产过程中，给他人带来了损失或额外费用，而他人又不能得到补偿时，就产生了外部不经济性。如果这种损失或额外费用，是由该企业或生产者的产量提高带来的，则这种外部性是生产的外部不经济性。一般来说，生产的外部不经济性随着生产数量的增加而增加，而且引起的外部费用就是企业生产的社会费用与私人费用之差。

4. 消费的外部不经济性。

当一个消费者在其消费过程中的一些消费活动给他人带来了损失或外部费用，而他人又得不到补偿的现象就是消费的外部不经济性。消费的外部不经济性从表面上看是个小问题，但一旦形成一个全社会性的消费外部不经济性时，其后果也是非常棘手的。例如，在公共场合随意吸烟和扔弃废物，这种消费外部不经济性就是一个明显的例子。这种外部不经济性产生的外部费用，一般由政府支付或个人医疗费用负担。

与环境问题有关的外部性，主要是生产和消费上的外部不经济（尤其是生产的外部不经济性），这是我们主要讨论的内容。

二、环境外部不经济性对资源配置的影响

（一）费用－效益分析

决策就是在不同方案之间进行选择。就个人而言一般是基于收益和损失来进行决策。在有多种选择时，理性的人挑选的是净收益（等于收益减损失）最大的一种。如果我们用价值来衡量损失和收益，把损失叫作费用，把收益叫作效益，我们就有了最简单的费用－效益分析。

现代经济体系的物质利益，决定了人类不能把污染的危险降低到零。为了生存，人们必须生产。为了过得更好，必须增加生产，也就是说要"发展"。在一定的技术下，一定的生产会带来一定的污染，增加生产会增加污染。因此，在污染和经济利益之间，人类必须做出某种取舍，费用－效益分析是做出这种取舍的方法之一。

效益可以由某一资源的需求曲线得出。需求曲线表示在不同价格下消费者愿意购买的某一商品（或环境服务）的数量。一般情况下，价格越高，消费者愿意购买的数量越少；价格越低，消费者愿意购买的数量越多。因此，需求曲线通常是一条向右下方倾斜的线（见图6-2）。

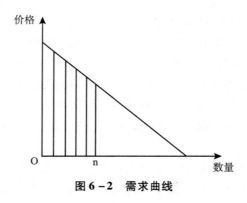

图6-2　需求曲线

给定某一数量，需求曲线上相应的点表示消费者对最后一个单位该商品愿意支付的货币（即边际效益）。消费者对 n 个单位商品愿意支付的总货币量是对第1，2，…，n 个单位愿意支付的货币量之和。假设需求曲线是连续的，愿意支付的总货币量在图6-2中为1~n 之间需求曲线以下的面积。我们就用愿意支付的货币总量表示总效益。

边际费用是指生产最后一个单位产品所产生的费用。在完全竞争的市场上，边际费用曲线等同于供给曲线。图6-3给出了供给曲线的图形。

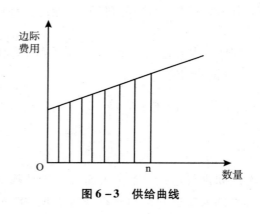

图6-3　供给曲线

总费用是生产第一件产品的费用加生产第二件产品的费用一直加到生产最后一件产品（第 n 件）的费用。也就是说，总费用是边际费用之和。假设边际费用曲线是连续的，原点和 n 之间，边际费用曲线以下的面积就表示总费用。

净效益是总效益超过总费用的部分。在图6-4中净效益为需求曲线以下、供给曲线以上的面积。

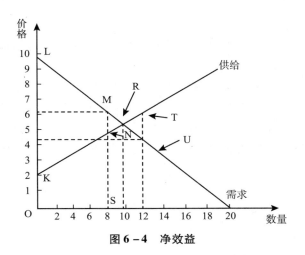

图 6 - 4　净效益

我们的目的是寻找最有效的资源配置，即使净效益最大的产出水平。在图 6 - 4 中当产量为 8 时，总效益为 OLMSO 的面积，总费用为 OKNSO 的面积，净效益为两者之差，即 KLMNK 的面积。但产量 8 不是最有效配置，因为它没有使净效益最大。如果生产 10 单位，净效益增加了面积 NMR。继续增加生产到 12 单位，净效益不但没有增加，反而减少了，因为对第 11 和第 12 单位来说，最后增加一单位生产的费用高于所得到的效益。减少的净效益是面积 RTU。经过比较，我们发现生产 10 单位时净效益最大，10 单位产量是最有效的配置。因此，当边际效益等于边际费用（成本）时，资源得到了最有效的配置。

（二）外部费用和环境费用

按照传统福利经济学的观点，一种经济活动的外部经济性或外部不经济性，就是该活动的社会影响与个人（或私人）影响之差。就费用而言，这种外部不经济性所表现的外部费用，就是社会费用与私人费用的差值。这里所说的"私人"与"个人"是一个具备独立决策行为的主体，可以是一个生产者、企业、消费者以及家庭等。而私人费用，就是通过市场表现并反映在产品或服务价格之中真正发生或支付的费用。

如果某种经济活动存在外部费用，则必然不反映在价格信号上，或者说超越于私人费用之外。社会费用是一个相加的概念，即私人费用与外部费用之和。换句话说，社会费用是该经济活动带来的社会真正承担的全部费用。举一个例子就可以说明这三者之间的关系。假设上节中提到的纺织厂每年生产 10 万米棉布，生产要素投入为 200 万元。由于该纺织厂直接向河流排放废水，致使下游每年渔业损失和游乐场收入损失共计 300 万元。在这种情况下，纺织厂生产 10 万米棉布的私人费用（成本）为 200 万元，其外部费用和社会费用则分别为 300 万元和 500 万元。

当外部费用表现形式主要是环境污染、环境破坏或其他环境问题恶化现象时，这种外部费用就是环境费用。如前所述，边际费用（MC）是指增加单位物品或服务产出时所追加的费用。例如，把一个区域的大气质量从目前的三级标准，通过环境质量管理计划实施，提高到二级标准所需的总费用为 1000 万元时，就可以说，大气质量从三级标准到二级标准的边际费用为 1000 万元。

有了私人费用、社会费用和边际费用这些概念，就可得到边际私人费用和边际社会费用。

一般来说，企业的边际费用曲线体现在企业所承担的生产某一单位产品的全部费用，即生产要素投入，并反映在生产要素的市场价格上。这种边际费用实际上就是边际私人费用。假设该企业处于一个完全自由竞争的市场中，其生产的产品数量不能影响该产品的市场均衡价格，即如图 6－5 中，该企业（不妨还是假设那个纺织厂）只能接受市场价格 P_0。

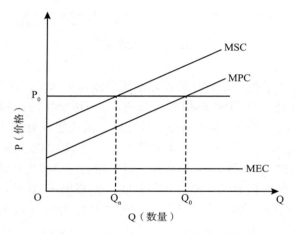

图 6－5　单个企业 MSC，MPC，MEC 间的关系以及均衡变化

从整个社会来看，企业的生产成本既有私人的又有外部的，因此边际社会费用就是边际私人费用与边际外部费用之和。如果用 MSC，MPC，MEC 分别表示边际社会费用、边际私人费用和边际外部费用，则边际社会费用 MSC 为：

$$MSC = MPC + MEC \qquad\qquad (6-1)$$

在图中，式（6－1）的数学意义就是不同产出水平时边际私人费用曲线与边际外部费用曲线垂直相加或叠加是边际社会费用。换句话说，MPC 曲线与 MSC 曲线之间在各已知产出数量或水平上的垂直距离就是生产该单位产品的外部费用，如纺织厂给位于河流下游的游乐场造成的收入损失。而纺织厂的边际外部费用曲线是一条常数水平线，即外部费用不随产量大小而变化。但一般来说，边际外部费用（MEC）曲线是一条直线或曲线，并翘向右上方，它体现了边际费用递增规律。例如，前面提到某区域大气质量从三级标准到二级标准的边际费用为 1000 万元。但由于技术和工程的原因，很可能把该地区的大气质量从二级标准提高到一级标准时所需费用是 4000 万元。这样，该地区大气质量二级标准的边际费用为 1000 万元，而一级标准的边际费用为 4000 万元，后者是前者的 4 倍。不过，在 MEC 与 MPC 间这种精确关系建立与否，并不影响由此得出的一些基本结论的正确性。简便起见，我们仍假设 MEC 是一条水平线，但不见得总是落于 MPC 曲线之下。

（三）环境外部不经济性对资源配置的影响

1. 单个企业的资源配置影响。

一般来说，单个企业在完全自由竞争的条件下，其产品数量在市场中所占的份额是有限的，从而很难影响该产品的市场均衡价格。这种情况下，单个企业的产品需求曲线相当于一条水平线，即该产品的市场均衡价格线 P＝P₀，如图 6－5 所示。现在，假设这个企业就是前面举例中的纺织厂，由于纺织厂只考虑边际私人费用 MPC，所以当纺织厂生产的产品，其市场价格 P_0＝MPC 时，该企业获得最大利润水平，相应的产值为 P_0Q_e。从前面的例子分析中知道，纺织厂的生产是有外部影响的。假设这种外部影响是一个常数，即纺织厂生产单位产品给游乐场带来的损失为 MEC。

从社会的观点来看，纺织厂在决定其最大产出时，应该考虑其生产的所有费用，包括私人费用和外部费用，即产品价格与边际社会费用相等。从图 6－5 中得知，P_0＝MSC 时该企业的合理产出水平应为 Q_n 而不是 Q_e 的数量。由此可见，纺织厂的最佳（利润最大，且不考虑外部不经济性）产出水平 Q_e 和社会考虑的该企业最佳（社会利润最大，且考虑外部不经济性影响）产出水平 Q_n 之间的差值量（$Q_e - Q_n$）代表了该企业的"过剩"产出量。因为，该企业用于生产最后的（$Q_e - Q_n$）单位产品的资源，可以在别的生产部门或企业，具有更大的纯生产价值。所以，就该单个企业而言，社会状况在产出水平 Q_n 状态时要比产出水平在 Q_e 状态时更好。这意味着在整个系统中，一些物品生产不足或根本没有生产，资源没有达到最佳配置，所以市场就失灵或失效了。

外部不经济性对单个企业资源配置的影响分析说明，当该企业存在外部不经济性时，其产出水平过剩，而其他物品的产出水平过低，从而改变了资源的最佳配置状况。这就是经济学中常说的"市场缺陷"问题。

2. 整个行业的资源配置影响。

以上分析是假定只有一个企业的生产引起外部不经济性，单个企业的外部不经济性对一个巨大的社会经济系统所造成的资源配置影响往往是微不足道的。现在，把这个问题引申一步，假定纺织厂行业中的所有企业，在他们的生产中都产生了程度不同的外部不经济性行为（当然，承受这些外部不经济性的"受害者"也不只是游乐场一个，还有使用河水的农民、渔民等）。

众所周知，纺织行业的生产需要消耗一定数量的水，而且在生产过程中产生污染物（如 COD、色度和染色剂等），这些未经处理的印染废水，直接排放后都会使别的企业或居民承受经济上的或心理上的损失，如用这种废水灌溉会破坏土地生产力，而使农作物产量下降；利用被印染废水污染的河流作为工业用水的企业，将增加水质处理成本；处于下游的城镇，不得不付出大批资金修建水处理厂，使其水质达到饮水卫生标准。简单起见，我们假设所有纺织企业的污染行为大致相同，即每一个企业生产的 MPC 和 MSC 曲线以及 MEC 都相同，换句话说，所有单个企业的经济行为都可用图 6－5 来表征。这样，我们就可以用图 6－5 来推测纺织行业这个经济系统的情况。

一般来说，考虑到每个企业都是市场价格的被动接受者，而且每个纺织厂的 MPC 曲线，就是它超过了平均可变费用的价格水平上的供给曲线，因此，纺织工业部门的供应曲线就是所有单个纺织企业 MPC 曲线在水平方向的加和。

　　同样，所有纺织厂的边际社会费用曲线（MSC）在水平方向上相加，就得到了如图 6 - 6 中所示的纺织部门的社会供给曲线。纺织部门的社会供给曲线 SS 位于其私人供给曲线 PS 之上，这说明纺织工业部门给社会带来了外部费用，其数值就是 SS 曲线与 PS 曲线在给定产出数量时的垂直距离 FG。

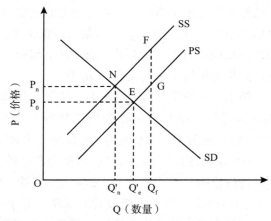

图 6 - 6　外部不经济性对一个部门的资源配置的影响

　　在图 6 - 6 中，SD 为纺织工业需求曲线，需求曲线与私人供给曲线相交于点 E，价格为 P_0，产出数量为 Q'_e。由于 P_0 是所有企业接受的市场价格，所以 Q'_e 就是所有企业在 P_0 价格下生产产品数量之和，即

$$Q'_e = \sum_{i=1}^{n} Q_{ei} \tag{6-2}$$

　　这样，P_0 和 Q'_e 就是纺织行业产品市场在不考虑外部影响时的市场均衡价格和均衡数量，点 E 也就是相应的均衡点。

　　但是，反映纺织品产量实际存在的社会边际成本并不是私人供给曲线 PS，而是社会（部门）供给曲线 SS。曲线 SS 不仅反映了部门生产要素直接投入的费用，而且还体现了下游的农民、渔民、工厂企业、游乐场以及自来水公司等所承担的部分收入损失或额外费用。这样，从整个社会的观点来看，纺织行业的新的均衡状态应是 SS 与 SD 相交的 N 点，即纺织产品的产出为 Q'_n，市场价格则为 P_n。比较社会希望达到均衡点 N 和现实市场中实际存在的均衡点 E，可以发现，当存在外部不经济性时，纺织工业市场的产品数量产出太多，多余量为（$Q'_e - Q'_n$），产品市场价格太低，偏低水平为（$P_n - P_0$）。

　　这个结论说明，纺织行业投入的资源太多使生产过剩，而其他一些行业则不能进行充分的生产，使整个社会偏离了资源最佳配置状态。这也就是"市场缺陷"或"市场失灵"在一个部门经济系统中的表现。

　　综合上述单个企业和一个行业的分析比较，如果一个行业中所有企业的边际私人费用，不能包括边际外部费用，那么由这些企业组成的行业所生产的产品数量必然过多，而其价格偏低，从而导致了低效率或无效率的资源配置。

三、环境外部不经济性内部化

所谓环境外部不经济性内部化，就是使生产者或消费者产生的外部费用，进入它们的生产和消费决策，由它们自己承担或"内部消化"，即环境政策领域中普遍接受的"污染者负担"或"污染者付费"原则。

从目前环境政策领域已经实施或拟议的手段来看，环境外部不经济性内部化的方法，主要有以下几种。

（一）税收手段

税收手段即借助政府的强制力量，通过税收向使用环境资源的企业或消费者征收一笔费用，以迫使生产者和消费者把他们产生的外部费用纳入他们的经济决策之中，把私人成本调整到与社会成本一致的水平。

税收手段发挥作用的过程可用图 6－7 来解释。在这个图形中，横坐标表示外部不经济性即负外部性水平，纵坐标表示消除负外部性费用。

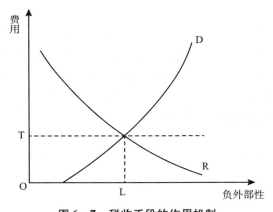

图 6－7　税收手段的作用机制

曲线 D 表示负外部性对社会的边际损害函数。在超过一定的阈值后，开始造成损害，并呈递增趋势。曲线 R 表示资源使用者减少负的外部性的边际费用函数，随着被消除的外部性的增加，边际费用也相应地递增。如政府对每单位出现负的外部性的效果征收税金 T，则使用者会自动将他们的外部性水平控制在 L 的水平。负的外部性效果超过 L，意味着使用者要付出比减少外部性的费用更多的税金；如低于 L 则因减少外部性的费用超过了税金而不经济。因此，在完全竞争和追求利润最大化条件下，资源使用者将会在边际费用等于税收的地方实现均衡。只要能够准确地估计出边际损害函数和边际费用函数，就可以使税收 T 正好处于边际损害等于边际费用的水平，这时就是资源利用的社会最优水平。

负的外部性效果的边际损害函数往往是难以估计的。我们还可以通过其他方法来确定一个社会可以容忍的外部性水平 L，然后估计出消除外部性的边际费用函数，对每个单位外部性效果征收税金 T，就可以导致出现所希望的资源利用状态，如图 6－8 所示。

在这里，无须进行完全竞争，只要使用者不希望增加成本就行。如果连边际费用函数也不清楚，可以采取逐次逼近的办法。先征收某一带有随意性的税金。如果对导致的外部性水平不满意，还可调整税率，直到得到满意的效果为止。

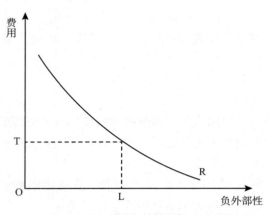

图6-8　税金由外部性的容许水平确定

（二）直接管制手段

直接管制手段指有关行政当局根据相关的法律、规章条例和标准等，直接规定活动者产生负外部性效果的允许数量及其方式（如规定废气排放标准或废水排放标准等）。

图6-9用来解释直接管制手段的作用。其中，垂直线 L 表示外部性的控制标准，它与消除外部性的边际费用线有一个交点 α。

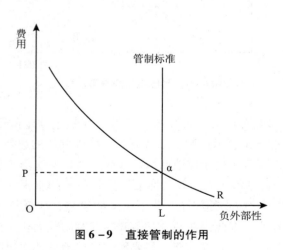

图6-9　直接管制的作用

这点的纵坐标为 P，表示对超过管制标准的使用者的罚款。显然，如果使用者的外部性水平超过 L 以后，要支付的罚金数额将超过消除外部性的费用，他们将会自动将使用水平控制在管制标准以内。

直接管制手段与税收手段的主要区别在于，在税收办法中，所有没有消除的外部性效果都要交纳税金，而在直接管制办法中，标准以内的外部性效果是自由的，只有超过标准的部分才交纳罚金。

与税收手段相比较，直接管制往往导致较高的管理成本。因为税收手段具有鼓励先进的作用，消除外部性能力较高的使用者将会消除较多的外部性效果，而较差的企业则消除得较少。这样总体上可以节约成本。但在直接管制条件下，无论使用者的技术和效率如何，都必须遵守统一标准，效率较高者无法代替效率较低者，总成本会因此而提高。

尽管如此，直接管制办法还是普遍用于对环境资源的管理。这一方面是因为它具有更大的行政可行性，另一方面是因为资源使用者偏好直接管制，这样可以避免税收负担。

（三）损失赔偿法

损失赔偿法是通过普遍法或不成文法补救和校正外部不经济性的一种法院仲裁的方法。通过赔偿，使外部费用内部化。损失赔偿法来源于西方发达国家，目前已被大多数国家广泛用于解决环境外部不经济性和污染损失赔偿纠纷。

中国《环境保护法》《大气污染防治法》和《水污染防治法》以及有关的《刑法》和《民事诉讼法》中，明确规定了污染损害的法律赔偿责任，即要求造成环境污染危害的单位和个人有责任排除危害，并对直接受到损害的单位和个人赔偿损失。赔偿责任和赔偿金额的纠纷，可以根据当事人的请求，由环境保护行政管理部门或者其他依照法律规定行使环境监督管理权的部门处理；当事人对处理决定不服的，可以向人民法院起诉；当事人也可以直接向法院起诉。这种法律责任关系表明，任何单位和个人享有避免环境污染损失的权益。

但是，损失赔偿法只是一种事后补救的消极手段，从使用情况看，其作用范围和大小也极其有限，很难解决当代许多日益严重和复杂的新环境问题，尤其是全球性环境问题。

（四）基于污染权的市场交易法

"污染权"这个概念并不是严格的法律上的概念，但由于现实中的任何生产和消费活动不可能实现污染的零排放，因此它是一个实际存在的环境资源的生产性或经济性权利。关键的因素是作为环境资源主体的国家或政府，如何规定或在各个厂商和消费者之间分配这种权利。前述直接管制中的排放标准，实质上就是厂商通过法律程序获得的一种有限污染权。因此，只要建立一个明确的可实施的财产权结构，就可以通过消除污染的市场达到资源配置最佳或消除外部不经济性。

如前例，假设纺织厂拥有河流的支配和使用权，那么在"污染消除"市场中的供给方就是纺织厂，而需求方是游乐场，纺织厂可以通过保护河流水源或减轻污染来收取游乐场使用河流的费用。如果纺织厂创造无污染或低污染河流水体所花费的最小私人费用，低于游乐场愿意出钱购买清洁河流的支付或游乐场可能获得的最小收益，那么纺织厂就会选择使河流保持清洁，而游乐场也获得了相应的创造利润的机会。这样，利润刺

资源经济学

激机制最终导致了污染的消除和外部费用内部化。如果河流的财产权属于游乐场或第三方，也会得到相同的分析结果。

总之，如果河流资源财产权的初始确定是明确的、排他的、可转让的和可实施的，那么无论属于哪一方，导致的资源配置效率是相同的，所不同的是他们的收入影响，即谁拥有财产权，谁就能得到一笔财产转让或交易收入。

此外，目前已有实施的排污许可证交易制度，是污染权交易的一个方面，即政府或当局规定一定数量的排污总量和企业的允许排放量，然后在总量排放的约束框架内进行排污权交易，以实现从社会角度最低费用达到总量控制目标。

第三节　资源利用与生态经济平衡

人口的增长和生产力的发展，加速了资源开发利用的速度。然而，自然资源的存在不是孤立的，它以生态系统的基本形式存在。由于缺乏生态经济学的基本知识和片面追求经济上的高产出等原因，人类历史上演出了一系列破坏乃至毁灭自然生态的悲剧。当前，仍有不少优良的生态系统成为短期经济和社会目标的牺牲品。因此，人们在利用资源从事生产的同时，必须保持生态平衡，进而达到生态经济平衡，以实现生态、经济、社会的持续发展。

一、生态平衡

生态系统是由生命系统和环境系统复合而成的统一整体。任何生态系统在进化过程中都有自我调节能力，表现在其反馈机制可以使系统内部各生物种群之间、生物种群与环境之间保持比较稳定的比例关系。并且，当有来自系统外部的干扰时，生态系统可以通过自我调节作出积极的反应；如果外部的干扰力小于生态系统的自我调节能力，则生态系统通过自我调节可以恢复和保持自身较稳定的状态。

所谓生态平衡正是生态系统这一自我调节力协调与运动的过程。它使生态系统中的生物之间、生物与环境之间、整个系统与外部环境之间保持稳定有序的协调关系，从而达到生态系统内部物质循环和能量转化的良性运行状态。

如果生态系统局部或整体的自我调节功能机制受到破坏，就会导致其结构功能退化，物质循环紊乱，能量转化受阻，这种状态就是生态失衡。生态系统是在动态进化中保持平衡的。

生态平衡按照生态类型可分为：森林生态平衡、农田生态平衡、水域生态平衡、草原生态平衡、海洋生态平衡等。按地域类型可分为：农村生态平衡、城市生态平衡、全球生态平衡等。根据不同的目的和标准，还有其他分类方法。

二、生态经济平衡

经济系统是建立在生态系统之上的人类物质生产和生活系统。经济系统的进步与发展是以经济平衡为基础的。经济平衡是指经济系统内部需求与供给的平衡，即需求结构与供给结构的协调一致，以及宏观、微观生产领域中投入与产出的平衡。后者表现为投入产出效益的稳定和提高。

经济系统的资源基础是生态系统。广义的经济系统包括生态系统，即生态系统作为经济效果的资源或生产要素系统。而经济系统在某种意义上也可以说是生态系统的延伸和扩展。持续的经济平衡离不开生态平衡。因此，从长远的角度看，经济平衡的实质归根到底是生态经济平衡。

生态经济平衡是生态平衡与经济平衡的统一。它是指经济系统与生态系统之间在物质交换和能量转化上相互协调发展的有序状态。

生态经济平衡不是静态的平衡，而是动态的平衡，是生态与经济的协调发展和协同进化。因此它是发展中的平衡，是平衡中的发展。

生态经济系统是否平衡，主要看其生态效益与经济效益能否最佳结合，协同并进。生态效益是一个表达生态系统运行状况的概念，它通过一系列生态指标来体现生态系统运行的状况，如生物量蓄积及增长指标、森林覆盖指标、水土保持指标、水域质量指标等。经济效益是一个表达经济系统运行状况的概念，它通过一系列衡量经济系统宏观平衡和微观生产效果的指标体系来体现，如投入产出率、供给需求平衡指标、经济结构指标等。现实中的生态效益和经济效益并不是自然协调一致的，二者往往相互矛盾、相互制约。如何使两者达到协调一致，共同提高，这正是作为生态经济系统主体的人类的任务。

正确理解生态效益与经济效益之间的关系是理解生态经济平衡的关键。生态效益与经济效益之间的关系主要有以下两种情况。

（一）生态经济负相关

即生态效益提高，经济效益降低；经济效益提高，生态效益降低，二者呈负相关关系。在这种情况下，要选择二者最佳的组合点，即生态效益和经济效益都最佳的组合点。

（二）生态经济正相关

即生态效益和经济效益同升同降，呈正相关关系。在实际生活中，二者是同升还是同降，取决于具体的生产方式或管理手段。如果采取正确的生产方式和管理手段，生态效益和经济效益就能同步提高。如果采取错误的生产方式和管理手段，就会导致生态效益和经济效益同步下降。

由此可见，生态经济平衡的实质是指生态效益和经济效益在第一种情况下达到最佳组合，在第二种情况下获得同步提高的状态。

生态经济平衡可分为宏观生态经济平衡和微观生态经济平衡。两者的具体含义、内容及特点有很大差异，现实中的生态经济平衡是这两种生态经济平衡的统一。其中微观生态经济平衡是宏观生态经济平衡的基础，宏观生态经济平衡必须落实到微观生态经济平衡上，而宏观生态经济的总体平衡也有利于微观生态经济平衡的实现。

三、资源利用与微观生态经济平衡

微观生态经济平衡是指具体生产领域的生态经济平衡，它是微观层次上生态平衡与经济平衡的统一。微观生态经济平衡是对特定的某项自然资源所属的生态经济系统而言的，如对土地资源而言的农田生态经济系统、对森林资源而言的森林生态经济系统等。它是微观生产决策的重要依据之一。

（一）生产过程中投入－产出关系的双重性

人们利用自然资源从事经济生产必须投入一定的人力、物力和财力，如利用土地资源进行农业生产要投入劳动、化肥、农药、种子、机械、资金等。同时，也获得一定的产品产出，如粮食、鱼类、木材等。经济系统与生态系统最直接的关联首先就是投入－产出关系。

从经济系统的角度看，投入－产出关系是在特定的技术条件下，经济生产中获得与耗费的关系，它关系到经济生产能否持续发展的问题。通常，这种经济上的投入－产出是通过经济效益来表现的。在商品经济条件下，它一般通过成本收益率来评价。其评价目标是以尽可能少的投入获得尽可能多的产出，这是投入－产出关系的经济特性。从价值形态上看，产出与投入之比越大越好。

从生态系统的角度看，这种投入－产出关系是一种能量、物质的投入和产出关系。即一部分能量和物质输入到特定的生态系统中，生态系统通过自然的生产过程输出一定的物质和能量。这里，注重的是物质能量投入（输入）和产出（输出）的平衡，是投入－产出关系的自然生态特性。投入－产出关系两重性的矛盾正是微观生态经济平衡的内在矛盾。

从微观经济平衡来看，投入的成本要与产出的产值和效益平衡，即产出至少能在价值形态上补偿投入。这是自然资源利用的经济下限；而在一定技术、经济条件下，最佳或最大的投入－产出水平是自然资源利用的经济上限。

从生态平衡的角度看，投入－产出关系决定了生态系统的平衡。它要求投入物与生态系统具有相容性。即投入物不能破坏生态系统的内在平衡机制（如化肥施用过多引起土壤生态系统内部平衡机制的破坏，说明过多的化肥与土壤生态系统不相容）。同时，输出的物质和能量一部分要通过投入获得补偿；另一部分要与生态系统自身的生长、发育或自然更新的生产力相平衡。因此，投入－产出关系也决定了自然资源利用的生态界限。

生产过程中投入－产出关系的双重性，正是我们分析自然资源利用时微观生态经济平衡的出发点。研究在一定技术经济条件下自然资源利用的经济上限、生态上限及其相互关系，正是研究自然资源利用的微观生态经济平衡的具体条件。

（二）一定技术经济条件下自然资源利用的经济上限

利用自然资源从事经济生产，必须投入一定的人力、物力、财力，才能使自然资源转化为一定的产品。如果人们投入的人力、物力、财力产出的产品相对很少，以至于不能补偿各种投入，那么，自然资源在目前的技术、经济条件下是不可能经济利用的。相反，在一定技术经济条件下利用某一自然资源生产一定产品，其产出产品的价值量大于或等于投入的劳动和物资的价值量时，我们称该自然资源是可经济利用的自然资源。对利用自然资源能补偿投入的价值量的经济产出量，我们称之为该自然资源利用的经济下限。

如果在一定的技术经济条件下，某种自然资源可以经济利用，即能满足经济下限，人们利用这一自然资源便可以不断地增加投入以提高经济产出量。但是其利用在客观上有一个产量限度。一般来说，在一定技术经济条件下，有一个最高产出量和一个最佳产出量。最高产出量指产品产出量最大，从而产值达到最大。最佳产出量则是收益最大的产出量。这两个"产出量"我们称之为自然资源利用的经济上限。当生产者追求最大收益时，他选择最佳产出量；当生产者追求最大产量时，他选择最高产出量。现实生活中，人们利用自然资源进行生产一般是以这两个水平的产出作为经济目标，在一定技术经济条件下，对一定的自然资源来说，这两个产出量是存在的。

（三）一定技术经济条件下自然资源利用的生态上限

以海滨天然渔场为例，假定某天然海滨渔场的水域生态系统中只有一种鱼类，其自然状态下保持生态平衡的鱼群生物量是 N 吨。如果我们捕捞 Z 吨，在一个捕捞周期里（如一年）此水域的鱼群又可恢复到 N 吨（假定捕捞方式、经济条件一定）。当捕捞量大于 Z 吨时，在一个捕捞周期内，此水域的鱼群不能恢复到 N 吨，而是小于 N 吨。那么，我们称这 Z 吨鱼群捕捞量为这一海滨水域鱼类资源利用的生态上限。而 N 为其绝对生态上限。

这样，自然资源经济利用的生态上限可定义为：在一定技术经济条件下，自然资源能保持一定的再生能力，其所属生态系统能够输出经济产品的最大产出量。如在一定技术经济条件下，一定生产周期内，土壤生态系统能恢复原有肥力（或有所提高）情况下最大的农产品（如粮食）产量就是土地资源利用的生态上限。

再看生态上限与经济投入量的关系。假如我们对某自然资源进行利用时，不断地增加经济投入以获得更高的产出，不考虑经济上限的限制，且投入物与生态系统是相容的（即投入物不是对生态系统有害的物质），那么，随着经济投入的增加，产出量也增加。当产出量不断增加达到生态上限时，这一经济投入量称为自然资源所属生态系统的最大经济投入容量，或称生态最大可容投入量。超过生态最大可容投入量的投入固然还可以增加产出量，但由于生态系统无法容纳，往往造成生态失衡。因此，不但经济上的成本收益率制约经济投入，生态上限也是制约经济投入的一个因素。例如，在一定技术经济条件下，某一林农在森林中一天可以伐 50 立方米木材，该森林生态系统的最大输出量为 10000 立方米（即生态上限为 10000 立方米），那么，生态最大可容劳动投入量为 200 个工日。如果片面追求短期经济收入，砍伐超过 200 个工日，就会超过生态上限，导致生态失衡（这里假设砍伐期间森林生长量为零）。其他投入物的生态最大可容投入量的计算可以此类推。

（四）自然资源利用与微观生态经济平衡

确立自然资源利用的经济学界限和生态学界限，目的在于运用它们来分析自然资源利用过程中保持微观生态经济平衡的问题。大家知道，无论是经济上限，还是生态上限，都是产品产出量的界限，因此，要保持微观生态经济平衡，主要是对产出量的控制和选择。在一定的技术经济条件下，特定自然资源利用过程中经济投入量与产出量有较恒定的函数关系。因此，产出量的控制也可以转化为投入量的控制。

图 6 – 10 是用来分析生态上限、经济上限、经济下限之间关系与微观生态经济平衡的示意图。图中横坐标 x 和纵坐标 y 分别表示自然资源利用过程中的经济投入量和产出量，$y(x)$ 曲线为一般生产函数曲线，Z_i（$i = 1$，2，3，4）是几种假定的生态上限，y_A、y_B 为可能的经济上限，y_C 为假定的经济下限。y_A、y_B、y_C 是由投入 – 产出关系的经济特性决定的，Z_i 各产量是由投入 – 产出关系的生态特性决定的。下面按四种情况进行分析、研究。

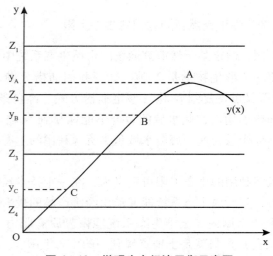

图 6 – 10　微观生态经济平衡示意图

（1）当生态上限 $Z \geqslant y_A$，即 Z 在 y_A 以上，如 Z_1。如果我们希望达到最高总产量，就可以追求 y_A；如果希望有最大的收益量，就可以追求 y_B，这都不会影响微观生态经济平衡。但当生态上限远大于经济上限 y_A 时，如 Z_1，则表明该项自然资源还有巨大的开发潜力，我们可以通过改善经济投入状况来提高经济上限。

（2）当 $y_B \leqslant Z < y_A$ 时，如 Z_2。这时生态上限在两个经济上限之间，我们就没有第 1 种情况下那样高的自由度。如果追求最高总产量或最高总产值，就会导致生态失衡。在这种情况下，保持生态经济平衡的最大产出量是由生态上限 Z_2 的产量决定的，但我们仍可以追求最大收益产量，即 y_B。

（3）当 $y_C < Z < y_B$ 时，即生态上限位于经济下限和经济上限 y_B 之间，如图中的 Z_3。在这种情况下，我们既不能追求最高总产量，也不能达到最大收益产量 y_B，因为生态上限低于经济上限。但生态上限高于经济下限，因此，还是可以进行经济利用的自然资源，控制产出量由生态上限决定。假设生态上限为 Z_3，产出量 y 必然小于或等于 Z_3，即 $y \leqslant Z_3$。

（4）当 $Z \leqslant y_C$ 时，如 Z_4，即生态上限低于经济下限。无论从生态平衡方面，还是从经济有效方面来说，这种情况下的自然资源都是不能利用的，因它已是生态经济"边际资源"。即在这种情况下，自然资源在经济利用上得不偿失；在生态上已接近该自然资源维持生态平衡的最小存量。如果利用，极易引起生态失衡。

需要说明的是，以上分析都是在既定技术经济条件下进行的。如果技术经济条件发展变动，只会改变生产函数的曲线形式和生态上限的具体位置，而不改变分析问题的实质。另外，生态、经济的上、下限并不是僵硬的，它具有一定的弹性。因此，不应把它看成一个点，而应把它看成一个区间。

从以上分析可知，在商品经济条件下，当最大持续产量 $y_m = y_B = Z$ 时，可称为最佳的最大持续产量。因为这种情况下的产量既达到了最大收益的产量水平 y_B，又未超出生态上限 Z。这是自然资源利用过程中微观生态经济平衡的最佳状态。

四、资源利用与宏观生态经济平衡

自然资源的利用，从宏观上看，是整个社会乃至全人类对整个生态区域和整个生态圈中自然资源总体的利用。这是因为，社会的经济系统是建立在整个生态区域或生物圈的自然资源系统之上的。自然资源通过各生态系统之间的广泛联系形成一个整体，自然资源利用的微观经济生产活动与整个社会的宏观经济系统相连。微观生产活动中对某项自然资源的利用，不仅关系到所属的生态系统的平衡和微观经济生产的效益，而且影响到整个生态区域乃至整个生态圈的生态平衡和整个社会的宏观经济平衡。例如，个体生产者持续地运用有机氯农药将带来整个生态区域"寂静的春天"；各工厂局部地排放二氧化碳气体影响全球气候变化等。因此，从根本上讲，一切生态经济问题都是宏观性的问题，生态经济平衡主要是宏观生态经济的平衡。

宏观生态经济平衡是宏观生态平衡与宏观经济平衡的统一。它要求宏观经济区域的需求总量和结构与自然资源在保持生态平衡条件下可能提供的资源总量与结构协调一致，其中包括人口发展和经济的增长以及再生资源的开发、更新，非再生资源的开发利用协调一致。例如，人口发展与水资源开发和更新相适宜；人口发展与能源开发相适应；人口发展与土地资源开发和土地生产力提高相适应。

影响宏观生态经济平衡的因素很多，除自然因素外，主要受微观生产经济活动和宏观经济战略方针的影响。微观生产经济活动如果只顾经济产出量的提高，就会引起微观生态系统失调，进而影响到全区域的宏观生态平衡。例如，水土流失造成的大流域生态经济失衡；森林乱伐导致区域性乃至全球性气候的恶化；草原放牧超量造成的沙漠化等。从宏观经济发展战略来看，如果缺乏生态平衡意识，往往会造成自然资源利用方向上的不合理。例如，片面强调粮食生产导致围湖造田、毁林开荒；脱离资源可供量的制约，追求高产出、高速度、高增长，导致宏观生态经济平衡失调。另外，在宏观技术政策上只考虑经济影响，不考虑生态影响，也是导致宏观生态经济失衡的原因之一。

宏观生态经济平衡包括全球生态经济系统的平衡、国家和地区生态经济系统的平衡以及区域生态经济平衡等。宏观生态经济平衡问题是关系到全人类命运的重大问题，宏观生态经济平衡理论是人类社会经济决策的重要依据之一。

习　题

一、名词解释

1. 外部性　　　2. 外部不经济性　　　3. 生态保护

二、选择题

1. 下列有关环境的外部性的描述，错误的是（　　）。

A. 外部经济性是指在实际经济活动中，生产者或消费者的活动对其他生产者或消费者带来的非市场性的有益的影响

B. 与环境问题有关的外部性，主要是生产和消费的外部不经济性

C. 无论是外部经济性还是外部不经济性，都是一种高效率的社会资源配置状态

D. 有效地解决外部不经济性受害者的权益问题，是各种环境政策的主要目标之一

2. 以下不属于在为消除污染外部性的谈判过程中各方引起的交易成本的是（　　）。

A. 减少污染引起的成本

B. 由律师费用引起的成本

C. 实施协议引起的成本

D. 由受外部性影响的各方人数太多引起的成本

3. 私人市场不能提供公共物品的原因为（　　）。

A. 只有政府有必要的资源　　　　B. 不可能判断有效量

C. 消费者都想"搭便车"而不付费　　D. 私人企业不够大

4. 预算线的位置和斜率取决于（　　）。

A. 消费者的收入

B. 商品的价格

C. 消费者的收入和商品价格

D. 消费者的偏好、收入和商品的价格

5. 商品 X、Y 的价格与消费者收入以相同比例下降，则预算约束线（　　）。

A. 向右上方平移　　　　　　　　B. 向左下方平移

C. 不变动　　　　　　　　　　　D. 不能确定

6. 当消费者的收入不变，两种商品的价格同比例同方向变化时，预算线的位置会发生（　　）。

A. 平行移动　　　　　　　　　　B. 不变

C. 斜率的变化　　　　　　　　　D. 截距的变化

7. 预算线绕着它与横轴的交点逆时针转动是因为（　　）。

A. 商品 x 的价格上升

B. 商品 y 的价格上升

C. 消费者收入下降

D. 商品 x 的价格不变，商品 y 的价格上升

8. 预算线反映了（　　）。

A. 消费者的收入约束　　　　　　B. 消费者的偏好

C. 消费者人数　　　　　　　　D. 货币的购买力

9. 假定其他条件不变，如果某种商品的价格下降，根据效用最大化原则，消费者则会（　　）这种商品的购买。

A. 增加　　　　　　　　　　　B. 减少

C. 不改变　　　　　　　　　　D. 增加或减少

10. 消费者剩余是（　　）。

A. 消费过剩的商品

B. 消费者得到的总效用

C. 消费者买商品所得到的总效用大于货币的总效用部分

D. 支出的货币总效用

11. （　　）是建立在（　　）之上的人类物质生产和（　　）。

A. 经济系统、生态系统、生活系统

B. 生态系统、经济系统、生活系统

C. 生活系统、生态系统、经济系统

D. 经济系统、生活系统、生态系统

三、解答题

1. 请简述外部性的类型。

2. 环境外部不经济性内部化的方法。

3. 环境外部不经济性对资源配置的影响。

四、论述题

1. 外部不经济性的产生及其对资源配置的影响。

2. 在中国的现实条件下如何使外部不经济性内部化？

3. 如何理解生态经济平衡？在资源开发利用中怎样达到生态经济平衡？

土地资源的开发利用

土地资源是人类生活和从事生产建设所必需的场所和重要的生产资料，也是人类赖以生存的物质基础。作为一种综合性资源，土地在人类社会生产中发挥着重要的作用。特别是对于农业发展来说，土地是基本的生产资料。充分、合理地利用土地资源，不断发掘其生产潜力，是当今社会生产发展的客观要求。

第一节　土地资源的概念、特性及功能

一、土地资源的概念

土地是一个自然综合体，它由气候、地貌、岩石、土壤和水文等因素共同构成一个垂直的剖面。广义的土地包括陆地和内陆水面，而狭义的土地仅指陆地。作为自然资源的土地，是地球上生物资源（如动物、植物）和非生物资源（如矿产、水）以及人类的载体。土地资源的变化，直接影响生物资源的兴衰和非生物资源的变迁，进而影响到人类的生存。作为社会生产力的源泉，土地的价值不仅在于其自然力，还在于其在人类社会的作用下，与劳动力资源、资本资源和信息资源等一样，成为构成社会生产力的重要因素，并与其他资源相互结合，共同创造出社会财富。因此，土地资源是指具有作用于其他自然资源载体的自然属性，以及在人类社会作用下与资本和人力等社会资源结合，构成社会生产力的土地。

二、土地资源的特点

（一）土地的自然特点

1. 土地资源的主要自然特征是其不动性，尽管在物质上有可能搬动某些地块及其上面的设施，但从经济角度来看，这通常是不适宜的。由于土地资源不能大量搬动，因此在经济上也是不可行的。例如，我们无法将珠江三角洲平原的肥沃土地搬到西北戈壁，也无法将许多高寒地区的茂盛草地移至江南。这种不动性使土地资源的开发利用受到诸多限制，并因此产生了许多新的特点。

2. 土地资源具有随时间变化的特点。随着季节的变换，土地的性质和形态也在不

断发生变化。例如，土地表面的侵蚀与堆积、土地的淹没与再造、土壤水分和养分的变化，以及植物和微生物的生长、繁殖和死亡等，都呈现出随时间变化的特性。

3. 土地资源具有有限性。土地是自然的产物，其数量首先受到地球大小的限制。地质变化可能导致土地形态的变化，但土地的总量始终保持不变。尽管陆地资源的数量在变化，但这种变化的速度通常非常小，且在一段时间内总是有限的。

（二）土地的经济特性

1. 土地报酬递减是土地资源经济利用过程中的重要特点。当投入某块土地的劳动力和资金逐渐增加时，终究会出现生产物的增加比例低于劳动力与资金增加比例的情况。土地报酬递减规律的提出具有重要意义，否则就没有节约土地的必要性。

2. 土地资源经济利用的地域性。由于地球与太阳的位置关系、地球本身的运动、距海洋的远近、地质和地貌的变化等因素，形成了各种不同类型的土地，如山地、丘陵、高原、盆地等。由于土地资源的不动性，地球上的土地资源被永久固定在特定的地理位置和地形部位。不同地理位置的土地资源，其开发利用的形式和效益必然不同。土地资源的地域性涵盖了土地肥沃程度和位置优劣方面的差异，而且这种差异往往随着技术的进步和经济的发展而不断扩大。

3. 经济供给的稀有性。由于土地具有固定性、有限性以及土地报酬递减的特性，随着人口增长和社会经济的不断发展，土地的相对占有量必然会减少。当减少到一定程度时，就会表现为土地资源经济供给的稀缺性。如农业发达地区往往会出现耕地不足的情况，而人口众多的都市则会出现居住困难和地皮紧张的问题。土地供给的稀缺性往往以土地占有的垄断为前提。在资本主义制度下，土地可以自由买卖。当土地供不应求时，必然导致地租和地价上涨，从而迫使人们更加集约地利用土地。

4. 土地资源合理利用的接续性。土地资源具有可更新的特点。如土地上的植物可以不断地生长、死亡和再生长，土壤中的水分和养分也可以不断地被消耗和补充，始终处于周而复始的动态平衡之中，土地资源的合理利用可使地力常新。此外，与土地的有限性相对应，土地的生产潜力又具有"无限性"。如我国耕地的全年太阳光能利用率平均仅为 0.4%，而理论上估计的最低太阳能利用率可达 12% ~ 14%，较高的则可达 16% ~ 20%。即使与最低的 12% 相比，也相差 30 倍。从这个意义上来讲，也可以说土地的生产潜力是无限的。

5. 土地利用形式变更的困难性。人类对土地资源的利用形式多种多样，不同利用方式之间的变更往往十分困难，甚至有些土地利用是不可逆转的。如城镇和工矿用地一旦建筑物建成，就与土地紧密结合，通常不会再重新改为耕地；栽种树木的土地也不能轻易改作其他用途，即使是大田农作物的种植，也不是可随意进行的，它往往受到自然、经济、技术条件以及风俗习惯、农作物本身特性的限制。与之相对应的是土地利用形式适应市场变动的缓慢性。如在小麦生长期间，即使市场价格再低，农民也不会把麦子铲掉再种其他作物。

6. 土地的使用成本是机会成本，因为土地资源具有多种用途，既可以用于农业、林业、牧业，也可以用于工业或其他事业。但在某一特定时期，一块土地只能用于一种用途。若同一块土地因用于某种用途而放弃另一种用途，可能因此获得较大的收益，也可能得不偿失。因此，在使用土地资源时，我们应当综合考虑各方面的因素，进行科学决策。

（三）土地资源的社会特点

土地的社会特性首先表现在政治和社会权力是与地权相联系的。如中华人民共和国成立前，我国的土地大部分归地主所有，因此地主相较于贫雇农，自然拥有较高的社会政治地位和权力。和1917年俄国革命的口号"一切土地归农民"一样，中国共产党打土豪、分田地的土地政策赢得了大多数人民的拥护和支持，从而比较顺利地取得了政权。20世纪80年代初期，我国农村推行的土地承包、包产到户政策极大地调动了广大农民的生产积极性，促进了农业生产的发展。土地制度的改革一直是农村经济改革的主要内容。土地资源的社会性还表现在，随着土地稀缺程度的增加，以及土地利用集约程度的提高，社会控制也变得越来越强化。社会对土地的控制从人口密集的都市到肥沃的农田，进而到对比较贫瘠的土地的逐渐开垦和强化。

三、土地资源的功能

土地是人类赖以生存、从事各项生产活动的基础和条件，土地资源具有以下基本功能。

（一）承载功能

地球陆地上的一切生物和非生物都毫无例外地依赖于土地的承载功能而存在。土地是人类生活的基地和生产的场所。

（二）生产功能

土地资源具有一定的生产力。即使在没有人类劳动投入的情况下，土地也能不断地产出大量的自然产品。这种生产力被称为土地的自然生产力。人类对土地资源的开发利用大多建立在土地的自然生产力基础之上。同时，人类生活及从事各项事业所需的物资资源，无不直接或间接地由土地供给。即使是农业以外的工、矿、建筑等行业所需的一切材料和动力等，也都与土地息息相关。

由于社会生产各个部门对土地利用的方式不同，土地在各行业中的作用和意义也有所不同。一般而言，在非农业部门，土地主要为其提供地基和空间，而不直接参与劳动生产过程。而在农业中，土地除了发挥一般生产资料的作用外，还兼具劳动对象和劳动工具的角色。当人们使用生产工具作用于土地，通过各种技术措施提高土壤肥力时，土地就作为劳动对象发挥作用。当人们利用具有一定肥力的土地进行农作物生产时，土地则作为劳动工具发挥作用。在农业生产中，土地不仅直接参与农产品的形成，而且土地的数量和质量对农产品的产量和品质都有着重要影响。土地是农业生产中不可或缺的基本生产资料，具有特殊的地位和作用。

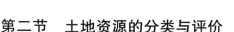

第二节　土地资源的分类与评价

一、土地资源的分类

为了全面、准确地掌握土地的状况，我们不仅需要了解土地总量，还必须对土地进行科学分类，明确各类土地的数量及结构，以便对各类土地进行合理开发、利用与管理。此外，对土地征税、进行地产经营等活动也离不开科学的土地分类。

由于土地质量的差异性和用途的多样性，一国或一个地区的土地往往千差万别。尽管如此，我们仍然可以根据其共性和差异性，按照一定的标准，将千差万别的土地划分为各种类别。

土地的分类有多种标准。如按地貌特征，土地可以划分为山地、高原、丘陵、盆地、平原；按土地质地，可以划分为黏土、壤土、沙土等；按土地所有权形式，可以划分为私有、国有和集体所有等。下面我们将分别从土地的经济用途和土地的生产力两个角度对土地进行分类。

（一）按现实经济用途和可能经济用途，对中国土地资源的分类

1. 农用土地，包括用于农、林、牧各业的生产用地。同时又可细分为以下几类：

（1）耕地：指用于种植农作物（包括粮食作物、经济作物、蔬菜作物等）的土地。在中国，耕地主要包括熟地、新垦地、休闲地、草田轮作的牧草地、固定耕作的河滩地、已围垦种植的滩涂、湖田等。根据灌溉条件，耕地还可以进一步分为旱地、水田和水浇地。

（2）园地：指集中连片种植、覆盖度在 0.5 以上或单位面积合理株数达 70% 以上的多年生草、木本作物用地。园地类型多样，包括果园、桑园、橡胶园、药用植物园及其他经济作物园（圃）等。

（3）林地：指主要生长乔木、灌木、竹类等，用于林业生产的土地。其中，用材林地、经济林地、薪炭林地、防护林地、竹林地等，林木郁闭度应达到 0.3 以上，灌木林地覆盖度应达到 0.4 以上；林木覆盖度在 0.1～0.3 为疏林。此外，林地还包括幼林地（造林后成活率达到合理株数的 25% 以上，具有成活希望的新造林地）、迹地（采伐或火灾后五年内尚未更新的土地）、苗圃等。需要注意的是，林地面积中不包括面积小于 0.06 公顷的树丛、不足 4 行的树带及"四旁树"。

（4）草地：指常年生长草本植物、覆盖度在 0.15 以上的土地。草地类型丰富，包括天然草场、人工草场、改良天然草场等。其中，天然草场中还包括疏林草场，即天然草场中长有零星树木、郁闭度在 0.1～0.3 且草本植物覆盖度大于树木覆盖度的土地。草地不包括耕地中的草田轮作部分。根据利用情况，草地可分为已利用草地和未利用草地。

2. 非农业生产用地，包括农业以外各项生产事业所用土地。可细分为：

（1）厂矿用地：指城乡居民点以外的厂房、仓库、矿场、油田、盐场等用地。

（2）交通用地：指城乡居民点以外的铁路、公路及其场站、机场、港口、码头及其附属设施用地等。

3. 城乡居民点用地，包括生产、生活、交通等用地。其中，城镇居民点用地指城镇建成区内的非农业生产用地、生活用地及交通设施用地。而农村居民点用地则涵盖国营农、林、牧、渔场及农村集体农民和零散居民的非农业生产用地、生活用地、道路用地以及"四旁树"等用地。

4. 水域（水面），包括内陆水域及水利设施占地。可细分为：

（1）河流：指河道常年高水位时的实际水面，不包括河堤。

（2）湖泊：天然形成的较大面积水地在常年高水位时的实际水面。

（3）水库：指人工修建的、最大蓄水量在 5000 立方米以上的容水地。

（4）其他：苇地、沟渠、堤坝、水工建筑等；海涂（即位于海水大潮的高潮与低潮之间的地域）等。

5. 特殊用地，可细分为：

（1）休息用地：指名胜、古迹、公园、疗养用地等。

（2）自然保护区：指为保护自然生态环境而专设的保护区。

（3）军事用地。

6. 未利用地（或难以开发、利用的土地），主要指裸地、裸岩、沙地、沼泽、盐碱滩等。

（二）按土地的生产能力划分

按土地的生产能力可将土地划分为八个等级。

1. 1 级：这是用于一般种植业的最佳土地。其土地质量上乘，对于农林牧的利用基本上没有限制因素。地势平缓，坡度小于 3°，土层深厚（大于 100 厘米）。在根系活动层内没有不良层次，质地适中，具备良好的保水保肥和供水供肥能力。土壤肥力高，气候条件优越，热量充足，可选种的作物种类广泛。这类土地通常属于稳定高产的类别。

2. 2 级：这类土地在农用方面具有一定的限制性，但质量仍然较好。对于农业利用稍有限制，作物种植有一定的选择性，也适合林业和牧业。具有下列任何一项限制因素的土地可以划归为这一级别。

（1）坡度在 3°~5°(7°)，具有轻度或明显侵蚀；

（2）地势低洼，有时出现季节性积水，或轻度沼泽化，潜育层厚度为 40~60 厘米；

（3）土壤质地偏黏或偏沙，结构性较差，或障碍层埋深大于 50 厘米；

（4）存在轻度盐碱化威胁，在 30 厘米深度内平均含盐量小于 0.3%，pH 值在 6~7.5；

（5）气候方面，土地在短期内可能过湿或干旱，需要采取相应的排灌措施。

3. 3 级：土地质量属于中等水平，对农业利用有较大限制，作物种植具有较强的选择性，对林业利用稍有限制，而对牧业利用通常无限制。若具有下列两项或两项以上的限制因素，可将其划定为该级土地。

（1）坡度在5°（7°）~15°；

（2）地势低洼，季节性积水，中度沼泽化，潜育层20~40厘米；

（3）土层较薄，厚度小于80厘米，质地结构不良，保水、保肥性能差；

（4）中度盐碱化，30厘米深度内平均含盐量在0.3%~0.5%；

（5）排灌条件不完善，存在旱涝威胁。

4. 4级：适用于特定作物种植或需特定管理措施，土地质量较差，对农业利用有很大限制，作物种植具有较强的选择性，一般较适宜林、牧业利用，但多受到一定的限制。具有下列几项限制因素的土地，可划定为该级土地。

（1）坡度在15°~25°；

（2）地势低洼，常年积水或强度沼泽化，潜育层小于20厘米；

（3）土层浅薄，深30~50厘米，质地或结构很差，障碍层埋深30~40厘米；

（4）强度盐碱化，30厘米土层平均含盐量0.5%~1%，pH值4.5~5.5或8~9；

（5）气候条件不良，热量仅够支持一年一熟的作物生长，常有干旱、低温等不利因素。

5. 5级：土地质量差，不适于农业利用，对林业或牧业具有中等限制。具有下列几项限制因素的土地，可划定为该级土地。

（1）坡度较陡，在25°~35°，侵蚀严重；

（2）土层薄，厚度小于30厘米，砾石含量较多；

（3）障碍层埋深在20~30厘米；或存在强度盐碱化，30厘米深度内平均含盐量大于1%，pH值大于9；

（4）存在排水不良的沼泽化现象；

（5）气候条件不良，表现为高寒，10℃以上积温小于1600℃，非常干旱，湿润度小于0.3，多大风天气。

6. 6级：海拔高，坡度大，适种树少，适于野生牧草生长，发展牧业也受到较大限制。具有下列限制因素者可划入此类：

（1）坡度大于35°，存在严重的侵蚀；

（2）土壤少砾石多，且有裸露岩石（占比20%~50%）；或障碍层埋深在10~20厘米。

7. 7级：基岩裸露较多（占比大于50%）的山地，或只有稀疏牧草的戈壁、沙漠。这些地方只能生长野生牧草，勉强可供牧业利用（或勉强造林，但难度较大）。

8. 8级：属于不适宜农、林、牧利用的戈壁、沙漠、冻原、冰川等。

二、土地资源的评价

土地资源评价是指人们对土地对于某种特定用途的适宜程度或价值大小的评定。通常而言，通过土地资源评价，我们可以了解土地的适宜性程度、生产潜力水平、质量等级以及利用效益等信息。

（一）土地类型的评价

土地类型通常被理解为在一定气候条件下形成的地貌、土壤、植被的集合体。其评价是基于土地综合体的自然属性及其组合进行的分类。在划分土地类型时，应保持土地自然综合体的相似性，其多级分类系统应确保地貌、土壤、植被类型的一致性。低级分类单位主要以中小地形条件、土壤的土属以及植被群系以下单位为依据。在划分土地类型时，应注意综合分析与主要因素相结合。我们应在综合分析土地资源各要素的基础上，找出限制土地资源自然生产力的主导因素，并以此作为不同级别土地类型划分的指标。

当前世界土地分类系统繁多，其中最有影响的是澳大利亚学者克里斯蒂安等的土地类型分类系统。他们将土地类型分为三级：（1）立地。这是最低级的土地分类单元，一个立地代表一部分地表，在其范围内，地形、土壤和植被以及实践目的具有同一性质。（2）土地单元。土地单元通常是由一组相关的立地组成，当立地在土地系统中重复出现时，它们可能具有不同的地形特征，而土地单元则包含相同的立地组合。（3）土地系统。土地系统是由景观中重复出现的地貌和地理现象联合形成的一种格局。

我国开展土地类型分类方面的研究历史很早。早在 2000 多年前的《周礼·地官司徒》中，就将土地初步划分为五类：山林、川泽、丘陵、坟衍、原隰。然而，作为专门的科学领域，其发展相对较慢。对我国土地类型进行科学研究始于 21 世纪 60 年代初期。关于土地类型的概念、划分原则和命名等，目前尚不成熟，也没有形成统一的意见，且多局限于局部地区。目前国内比较一致的意见是，基本上接受澳大利亚学者克里斯蒂安等关于上述土地类型分类系统的观点，结合我国地域辽阔、自然地带分布复杂多变的特点，形成一种具有我国特色的四级土地分类系统。

"0"级：相当于大面积的"土地结构"，通常以自然地带或气候—生物带作为划分土地类型的主导因素。在实际工作中，这一级往往是"虚设"的土地类型分类单位。

"1"级：相当于"土地系统"，通常以中地貌条件为划分土地类型的主导因素。

"2"级：相当于"土地单元"，通常以小地貌条件为划分土地类型的主导因素。

"3"级：相当于"立地"，是最低一级的土地类型分类单位。在划分时，应尽量考虑地貌、土壤、植被、水源等因素的一致性。

（二）土地利用类型评价

土地利用分类是根据土地用途和利用方式的特征进行的分类，旨在量算各类土地面积。土地利用类型反映了土地利用现状的空间分布特征。它是在特定的自然环境条件和社会经济条件下形成的，是人类社会利用和改造自然的结果，是在历史进程中形成的经济活动地域类型。这些经济活动地域类型不仅体现了一个地区土地利用的广度和深度，还预示着该地区土地利用可能转变的方向和途径。

土地利用类型的划分，应充分重视土地利用现状的客观性，将利用现状作为分类的一项综合指标。土地利用分类应反映土地利用的地域差异规律，分类的划分应确保区域内土地利用特征的一致性以及区域间利用特征的差异性。同时，土地利用分类必须凸显当前利用程度的差异和未来开发利用的可能性，以便合理利用土地并最大限度地发挥土地资源的潜力。

一般来说，制定土地利用的分类系统，首先应根据土地利用方式的一致性标准，来划分总体的土地利用结构，区分出已利用的土地，如农业用地、林业用地、牧业用地、水域用地、工矿用地和其他用地等，以及未利用的土地，如荒地、荒山等。其次，按照各种用地的生产结构共同性标准，以利用现状为主，进一步加以细分，例如将农业用地划分为水田、旱地、菜地等。

我国拟定的土地利用现状分类体系划分第一、第二两级，其中 11 个一级类，48 个二级类，这里不详细列出。

（三）土地资源质量评价

土地质量是土地满足不同用途的程度或某特定用途适宜性的综合指标，评价的重要依据是土地自然生产力的高低。土地的自然生产力体现在质和量两个方面：在质的方面，它主要表现为对各项生产的适宜性和限制性；在量的方面，它主要表现为农作物单位面积的产量。

（四）土地潜力的评价

土地潜力的概念最早由美国农业部提出，其含义是指土地在特定利用方式或管理实践下所具备的潜在能力。在进行潜力评价时，必须事先确定土地的利用方式或管理实践的优先次序。如英国农业部规定的次序是：耕地利用（种植任何作物，无须土壤保持）—耕作利用（作物选择有限制，或需土壤保持）—改良牧草放牧—天然牧草放牧或林地—娱乐、野生动物保护、水源涵养和环境美化。而马来西亚，由于在很大程度上依赖矿业开发，其土地潜力评价的优先次序为：矿业利用—农业及类似的土地利用。

（五）土地资源适宜性评价

土地资源适宜性（Suitability）评价，是指针对某种特定的土地利用形式，对土地的适宜性及其适宜程度进行的评估。这一评价是在土地生产潜力评价的基础上进行的，实际上，土地生产潜力的评价本身就已经包含了适宜性的评价，并以其为基础。虽然土地适宜性评价不属于土地经济评价的范畴，但在描述土地利用类型时，我们不仅要考虑土地的自然属性，还需兼顾土地利用的经济背景。因此，必须进行一定的经济分析，同时还要关注土地利用的社会效益和生态效益。不进行这些分析，就无法得出符合客观实际的评价结论。此外，适宜性评价的结果并非一成不变。尽管土地的自然属性通常变化较小，但随着社会经济条件的变化，其对某种用途的适宜性也会相应发生改变。

（六）土地的经济评价

土地经济评价是以土地经营的投入产出为标准，对土地利用及其适宜性进行的一种土地评价。在进行土地经济评价时，应将土地因素单独考虑，即把土地作为独立的变量，而将其他非土地因素固定下来。通过这样，可以计算土地的投入产出经济指标，从而准确反映土地因素对经济效益的影响。利用这些经济度量指标，我们可以比较不同土地类型对某种利用的适宜性程度，也可以比较同一土地类型对不同利用的适宜性程度。

由于土地经济评价所依据的因素，如价格、市场容量等变化较为频繁，因此土地经济评价往往具有较大的变化性。我们必须定期对土地进行经济评价，以便及时反映土地生产力水平的变化。土地经济评价是土地管理的重要依据，可以为土地有偿转让费的确定、土地价格的制定等提供依据。此外，土地经济评价还能为企业的经营项目选择提供指导，以便实现最佳经济效益。同时，土地经济评价也是大型土地利用项目（如水利工程等）进行可能性评价的重要组成部分。当然，土地的利用不能仅依据土地经济评价，还需综合考虑社会、生态和环境的效果与效益。

土地经济评价指标一般包括单位面积土地总产值、纯收入、利润等指标。在涉及较大规模土地改造工程的情况下，还需要对土地投资进行贴现分析，计算土地投资的回收期等指标。

在进行土地经济评价时，往往需要结合自然和社会的标准进行分析。将土地利用的各种指标及标准结合起来的方法之一是综合评分法。

土地的经济评价也可以像自然评价一样，根据土地经济评价指标将土地划分为不同的经济等级，以反映和比较不同地块、不同土地类型的经济质量。

（七）土地的地租及地价等的评价

土地的地租、地价、土地使用费、财税等的估价都是以土地的自然评价与经济评价为基础的。土地质量和生产力越高，则地租、地价、使用费等也会相应越高。

随着经济体制改革的深入和商品经济的发展，土地使用的商品化趋势日益加强，同时土地所有权与使用权的分离和变动也日益频繁。这使地租的存在变得必要，并发挥着越来越重要的作用。地租包括绝对地租和级差地租，级差地租则以级差收入为基础。

地价在我国也同样存在，其计算方法多种多样。有的是按地租的资本收入计价；有的是按"征地补偿法"计价，即国家征用集体土地时要给予经济上的补偿，这包括对土地开发成本的补偿以及农业生产损失的补偿；有的简化为以若干年农业生产收益作为补偿标准；还有的按土地再生产费用进行计价，即征用一亩土地的价格等于复垦一亩同等土地的投资，或在已耕地上追加投资，进行集约经营以补足因征用土地而减少的土地产量或产值损失。随着土地经营和土地商品化的推进，土地价格的形成将主要取决于土地供求关系的变化。

第三节　我国土地资源概况及区域分析

一、我国土地资源的主要类型分述

1999 年 1 月 1 日起施行的《中华人民共和国土地管理法》第四条规定：国家编制土地利用总体规划，规定土地用途，将土地分为农用地、建设用地和未利用地。农用地是指直接用于农业生产的土地，包括耕地、林地、草地、农田水利用地、养殖水面等；建设用地是指建造建筑物、构筑物的土地，包括城乡住宅和公共设施用地、工矿用地、交通水利设施用地、旅游用地、军事设施用地等；未利用地是指农用地和建设用地以外的土地。

根据国土资源部《关于开展 2007 年度土地变更调查工作的通知》（国土资发〔2007〕217 号），按照全国土地分类（过渡期适用）标准，对全国土地进行二级分类：一级类设有 3 个，即《中华人民共和国土地管理法》规定的农用地、建设用地、未利用地；二级类包括：农用地分为耕地、园地、林地、牧草地、其他农用地；建设用地分为居民点及独立工矿用地、交通运输用地、水利设施用地；未利用地分为未利用土地和其他土地。

2017 年，《土地利用现状分类》（GB/T 21010 - 2017）国家标准公布，规定了土地利用的类型及其含义，将土地利用类型分为 12 个一级类、72 个二级类。其中，一级类包括耕地、园地、林地、草地、商服用地、工矿仓储用地、住宅用地、公共管理与公共服务用地、特殊用地、交通运输用地、水域及水利设施用地、其他土地。

（一）农用地

截至 2017 年，全国农用地（未包括港、澳、台地区）为 6.449 亿公顷，占总土地面积的 67.83%。其中，耕地为 1.349 亿公顷，占农用地的 20.92%；园地为 0.142 亿公顷，占农用地的 2.2%；林地为 2.528 亿公顷，占农用地的 39.2%；牧草地为 2.193 亿公顷，占农用地的 34.01%；其他农用地为 0.236 亿公顷，占农用地的 3.66%。

1. 耕地。

耕地是指用于种植农作物的土地，包括熟地、新开发地、复垦地、整理地以及休闲地（含轮歇地、休耕地）。耕地主要用以种植农作物（含蔬菜），同时可能间有零星果树、桑树或其他树木。此外，那些平均每年能保证收获一季的已垦滩地和海涂也属于耕地范畴。耕地中还涵盖了南方宽度小于 1.0 米、北方宽度小于 2.0 米的固定沟、渠、路及地坎（埂）。临时用于种植药材、草皮、花卉、苗木等的土地，以及临时种植果树、茶树和林木但耕作层未遭破坏的土地，还包括其他临时改变用途的耕地，均被认定为耕地。2017 年，全国总耕地面积达到 1.349 亿公顷。详情参见表 7 - 1。

表 7 -1		2017 年全国各省（市、区）耕地面积统计表			单位：千公顷
行政辖区	耕地面积	耕地总面积占全国比率（%）	行政辖区	耕地面积	耕地总面积占全国比率（%）
全国	134881.2	100.00	中南区	25208.7	18.69
华北区	20496.5	15.20	河南	8112.3	6.01
北京	213.7	0.16	湖北	5235.9	3.88
天津	436.8	0.32	湖南	4151.0	3.08
河北	6518.9	4.83	广东	2599.7	1.93
山西	4056.3	3.01	广西	4387.5	3.25
内蒙古	9270.8	6.87	海南	722.4	0.54
东北区	27804.0	20.61	西南区	20271.1	15.03
辽宁	4971.6	3.69	重庆	2369.8	1.76

续表

行政辖区	耕地面积	耕地总面积占全国比率（%）	行政辖区	耕地面积	耕地总面积占全国比率（%）
吉林	6986.7	5.18	四川	6725.2	4.99
黑龙江	15845.7	11.75	贵州	4518.8	3.35
华东区	24621.4	18.25	云南	6213.3	4.61
上海	191.6	0.14	西藏	444.0	0.33
江苏	4573.3	3.39	西北区	16479.6	12.22
浙江	1977.0	1.47	陕西	3982.9	2.95
安徽	5866.8	4.35	甘肃	5377.0	3.99
福建	1336.9	0.99	青海	590.1	0.44
山西	3086.0	2.29	宁夏	1289.9	0.96
山东	7589.8	5.63	新疆	5239.6	3.88

资料来源：《2018 年中国统计年鉴》。

（1）耕地的分布。我国耕地开发利用历史悠久，远在六七千年以前，黄河中下游一带就已开始耕耘土地并进行种植业生产。随着时间的推移、人口的增加和迁移，耕地面积由黄河中下游逐渐扩大至全国各地。全国耕地主要分布在东部沿海地带和中部地带的华北、东北、华东、中南四个区域，这四个区域占全国耕地的 72.75%，而西部的西南、西北两个区域仅占 27.25%。

（2）耕地的特点。耕地是土地资源的精华，是农业的基础。它经过人类开垦和世代培育，用于种植农作物并持续进行耕耘，为人类的生命活动提供了 80% 以上的热量、75% 以上的蛋白质、88% 的食物以及其他生活必需物质，是农业生产中最为基本且不可替代的生产资料。耕地土壤作为种植业的主要载体，在我国广袤的土地上，土壤类型丰富多样，各类土壤分布于不同区域。主要土类包括：水稻土、红壤、黄壤、赤红壤、砖红壤、黄棕壤、黄褐土、棕壤、暗棕壤、褐土、墣土、黑垆土、黄绵土、潮土、砂姜黑土、黑土、草甸土、黑钙土、栗钙土、棕钙土、盐碱土等。耕地质量是决定耕地生产力和农作物产量的关键。然而，我国耕地总体质量并不理想，影响耕地质量的因素既有土壤缺素、缺水、盐碱、渍涝、风沙、坡度等自然因素，也有人为造成的土壤次生盐碱化、水土流失、地力衰退和土地污染等问题。我国耕地利用具有如下特点：

①耕地利用主要以旱作农业和种植粮食作物为主。2017 年，现有耕地中旱地占 54.4%，水田占 24.6%，水浇地占耕地总面积的 21%。粮食作物在耕地种植结构中占据主导地位，细粮作物种植面积不断增加，而杂粮作物种植面积则持续减少。粮食作物的种植模式正由单纯追求高产数量型向高产、优质、高效型转变。

②耕地利用程度较高。全国耕地复种指数从 1952 年的 130.9% 上升到 1995 年的 157.8%。南方大部分地区由于水热条件优越，农作物平均复种指数达到 200% 以上。

③由于各项建设、农业结构调整以及灾害导致的土地损毁，耕地减少过多。改革开

放以来，全国城乡建设的快速发展占用了大量耕地，同时退耕还林还草等农业结构调整以及灾害造成的土地损毁也导致了大量耕地的减少。

④投入不足、生产力水平偏低。据《2018 年国际统计年鉴》统计，2017 年我国谷物收获面积为 1.024 亿公顷，每公顷产量为 4029 千克，低于世界平均水平的 4074 千克，更远低于美国 8281 千克、埃及 7311 千克、德国 7270 千克、英国 7229 千克、法国 6875 千克和日本 6049 千克的生产水平。我国耕地生产力较低的原因，虽然与自然条件有一定关联，但主要是耕地投入水平低、生产条件差，抵御水旱等自然灾害的能力不强，致使耕地质量和地力下降，产量不稳定。

2. 园地。

园地是指种植以采集果、叶、根、茎、汁等为主的集约经营的多年生木本和草本植物的土地，其覆盖度大于 50% 或每亩植株数大于合理株数的 70%，包括用于育苗的土地。园地可分为果园、茶园、橡胶园、其他园地等二级类型。据统计，2017 年我国园地总面积为 0.142 亿公顷。

（1）园地的分布。我国园地资源丰富，栽培历史悠久，分布广泛，其集约化经营程度和单位面积效益均较高。然而，受自然条件、栽培历史、经济条件等多种因素的影响，园地的地域分布存在不平衡现象。目前，园地占全国土地总面积的 1.49%，主要集中分布在气候适宜的东部沿海地区以及西南部丘陵、山区。其中，中南区占 32.40%，华东地区占 21.36%，西南区占 19.63%。其余则分布在西北、华北、东北等地区。具体分布情况可参见表 7-2。

表 7-2　　　　2017 年全国各省（市、区）园地面积统计表　　　单位：千公顷

行政辖区	园地面积	园地总面积占全国比率（%）	行政辖区	园地面积	园地总面积占全国比率（%）
全国	14214.2	100.00	中南区	4604.8	32.40
华北区	1456.8	10.25	河南	213.3	1.50
北京	132.8	0.93	湖北	480.2	3.38
天津	29.6	0.21	湖南	653.1	4.59
河北	832.3	5.86	广东	1260.7	8.87
山西	405.8	2.85	广西	1080.5	7.60
内蒙古	56.4	0.40	海南	917.0	6.45
东北区	578.1	4.07	西南区	2789.7	19.63
辽宁	467.8	3.29	重庆	270.9	1.91
吉林	65.8	0.46	四川	726.9	5.11
黑龙江	44.6	0.31	贵州	162.1	1.14
华东区	3036.0	21.36	云南	1628.2	11.46
上海	16.5	0.12	西藏	1.5	0.01
江苏	297.2	2.09	西北区	1748.8	12.30
浙江	574.3	4.04	陕西	816.4	5.74

续表

行政辖区	园地面积	园地总面积占全国比率（%）	行政辖区	园地面积	园地总面积占全国比率（%）
安徽	346.5	2.44	甘肃	255.8	1.80
福建	766.5	5.39	青海	6.0	0.04
山西	320.7	2.26	宁夏	50.0	0.35
山东	714.3	5.03	新疆	620.7	4.37

资料来源：《2018 年中国统计年鉴》。

（2）园地的特点。自中华人民共和国成立以来，我国园地面积有了较大幅度的增长，2017 年相比 1952 年增长了 7 倍。在园地中，果园面积最大且分布广泛，水果中的"名特优"品种日益增多，品种结构得到了显著改善，果品质量也有了明显提高，极大地丰富了人民的生活。我国园地利用的主要特点包括：园地生产对生态环境的要求较高，其中气候、土壤、水、地形、地貌等条件必须适宜；园地的发展规模受社会经济技术条件的制约，社会经济条件是充分利用自然条件发展园地的保证；经济政策对园地的规模与发展具有重要影响，这主要体现在用地规模以及园地产品的品质和效益上。然而，在园地利用中也存在一些问题：果粮争地的矛盾较为突出；部分园地质量较差，土壤肥力下降；集约化水平较低，经营相对粗放。这些问题导致全国各地水果单产水平存在较大的差距。

3. 林地。

林地是指生长乔木、竹类、灌木以及沿海红树林等林木的土地，不包括用于居民点绿化的土地，以及铁路、公路、河流、沟渠两侧的护路、护岸林。据统计，2017 年全国林地面积达到了 2.528 亿公顷。

（1）林地的分布。我国林地主要集中在生态环境较好、气候湿润或半湿润、人口密度相对较少的西南、中南和东北三个区域。这些区域的土地总面积占全国总面积的43.5%，而其林地面积却占全国林地面积的 61.76%。具体数据可参见表 7-3。

表 7-3　　　　　2017 年全国各省（市、区）林地面积统计表　　　　单位：千公顷

行政辖区	林业用地面积	林地总面积占全国比率（%）	行政辖区	林业用地面积	林地总面积占全国比率（%）
全国	31259.00	100.00	中南区	5425.7	17.36
华北区	5999.5	19.19	河南	504.98	1.62
北京	101.35	0.32	湖北	849.85	2.72
天津	15.62	0.05	湖南	1252.78	4.01
河北	718.08	2.30	广东	1076.44	3.44
山西	765.55	2.45	广西	1527.17	4.89
内蒙古	4398.89	14.07	海南	214.49	0.69
东北区	3763.5	12.04	西南区	7880.4	25.21
辽宁	699.89	2.24	重庆	406.28	1.30

行政辖区	林业用地面积	林地总面积占全国比率（％）	行政辖区	林业用地面积	林地总面积占全国比率（％）
吉林	856.19	2.74	四川	2328.26	7.45
黑龙江	2207.40	7.06	贵州	861.22	2.76
华东区	3618.1	11.57	云南	2501.04	8.00
上海	7.73	0.02	西藏	1783.64	5.71
江苏	178.70	0.57	西北区	4359.0	13.94
浙江	660.74	2.11	陕西	1228.47	3.93
安徽	443.18	1.42	甘肃	1042.65	3.34
福建	926.82	2.93	青海	808.04	2.58
山西	1069.66	3.42	宁夏	180.10	0.58
山东	331.26	1.06	新疆	1099.71	3.52

资料来源：《2018 年中国统计年鉴》。

（2）林地的特点。林地是森林生长的基地，而森林作为农业的生态屏障和陆地生态系统的主体，在改善人类生活的自然环境、维持自然生态平衡方面发挥着不可替代的作用。森林不仅能为社会提供具有经济价值的木材和其他林产品，而且具备保护环境、防风固沙、涵养水源、保持水土、调节气候、消除噪声、净化空气、维护生物多样性及栖息地、提供旅游休憩场所、疗养保健等多种功能。根据全国土地利用变更调查数据显示，2017 年全国森林覆盖率为 21.63%，这一水平低于世界平均覆盖率 30.7%。多年来，虽然全国森林面积稍有增加，森林覆盖率略有提高，但森林蓄积量却持续减少。我国林地总量虽然多，但人均林地面积较少。尽管林地质量相对较高，但生产力水平仍然较低。森林资源利用的突出问题在于过度采伐而轻视造林，导致森林资源质量下降，削弱了森林在改善环境和调节气候方面的功能，甚至在一些地区造成了生态环境的急剧恶化。

我国林地具有巨大的潜力，宜林土地资源丰富，应大力开展人工造林和封山育林活动，以提高林地利用率，努力使森林覆盖率接近国家要求的 30% 的目标。同时，我们应积极推进用材林基地建设和五大防护林体系建设，这包括北方 13 个省、自治区、直辖市范围内的"三北"防护林体系，长江中上游防护林体系，滨海的沿海防护林体系，太行山绿化工程，以及以东北三江平原、松嫩平原、华北平原、长江中下游平原、珠江三角洲等平原地区的农田防护林网为主体的综合防护林体系建设。

4. 牧草地。

牧草地是以生长草本植物为主，用于畜牧业的土地。主要分为天然牧草地、改良草地和人工草地三个类型。据统计，2017 年全国牧草地的总面积为 2.193 亿公顷，占农用地面积的 34.01%。

（1）牧草地的分布。中国的牧草地主要分布在年降水量少于 400 毫米的干旱、半干旱地区，即大兴安岭—燕山—恒山—吕梁山—秦岭—青藏高原东缘一线以西的内蒙古、新疆、青海、西藏、甘肃、宁夏，以及东北三省西部、川西北、陕北和滇西北。其中，牧草地面积最大的地区是内蒙古自治区，2017 年牧草地面积达到了 6562.45 万公顷，占全国牧草地面积的 25.06%。此外，在南方和东部湿润、半湿润地区的云贵高原、桂西北、黔西南、湘西、鄂西、豫西、辽西山地，四川盆地周边山地，以及南岭、大别山、太行山等山地，鲁中南和江南丘陵、东部和南部海岸带也分布有牧草地。全国部分地区的牧草地面积及占全国的比例详见表 7 – 4。

表 7 – 4　　　　　2017 年全国各省（市、区）牧草地面积统计表　　　　　单位：千公顷

行政辖区	牧草地面积	牧草地总面积占全国比率（%）	行政辖区	牧草地面积	牧草地总面积占全国比率（%）
全国	219320.3	100.00	中南区	43.4	0.02
华北区	49942.0	22.77	河南	0.3	0.00
北京	0.2	0.00	湖北	2.0	0.00
天津	0.0	0.00	湖南	13.6	0.01
河北	401.0	0.18	广东	3.1	0.00
山西	33.7	0.02	广西	5.2	0.00
内蒙古	49507.0	22.57	海南	19.2	0.01
东北区	1334.1	0.61	西南区	81904.3	37.34
辽宁	3.2	0.00	重庆	45.5	0.02
吉林	236.0	0.11	四川	10956.6	5.00
黑龙江	1094.9	0.50	贵州	72.2	0.03
华东区	7.6	0.00	云南	147.0	0.07
上海	0.0	0.00	西藏	70683.0	32.23
江苏	0.1	0.00	西北区	86089.0	39.25
浙江	0.3	0.00	陕西	2169.4	0.99
安徽	0.5	0.00	甘肃	5918.6	2.70
福建	0.3	0.00	青海	40794.6	18.60
山西	0.7	0.00	宁夏	1491.7	0.68
山东	5.8	0.00	新疆	35714.8	16.28

资料来源：《2018 年中国统计年鉴》。

（2）牧草地的特点。牧草地是发展畜牧业的重要资源和基地，不仅是我国牧区、半农半牧区人们赖以生存的重要生产资料，而且具有保护环境、防风固沙、蓄水保土、改善土壤、调节气候、涵养水源、净化空气、美化环境、保护生物多样性等多种功能。作为陆地生态系统的重要组成部分，它在水土保持和沙漠改造中发挥着至关重要的作用。在牧草地中，天然草地的面积占据绝大多数，达到牧草地总面积的 99%。我国牧草地主要分布于干旱、半干旱地区。尽管南方热带、亚热带地区的草地水热条件优越，但它们的分布相对零散，多位于耕地和林地之间的小块区域。这些地区的草地生长季较

长，产量较高，再生能力强，因此具有巨大的发展潜力，并具备栽培人工牧草的有利条件。然而，由于草地退化问题日益严重，牧区的产草量不断下降，草地质量也逐渐变差，这不仅影响了草地畜牧业的稳定与持续发展，还导致了生态环境的恶化，降低了草地畜牧业的经济效益。为此，我们应积极推进草地改良及人工种草工作，实行适地、适草、适畜的优化经营模式，以大幅度提高草地的生产潜力。对于严重沙化的草原，应主要采用飞播种草和围栏封育的方式进行综合治理；对于盐碱化的草场，选育耐盐碱的优良草种，并配套实施水利和耕作措施；对于过度利用、严重退化的草原，应采取强度封育管护和综合治理的方法；对于已利用的草地，应实行深度开发，采取适应与改造相结合的方式，有选择地开辟人工草地，实行集约化经营。

（二）建设用地

建设用地是指用于建造建筑物、构筑物的土地，涵盖了城乡住宅和公共设施用地、工矿用地、交通水利设施用地、旅游用地以及军事设施用地等。其分类主要包括居民点及工矿用地、交通运输用地和水利设施用地。据统计，2017 年全国建设用地总面积为3957.41 公顷，其中，居民点及工矿用地为 3213.10 万公顷，占建设用地总量的81.19%；交通运输用地为 383.35 万公顷，占建设用地总量的 9.69%；水利设施用地为360.95 万公顷，占建设用地总量的 9.12%。全国各省（市、区）居民点及工矿用地面积统计如表 7 - 5 所示。

表 7 - 5　　　2017 年全国各省（市、区）居民点及工矿用地面积统计表　　　单位：千公顷

行政辖区	居民点及工矿用地面积	居民点及工矿用地总面积占全国比率（%）	行政辖区	居民点及工矿用地面积	居民点及工矿用地总面积占全国比率（%）
全国	32131.0	100.00	中南区	7825.6	24.36
华北区	4841.9	15.07	河南	2267.8	7.06
北京	306.8	0.95	湖北	1332.2	4.15
天津	333.3	1.04	湖南	1352.4	4.21
河北	1938.0	6.03	广东	1681.5	5.23
山西	894.1	2.78	广西	929.1	2.89
内蒙古	1369.7	4.26	海南	262.6	0.82
东北区	3447.0	10.73	西南区	3713.9	11.56
辽宁	1342.9	4.18	重庆	580.3	1.81
吉林	870.9	2.71	四川	1581.3	4.92
黑龙江	1233.3	3.84	贵州	579.5	1.80
华东区	8928.9	27.79	云南	866.1	2.70
上海	274.9	0.86	西藏	106.7	0.33
江苏	1914.6	5.96	西北区	3373.6	10.50
浙江	1024.1	3.19	陕西	822.2	2.56

续表

行政辖区	居民点及工矿用地面积	居民点及工矿用地总面积占全国比率（%）	行政辖区	居民点及工矿用地面积	居民点及工矿用地总面积占全国比率（%）
安徽	1660.5	5.17	甘肃	794.2	2.47
福建	640.9	1.99	青海	242.2	0.75
山西	988.0	3.07	宁夏	273.7	0.85
山东	2425.8	7.55	新疆	1241.2	3.86

资料来源：《2018年中国统计年鉴》。

1. 居民点及工矿用地。

居民点及工矿用地主要指的是城市、建制镇、村庄等居民聚集区以及这些区域以外的工矿、国防、名胜古迹等企事业单位所占用的土地，包括其内部的交通和绿化用地。据统计，2017年全国居民点及工矿用地的总面积为3213.10万公顷。

（1）居民点及工矿用地的分布。全国各大行政辖区中，华东区和中南区的居民点及工矿用地面积最多，这两个区域的总面积占全国居民点及工矿用地总面积的52.14%。紧随其后的是华北区和西南区，而东北区和西北区的面积则相对较少。

（2）居民点及工矿用地的特点。东部地区凭借优越的自然条件，虽然土地面积仅占全国总面积的13.9%，但人口却占全国总人口的41.53%，居民点及工矿用地面积也占据了全国同类用地的37.8%。相较之下，西部12个省（市、区）土地辽阔，面积占全国总面积的56.5%，但由于自然条件的限制和交通不便，其居民点及工矿用地面积仅占全国的29.21%。在二级分类中，农村居民点用地的比率最大，占到了68.3%，而城镇和独立工矿用地的比率则相对较少。这说明我国当前的城市化水平仍然较低，乡村人口占据主导地位。然而，随着工业化、城市化水平的不断提升，全国城镇用地，特别是中小城市、建制镇的用地以及独立工矿用地的规模，将呈现出逐步扩大的趋势。

2. 交通运输用地。

交通运输用地是指用于运输通行的地面线路、站场等的土地，包括民用机场用地、港口、码头、地面运输管道以及各类道路用地。据统计，2017年全国交通运输用地的总面积为383.35万公顷，占建设用地总量的9.69%。全国各省（市、区）交通运输用地面积统计如表7-6所示。

表7-6　　　　2017年全国各省（市、区）交通运输用地面积统计表　　　单位：千公顷

行政辖区	交通运输用地面积	交通运输用地总面积占全国比率（%）	行政辖区	交通运输用地面积	交通运输用地总面积占全国比率（%）
全国	3833.5	100.00	中南区	835.4	21.79
华北区	600.1	15.65	河南	189.5	4.94
北京	32.8	0.86	湖北	131.7	3.44
天津	30.3	0.79	湖南	148.3	3.87

行政辖区	交通运输用地面积	交通运输用地总面积占全国比率（％）	行政辖区	交通运输用地面积	交通运输用地总面积占全国比率（％）
河北	194.8	5.08	广东	195.8	5.11
山西	108.2	2.82	广西	142.5	3.72
内蒙古	233.9	6.10	海南	27.6	0.72
东北区	418.4	10.91	西南区	492.5	12.85
辽宁	163.6	4.27	重庆	65.5	1.71
吉林	96.6	2.52	四川	157.2	4.10
黑龙江	158.2	4.13	贵州	107.0	2.79
华东区	1035.3	27.01	云南	120.6	3.15
上海	30.7	0.80	西藏	42.2	1.10
江苏	232.8	6.07	西北区	451.9	11.79
浙江	151.7	3.96	陕西	109.3	2.85
安徽	149.4	3.90	甘肃	88.8	2.32
福建	130.8	3.41	青海	53.3	1.39
山西	115.8	3.02	宁夏	40.7	1.06
山东	224.1	5.85	新疆	159.8	4.17

资料来源：《2018 年中国统计年鉴》。

（1）交通运输用地的分布。交通运输用地是全国二级分类中面积最小的土地利用类型，仅占全国土地总面积的 0.4％。值得注意的是，我国交通用地的分布极不平衡。具体来说，全国铁路、公路等交通设施绝大部分分布在兰州至昆明一线以东的地区，而占我国土地总面积一半多的西部广大地区交通用地极少。通常，交通用地以大城市为中心，向四周辐射，因此城市周边的交通网密度相对较高。此外，交通用地的分布及交通网密度与地区的经济发展水平呈现出正相关的关系。

（2）交通运输用地的特点。在交通用地总面积中，农村道路的占比最高，其次是公路，再次是铁路用地，而机场和码头用地的占比最少。目前，我国的高速铁路、高速公路里程以及港口万吨级泊位数量均位居世界首位，机场数量和管道里程也处于世界前列。五纵五横的综合运输大通道基本贯通，中国路、中国桥、中国港、中国高铁成为靓丽的中国名片，标志着现代综合交通运输体系初步形成。铁路方面，截至 2017 年底，全国铁路营运里程已达到 12.7 万千米，是 1978 年的 2.5 倍。其中，高铁里程达到 2.5 万千米，占世界高铁总量的 66.3％，铁路电气化率和复线率分别位居世界第一和第二位。"四纵四横"高铁主干道已基本贯通，以高速铁路为骨架、城际铁路为补充的快速客运网络初步建成。2006 年 7 月 1 日，青藏铁路全线建成通车。从西宁至拉萨火车站，全长共计 1956 千米。其中，西宁至格尔木段长 814 千米，这是第一阶段工程，于 20 世纪 50 年代末至 20 世纪 80 年代中期建成并通车。而格尔木至拉萨段则长达 1142 千米。

公路方面，截至 2017 年底，我国公路通车总里程已达到 477.35 万千米，是 1978 年的 5.4 倍。目前，高速公路已覆盖 97% 的 20 万以上人口城市及地级行政中心，国省干线公路连接了全国县级及以上行政区，而农村公路则通达了 99.99% 的乡镇和 99.98% 的建制村。值得一提的是，我国第一条高速公路——上海至嘉定高速公路于 1988 年通车。与世界上的发达国家甚至许多发展中国家相比，我国高速公路的建设起步确实较晚。在我国高速公路建设的初期阶段，由于大家的认识存在差异和争论，同时在技术、资金、政策等方面也缺乏经验，因此发展相对缓慢，用了十几年时间才建成了 10000 千米的高速公路。随着认识的统一以及经验的积累，特别是社会经济发展对高速公路的新需求不断增加，我国高速公路在 20 世纪 90 年代中后期开始加快发展，每一次实现万千米跨越都只用两三年时间。到 2017 年底，我国高速公路通车里程已达到 13.64 万千米。民航方面，截至 2017 年底，全国民航运输机场达 229 个，是 1978 年的 2.8 倍，服务范围覆盖全国 88.5% 的地市和 76.5% 的县。初步形成了以北京、上海、广州等国际枢纽机场为中心，省会城市和重点城市区域枢纽机场为骨干，其他干支线机场相配合的格局。水运方面，截至 2017 年底，我国港口拥有生产性码头泊位 2.76 万个，其中万吨级及以上泊位达到 2366 个，分别是 1978 年的 38 倍和 18 倍，初步建成了以"两横一纵两网十八线"为主体的内河航道体系。在交通用地分类中，全国港口码头用地的占比最少，主要分布在沿海和内陆有航运条件的江河地带，其中东部沿海地带的分布最为集中。城市轨道交通方面，截至 2017 年底，全国共有 34 个城市开通了 153 条城市轨道交通线路，运营里程达到 4583.8 千米。我国现已形成以铁路、公路、航运、民航为骨干的交通运输体系，农村道路在农、林、牧区纵横交错，极大改善了农林牧区交通闭塞、通行困难的状况，有力促进了农林牧区的经济发展。

3. 水利设施用地。

水利设施用地是指用于陆地水域、海滩、沟渠和水工建筑物等的土地，不包括滞洪区和已垦滩涂中的耕地、林地、居民点及道路等用地。水利设施用地可分为河流水面、湖泊水面、水库水面、坑塘水面、沿海滩涂、内陆滩涂、沟渠、水工建筑用地以及冰川及永久积雪等二级类型。据统计，2017 年全国水利设施用地的总面积为 360.95 万公顷，占全国土地总面积的 0.38%。全国各省（市、区）水利设施用地面积统计如表 7-7 所示。

表 7-7　　　　2017 年全国各省（市、区）水利设施用地面积统计表　　单位：千公顷

行政辖区	水利设施用地面积	水利设施用地总面积占全国比率（%）	行政辖区	水利设施用地面积	水利设施用地总面积占全国比率（%）
全国	3609.5	100.00	中南区	1047.1	29.01
华北区	290.4	8.05	河南	187.0	5.18
北京	20.6	0.57	湖北	273.3	7.57
天津	53.7	1.49	湖南	152.5	4.23
河北	108.9	3.02	广东	195.1	5.40

行政辖区	水利设施用地面积	水利设施用地总面积占全国比率（%）	行政辖区	水利设施用地面积	水利设施用地总面积占全国比率（%）
山西	37.7	1.05	广西	181.2	5.02
内蒙古	69.7	1.93	海南	58.1	1.61
东北区	521.6	14.45	西南区	338.8	9.38
辽宁	137.7	3.82	重庆	38.8	1.07
吉林	138.5	3.84	四川	131.5	3.64
黑龙江	245.4	6.80	贵州	41.8	1.16
华东区	1022.9	28.34	云南	118.4	3.28
上海	3.2	0.09	西藏	8.3	0.23
江苏	163.6	4.53	西北区	388.6	10.77
浙江	142.5	3.95	陕西	36.5	1.01
安徽	205.0	5.68	甘肃	39.3	1.09
福建	72.5	2.01	青海	63.4	1.76
山西	202.4	5.61	宁夏	9.4	0.26
山东	233.8	6.48	新疆	240.1	6.65

资料来源：《2018 年中国统计年鉴》。

（1）水利设施用地的分布。我国水域辽阔，是世界上水域面积较多的国家之一。但水域的地区分布并不均衡。以黑河、兰州、腾冲一线为界，东南部地区气候温和、降水充足、河流发育良好，因此水域分布较多，约占全国水域总面积的74%。而西北部地区降水较少、蒸发强烈，为干旱区，水域面积仅占全国水域总面积的26%，且多为含盐度较高的高原湖泊和冰川及永久积雪，因此可利用率较低。

（2）水域综合利用的特点。在捕捞、养殖、城市工矿用水、农田灌溉、蓄洪滞洪、水力发电、风景旅游以及调节气候、保护生态环境等方面，水域都发挥着不可替代的重要作用。我国在水利建设、水上航运、风景旅游、水产养殖等水域利用方面取得了显著成就，充分发挥了水域的利用价值。然而，也存在一些问题，如水域分布不均、总体利用率偏低等。随着人口增长和工业发展，水体污染问题日益严重。监测数据显示，在1200 多条有资料的河流中，已有850 条受到污染。内陆水域的污染还对海涂养殖和近海渔业生产造成了危害。此外，全国每年平均约有 35 亿吨泥沙进入河流，导致河流泥沙淤积，妨碍航运，河床抬高，进而在汛期引发破堤决口、泛滥成灾等灾害。养殖水面中低产水面占比较大，因此需要通过技术改造、增加投入、实行集约化经营等措施，提高养殖产量。

（三）未利用地

未利用土地是指农用地和建设用地以外的其他类型的土地，包括空闲地、设施农用地、田坎、盐碱地、沼泽地、沙地、裸地。

1. 未利用地的分布。

我国未利用地主要分布在西北区和西南区的干旱、半干旱地区以及高原、山区，这两大区共占77.7%。在未利用土地中，难开发利用的土地面积较多，占3/4，而可开发利用土地的比率仅为1/4。其中，裸地和沙地的面积最多。在分布上，这些未利用地绝大多数位于我国西部和西南部以及东北北部，而内地和沿海地区则较少。

2. 未利用地的特点。

未利用地中那些可利用但尚未利用的土地，属于后备土地资源，是现阶段土地开发的潜力所在。全国未利用地的总面积占全国总土地面积的15.5%。其中，可利用但尚未利用的土地约占未利用土地总面积的15.9%，而难利用的土地约占84.1%。这些可开发利用的土地质量普遍较差，宜农面积较少，宜林、宜牧面积较多。对于未利用地，我们应根据其土地条件、适宜性质以及社会经济发展需求和保护生态环境的要求来加以合理利用。目前，全国范围内可开发利用的土地面积已经很少了，我们应该像珍惜和保护耕地一样，对待这部分未利用土地。

二、我国土地资源的区域分析

（一）土地资源利用分区原则和方案

土地资源利用分区是根据土地资源的地域分异规律，综合考虑土地资源利用结构、自然环境条件、区位因素以及社会经济条件，同时结合土地利用现状与发展前景，旨在最大限度地发挥土地生产潜力，改善土地生态系统的结构与功能，并协调国民经济各部门的用地需求。在时空上进行土地资源利用分区，以实现土地资源的合理利用和优化配置。

1. 土地资源利用分区原则。

（1）土地自然要素的相似性。土地资源的位置固定性及自然性状，决定了土地条件与土地利用的地域分异性，因土地资源的地理特征的相似性，故在气候、地形、地质、地貌、水文、植被、土壤等条件上具有相似性。土地利用分区既应体现地理分异规律和区际差异，又应保持地域连片，确保相对完整的空间连续性。

（2）土地利用特点的相似性，包括土地类型、区域土地利用结构以及区域土地利用的发展方向等。在进行土地利用分区时，必须综合考虑自然与经济、历史现状与未来等因素。然而，不同地区各因素所起作用的程度不同，往往其中一个或几个因素起主导作用。为了反映区域土地利用的本质，必须突出主导作用因素，因此，必须坚持主导因素与综合分析相结合的原则。

（3）多级分类原则。多级分类能够客观地揭示土地利用的现状结构特点及地域分异。中国土地资源利用区划原则上以县级行政区划单位作为全国分区的基本单元，采用由土地资源利用区和土地资源利用亚区两级基本分区单位组成的划分系统。

2. 土地资源利用分区的主要依据。

中国土地资源利用分区的主要依据包括：区域土地条件与土地资源利用结构的相似

性与差异性；区位因素与社会经济条件的一致性；区域土地利用方向与产业配置的相似性与差异性；土地生产能力与综合效益的协调性；区域土地利用问题与治理、保护措施的一致性。

3. 土地资源利用分区的划分与命名。

中国土地资源利用分区的划分遵循自上而下、纵览全局的原则，旨在把握中国土地资源及其利用的空间分异总格局。确定一级区的大致轮廓及内部分异的基本格局；自下而上进行归并，结合定量与定性分析，在县域土地利用结构类型归并的基础上，综合反映区域土地利用的主导方向和结构特征，明确各级区的界线。中国土地资源利用分区采用二级分区系统，其中一级为土地资源利用区，二级为土地资源利用亚区。土地资源利用区的命名主要反映大区域格局，而土地资源利用亚区的命名则重点突出亚区特色。这样的命名方式既能客观体现分区依据和区域自然特点，又能突出土地资源利用结构与区域开发利用方向，具有较强的实用性。

（1）土地利用区采用区位（含土地类型）+主要利用类型+相应发展产业的命名法。主要利用类型一般是指区内用地占比大于10%，排名靠前、面积较大的一级土地利用类型，以及耕地和林地内的二级主要用地类型，但并不一定完全反映区域的主导产业类型。相应发展产业则主要包括农业（种植业）、林业、牧业、渔业和城乡建设（非农用地）。

（2）土地利用亚区采用区位（含土地类型）+主导利用类型+开发利用方向的命名法。主导利用类型强调土地利用类型的重要性、区内地位与区际意义，一般能反映区域土地的主导利用方向和发展前景，主要用二级土地利用类型来代表。开发利用方向则进一步细分为：①农业类：包括水旱并重的农业、水田农业、旱作农业、灌溉农业和绿洲农业。②林业类：包括林业、用材林、防护林以及林果业（园地）。③牧业及其他：包括牧业、放牧业，以及渔业、城乡建设、工矿业等。

（二）土地资源利用分区概述

1. 东北山地、平原有林地与旱地——农林用地区（简称东北区）。

位于中国东北部、北部和东部，东北区与俄罗斯接壤于黑龙江、乌苏里江，与朝鲜为邻于鸭绿江、图们江，南部濒临黄海、渤海，西部接壤内蒙古草原。该地区属于半湿润温带季风气候，年降水量在500～700毫米。这里林地茂密，平原辽阔，土地肥沃，拥有丰富的森林和矿产资源，是中国重要的商品粮生产基地和木材生产基地。

（1）土地资源利用的特征。土地资源以山地林地和平原旱地为主，土地利用率高。在已利用的土地中，农业用地占据主导地位，耕地、林地与牧草地的比例大致为29：63：8，形成了林地占比最高、耕地为辅的农林用地结构特征。本区土壤肥沃，以黑土、黑钙土、暗色草甸土为主要类型，自然肥力较高。宜农荒地集中连片，质量上乘，是中国荒地资源开发潜力最大的地区之一。全区水资源总量为1928.5亿立方米，但南部地区水资源相对匮乏。本区绝大部分位于中温带，夏季温和湿润，冬季寒冷漫长，无霜期100～180天。北部的大兴安岭北端属于中国的寒温带，无霜期少于90天，热量资源相对不足。本区是全国重要的商品粮、豆类和用材林生产基地。

（2）土地利用方向及合理开发途径应继续以林地为主、耕地为辅的农林结构类型为基础，同时注重农林并重、农牧结合、林牧结合，因地制宜地推动农林牧副渔全面发展。在土地资源合理利用方面，关键是要抓住哈尔滨—长春地区和辽中南区这两个国土规划开发区的建设机遇，充分发挥并进一步巩固发展国家级商品粮生产基地、用材林生产基地以及重工业基地的区域优势。

2. 华北平原水浇地、旱地与居民工矿用地——农业和建设用地区（简称华北区）。

位于中国东部中原地带，北起燕山、努鲁儿虎山，西沿太行山、伏牛山东麓，东临渤海、黄海。区内平原广阔，地跨温带、暖温带，光热水土资源丰富，农业生产的自然条件优越，是全国主要粮、棉、油、果、禽、水产品的生产基地和轻工业原料基地。

（1）土地资源利用的特征是耕地是土地利用的主体，园地在土地利用中占据重要地位，而林牧用地面积相对较小。其中，耕地面积占全国耕地面积的19.49%，水浇地和旱地并重，垦殖率高达49.1%；园地面积占全国园地面积的19.68%，以果园为主。此外，林地和牧草地分别占全国的2.83%和0.22%。本区属于温带半湿润气候，光热条件较好，适宜种植小麦、棉花、玉米、花生等作物。然而，本区降水较少，季节和地区分布不均，年降水量为500～900毫米，全年最大蒸发量为800～1000毫米，由南向北干旱缺水问题逐渐突出。降雨主要集中在夏季，且多暴雨，导致平原低洼的南部地区易受洪涝灾害，北部则易出现干旱。此外，区内盐碱土、风沙土、砂姜土合计占全区耕地的1/4。本区人口稠密，城镇密集，工业交通发达，城市数约占全国城市总数的1/5。本区位于全国生产力总体布局的主轴线上，路网密集，交通便捷，拥有沿海呈串珠状的港口群和占全国1/4的沿海开放城市，加之机场和京杭大运河等交通设施，形成了铁路、公路、水运、航空等多种运输方式相结合的运输网络。

（2）土地利用方向及合理开发途径。华北区是一个土地开发程度较高的地区，今后仍应以农业耕地为主，稳定耕地面积，发展优质、高产、高效的农业，巩固和发展粮、棉、油、烟、肉、鱼等商品生产基地。同时，要加强农田基本建设，非农业用地应尽量不占或少占耕地。城乡居民点建设用地应以内涵挖潜为主，严格控制增长速度，确保交通、能源、水利、原材料等基础设施和基础工业用地的需求，努力提高土地利用率和综合效益。

3. 黄土高原旱地、牧草地与有林地——农牧林业用地区（简称黄土高原区）。

位于黄河中游，东以太行山为界与华北平原相邻，西至日月山，东侧与青藏高原衔接；南隔秦岭与我国北亚热带相邻，北抵长城，毗连鄂尔多斯高原。本区因黄土堆积和严重的水土流失而得名，受黄土物质特性及地形、水文、气候等自然环境影响，土壤侵蚀（包括风蚀）和干旱缺水成为本区农、林、牧业生产的主要限制因素。水土流失防治及其综合治理是本区亟待解决的重要问题。

（1）土地资源利用的特征。全区以农用地为主，呈现出农林牧均衡用地的结构特征。农业用地主要以粮食生产为主，其中坡耕地占据主导地位，占耕地总面积的60%～80%，其中旱耕地占比高达72%。林地资源相对匮乏，主要集中于土石山地，因此森林覆盖率较低。草地以天然草地为主，且坡度陡，土层薄、土质少，干旱缺水，产草量低，载畜力差，牧业靠天养畜。由于坡耕地中陡坡耕地较多，耕作方式较为粗放，土地生产力较低。此外，本区黄土结构疏松，垂直节理发育，遇水易崩解，具有湿陷性，抗冲力和抗蚀力极低，因此土地侵蚀现象严重，是世界上土壤侵蚀最为严重的地区之一。全区水土流失面积高达80%，晋陕黄土丘陵沟壑区的沟道密度达3～7千米/平方千米，沟谷深度可达50～80米。由于侵蚀和地形割切的影响，区内交通发展受到严重制约，主要交通干线及大中城市多位于区域外围，内部地区处于半封闭状态。本区位于半湿润气候向干旱气候的过渡带，降水时空分布极不均衡，年降水量不及蒸发量的1/2，且降水主要集中在7～9月，多为暴雨形式。因此，春旱和夏旱频繁发生，特别是在蓄水保水条件较差的黄土丘陵沟壑区，旱灾频发，部分地区的人畜饮水也面临严重困难。此外，在径流集中的缓坡和台地，普遍发生重力侵蚀和潜蚀现象。而在西北边缘地区，风沙活动强烈，已出现明显的沙漠化现象。

（2）土地利用方向及合理开发途径。本区土地利用现状是已利用土地达81.3%，产业结构呈现出以种植业为主、畜牧业为辅的特点。今后土地利用方向应以生态型林草地利用为主，发展自给自足的粮食生产，加强农牧、林牧结合，以促进农林牧业的全面发展。黄土坡地的合理利用，特别是以坡耕地利用为核心，是生态农业建设的关键所在。鉴于黄土高原土地生态环境的脆弱性，林草建设是合理利用土地资源的必由之路。

4. 长江中、下游平原的水田、水域与居民工矿用地——农渔和建设用地区（简称长江中、下游区）。

位于淮河以南、武夷山以东，洞庭湖、鄱阳湖盆地以北，这一地区是我国南北方交接融合的地带，拥有北亚热带湿润气候，光热资源充足，降水量高，年降水量在800～1600毫米，无霜期达200～280天。土壤以红壤、棕壤和水稻土为主。农作物方面，主要以水稻、小麦、棉花、油菜为主。长江黄金水道横贯全区，是我国经济"T"字形构造格局的核心区域，同时也是中国经济最发达的地区之一。该区人口密度居全国最高，经济基础雄厚，经济密度也位居全国首位。

（1）土地资源利用特征。

①本区土地利用类型丰富多样，农业集约化程度高。土地开发程度高，农用地中耕地、园地、林地用地比为62∶4∶34，同期农、林、牧、渔业产值比为57∶2∶28∶13，这突出反映了以农业为主，渔业为辅的用地结构。耕地占全国耕地面积的11.6%，虽然人均耕地面积低于全国水平，但由于耕作历史悠久，土地肥力水平高，耕地质量好，耕地种植以粮、棉、油生产居重要地位。水田面积、灌溉水田面积、土地利用率、土地垦殖率均居全国最高水平。由于集约化程度高，尽管人均耕地少，但耕地复种指数高，农用地产值和耕地产值均大大高于全国水平。全区山地以亚热带森林、竹类为主，丘陵区多为旱作农业与果树种植区，平原及盆地则以水稻种植为主，山地草场发展养牛业，同时产有不少的"名特优"农产品。区内以长江干流为主线，河网、湖泊交织，是中国河湖分布最密集的地区，水域面积占全国的1/5，水面开发利用程度高，淡水养殖业发达。水域兼具灌溉、航运、养殖、蓄洪等功能，而水域的合理、协调开发利用是本区可持续发展最重要的一环。尽管本区农业利用条件优越，但长江中下游水患频发，水体污染日趋严重，这对本区经济的持续稳定发展造成了较大影响。

②本区非农业用地比重较大，土地产出水平高。作为我国大、中城市集中地区之

资源经济学

一，本区城镇密集，交通发达，城市化水平高。其中，居民点和工矿用地占比高，特别是农村居民用地占全区居民点和工矿用地的比例较大。此外，本区交通用地密度是全国平均值的 3 倍。人均工农业总产值是全国平均水平的 1.76 倍，农用地产值更是高达全国平均水平的 4.5 倍，使本区土地产出水平在全国各大区中名列前茅。

（2）土地利用方向及开发途径。本区以农业生产的种植业为主，养殖业则以种植业为依托。在土地利用方向上，应以耕地和水田利用为主，水产养殖为辅。我们应严格保护耕地，稳定粮田面积，提高粮食单产，并实行耕地资源和非耕地资源的综合利用，以保障国家商品粮生产基地的可持续发展。本区是全国耕地精华所在，我们不仅要注重耕地的数量，更要重视耕地的质量。同时，应防止水土流失，控制工矿污染，保护好生态环境，以促进工农业用地的协调发展。

5. 川陕盆地有林地、旱地与水田——农林用地区（简称川陕盆地区）。

位于中国西部，以四川盆地为主体，包括汉中盆地、秦巴山地和鄂西山地，该地区天然林较多，而人工林相对较少。未利用地主要为田坎和荒草地。虽然土壤资源总量庞大，但人均相对数量较少，耕地相对集中。川陕盆地拥有优越的水热条件，土壤以棕壤、黄壤、水稻土为主，作物以水稻、小麦、棉花、甘蔗、油料、茶叶等为主。该区域气候具有北亚热带特征，地域分异明显。其中，东部鄂西地区受温暖湿润的东南季风气候影响，而西南部和四川盆地底部则受干湿交替的西南季风控制。这里雨热同期，年降水量在 1000 毫米以上，无霜期在 233 ~ 258 天。北部为暖温带和亚热带半湿润区与湿润区的交叉地带，土地利用方式多样，农业条件较为优越。

（1）土地资源利用特征方面，农用地与非农用地之比为 94∶6。其中，丘陵林地占主导地位，占总面积的 61%，而盆地耕地则占 33%，作为辅助。优越的水热条件和丰富的土地类型，为农林牧业的多样化发展创造了有利条件。特别是成都平原，气候温暖湿润，地势平坦，土地肥沃，被誉为"天府之国"，是重要的粮油产区。东部地区林地资源丰富，森林蓄积量高，具有巨大的开发潜力，如著名的神农架地区，珍稀动植物种类繁多，林牧产品丰富。西南部地区优良耕地集中，而北部则生物资源丰富多样，拥有大量的动植物药材品种，是大熊猫、金丝猴等珍稀动物的主要栖息地。在长期开发过程中，对于开发利用与治理保护的相结合重视不够，采用陡坡垦殖、森林过伐、草场过牧等不当方式，导致水土流失问题十分严重，直接威胁到众多水库和三峡库区的安全。

（2）土地利用方向及开发途径。今后，仍应以林地利用为主，耕地利用为辅，水旱并重，农牧、林牧相结合，促进工农业用地的协调发展和农林牧渔业的综合发展。必须坚持节约用地，努力提高耕地生产和粮食供给能力。保护环境，加快山区林业生态建设，开发林特产品，增加人民收入。我们必须坚决制止乱砍滥伐森林的行为，加强水利设施建设，改造中低产田，提高土地资源的综合生产能力。抓住三峡库区建设的契机，努力形成以三峡库区为主的新兴旅游产业，推动区域经济的持续发展。

6. 江南丘陵山地有林地与水田——林农用地区（简称江南丘陵山地区）。

位于长江中下游平原以南，东临东海之滨，西接云贵高原。该地区气候温暖，湿润多雨，地形错综复杂，水平分异和垂直分异的气候特征明显。年降水量在 1200 ~ 2000 毫米，是全国大陆降水量最多的地区之一，无霜期在 230 ~ 235 天。

（1）土地资源利用特征。本区土地资源丰富，类型多样，土地利用率高。土地利用结构以林地为主，耕地为辅，形成了山区与谷盆相间的林农用地结构。森林覆盖率为全国平均水平的 3 倍，是我国森林覆盖率最高的区域。得益于丰富的土地资源和水热条件，本区亚热带林、果及众多名优土特产品具有显著优势。耕地中，水田面积占 86%，灌溉水田占比超过 3/5，旱涝保收面积占耕地面积的 44%，复种指数高达 235%，是我国南方以水稻生产为主的重要粮食产区和经济作物产区。然而，由于本区光温在时间上的分配不均，导致寒、洪、旱等灾害频发，影响了水热资源的有效利用。低温冻害、寒露风害、暴雨以及伏秋旱等多种灾害年年发生，对农业生产影响极大。鉴于复杂的地貌条件，我们应在不同层次上合理利用土地资源，发展立体农业。本区人口密度高于全国平均水平，但受地形条件影响大，地区间分布不均衡，经济发展水平的区域差异明显。南方山区经济发展水平在沿江、沿铁路线地区较为发达，而离江、离铁路线较远的地区则相对落后。京九铁路从该区穿过，对促进该区经济的协调发展具有重要意义。

（2）土地利用方向及开发途径。土地利用仍应以林地利用为主，耕地利用为辅，实现农林结合、农牧结合、林牧结合，因地制宜地发展立体林业。丘陵盆地、河谷地等区域，农业生产条件和基础较好，应重点发展以水稻为主的商品粮生产基地。在耕地利用方面，我们应进行深度和广度的开发，以实现农作物的高产、稳产、优质，并加大复种指数。实行适度规模经营，扩大多种经营，促进粮油、畜禽蛋的全面发展，加速农业产业化的进程，实现农副产品的深加工增值。发展用材林、经济林、防护林、薪炭林，加强森林的综合开发与加工，积极开发利用大面积的宜林荒山荒地，发展阔叶树，提高森林覆盖率，降低用材林比率，并在丘陵地区发展亚热带林果。建设人工草地，改良天然草地，利用林间草地发展畜牧业。在此过程中，还应加强造林和水土保持工作，确保土地资源的可持续利用。

7. 云贵高原有林地、灌木林地与旱地——林农用地区（简称云贵高原区）。

地处我国西南边陲，与缅甸、老挝、越南等东南亚国家相邻，边境贸易异常活跃，促进了本区的经济发展。本区主要属于热带、亚热带气候区，年降水量在 800～1400 毫米，生物多样性丰富，森林资源丰富，是我国西南林区的重要组成部分。

（1）土地资源利用特征。土地利用方面，本区以林地为主，耕地为辅，形成了典型的林农结构。主要土地类型包括林地、灌木林、旱地和水田。土地利用率略高于全国平均水平，其中林地占据绝对优势，约占总面积的 1/2，其次是耕地，约占 1/5。本区水热条件优越，水热资源丰富，适宜多种作物的种植。由于地形地貌的复杂多样，立体气候特征明显，生物种类繁多，这为发展立体农业和多种经营提供了丰富的自然基础和物质条件。大江大河两岸分布着不少原始森林，西双版纳更是著名的国家级自然保护区，也是我国热带森林的重要区域之一。云贵高原是世界上岩溶地貌分布最集中的地区，岩溶面积广大，独特的喀斯特地质、地貌景观对旅游业的发展具有重要意义。本区地表水相对短缺，地下水资源丰富，是缓解干旱缺水问题的重要途径。然而，强烈的溶蚀作用也导致水土流失严重，生态环境趋于恶化。本区人口多、耕地少，粮食紧缺已成为制约经济发展的重要因素。尽管交通条件有所改善，但整体上仍显不便，使本区成为我国西南地区的老少边穷地区之一，经济发展水平亟待提高。

资源经济学

（2）土地利用方向及开发途径。云贵高原土地利用复杂多样，今后土地利用仍应坚持以林为主、以农为辅的原则，发挥材林基地优势，建设长江上游防护林体系，同时积极扩大水田面积，发展自给性农业。本区的商品粮基地主要集中在桂中、滇东、黔中和黔东北平原，坝地宜粮区水土资源匹配良好，水利设施利用率较高，是本区粮食生产的基本保障。应坚持"以农养林、以坝养山"的策略，充分开发利用现有的草山草坡资源，促进农牧、林牧结合，发展商品性草地畜牧业。此外，还需妥善处理好非农用地与农用地、工矿用地与耕地保护、烟草经济作物用地与粮食用地、用材林采伐与防护林培育之间的关系，确保山区开发与经济发展有机结合，提高区域土地资源的利用效率。云贵高原生态环境脆弱，山高土瘦，石头多，水土流失严重，生态环境日趋恶化，已严重威胁到本区的社会经济发展以及两江中下游的生产和生活安全。应尽快将岩溶山区的生态治理工程纳入国家计划，结合长江、珠江中下游生态防护林网工程建设，进行全面综合治理。充分利用西南边陲的区位优势，积极发展边境贸易，以促进地区经济的持续发展。

8. 东南沿海区包括林地、水田、园地以及居民工矿用地——农林渔果和建设用地区（简称东南沿海区）。

位于中国最南部，西北倚山，东南面海，陆域地形狭长，沿海岛屿星罗棋布。人口密度是全国平均水平的 3 倍，经济密度是全国平均水平的 3.7 倍，是我国经济最发达的地区之一。本区为热带、亚热带气候，是全国水热资源最丰富的地区，年降水量在 1200～2000 毫米，部分高达 2500 毫米。凭借独特的水热条件和地理区位的优势，该地区是全国热带、亚热带作物和经济林果最适宜发展的地区。

（1）土地资源利用的特征。东南沿海区土地类型丰富多样，以丘陵山地为主。土地利用率较高，形成了以林地为主、耕地为辅的农林用地结构，耕地、园地、林地与牧草地之比为 28：7：64：1。该区以平原水田与山地、林地相结合为特点，具有热带、亚热带果林的生产优势，是香蕉、菠萝、荔枝、龙眼、芒果、柑橘、椰子、咖啡等水果的主要产区。同时，它也是我国最大的甘蔗生产基地，食糖产量位居全国之首，还拥有许多热带经济作物的"名优特"产品，是中国创汇农业的重要基地。本区不仅是中国沟通海外的重要门户，也是连接内地的桥梁。对外港口众多，人口稠密，城市化、工业化程度高，区域经济十分发达。然而，本区人均耕地最少，粮食不能自给，在发展地方经济的同时，加剧了人多、地少、缺粮的矛盾。尽管如此，沿海平原地区仍然是全国交通较为发达的地区之一。

（2）土地利用方向及开发途径。本区以林地利用为主，耕地利用为辅，协调工矿、交通和城镇建设用地，确保耕地面积稳定，促进农林牧渔业全面发展。重点工作是开发利用丰富的滩涂、湖泊资源，发展水产养殖；开发荒草地，扩大热带、亚热带农林作物种植面积；开发宜园荒地，改造低产园，扩大果树种植，并系统规划建设用地。本区作为中国最大的热带作物适宜区，尤其需要发展天然橡胶生产，提高橡胶产量。加大海滩养殖力度，提升产量和质量，并利用紧靠香港、澳门地区的区域优势，增强市场竞争能力。应严格控制城乡建设规模，稳定耕地面积，努力提升粮食生产能力。统筹规划林果业用地，增强林木再生能力，实现林业经济效益、生态效益和社会效益的同步发展。

9. 内蒙古高原牧草地与旱地——牧业用地区（简称内蒙古高原区）。

位于中国北部边疆，东接大兴安岭西端，与黑龙江、吉林、辽宁相连；西邻阿拉善高原；南抵河北、山西、陕西，与宁夏北部接壤；东北部和北部分别与俄罗斯和蒙古国交界。本区位于我国内陆干旱地区的东部，属于温带半干旱到干旱气候区，大部分地区为温带大陆性季风气候。无霜期 100～150 天，降水量偏低，年降水量在 200～450 毫米，自东南向西北递减，主要集中在 7～8 月。而 4～6 月干旱少雨，且多大风，春季干旱严重，自然灾害频繁，这是制约农牧业生产的主要因素。土壤以黑钙土、栗钙土、棕钙土为主。内蒙古高原是世界著名的欧亚大陆草原最东段的一部分，草地面积辽阔，牧草种类繁多，草质优良，是中国著名的三大牧区之一。

（1）土地资源利用的特征。本区土地利用以牧草地为主，耕地为辅，呈现出明显的牧农结构特征。区内草原辽阔，类型多样，以温带草原为主，适宜畜牧业发展。在农业用地中，天然草地占据绝对优势，草地质量上乘。牧业占农业产值的比重达 35.2%，农林牧用地的区域差异明显。全区水热资源分布极不平衡，水资源成为本区农牧生产的一大限制因素，也是导致旱作农业产量低而不稳定的基本原因。由于降水不足和水资源缺乏，广大牧区时常遭受旱灾。草场暖季与冷季的草量差异显著，冬春冷季草场仅为夏秋暖季草场的 30%～60%，导致"夏饱、秋肥、冬瘦、春死"的现象。本区农业和农区无法为牧业和牧区提供足够的饲料，而牧业和牧区也无法为农业和农区提供足够的肥料和草场。农牧交错区的农牧业之间互相封闭，缺乏经济往来。同时，随着人口的不断增加，人均耕地减少，草原滥垦、盲目扩大旱作农田、挤占牧业用地的问题日益严重，农牧争地现象愈演愈烈。长期以来，滥垦、滥伐、滥牧的问题得不到有效解决，导致草原退化、土地沙化面积扩大。内蒙古自治区地处塞外，地广人稀，居住分散，区内公路密度小、设施差、等级低，交通运输极为不便。农牧区工业发展滞后，经济水平较低。

（2）土地利用方向及开发途径。坚持以天然草地畜牧业为主，因地制宜强化农牧、林牧的结合，发展区域性粮食生产。为加强草原的基本建设，应巩固并提升在全国畜牧业生产中的地位。在发展过程中，需妥善处理保护耕地、牧草地与工交、城镇建设用地之间的关系，并加强旱作农业与防护林带的建设。将生态环境保护、退化草地治理和后备土地资源开发相结合，实现农林牧的综合发展。在土地利用方面，应重点抓好蒙北平原和鄂尔多斯高原这两个重要的肉、毛商品生产基地，协调发展蒙东南平原丘陵区的农牧林业。加快治理土地沙漠化，积极推广耐旱、耐碱、耐沙的草种，因地制宜推行草原灌溉，提高草地生产力。为解决河套平原商品粮生产基地的土地次生盐渍化问题，应积极采取措施，建设具有中国特色的多种类小杂粮生产基地。提高草原的总体载畜量以及饲草地的转化率，适时储备并合理调制冬春饲草。逐步推行割草、搂草、捆草、运输机械化和系列化的干草调制方法，大力推广青贮技术，提升储备牧草的质量，全面提高畜牧生产水平。

10. 西北干旱区牧草地与水浇地——牧业和绿洲农业区（简称西北干旱区）。

本区位于包头至盐池至天祝一线以西，祁连山至阿尔金山以北。这里聚居着十多个民族，地处中国西部边陲，交通不便，经济发展滞后，居民文化素质有待提高。本区的经济密度远低于全国平均水平，土地面积占全国总面积的 22.36%，属地广人稀区域。

气候属于中温带至暖温带，极端干旱，荒漠和半荒漠地带广布，年降水量在150毫米下，降水稀少，生态环境十分脆弱。然而，得益于高山和黄河的过境，形成了独特的绿洲农业和山地牧业，且拥有丰富的土地资源和矿产资源，是中国21世纪最具发展潜力的地区。

（1）土地资源利用特征。本区土地辽阔且类型多样，有海拔高达8611米的乔戈里峰，也有海拔低于150米的吐鲁番盆地。这里是我国土地利用率最低、未利用地面积最大的区域，裸岩、石砾和沙地广泛分布，沙漠戈壁遍布其间。虽然土地资源数量众多，但质量普遍较差，导致土地生产力低下。牧草地以天然草地为主，优质天然草地主要分布在山区，形成了典型的山地草原畜牧业。本区气候干旱，降水稀少，发展人工灌溉是农业生产的首要条件。在南北高山之间的盆地边缘，依靠高山积雪和冰川融水进行灌溉，形成了典型的绿洲农业。这里种植着长绒棉、瓜果、葡萄等特优农产品，是中国重要的棉花生产基地，山地畜牧业与绿洲灌溉农业是这里的主要用地类型。此外，本区还是我国最典型的干旱荒漠区，在独特的生物气候条件下，生长着许多国内乃至世界罕见的名贵药材和野生动物，生物资源丰富多样。本区荒草地占全国的1/5，但宜农土地质量较差，开发难度较大。同时，土地盐碱化严重，地形起伏大，因此在开发过程中必须坚持以水定地的原则，合理安排农、林、牧地的开发，以促进区域的可持续发展。

（2）土地利用方向及开发途径。本区土地利用方向应坚持以天然草地畜牧业为主，绿洲灌溉农业为辅，农林牧结合，多种经营综合发展。应重点抓好粮、棉、糖基地以及牧业、林业基地的建设，合理利用水资源，确保区内粮食供需平衡。特别要关注甘肃河西走廊，新疆昌吉、伊宁、塔城、博尔塔拉和阿克苏、莎车等地的粮食基地建设，并重点发展塔里木盆地的棉花基地。大力兴建山区水库，通过调洪补枯来提高春季用水保证率，进而提升土地生产力水平。在畜牧业方面，应重点加强新疆伊犁、阿勒泰、天山北坡和甘肃祁连山区的畜牧业基地建设，进一步开发水土资源，改良天然草地，并建立人工饲草生产基地，提高草地资源的生产和区域载畜能力。加大对山区的管理力度，严格控制森林采伐和草场载畜量。对于牧区，应加强定居、半定居点的建设，扩大改良草场和人工草场的面积。实施轮封轮牧制度，避免过度开发和集中砍伐，加强中幼林的更新与人工造林工作。平原区应完善人工林体系和农田防护林，以防御风沙，改善农业生产的水热条件。建立各类自然保护区，保护农业生态环境，确保本区的可持续发展。本区与哈萨克斯坦、吉尔吉斯斯坦、塔吉克斯坦、蒙古国、俄罗斯、阿富汗、巴基斯坦、印度八国接壤，境内铁路纵横交错，为发展多边贸易提供了有利条件。我们应充分利用这一地理优势，推动区域经济的合作与发展。

11．青藏高原牧草地——牧业用地区（简称青藏高原区）。

本区海拔高亢、气候高寒、草地资源丰富、地域文化独特、旅游资源得天独厚，是我国重要的畜牧业生产基地和旅游胜地。本区是世界海拔最高的高原，空气稀薄，平均海拔4000米以上，被称为"世界屋脊"，年均霜期为265天，4800米以上地区的霜期达350天，年均温度低于10℃的寒冷地区占总面积的70%。

（1）土地资源利用特征。由于海拔高、霜期长、低温、缺氧，土地生产潜力受到限制。宜农宜林地面积较少，牧业用地则以宜牧的高寒草地和山谷坡地放牧业为特点，牧业生产占绝对优势。牧草地占土地总面积的 53.2%，高寒牧草地是区域土地利用的主要方式，主要用于放牧牦牛和藏羊。耕地仅占农用土地面积的 1%，农区一年一熟，主要种植青稞、小麦、蚕豆和油菜。由于特殊的高原地理背景，以耕地利用为主的种植业生产对区域经济具有重要战略意义。本区人烟稀少，人口密度为 2.1 人/公顷，仅为全国平均水平的 1/60。藏北 10 多万平方千米的地区被称为"无人区"。受山地峡谷的阻隔，交通用地仅占全国交通用地的 1.60%。本区主要依赖高原公路干支线，铁路仅通至青海格尔木，水运基本不存在。由于低温、缺氧、滑坡、泥石流与冻融等不利条件，高原通车难度大，货流量较少，运输成本高。县级以下公路路况差，多数半年不能通行，物资调运十分困难，严重阻碍了区域经济发展。本区农牧业生产以自给自足为主，农畜产品的商品率较低。除了毛、绒、皮张的商品率较高外，肉、奶、粮食的商品率都很低。

（2）土地资源利用方向及开发途径。需要对土地利用结构及布局进行适当调整，以突出区域优势。稳定现有牧草地和耕地面积，提高林地利用率，充分且合理地开发未利用地，并适当扩大农林用地的比例。提高粮食自给程度，统筹安排以确保城乡建设、交通、水利工程等行业对土地的需求得到满足。针对草地退化和沙化问题，应提高草场经营水平，减少超载过牧现象，扩大草地覆盖度。农业上今后应重点调整耕作制度，加强基本农田建设，改良现有耕地，开发宜农荒地，努力提高单产和土地利用率。通过建设区域性高产稳产的商品粮生产基地，提高自给程度，实现区内粮食自给。

12. 藏东南—横断山有林地与牧草地——林牧用地区（简称藏东南—横断山区）。

位于我国西南部川滇藏接壤地区，地处青藏高原与云贵高原及四川盆地过渡地带。土地占全国总面积的 5.64%，人口占全国总人口的 0.87%，经济密度较低，仅为全国平均水平的 5.1%。本区属于高原湿润气候，水热条件在不同地区差异显著，垂直差异尤为突出。全年降水量 400~800 毫米，无霜期为 100~150 天，农作物一年一熟。区内耕地面积较少，主要分布在水热条件较好的河谷地带，主要农作物有青稞、小麦和马铃薯。林地和天然草地面积大，能源、矿产资源丰富，经济相对滞后，是我国西部经济待开发地区。

（1）土地资源利用特征。本区山川窄陡，高山与峡谷相间，岭谷起伏极大，山地资源丰富。未利用土地的开发难度较大，其中裸岩、石砾地占到 63.72%，后备土地资源有限。在土地利用方面，以林地为主，牧草地为辅，形成了林牧结合的结构。尽管如此，产值方面却以种植业为主，畜牧业为辅，呈现出典型的农业生产特征。耕地面积较少且分散，由于热量不足，主要种植青稞、小麦、油菜和牧草。本区交通用地较少，是全国唯一没有铁路的地区，区域经济相对薄弱。在林地利用方面，多采取掠夺性经营方式，而农耕地则严重依赖自然条件，土地生产力低下。本区土地的主体——森林、高山草原、草甸、荒漠四大生态系统受构造运动影响，稳定性逐渐减弱。加上地处大江大河上游，生态环境脆弱，一旦利用不当，极易损害生态系统平衡，带来极大的危害。

（2）土地利用方向及开发途径。本区人口稀少，密度低，是全国平均水平的 1/8，土地利用应以林业为主，草地畜牧业为辅，促进农林、农牧相结合。必须搞好生态环境建设，因地制宜发展区域农业，适宜发展多种经济林木，在建设好江河上游生态屏障的同时，促进农林、牧林结合，提高林业产出率和经济效益。本区是我国青稞、小麦生产适宜区，逐步开垦后备资源，建立商品粮基地，满足农牧民需求。同时，应改变传统放牧畜牧业为现代草地放牧与圈养相结合的季节性畜牧业，改善草场经营管理体制，提高草地生产力和承载力，全面提高畜牧业生产能力。

第四节　土地资源的开发利用与管理

一、影响土地资源合理开发利用的因素

（一）自然资源的组合结构的影响

由于不同地区的土地资源具有各异的适宜性、生产力和供给能力——即承载能力，因此形成了不同的资源优势和各具特色的经济开发区。在那些组合合理、质量上乘、地形地势优越、位置极佳的地区，资源的稀缺性往往成为进一步开发利用所面临的最大问题；而资源组合不佳（如水分、温度或热量不足），或是质量较差、地理位置不佳的部分，通常成为在开发利用过程中最难改变的制约因素。

（二）经济、技术因素的影响

首先，随着社会经济和技术力量的不断发展，单位土地投入量不断增加，土地的生产能力和利用效率也随之不断提高。这进一步增强了土地的供给能力和承载能力。

其次，随着社会经济和技术力量的不断发展，以及社会生产力的不断提高，社会经济对土地资源的需求量也在不断增加。这导致了土地开发利用的方向和利用结构的不断变化。特别是在城镇郊区和城区，原本是粮食生产的土地先被用于蔬菜、水果等作物的生产，随后又被城镇建设所占用，使许多肥沃的土地不断遭受破坏并减少。然而，尽管如此，土地利用的经济价值却在不断攀升。正因如此，土地利用总是逐渐从经济利用价值较低的部门转向经济利用价值较高的部门。

再次，对于某一块具体土地而言，其所有者或使用者所拥有的人力、物力、财力以及科学技术、知识水平的强弱和高低，是决定该土地利用方向以及利用效果好坏的重要因素。

最后，交通运输的发展程度是商品生产和交换得以发展的重要条件，因此也是决定土地开发利用方向和利用结构的关键因素。

（三）社会因素的影响

主要包括人口的发展状况、集中程度以及分布的合理性，同时政府的政策、制度和法制等方面也对土地利用产生重要的影响。在一定社会、经济、技术和自然条件下，政策、制度和法制往往具有决定性的作用。

二、合理开发利用土地资源的原则

（一）统筹兼顾、全面布局

土地是人类和万物赖以生存和发展的物质基础。国家、地区、企业必须根据各部门发展的需要，统筹兼顾生产与生活的关系，有计划、按比例地全面安排各业用地，以确保各部门健康、协调发展。

（二）因地制宜、发挥优势

由于资源分布不平衡，导致土地资源具有不同的适宜性，对不同的生产部门产生不同的生产能力和经济效益。为了充分且合理地利用各种土地资源，必须认真贯彻宜农则农、宜牧则牧、宜林则林、宜渔则渔的原则，充分发挥其优势，并努力取得较好的经济效益和社会效益。特别是宜农好地，必须优先用于发展农业生产，严禁其他部门随意占用。为此，国家、地区和企业必须系统分析、全面规划，明确各片土地及地块的用途、目标、发展规模和速度，以及承载量的限制，以便进行统一管理和控制。

（三）经济合理、节约用地

土地是我国宝贵且稀缺的资源，珍惜并合理利用每寸土地是我们的基本政策。一切部门和单位都必须认真贯彻经济、合理和节约用地的原则。

（四）不断开发、不断优化

土地资源的生产能力是由社会经济技术条件及其投入的合理程度所决定的。为了不断提高土地资源的经济生产能力，必须持续进行开发利用技术的研究，并及时将成熟的新技术成果应用于生产实践中，从而不断获得更高的经济效益。只有不断开发、不断进取，才能实现土地资源的持续优化。

（五）科学管理与强制保护

为确保各部门各单位拥有必要的土地，并实现经济、合理的利用，必须制定资源开发、利用、管理和保护的各项制度、政策和法令，以完善法制。通过综合运用行政手段、经济手段、教育手段和法制手段等管理方法，对土地等各种资源进行科学管理。对于那些不听从教育、劝说和管理的事例，应采取强制措施，并根据情况给予不同形式、不同程度的行政处理、经济处罚或法律制裁。

三、合理开发利用土地资源的技术、经济分析

（一）土地资源开发利用的技术可行性分析

开发利用技术的可行性是由两个方面组成的：一是土地资源的技术可行性，二是开发利用技术的可行性。

1. 土地资源的技术可行性或自然潜力评估。

土地资源的自然潜力评估应紧密结合土地用途及其适应性进行，旨在确定其目标用途或适应性等级。对土地资源自然潜力的第一种评估，是针对土地特定用途进行的，如是否适宜农业、林业、牧业或渔业等。而对土地资源自然潜力的第二种评估则是基于土地资源的适应范围，如划分为最适宜、较适宜、适宜、较不适宜和最不适宜等类别。

我国土地资源自然潜力的评估主要包括两个方面：一是根据土地资源的自然特征及其用途范围，将土地资源划分为四个等级。其中，第0级是大面积的"土地结构"，主要以自然地带、气候带或生物带为划分界限的主导因素；第1级是"土地系统"，通常以地貌条件为主要划分依据；第2级是"土地单元"，以微观地貌条件为划分依据；第3级是"立地"，其划分依据则是地貌、土壤、植被、水文等自然因素的一致性。二是等级的不同决定了资源适用范围的不同，等级越高适应性越强；在同一等级上，不同的土地结构、系统、单元、立地类型也各有其特定的适用范围。

2. 土地资源开发利用技术的可行性分析。

土地资源的开发利用技术是将自然生产潜力转化为技术生产力，进而转化为经济和社会生产力的关键手段。这些技术主要分为两类：软技术和硬技术。软技术主要指的是开发利用者所具备的文化知识水平，对土地资源开发利用的认识能力和了解程度，对相关技术的掌握程度（如耕作知识、改良培育知识、区划、规划、设计技术以及工程建筑知识等）以及积累的土地资源开发利用经验和教训。硬技术则是指各种必要的技术装备和物质投入的来源。软技术本身并不能直接作用于土地资源，而是需要借助硬技术才能转化为生产力并作用于土地。

（二）土地资源开发利用的经济可行性分析

土地开发的经济可行性主要由三个方面组成：一是资源产品需求及市场状况、价格状况；二是开发利用的成本和资金来源；三是开发利用的经济效益大小。一项土地资源的开发利用，只有在产品有需求、市场前景好、产品价格合理并稳中有升的情况下，才具备经济可行的前提（这点在讨论需求分析时还需进一步探讨）。

一方面，开发利用成本的高低和投资来源的充足程度，在很大程度上影响着土地资源的开发利用。一般而言，开发利用一定数量的土地资源，单位成本越高，所需总投资就越多，经济可行性就越小；反之，单位成本越低，所需总投资越少，经济可行性就越大。另一方面，开发利用土地资源的自有资金越充足，或借入资金的利率越低、来源越稳定，其经济可行性就越大；反之，其经济可行性就越小。但在研究土地资源的具体开发利用时，仅做这样的分析是远远不够的。必须在此基础上，进行成本—效益分析，以全面评估项目的可行性。

开发利用的成本—效益分析包括三个方面，即土地资源开发利用成本、土地开发利用效益、成本—效益分析方法。

1. 开发利用成本分析。

土地资源的开发利用可分为土地开发和土地利用两类，这两者的成本构成有所不同。处女地的开发利用总成本主要由直接费用、社会成本和时间成本三部分组成；而熟地的再开发利用总成本则包括直接费用、社会成本、时间成本和替代成本四部分。

（1）直接费用是指直接用于土地资源的开发利用或再开发利用全过程的各类投入的费用总和。以种植业用地为例，其开发利用的直接费用涵盖了整地、播种、管理和收获整个过程中涉及的劳动、种子、化肥、农药、水电、农机具、地膜等投入的总货币金额。

（2）社会成本由社会机会成本和社会负经济效果两部分组成。社会机会成本是指土地用于某种特定用途后所放弃的其他最佳可行用途所能带来的经济效益。社会负经济效果则是指在土地资源开发利用过程中，由于个人或局部利益与社会整体利益之间的矛盾而产生的负面影响。以一块耕地转作建筑用地为例，一方面转让者能够获得高额收入；另一方面，这会导致耕地总面积减少，农产品供给不足，增加社会压力。同时也对毗邻的耕地产生不利影响，导致立地条件恶化等。这些都是耕地转让所带来的外部（即社会）负经济效果。

（3）时间成本分为两种。一是指土地资源开发利用过程中产生的等待成本，包括投资贷款付息、缴纳税金等。二是在土地资源初步开发利用阶段实际发生的成本，称为促熟成本，如处女地的垦殖过程（除草、伐木、清理、开垦成本等）和矿藏的勘探成本等。促熟成本还发生在土地由低经济用途转变为较高经济用途之前的一段时间内所发生的改造成本，如将耕地转为城市用地前所需的土地平整、道路修筑、下水管道铺设等改造费用。

（4）替代成本主要出现在土地资源开发更新或替代利用的过程中。由于土地投资具有不可逆性和不可移动性，当需要将土地从一种用途转变为另一种用途时，往往不得不注销原利用中尚未回收的投资。这种损失即为替代成本，也称作更新成本或重置成本。替代成本的存在，使人们在制定开发更新或替代利用决策计划时，必须谨慎行事。

2. 开发利用效益分析。

土地资源开发利用效益是多元化的，涵盖了社会、经济和生态效益，包括直接效益和间接效益、无形效益和有形效益。在这里，我们主要讨论经济效益。总的经济效益是由直接经济效益与间接经济效益共同构成的。间接经济效益的测定较为困难，通常将某个直接效益乘以某一系数来得出间接经济效益。另一种方法是通过线性规划中的灵敏度分析，来计算土地资源开发利用过程中每一项变化所引发的连锁反应大小。还可以利用统计方法来求得间接经济效益与直接经济效益之间的相关系数，进而推算出间接经济效益的具体数值。

3. 开发利用的成本—效益分析。

成本（C）—效益（B）分析既可以用于不同开发利用项目之间的对比分析，又可以用于判断单个项目是否经济可行。成本—效益分析方法主要有四种：一是净效益法，即收益减去成本法，记作（B－C）法；二是成本净效益率法，记作（B－C）/C 法；三是成本效益率法，记作 B/C 法；四是投资成本效益率法，记作（B－OC）/IC 法（OC 为流动成本，IC 为投资总成本）。在应用每种方法进行成本—效益分析时，都必须充分考虑时间因素（即投资付息、贴现）。

利用成本—效益分析方法进行土地资源开发利用决策时，既可用它判断一个项目是否经济有效，该不该上马，又可以用它确定上马项目的投入和产出规模。假设有如下四个开发方案（见表7-8）：

表7-8　　　　　　　　　　　　成本—效益分析表

成本—效益分析	项目A	项目B	项目C	项目D
OC 年均经营成本	10	15	20	25
IC 年均投资成本	15	20	25	25
B 年均收益	30	40	50	45
(B-C)/C	$\frac{1}{5}$	$\frac{1}{7}$	$\frac{1}{9}$	$-\frac{1}{10}$
B/C	$\frac{6}{5}$	$\frac{8}{7}$	$\frac{10}{9}$	$\frac{9}{10}$
(B-OC)/IC	$\frac{4}{3}$	$\frac{5}{4}$	$\frac{6}{5}$	$\frac{4}{5}$

如表7-8所示，如果A、B、C和D都属于某块土地的不同用途开发方案，那么，选择的顺序应该是A→B→C→D，其中D是入不敷出的用途，A的收益状况最好。

四、土地资源利用管理

利用管理的层次不同，则管理的内容和措施也就不同。在单位管理层次上，布局问题一般不如结构问题重要。单位管理主要以土地资源的工程技术管理为主，包括：（1）进行有限的布局调整和结构安排，具体体现在土地资源利用规划上；（2）采取若干工程技术措施，如农业经营单位进行的土地平整、提高土地肥力等；（3）采取改进交通运输条件的措施，以提高土地的可利用性，从而提高土地的利用等级。

在社会管理层次上，布局调整和结构安排具有同等重要性，只是前者更强调宏观方面，后者则重视微观方面，两者是相辅相成的。

土地利用管理的主要内容是土地资源的供给、需求和供求平衡分析。

1. 土地资源的自然供给。

这种供给只受限于自然因子，即由土地资源的自然丰度所定。自然丰度的含义又因土地利用的目的或用途不同而异。对于农业用地来说，自然丰度是指土地肥力，太阳辐射强度和时间，极限温度与生长季节，光、热、水、气等因素的共同作用等；对于城市用地来说，自然丰度是指地理位置、建筑地基本条件等；对于娱乐和旅游用地来说，自然丰度是指自然风光和地理位置；对于矿区用地来说，自然丰度是指矿物类型和品位、综合采矿的可能性和地理位置等。

2. 土地资源的技术供给和经济供给。

技术供给是指在技术上现实可利用的土地资源，经济供给是指经济现实可行的供给。土地资源的勘查、开发、利用技术的改进可以提高土地技术利用的可行性，从而增加技术供给。如改进交通运输条件，改造地势、土质和肥力条件，既可使技术总供给量增加，又可引起技术供给结构的变化。土地资源产品价格的提高或生产成本的降低，可以扩大土地用途的收益边际，使该用途的净收益增加，将原来未能利用的土地资源得以利用。土地资源产品的价格趋势，对土地的经济供给也有影响，由于人口的增加和生活水准的提高，人们对土地资源产品的需求量越来越大，并由基本需求逐步转向享受需求。因此，城市用地、商业用地、交通设施用地的价格会较快地上涨。

土地资源的价格供给弹性分析是土地资源经济供给分析的重要内容。供给弹性大小是根据经验数据（历史序列数据）资料计算出来的，也可采用时点数据资料。供给弹性一经计算出来，便可在拟定价格水平上求出相应价格水平上的土地资源经济供给。

3. 土地资源的实际可行供给。

土地资源的实际可行供给是上述因素共同作用的结果。自然供给和技术供给是确定实际可行供给的基础，与经济供给共同构成实际可行供给的主要部分，但各种供给并非全部成为实际可行供给的组成部分。土地资源各种供给关系示意图如图7-1所示。

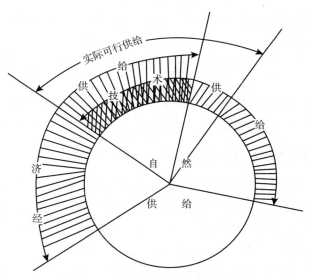

图7-1 土地资源各种供给关系

其中：（1）技术供给与经济供给之间的数量差别，代表着土地产品的生产成本与价格的比值。比值越小，则差别越小；反之亦然。（2）实际可行供给由经济可行和非经济可行两部分组成。两个组成部分之间的比例，因社会对社会效益与经济效益的重视程度而异。若社会更重视土地资源的空间、环境、生态等社会功用，则非经济供给可占主导地位，如自然保护区的建立、人们居住面积的扩大等。反之，若社会强调土地资源的生产要素和消费品功用（即更注重其经济效益），则经济供给可占主导地位。经济越不发达，土地作为一种基本投入的重要性就越大，从而必然更强调土地资源的经济供给。

（一）需求分析

影响土地资源需求的因素很多，有技术、经济、社会、政治、法律、宗教、文化和习俗等。它们既有影响土地资源总需求量的，又有影响需求结构的；既有影响直接需求的，又有影响间接需求的。但都可以从人口预测分析入手。

对土地资源间接需求的预测分析程序为：人口增长及人口变化预测分析—人均生活水准预测分析—土地资源产品需求预测分析—土地资源产品生产能力预测分析—土地资源需求预测分析。其中，人口结构包括年龄结构、文化结构、收入水平结构、性别结构等方面。人口结构对土地资源产品需求有直接影响。例如，成年人所占比重越大，对住房、食物等土地资源产品的需求越大；受过良好教育的人所占比重越大，对文化设施产品的需求越大；收入差距越大，对需求结构影响越大。人均生活水准除了取决于人均收入水平及消费结构之外，还取决于文化、宗教和心理方面的影响（此后便可分析预测土地资源产品总需求量）。

土地资源产品生产能力的预测分析。这种生产能力可以用单位土地面积农产品产量、单位面积上有效建筑面积、单位面积采矿容量或采矿密度等表示。生产能力的提高会减少对土地资源的需求。

最后是土地资源需求量预测分析，它等于土地资源产品需求量除以土地资源产品生产能力。

直接需求的预测分析程序是：人口增长及人口结构变化分析预测—人均生活水准分析预测—土地资源需求分析预测。土地资源总需求等于间接需求与直接需求之和。

（二）土地资源的利用顺序管理

土地资源数量的有限性、短期内土地生产力的相对稳定性、土地投资的难转移性、不同用途之间经济效益的差异性以及基本生产用地的必保性等性质的要求，决定着任何国家或地区都必须对土地利用顺序进行科学管理。

单从具体用途的经济效益上看，土地利用的优先顺序应该是：效益最高的用途—经济效益次高的用途—经济效益较低的用途——依次类推。一般认为这种顺序是：商业用地—工业用地—民宅用地—农用地—牧业用地—林业用地——显然，若根据此原则行事，许多基本生产、生活部门就无法获得必要的土地资源了。

若单从保证基本生产、生活需要出发进行土地用途分配，实际正好与上述利用顺序相反，即逐步由经济效益低的利用部门扩散到经济效益高的利用部门。这在许多穷困地区仍然存在，它是自然经济的产物。在商品经济条件下，这种分配顺序既不能简单重演，又不能完全否定，它的形成和发展是由众多客观因素决定的。

因此，正确的利用顺序和分配原则，应该是在满足基本生产和生活部门最低限度的需要的前提下，根据土地利用经济效益的高低来确定其分配顺序，允许在此基础上自由地在各用途之间进行边际转换。这种边际转换既有利于调节供求平衡，又有利于资源价格关系的协调。在线性规划中，用满足一定约束条件下的目标函数的纯收益最大化或成本最小化来表示。

为此，社会必须通过市场及其供求价格、税收、投资渠道等方面的控制，积极引导土地利用部门或单位走上正轨，使土地资源的供给与需求趋于平衡。同时，必须制定相应的方针、政策、制度等，为其顺利实施提供必要的法律或制度上的保证。

为了实现对各类土地资源的经济、合理和有效的利用，许多国家都根据资源综合考察资料，进行全面的国土利用规划，将各部门、各种用途的土地资源具体划定，并通过法律程序加以确认，以保证准确无误地实施。

（三）平衡规划

平衡规划包括供求总量平衡规划、地区平衡规划、供需部门平衡规划。在供求地区平衡规划中，运输问题占有相当重要的位置。

供求地区平衡规划：假设某消费者 i 对某种土地资源产品（j）的需求量为 X_{ij}，资源或产品运费为 C_{ij}，各消费者对土地资源的总需求为 d_i，各种土地资源的总供给为 S_j，则可以用线性规划模型将供需地区平衡表示如下：

目标函数为：

$$\text{Min} \sum_{i=1}^{m} \sum_{j=1}^{n} C_{ij} X_{ij} \tag{7-1}$$

约束条件：

$$\sum_{j=1}^{n} X_{ij} \geqslant d_i$$

$$\sum_{i=1}^{m} X_{ij} \leqslant S_j$$

$$X_{ij} \geqslant 0 \tag{7-2}$$

若产品供给有余或需求有缺口时，则可假设各地区土地资源产品余额分别为 X_1、X_2、…、X_n，需求缺口分别为 Y_1、Y_2、…、Y_m，余额运出的单位运费分别为 C_1、C_2、…、C_n，需求缺口的单位运费分别为 C_1'、C_2'、…、C_m'，则有如下线性规划模型：

目标函数为：

$$\text{Min} \sum_{i=1}^{m} \Big[\sum_{j=1}^{n} (C_{ij} X_{ij} + C_j X_j) + C_i' + Y_i' \Big] \tag{7-3}$$

约束条件：

$$\sum_{j=1}^{n} X_{ij} + Y_i = d_i$$

$$\sum_{i=1}^{m} X_{ij} + X_i = S_j$$

$$\sum_{i=1}^{m} d_i = \sum_{j=1}^{n} S_j$$

$$X_{ij} 、 X_j 、 Y_i \geqslant 0 \tag{7-4}$$

式（7-4）既可用于可运输的资源产品，如农产品等，也适用于不可移动的土地产品，如建筑物等。前者运输的是产品，使供给趋向于需求；后者运输的是人口，使需求趋向于供给。两者的实质相同。

供需部门平衡规划的重点是进行地区供需结构的协调和调整。地区总量平衡实现之后，地区部门平衡不一定能实现。

（四）调整供求关系

调整供给和需求的目的是最大限度地满足需求。土地资源供给的调整是指增加或调整各种供给。增加自然供给的措施包括加强土地资源勘察、用途评价，使土地资源潜在生产力能最大限度地为人们所利用。增加技术供给的措施包括增加工程技术措施（如改善交通运输条件，进行水电等基础设施建设等）、农业措施（如改进耕作技术等）、生物措施（新品种培育、品种改良等）。

调整经济供给是短时期内最易见成效的调整。一是将原来认为利用不合算的土地资源（但受技术供给限制）利用起来，以增加土地资源的经济总供给量；二是调整现有经济供给结构。调整措施主要有：调整土地资源及其产品的价格和税制，改变与调整投资来源及投资条件，调整土地及其产品转让和交换的环境条件（如市场条件）等。例如，提高蔬菜的价格即可增加蔬菜用地。在需求不变的条件下，大田用地减少，其价格将会较从前提高，从而使效益更低的技术供给递补进来，一直波及最次等地上，使之由非经济供给变为经济供给。

调整土地资源需求也包括两个方面：总量和结构。通过对人口及其结构、人均生活水准及其分布、人口消费结构等方面的调整，既可以改变对土地资源的需求结构，也可改变其需求总量。

（五）土地荒芜或闲置管理

由于社会对土地需求的不断增加，土地使用费（如征用费）有逐步上升的趋势。因此，有许多企业或事业单位，在实际用地前较长时间内便征用土地并闲置起来，使其不能发挥应有的功能。为此，社会应采取经济和法律等措施加以引导和制止。例如，通过征收土地荒芜税或闲置费等办法，限制预征土地的时限或提前使用土地，是最重要的土地荒芜或闲置管理手段。

习　　题

一、名词解释

1. 土地资源　　2. 土地资源的评价　　3. 土地类型　　　　4. 土地利用分类

5. 土地质量　　6. 土地潜力　　　　7. 土地适宜性评价　　8. 耕地

二、选择题

1. 下面对我国土地资源的评价正确的是（　　　）。

A. 土地资源的绝对量小，相对量大　　　　B. 山地少，平原多，耕地比重小

C. 土地后备资源潜力很大　　　　　　　　D. 国土位置优越，土地类型多样

2. 土地质量评价的主要依据是（　　　）。

A. 土地生产力水平　　　　　　　　　　　B. 土地产量水平

C. 土地利用水平　　　　　　　　　　　　D. 土地潜力水平

3. 关于土地的概念，错误的是（　　　　）。

A. 土地是一种自然经济综合体

B. 土地既是劳动资料，又是劳动对象

C. 土地是由气候、地貌、岩石、土壤、植被、水文等组成的生态系统

D. 土地是普通商品

4. 土地资源的功能有（　　　）。

A. 植物生产功能　　　　　　　　　　B. 建设承载功能

C. 生态功能　　　　　　　　　　　　D. 以上三项都是

5. 合理利用土地的首要问题是（　　　）。

A. 提高全民族素质，人人懂得珍惜和合理利用土地

B. 提高土地利用的经济社会和生态效益

C. 加强基本农田保护规划

D. 加强土地管理包括地权管理和土地利用管理

6. 土地利用规划所要解决的特殊矛盾是（　　　）。

A. 农业用地和非农业建设用地之间的矛盾

B. 土地利用中需要与可能的矛盾

C. 各用地部门之间的矛盾

D. 眼前利益与长远利益之间的矛盾

7. 下列对土地资源的开发利用措施，正确的是（　　　）。

A. 在荒凉的陡坡上开垦耕地

B. 农村新建的居民住宅区，尽可能建在出入方便的平地

C. 在宜林荒坡上植树造林

D. 为了提高草场利用率，尽量增加放牧牲畜的数量

三、简答题

1. 阐述土地资源概念。

2. 简述土地资源的基本特征。

3. 简述土地资源功能。

4. 简述如何对土地资源进行分类。

5. 简述如何对土地资源进行评价。

6. 简述影响土地资源合理开发利用的因素。

7. 简述合理开发利用土地资源的原则。

8. 简述土地利用管理的主要内容。

四、论述题

1. 土地资源利用分区概述。

2. 我国土地资源的主要类型分述。

3. 研究设计一个地区土地资源合理开发利用的方案。

第八章

水资源的开发利用

　　水是人类赖以生存的基本物质，水资源是人类繁衍生息所不可替代的自然资源。我国是一个缺水严重的国家，随着社会经济的快速发展，水资源短缺、水灾害威胁、水生态恶化等问题日益突出，已成为制约我国经济社会发展的因素之一。我国将水资源列为国家发展的三大战略资源之一，把水资源的可持续利用提升为我国经济社会发展的战略问题，对水资源有科学合理的认知十分重要。

第一节　水资源的概念、特性及分类

一、水资源的概念

　　水是一种重要的资源。水是人类及一切生物赖以生存所不可缺少的重要物质，也是工农业生产、经济发展和环境改善不可替代的极为宝贵的自然资源，同土地、能源等构成人类经济与社会发展的基本条件。随着时代的进步，水资源（water resources）的概念内涵也在不断地丰富和发展。较早采用这一概念的是美国地质调查局（USGS）。1894年，该局设立了水资源处，其主要业务范围是对地表河川径流和地下水进行观测。此后，随着水资源研究范畴的不断拓展，对"水资源"的基本内涵也给予了具体的定义与界定。《大不列颠大百科全书》将水资源解释为"全部自然界任何形态的水，包括气态水、液态水和固态水的总量"。这一解释为"水资源"赋予了十分广泛的含义。1963年，英国的《水资源法》把水资源定义为："（地球上）具有足够数量的可用水。"在水环境污染并不突出的特定条件下，这一概念比《大不列颠大百科全书》的定义赋予水资源更为明确的含义，强调了其在量上的可利用性。联合国教科文组织（UNESCO）和世界气象组织（WMO）共同制定的《水资源评价活动》中，定义水资源为"可以利用或有可能被利用的水源，具有足够数量和可用的质量，并能在某一地点为满足某种用途而可被利用"。这一定义的核心主要包括两个方面：一是应有足够的数量，二是强调了水资源的质量。有"量"无"质"，或有"质"无"量"，均不能称为水资源。这一定义比英国《水资源法》中对水资源的定义具有更为明确的含义，不仅考虑水的数量，同时其必须具备质量的可利用性。1988年8月1日颁布实施的《中华人民共和国水法》将水资源认定为"地表水和地下水"。《环境科学词典》（1994年）定义水资源为"特定时空下可利用的水，是可再利用资源，不论其质与量，水的可利用性是有限制条件的"。《中国大百科全书》在不同的卷册中对水资源也给予了不同的解释，如在大气科学、海洋科学、水文科学卷中，水资源被定义为"地球表层可供人类利用的水，包括水量（水质）、水域和水能资源，一般指每年可更新的水量资源"；在水利卷中，水资源被定义为"自然界各种形态（气态、固态或液态）的天然水，并将可供人类利用的水资源作为供评价的水资源"。

对水资源的概念及其内涵具有不尽一致的认识与理解的主要原因在于水资源是一个既简单又非常复杂的概念。它的复杂内涵表现在：水的类型繁多，具有运动性，各种类型的水体具有相互转化的特性。水的用途广泛，不同的用途对水量和水质具有不同的要求；水资源所包含的"量"和"质"在一定条件下是可以改变的；更为重要的是，水资源的开发利用还受到经济技术条件、社会条件和环境条件的制约。

综上所述，水资源可以理解为人类长期生存、生活和生产活动中所需要的各种水，既包括数量和质量的含义，又包括其使用价值和经济价值。一般认为，水资源的概念具有广义和狭义之分。狭义上的水资源是指一种可以再生的（逐年可得到恢复和更新），参与自然界水文循环的，在一定的经济技术条件下能够提供给人类连续使用（不断更新、又不断供给使用）总是变化着的淡水资源。广义上的水资源是指在一定的经济技术条件下能够直接或间接使用的各种水和水中物质，在社会生活和生产中具有使用价值和经济价值的水都可称为水资源。广义上的水资源强调了水资源的经济、社会和技术属性，突出了社会、经济、技术发展水平对于水资源开发利用的制约与促进。在当今的经济技术发展水平下，进一步扩大了水资源的范畴，原本造成环境污染的量大面广的工业和生活污水构成了水资源的重要组成部分，弥补了水资源的短缺，从根本上解决了长期困扰国民经济发展的水资源短缺问题；在突出水资源实用价值的同时，强调水资源的经济价值，利用市场理论与经济杠杆调配水资源的开发与利用，实现经济、社会与环境效益的统一。

二、水资源的分类

正如前文所述，国内外对水资源的定义众说纷纭，国内外对水资源的分类也正如对水资源的定义一样不尽相同。不同国家对水资源的划分标准不同，各个统计机构、国际组织发布的水资源的分类方案也有较大差异。目前国外比较权威的分类方案是由联合国、欧洲联盟委员会、经济合作与发展组织等6个权威组织共同发布的环境经济核算体系给出的自然资源分类方案，该方案将水资源归属于七大类自然资源之一，在此基础上又将水资源进一步划分为地表水、地下水和土壤水。

中国作为农业古国，很早就对与农业深度绑定的水资源有深刻的实践认识，据记载，中国古代就对水资源按照形态和大小进行过划分，将陆地水资源划分为河流（包括溪、沟、谷、川）、湖泊（包括池、沼、泽、浸）、泉类（包括泉、肥泉）和沼泽类（淖）。20世纪末，中国自然资源学会组织撰写的《中国资源科学百科全书》利用多级综合分类方法，首次全面系统地对自然资源进行了学理上的三级分类，该分类方案中水资源（二级分类）属于陆地自然资源（一级分类），被细分为地表水资源、地下水资源、冰雪资源（三级分类），至今仍被广泛采用。

综合以上，水资源按照其自然存在形式可以分为如表 8 - 1 所示的几类：

表 8 - 1 水资源自然存在形式分类

类型		总体		咸水		淡水	
		储水量（km³）	占比（%）	储水量（km³）	占比（%）	储水量（km³）	占比（%）
地表水	湖泊	176400	0.013	85400	0.006	91000	0.26
	沼泽	11470	0.0008	0	0	11470	0.033
	河流	2120	0.0002	0	0	2120	0.006
	地表冰	24044100	1.736	0	0	24064100	68.697
地下水	重力水	23400000	1.688	12870000	0.953	10530000	30.061
	地下冰	300000	0.022	0	0	300000	0.856
土壤水		16500	0.001	0	0	16500	0.047
大气水		12900	0.0009	0	0	12900	0.037
生物水		1120	0.0001	0	0	1120	0.003
海洋水		1338000000	96.54	1338000000	99.04	0	0

按照水资源的用途，又可分为：

（一）农业用水

农业是整个水资源需求中消耗水最多的生产部门，在全世界总用水量中，农业用水约占 70%。中国长江流域目前农业用水占总用水量的 90%。平均每生产 1 吨谷物大约需要水 450 吨，畜牧业必须消耗 31.5 吨水才能换来 1 千克的牛肉。通过兴修水利设施来保证农业的正常用水需求，已成为保证农业稳产高产的重要措施。据粗略估计，目前全世界农业灌溉用水，每年在 $12000 \times 10^8 \sim 13000 \times 10^8$ 立方米。

（二）工业用水

任何一种工业都离不开水。按工业用水的性质、作用不同，可分为原料用水、锅炉用水、冷却用水、工艺用水、冲洗用水、空调用水及水力用水等。一般冷却用水约占 50%，工艺及冲洗用水约占 30%，原料用水约占 1%，锅炉用水约占 3%，空调用水约占 6%。

（三）生活用水

人类为了生活，每天需要一定量的水，所需水量多少不仅与年龄、体质、季节和所在地区等因素有关，而且也与生活水平密切相关。在公元前，每人每天消耗约 12 升水，到中世纪增加到 20 ~ 40 升，18 世纪增至 60 升。当前欧洲一些大城市，每人每天耗水量约为 500 升，每年人均耗水总量大于 100 立方米。

（四）作为动力资源

水能的开发利用具有悠久的历史，传统的水磨、水车就是以水作为动力来碾米和灌溉。近代利用水能发电是水能资源开发利用的主要形式。目前，人们除尽量开发利用河流的水能以外，也开始向海洋进军，开始研究开发利用海洋中所蕴藏的巨大水能资源，海洋温差发电、潮汐发电、波力发电等研究都取得了可喜的成果。

（五）水产养殖

利用山塘、水库、湖泊、江河和海洋进行水产养殖，是水资源利用的重要形式。

（六）水路运输的通道

作为水路运输的通道也是重要的水资源利用形式之一。

三、水资源的特点

（一）水资源的作用与属性

水资源有众多自然特性和独特功能，如水能溶解多种物质，它能溶解植物所需的各种营养物质、盐类，并通过土壤的毛细管作用，被植物的根系吸收，供植物生长，水是植物生长的必要条件。植物又提供了人类和许多动物生长的必要条件，组成了地球上庞大的生物链。有了水，地球上万物生长，沙漠变良田，树木郁郁葱葱。从这个意义上讲，水是其他资源无法替代的。概括起来，水有三种重要作用，即维持人类生命的作用，维持工农业生产的作用和维持良好环境的作用。也就是说，水是生命之泉、农业的命脉、工业的血液，是构成优美环境的基本要素。水资源具有自然属性及社会属性。水资源的自然属性是指本身所具有的、尚未施加人类活动痕迹的特征，主要表现为时空分布的不均匀性、随机性和流动性、系统性等；水资源的社会属性主要是指地表水资源和地下水资源在开发利用过程中表现出的商品性、社会福利性、资源的不可替代性等会对人类环境产生影响的特性。

（二）水资源的主要特点

水资源同矿产资源（如有色金属、非金属、天然气、石油、地热等）相比，从它是动态资源和人类永续使用的特殊性两个方面，体现了水资源自身独具的特点。水资源包括地表水资源和地下水资源，它们既有共性又有异性，下面讲的是它们的共同特点。

1. 可恢复性。

水资源在水文循环及其他因素的综合影响下，处于不断运动和变化之中，其补给和消耗形成了某种天然平衡状态。在人类开发利用条件下，水资源不断地被开采与消耗，破坏了天然平衡状态。从年内看，雨季水资源得到补充，以满足年内对水资源的需要；年际间有丰水年和干旱年，干旱年的用水大于补给，而丰水年则相反，多余的水可以填补干旱年的缺水。水资源获得周期性的补给与恢复其原有水量的特征，称为可恢复性。因此，只要开发利用得当，被消耗的水资源可以得到补充，形成开发利用条件下新的平衡状态。

2. 时空变化性。

水资源主要受大气降水的补给。由于年际和年内变化较大，水资源量随时间的变化比较突出，并且地表水最明显，而地下水次之。另外，由于降水地区分布不均匀，造成了水资源地区分布的不均匀，导致了水土资源组合的不合理，水资源地区差异很大。上述水资源在时间和空间上的变化，给人类利用水资源带来了一系列问题，设法通过对各类水资源量、水质的监测系统和定量观察记载等信息，掌握其变化规律，指导人们对水资源进行合理的开发利用。

3. 有限性。

一个地区的降水量是有限的，比如我国平均年降水量是 648 毫米，海南省平均年降水量是 1800 毫米，北京平均年降水量是 625 毫米。由于降至地面的水还要蒸发消耗和被植物吸收，不可能全部截留，因此，降水量多是一个地区水资源的极限数量，水资源量远远达不到这个数字，这就说明，它不是取之不尽用之不竭的。那么，水资源的有限性是不言而喻的。我们千万不能只看到地表水、地下水参与了自然界的水循环，因为水循环是无限的，就错误地认为水资源是无限的。确切的表达应该是，水循环是无限的，但水资源却是有限的，只有水资源在一定数量限度内取用才可以连续取用，否则就有枯竭的危险。

4. 利害两重性。

人类开发利用水资源的主要目的是满足人们的某种或多种需要，即所谓"兴利"。但是，开发利用不当会造成许多危害，如沿海地区大量开发地下水造成海水倒灌，在湖沼相地层大量开采地下水导致严重地面沉降。大城市过量开发地下水导致水质恶化、污染加剧等水质公害，甚至有因超量开采、降落漏斗扩大、地面发生沉降不均而造成建筑物破坏等人为灾害。事实上，灌溉得当，农业可以增产；筑坝建库可用于防洪、发电、养殖、航运，从而减少灾害、振兴经济；水可以使生态环境向有利于人类的方向发展，形成良性循环。水是人类赖以生存的宝贵资源，有利面是主要的，但客观上也存在着有害的一面，如水过多可能造成洪涝之灾，地下水位过高可能使农业减产，厂房、地下工程建筑被水浸没等。因此，我们要认识水资源具有"利"与"弊"的两重性。

5. 相互转换性。

地表水资源与地下水资源的相互转换是一种客观存在。水在重力和毛细力作用下，总是"无孔不入"，这样，在天然状态下，河道常常是地下水的排泄出路，即地下水可以变成地表水。实际资料表明，如河道受潜水补给，则枯水流量变化较大；如果受承压水补给，则枯水流量比较稳定。地表水在某些时期、某些河段也会补给地下水，例如，汛期中河流的中下游就是如此，而在其他时段这种补给关系有可能相反。只有在那些所谓"地上河"的河段，地表水才常年补给地下水。应当说明，在人类活动影响下，这种转换关系往往发生较大的变化。现有的研究成果表明，这种转换关系常常不是一对一的。

6. 利用的多样性。

水资源是人类在生产和生活中广泛利用的资源，不仅广泛应用于农业、工业和生活，还用于发电、水运、水产、旅游和环境改造等。在各种不同的用途中，消费性用水与非常消耗性或消耗很小的用水并存。用水目的不同对水质的要求各不相同，使水资源表现出一水多用的特征。

7. 不可取代性。

没有水就没有生命，人类的生息繁衍及工农业建设，没有一处能离开水。成人体内含水量占体重的 66%，哺乳动物含水量占体重的 60% ~ 68%，植物含水量为 75% ~ 90%。水在维持人类和生态环境方面是任何其他资源都替代不了的。水资源对人类社会的不可取代性说明了水资源是比能源和其他任何一种矿产资源、生物资源都更为重要的资源。

第二节　我国的水资源现状

一、我国水资源概况

水是地球上最丰富的一种化合物。全球约有 3/4 的面积覆盖着水，地球上的水总体积约有 13 亿 8600 万立方千米，其中 96.5% 分布在海洋，淡水只有约 3500 万立方千米。若扣除无法取用的冰川和高山顶上的冰冠，以及分布在盐碱湖和内海的水量，陆地上淡水湖和河流的水量不到地球总水量的 1%。降落到地上的雨雪，约 2/3 为植物蒸腾和地面蒸发所消耗，可供人们用于生活、生产的淡水资源每人每年约 10000 立方米。地球虽然有 70.8% 的面积为水所覆盖，但淡水资源却极其有限。在全部水资源中，97.5% 是咸水，无法饮用。在余下的 2.5% 的淡水中，有 87% 是人类难以利用的两极冰盖、高山冰川和永冻地带的冰雪。人类真正能够利用的是江河湖泊以及地下水中的一部分，仅占地球总水量的 0.25% 左右，而且分布不均。约 65% 的水资源集中在不到 10 个国家，而约占世界人口总数 40% 的 80 个国家和地区却严重缺水。世界各国和地区由于地理环境不同，拥有水资源的数量差别很大。按水资源总量排名，前几名依次是：巴西、俄罗斯、加拿大、美国、印度尼西亚、中国、印度。若按人均水资源量排名，就是另一种结果了。

据统计，我国平均年降水量约 6190 立方千米，折合降水深度为 648 毫米，与全球陆地降水深度 800 毫米相比低 20%。我国水资源总量为 2788 立方千米，水资源可利用量为 8140 亿立方米仅占水资源总量的 29%，落后于巴西、俄罗斯、加拿大、美国、印度尼西亚。人均占有水资源量仅为 2173 立方米，不足世界人均占有量的 1/4，约是美国的 1/6，是俄罗斯和巴西的 1/12，是加拿大的 1/50，排在世界第 121 位。从表面看，我国淡水资源比较丰富，属于丰水国家。但我国人口基数和耕地面积基数大，人均和亩均量相对较小，已经被联合国列为 13 个贫水国家之一。联合国规定人均 1700 立方米为严重缺水线，人均 1000 立方米为生存标准线。我国水资源地区分布不均，主要是水资源的分布与人口、耕地的分布不相适应。

从全国来讲，多半地区降水量低于全国平均年降水量，仅为世界平均年降水量的 4/5，其中有 40% 的国土降水量在 400 毫米以下。客观上讲，降水量又存在南北差异，南方水多（水资源量占全国的 54.7%）、地少（耕地占 35.9%），北方则水少、地多，水资源却不到全国的 1/5。这种地理分布上的特点，为从南方调水到北方的跨流域调水工程提供了资源条件和现实依据，即可用调水的办法解决水资源在地区上的重新分配问题。另外，水资源在时间上具有鲜明的年际变化和年内变化，历史上有过多次连丰年与连枯年的出现，全国夏季降水多集中在 6~9 月，降水量占全年 60%~80% 甚至还要多，一年内水资源主要补给期当然也是这个时期，这种特点要求人类兴建水利工程，去拦蓄和调节水资源，如兴建地面或地下水库，实行水资源地上与地下联合调蓄，解决水资源在时间上的重新分配问题。由此可见，研究水资源的时空分布规律及其特点，对人类改造自然、除弊兴利、改造水资源条件等具有重要的现实意义。

我国水资源天然水质相当好，但人为污染得快，水质下降，水源保护问题十分紧迫。我国河流的天然水质是相当好的，矿化度大于 1 克/升的河水分布面积仅占全国河水面积的 13.4%，而且主要分布在我国西北人烟稀少的地区。由于人口不断增长和工业迅速发展，废污水的排放量增量很快，水体污染日趋严重。人口密集、工业发达的城市附近，河流污染比较严重。一些城市的地下水也遭到了污染，北方城市较为严重。因此，治理污染源，保护重点供水系统的水源，提高水质监测水平，已成为当前迫切的任务。

二、我国水资源循环途径和系统

（一）我国水文循环的途径

我国地处西伯利亚干冷气团和太平洋暖湿气团进退交锋地区，一年内水汽输送和降水量的变化，主要取决于太平洋暖湿气团进退的早晚和西伯利亚冷气团的强弱变化，以及七八月太平洋西部的台风情况。我国的水汽主要来自东南海洋，并向西北方向移动，首先在东南沿海地区形成较多的降水，越向西北，水汽量越少。来自西南方向的水汽输入也是我国水汽的重要来源，主要是由于印度洋的大量水汽随着西南季风进入我国西南而引起降水，但由于崇山峻岭阻隔，水汽不能深入内陆腹地。西北边疆地区，水汽来源于西风环流带来的大西洋水汽。此外，北冰洋的水汽借强盛的北风，经西伯利亚、蒙古国进入我国西北，因风力较大且稳定，有时甚至可直接通过两湖盆地到达珠江三角洲，但所含水汽量少，引起的降水量并不多。我国东北方的鄂霍次克海的水汽随东北风来到东北地区，对该地区降水起着相当大的作用。综上所述，我国水汽主要从东南和西南方向输入，水汽输出口主要是东部沿海。输入的水汽，在一定条件下凝结、降水成为径流。其中大部分经东北的黑龙江、图们江、绥芬河、鸭绿江、辽河，华北的深河、海河、黄河，中部的长江、淮河，东南沿海的钱塘江、闽江，华南的珠江，西南的元江、澜沧江，以及中国台湾地区各河注入太平洋；少部分经怒江、雅鲁藏布江等流入印度洋；还有很少一部分经额尔齐斯河注入北冰洋。一个地区河流径流量的大小及其变化取决于其所在的地理位置，及在水文循环路线中外来水汽输送量的大小及季节变化，也受当地蒸发水汽所形成的"内部降水"的多少控制。因此，要认识一条河流的径流情势，不仅要研究本地区的气候及自然地理条件，也要研究它在大区域内水文循环途径中所处的地位。

（二）我国主要水文循环系统

根据水汽来源不同，我国主要有五个水文循环系统。

1. 太平洋水文循环系统。

我国的水汽主要来源于太平洋。海洋上空潮湿的大气在东南季风与台风的影响下，大量的水汽由东南向西北方向移动，在东南沿海地区形成较多的降雨，越向西北降水量越少。我国大多数河流自西向东注入太平洋，形成太平洋水文循环系统。

2. 印度洋水文循环系统。

来自西南方向的水汽也是我国水资源的重要来源之一。夏季主要是由于印度洋的大量水汽随着西南季风进入我国西南，也可进入中南、华东以至河套以北地区。但是由于高山的阻挡，水汽很难进入内陆腹地。另外，来自印度洋的是一股深厚、潮湿的气流，它是我国夏季降水的主要来源。印度洋输入的水汽形成的降水，一部分通过我国西南地区的一些河流，如雅鲁藏布江、怒江等汇入印度洋，另一部分则参与了太平洋的水文循环。

3. 北冰洋水文循环系统。

除前述北冰洋水汽经西伯利亚、蒙古国进入我国西北外，有时可通过两湖盆地直到珠江三角洲，只是含水汽量少，引起的降水量不大。

4. 鄂霍次克海水文循环系统。

在春季到夏季之间，东北气流把鄂霍次克和日本海的湿冷空气带入我国东北北部，对该区降水影响很大，降水后由黑龙江汇入鄂霍次克海。

5. 内陆水文循环系统。

我国新疆地区，主要是内陆水文循环系统。大西洋少量的水汽随西风环流东移，也能参与内陆水文循环。此外，我国华南地区除受东南季风和西南季风影响外，还受热带辐合带的影响，把南海的水汽带到华南地区形成降水，并由珠江汇入南海。

三、我国水资源的形成

水循环是支撑水资源可再生的基础。降水、蒸发、下渗、径流是水文循环的重要环节。我国降水的时空分布主要受上述五个主要的水文循环系统控制，加之诸多小循环的参与以施加影响。降至地面的水，一部分产生地表径流汇入河川、湖泊或水库形成了地表水，一部分渗入地下贮存并运动于岩石的孔隙、裂隙或岩溶孔洞中，形成了地下水，还有一部分靠地球表面的蒸发（陆面蒸发）返回到大气中，以气体形态参与向大陆的输送。人们看到的滔滔不息的江河，潺潺不断的涌泉，前者是地表水汇流的结果，后者是地下水的天然露头，它们都是水循环过程中必然产生的自然现象。

在我国，降水是形成地表水和地下水的主要来源。因此，我国水资源的时空分布与降水的时空分布关系极为密切，降水多的地区水资源丰富，降水少的地区水资源缺乏，显示出水资源自东向西、自南向北由多变少的趋势。河流是水循环的途径之一。降水落到地表后，除了满足下渗、蒸发、截蓄等损失外，多余的水量即以地面径流（又称漫流）的形式汇集成小的溪涧，再由许多溪涧汇集成江河。暴雨常常引发山洪、泥石流，给人民生命财产造成很大危害。渗入土壤和岩土中的水分（其中一小部分水被蒸发到大气中）成了地下水，储存于地下岩石的孔隙、裂隙和岩溶之中，并以地下径流的形式，非常缓慢地流向低处，或直接流入河谷，或溢出成泉，逐渐汇入江河湖泊，参与了自然界的水分循环。

四、我国水资源利用存在的问题

（一）水资源短缺

目前，水资源严重缺乏构成的水危机已威胁到世界上的绝大多数国家，使各国的经济、社会和科技发展都面临着严峻考验。全球水资源为 14 亿立方千米，工农业用水分别占世界用水量的 25% 和 70%。因人口急剧增长，全球人均水资源拥有量近几年已减少 25%。我国的水资源问题同样不容乐观，人口占世界的 22%，而淡水量仅占世界的 8%，人均占有量为 2400 立方千米。目前的 1.33 亿公顷耕地中，尚有 0.55 亿公顷为无灌溉条件的干旱地，有 0.93 亿公顷草场缺水，全国每年有 2 亿公顷农田受旱灾威胁，农村有 8000 万人和 6000 万只家禽饮水困难。农业缺水量达 3000 亿立方米。我国主要河流黄河自 20 世纪 80 年代以来，几乎年年出现断流，且断流流域不断延长，范围不断扩大，断流频数、历时不断增加，给工农业造成巨大损失，平均每年损失 200 亿元，同时断流也给沿黄居民的生活造成很大影响。

（二）水污染严重

近年来，我国水体污染日益严重，全国每年排放污水高达 360 亿吨，除 70% 的工业废水和不到 10% 的生活污水经处理后排放外，其余污水未经处理直接排入江河湖海，致使水质严重恶化，污水中化学需氧量、重金属、砷、氰化物、挥发酚等都呈上升趋势，全国 9.5 万千米河川，有 1.9 万千米受到污染，0.5 万千米受到严重污染，清江变浊，浊水变臭，鱼虾绝迹，令人触目惊心。松花江、淮河、海河和辽河水系污染严重，86% 的城市河流受到了不同程度的污染。水体污染造成巨大的经济损失。

（三）水土流失严重

由于森林植被受到严重破坏，水资源平衡亦受到破坏，一方面造成水资源减少，一些地区连年干旱，另一方面一些地区连年出现洪涝灾害。干旱和水灾都给工农业及人民生活造成了巨大的经济损失。水土严重流失，据统计我国每年流失的土壤近 50 亿吨，相当于耕作层为 33 厘米的耕地 130 万公顷，减少耕地 300 万公顷，经济损失 100 亿元，占国土面积 39% 的水土流失区内的河流以高含沙著称世界，仅以黄河为例，黄河下游河床每年以 10 厘米的速度抬升，已高出地面 3~10 米，成为地上悬河。由于淤积，全国损失水库容量累计已达 200 亿立方米。

（四）水价严重偏低，水资源浪费严重

水资源是人类宝贵的财富，供水有成本，这就体现出水的商业价值。但是我国现行水价偏低，在发达国家水价与电价的比例是 6∶1，水比电贵，而在我国是 1∶1，甚至更低，水费往往只是象征性地收一点，不讲经济效益，水利建设投资也是由国家财政预算加以解决。近年来，国家对水利行业尽管进行了多方面和大量的改革，但水价调整力

度远远不够，目前的水价根本起不到调节水资源市场供求矛盾的作用。统计资料表明：全国各地水费标准只达到测算成本的 62%，农业水价还不到成本的 1/3；水费仅占居民日常开支的 0.3% 左右。水价格的低下，使之与其他商品相比，显得十分不合理，许多家庭支付的水费占家庭生活支出费用的比重越来越低，每人每月支付的水费不足 500 克大米的价格。黄河流域水价更是偏低，宁夏、内蒙古、河南、山东四地区的引黄灌区水费标准仅为每年 6%~40%。城市用水以北京市为例，根据北京市自来水公司的分析，20世纪 90 年代初，北京市自来水公司的组织较全，据计算北京自来水的综合成本为 0.53元/立方米，但是城市居民生活用水的价格仅为 0.3 元/立方米，商业和机关、建筑事业，一般旅馆和招待所的水价为 0.45 元/立方米，大饭店、高级宾馆的水价为 1 元/立方米，自来水水价低于实际成本，导致自来水公司连年亏损，靠政府补贴，这一方面影响了公司制水的积极性——"制水越多，售水越多，亏损越多"，另一方面加重了政府的财政负担。水价偏低导致用户对水的价格不敏感，节水观念淡薄，造成用水过程中大量浪费。在我国，大部分地区的农业采用大水漫灌的方式，水的有效利用率仅为 40%~50%，工业用水重复利用率只有约 30%，损耗量高出发达国家两倍。同时由于低水价导致人们对水资源的稀缺性缺乏足够的认识，对水资源的保护认识也存在严重不足。

五、我国水资源配置工程典型案例——南水北调工程

（一）东线工程

南水北调东线工程是南水北调工程的重要组成部分。1990 年提出的《南水北调东线工程修订规划报告》，确定了南水北调东线工程的总体布局。内容包括：供水范围及供水目标、水源条件、调水路线、调水量及其分配、调水工程规划、污水治理规划、工程投资估算以及工程管理等。

1. 供水范围及供水目标。

供水范围是黄淮海平原东部和胶东地区，分为黄河以南、胶东地区和黄河以北三个区域。主要供水目标是解决调水线路沿线和胶东地区的城市及工业用水，改善淮北地区的农业供水条件，并在北方需要时提供生态和农业用水。

2. 水源条件。

东线工程的主要水源是长江，水量丰沛，长江多年平均入海水量达 9000 亿立方米，特枯年也有 6000 亿立方米，为东线工程提供了优越的水源条件。淮河和沂沭泗水系也是东线工程的水源之一，规划 2010 年和 2030 年达到多年平均来水量分别为 278.6 亿立方米和 254.5 亿立方米。

3. 调水线路。

东线工程利用江苏省境内的"江水北调工程"，扩大规模，向北延伸。规划从江苏省扬州附近的长江干流引水，利用京杭大运河以及与其平行的河道输水，连通洪泽湖、骆马湖、南四湖、东平湖，并作为调蓄水库，经泵站逐级提水进入东平湖后，分两路送水，一路向北穿黄河后自流到天津；另一路向东经新辟的胶东地区输水干线接引黄济青渠道，向胶东地区供水。从长江至东平湖设 13 个梯级抽水站，总扬程 65 千米。

4. 调水量预测。

根据东线工程供水范围内江苏省、山东省、河北省、天津市城市水资源规划成果和《海河流域水资源规划》、淮河流域有关规划，在考虑各项节水措施后，预测 2010 年水平供水范围需调水量为 45.57 亿立方米，其中江苏 25.01 亿立方米、安徽 3.07 亿立方米、山东 16.99 亿立方米；2030 年水平需调水量 93.18 亿立方米，其中江苏 30.42 亿立方米、安徽 5.42 亿立方米、山东 37.34 亿立方米、河北 10.0 亿立方米、天津 10.0 亿立方米。

5. 调水量分配。

第一期北调水量及分配：第一期工程多年平均抽江水量为 89.37 亿立方米，过黄河水量为 5.02 亿立方米，到胶东地区水量为 8.76 亿立方米。第一期工程多年平均毛增供水量为 45.94 亿立方米，其中增抽江水 39.31 亿立方米。增供水量中非农业用水约占 68%。第一期工程完成后可满足受水区 2010 年水平的城镇需水要求。长江—洪泽湖段农业用水基本可以得到满足，其他各区农业供水保证率可达 72%～81%，供水情况比现状有较大改善。

第二期北调水量及分配：第二期工程多年平均抽江水量为 105.86 亿立方米，过黄河水量为 20.83 亿立方米，到胶东地区水量为 8.76 亿立方米。第二期工程多年平均毛增供水量为 84.78 亿立方米，其中增抽江水 55.8 立方米，增加利用淮水 8.98 亿立方米。增供水量中非农业用水约占 71%。如北方需要，除上述供水量外，可向生态和农业供水 5 亿立方米。第二期工程完成后可满足受水区 2010 年水平的城镇需水要求。长江—洪泽湖段农业用水基本可以得到满足，其他各区农业供水保证率可达 76%～86%，供水情况比现状均有显著改善。

第三期北调水量及分配：第三期工程多年平均抽江水量为 148.17 亿立方米，过黄河水量为 37.68 亿立方米，到胶东地区水量为 21.29 亿立方米。多年平均毛增供水量为 106.21 亿立方米，其中增抽江水 92.64 亿立方米，增加利用淮水 13.57 亿立方米。净增供水量为 90.70 亿立方米，其中江苏 28.20 亿立方米、安徽 5.25 亿立方米、山东 37.25 亿立方米、河北 10 亿立方米、天津 10 亿立方米。增供水量中非农业用水约占 86%。第三期工程完成后可基本满足受水区 2030 年水平的用水需求。城镇需水可完全满足，除特枯年份外，也能满足区内苏皖两省的农业用水。

6. 调水工程规划。

东线工程主要利用京杭运河及淮河、海河流域现有河道、湖泊和建筑物，并密切结合防洪、除涝和航运等综合利用的要求进行布局。在现有工程基础上，拓浚河湖、增建泵站，分三期实施，逐步扩大调水规模。黄河以南，以京杭运河为输水主干线，并利用三阳河、淮河入江水道、徐洪河等分送。第二期工程增加向河北、天津供水，须在第一期工程基础上扩大北调规模，并将输水工程向北延伸至天津北大港水库。第三期工程，长江—洪泽湖区间增加运西输水线，洪泽湖—骆马湖区间增加成子新河输水线。

7. 污水治理规划。

东线工程治污规划划分为输水干线规划区、山东天津用水规划区（江苏泰州）和河南安徽规划区。主要治污措施为城市污水处理厂建设、截污导流、工业结构调整、工业综合治理、流域综合整治工程 5 类项目。根据水质和水污染治理的现状，黄河以南以治为主，重点解决工业结构性污染和生活废水的处理，结合主体工程和现有河道的水利工程，有条件的地方实施截污导流和污水资源化，有效削减入河排污量，控制石油类和农业污染；黄河以北以截污导流为主，实施清污分流，形成清水廊道。

8. 调水东线工程的实施。

2013 年 11 月 15 日，东线一期工程全面通水，以扬州江都为起点，利用京杭大运河及与其平行的河道输水，以洪泽湖、骆马湖、南四湖、东平湖为调蓄水库，经由 13 个梯级的泵站，如同传递接力棒般将滔滔江水向北输运，以缓苏北、鲁北、胶东地区的用水之急。

（二）中线工程

从长江支流汉江上的丹江口水库引水，沿伏牛山和太行山山前平原开渠输水，终点是北京。远景考虑从长江三峡水库或长江干流引水增加向北调水量。中线工程具有水质好、覆盖面大、自流输水等优点，是解决华北水资源危机的一项重大基础设施。

1. 可调水量与供水范围。

中线工程可调水量按丹江口水库后期规模来规划，在正常蓄水位 170 米的条件下，综合考虑 2020 年发展水平、汉江中下游生态补偿工程，且在保证调水区工农业发展、航运及环境用水的条件下，多年平均可调出水量为 141.4 亿立方米，一般枯水年可调出水量约 110 亿立方米。供水范围主要是唐白河平原和黄淮海平原的西中部，供水区总面积约 15.5 万平方千米，因引汉水量有限，不能满足规划供水区内的需水要求，只能以供京、津、冀、豫、鄂 5 省（市）的城市生活和工业用水为主，兼顾部分地区农业及其他用水。

2. 水源区工程规划。

南水北调中线主体工程由水源区工程和输水工程两大部分组成。水源区工程为丹江口水利枢纽续建和汉江中下游补偿工程。输水工程即引汉总干渠和天津干渠。丹江口水库控制汉江 60% 的流域面积，多年平均天然径流量为 408.5 亿立方米，考虑上游发展，预测 2020 年入库水量为 385.4 亿立方米。丹江口水利枢纽在已建成初期规模的基础上，按原规划续建完成。坝顶高从 162 米加高至 176.6 米，设计蓄水位由 157 米提高到 170 米，总库容达 290.5 亿立方米，比初期增加库容 116 亿立方米，增加有效调节库容 88 亿立方米，增加防洪库容 33 亿立方米。

3. 输水工程规划。

黄河以南总干渠线路已建渠首位置，黄河以北为了保证水质和全线自流选择新开渠道而放弃利用旧有河道。总干渠自陶岔渠首引水，沿已建成的 8 千米渠道延伸，在伏牛山南麓山前岗垅与平原相间的地带，向东北行进，经南阳过白河后跨江淮分水岭方城垭口入淮河流域；经宝丰、禹州、新郑西，在郑州西北孤柏嘴处穿越黄河；然后沿太行山东麓山前平原、京广铁路西侧北上，至唐县进入低山丘陵区，过北拒马河进入北京市境，过永定河后进入北京市区，终点是玉渊潭。总干渠全长 1241.2 千米。天津干渠自河北省徐水区西黑山村北总干渠上分水向东至天津两河闸，全长 142 千米。总干渠渠首设计水位 147.2 米，渠道设计水深随设计流量由南向北递减，由渠首 9.5 米到北京减为 3.5 米，底宽由渠首 56 米到北京减为 7 米。总干渠沟通长江、淮河、黄河、海河四大流域，需穿过黄河干流及其他小河流共 219 条，跨越铁路共 44 处，需建跨总干渠的公路桥共 571 座。此外还有节制闸、分水和退水建筑物、隧洞、暗渠等，总干渠上各类建筑物共 936 座，其中最大的是穿黄工程。天津干渠穿越大小河流共 48 条，有建筑物共 119 座。

4. 调水工程的实施。

2014 年 12 月 12 日 14 时 32 分，南水北调中线工程正式通水。截至 2018 年 12 月 12 日，南水北调东中线工程累计调水 222 亿立方米，供水量持续快速增加，优化了我国水资源配置格局，有力支撑了受水区和水源区的经济社会发展，促进了生态文明建设。

（三）西线工程

1. 供水目标。

供水目标主要是解决青海、甘肃、宁夏、内蒙古、陕西、山西六地区黄河中上游地区和渭河关中平原缺水问题。结合黄河干流上的骨干水利枢纽工程，还可向邻近黄河流域的甘肃河西走廊地区供水，必要时也可向黄河下游引水。

2. 调水路线及供水量。

南水北调西线工程分期实施，由大渡河、雅砻江支流引水，逐步扩展到雅砻江干流和金沙江引水。第一期，由雅砻江支流达曲向黄河支流贾曲自流调水 40 亿立方米；第二期，由雅砻江干流阿达向黄河支流贾曲自流调水 50 亿立方米；第三期，由金沙江干流经雅砻江干流阿达向黄河支流贾曲自流调水 80 亿立方米。

3. 调水工程规划。

经综合比选，专家们推荐以长隧洞自流方案为主要引水方案。目前形成的方案由 6 座引水坝址和长隧洞组成。规划中的引水坝址位于大渡河的支流阿柯河、玛柯河、杜柯河、色曲和雅砻江支流泥曲、达曲，6 座大坝所在地分别为阿安、仁达、洛若、珠安达、贡杰、克柯、若曲。工程区主要位于四川省以及青海省的班玛县境内。黄河与长江之间有巴颜喀拉山阻隔，黄河水系河底高于长江水系的河底 80~450 米，必须修建高坝壅高水位，并开挖隧洞打通巴颜喀拉山才能将长江水引入黄河。引水隧洞的总长度在 100 千米以上，最长的隧洞达到 26 千米。引水坝址位置海拔在 3500 米左右。输水工程采用隧洞是为了适应青藏高原寒冷缺氧、人烟稀少的特点。

4. 南水北调西线工程存在的问题。

从全局和长远角度看，西线调水是需要的，但南水北调西线工程的难度和投资远较东、中线大，涉及的技术、生态、环境和社会等问题也远较东、中线复杂。南水北调西线工程问题日益引起有关地区和社会各界的关注，不少人对西线方案提出质疑，致使南水北调西线工程推迟实施。南水北调西线工程存在的主要问题有：（1）现在提出的南水北调西线调水方案，实际上是"蜀水北调"，调水影响的区域主要是四川省。西线一期工程调水 40 亿立方米,雅砻江、大渡河各引水枢纽的调水比在 60%~70%,坝址下游大支流汇入前的河段水量减少较多。只要在枯水期时向下游放一定流量,对下游两岸地区的生产和生活不会产生大的影响,但西线一期工程引水坝址以下河流已建电站 55座,规模大的有龚嘴、铜街子、二滩、长江三峡、葛洲坝 5 座水电站,这 5 座水电站的年发电量将减少 13.7 亿千瓦时。(2)黄河与长江之间有巴颜喀拉山阻隔,黄河河床高于长江相应河床 80~450 米。调水工程需筑高坝壅水或用泵站提水,并开挖长隧洞穿过巴颜喀拉山。引水方式采取自流,需要修建高 200 米左右的高坝和开挖 100 千米以上的长隧洞,引水隧洞几乎都是在崇山峻岭中进行,其中最长的一个隧洞长达 26 千米。这里又是我国地质构造最复杂的地区之一,在此高寒地区建造 200 米左右的高坝和开凿埋深数百米、长达 100 千米以上的长隧洞工程技术复杂,施工困难。

第三节　地表水资源的开发利用

一、影响地表水资源开发利用的因素

(一)自然条件

自然条件发展包括水文气象条件和地形地貌、植被、包气带和含水层岩性特征、地下水埋深、地质构造等下垫面条件。这些条件的优劣,直接影响地表水资源量和地表水资源的可利用程度。

(二)水资源本身特性

地表水资源数量、质量及其时空分布、变化特性以及由于开发利用方式等因素的变化而导致的未来变化趋势等,直接影响地表水资源可利用量的定量分析。

(三)经济社会发展及水资源开发利用技术水平

经济社会的发展水平既决定水资源需求量的大小及其开发利用方式,也是水资源开发利用资金保障和技术支撑的重要条件。随着科学技术的进步和创新,各种水资源开发利用措施的技术经济性质也会发生变化。显然,经济社会及科学技术发展水平对地表水资源的开发利用也是至关重要的。

(四)生态环境保护要求

地表水资源可利用量受生态环境保护的约束,为维护生态环境平衡或为逐渐改善生态环境状况都需要保证生态用水,在水资源紧缺和生态环境脆弱的地区应优先考虑生态环境的用水要求。可见,生态环境状况也是确定地表水资源可利用量的重要约束条件。此外,地表水体的水质状况以及为了维护地表水体具有一定的环境容量均需保留一定的河道内水量,从而影响地表水资源可利用开发量。

二、开发利用地表水资源应考虑的条件

（一）必须考虑地表水资源的合理开发

所谓合理开发是指要保证地表水资源在自然界的水文循环中能够继续得到再生和补充，不会显著地影响生态环境。地表水资源可利用量的大小受生态环境用水量多少的制约，在生态环境脆弱的地区，这种影响尤为突出。将地表水资源的开发利用程度控制在适度的可利用量之内，既会对经济社会的发展起促进和保障作用，又不至于破坏生态环境，无节制、超可利用量的开发利用，在促进了一时经济社会发展的同时会给生态环境带来不可避免的破坏，带来灾难性的后果。

（二）必须考虑地表水资源可利用量是一次性的

回归水、废污水等二次性水源的水量都不能计入地表水资源可利用量内。

（三）必须考虑确定的地表水资源可利用量达到最大可利用水量

所谓最大可利用水量是指根据水资源条件、工程和非工程措施以及生态环境条件，可被一次性合理开发利用的最大水量。然而，由于河川径流的年内和年际变化都很大，难以建设足够大的调蓄工程将河川径流全部调蓄起来，因此，实际上不可能把河川径流量都通过工程措施全部利用起来。此外，还需考虑河道内用水需求以及国际界河的国际分水协议等，所以，地表水资源可利用量应小于河川径流量。

（四）必须不断增加地表水资源的开发利用手段及措施

伴随着经济社会的发展和科学技术水平的提高，人类开发利用地表水资源的手段和措施会不断增多，河道内用水需求以及生态环境对地表水资源开发利用的要求也会不断变化。显然，地表水资源可利用量在不同时期将会有所变化。

三、地表水资源开发利用方式

由于地表水资源的种类、性质和取水条件各不相同，其地表水取水设施有多种形式。我国城乡开发地表水资源绝大多数是从江河湖泊取水。在从河流取水时，河流的径流变化、泥沙运动、河床演变、漂浮物及冰冻情况等因素，对取水设施的正常工作和安全可靠性有决定性影响。另外，取水设施的建立也会影响水流条件，引起河流运动状态的改变。因此，要视当地情况，根据需要和实际取水条件，设计选择适宜的取水工程形式。

（一）地表水取水设施的分类

地表水取水设施的形式应适应特定的河流水文、地形及地质条件，同时应考虑到取水设施的施工条件和技术要求。由于水源自然条件和用户对取水的要求各不相同，因此地表水取水设施有多种不同的形式。地表水取水设施按构造形式可分为固定式取水设

施、活动式取水设施和山区浅水河流取水设施三大类，每一类又有多种形式，各自具有不同的特点和适用条件。

1. 固定式取水设施。

固定式取水设施按照取水点的位置，可分为岸边式、河床式和斗槽式，其中河床式取水设施按照进水管的形式，可分为自流管式、虹吸管式、水泵直接吸水式、桥墩式；按照结构类型，可分为合建式和分建式；按照取水泵类型及泵房的结构特点，可分为干式、湿式泵房和淹没式、非淹没式泵房；按照斗槽的类型，可分为顺流式、逆流式、侧坝进水逆流式和双向式。

2. 活动式取水设施。

活动式取水设施可分为缆车式和浮船式。缆车式按坡道种类可分为斜坡式和斜桥式。浮船式按水泵安装位置可分为上承式和下承式；按接头连接方式可分为阶梯式连接和摇臂式连接。

3. 山区浅水河流取水设施。

山区浅水河流取水设施包括底栏栅式和低坝式。低坝式可分为固定低坝式和活动低坝式（橡胶坝、浮体闸等）。

（二）取水设施形式的选择

（1）河道取水，如在长江上游河段，洪水位与枯水位相差显著，暴雨季节流量暴涨，水位急剧上升，洪水期间水中含沙量及其他漂浮物也大大增加。在河流流速大，河道水位变幅大，且陡涨陡落、主流近岸边、河床稳定的河段，一般选用深井泵房式取水设施。长江中游河段水位变幅较大，水质浑浊，但水位变幅较小，且河床稳定，在流速较小又有适宜的岸坡时，可采用岸边式或河床式取水设施。主流靠岸的中小型取水工程，也可采用缆车式取水设施。对于河岸停泊条件良好但主流不够稳定的河段，可采用浮船式取水设施。长江下游河段，水位变幅较小，可根据河床的条件、河岸的地形及地质情况，选用合建或分建的河床式取水设施。黄河水系含沙量大，可考虑采用双向斗槽式取水设施。由于泥沙运动，河床稳定性较差，主流游荡不定，如果岸边有足够的水深，可采用河床式桥墩取水设施，必要时应设潜丁坝。黄河下游河段，河床淤积严重，建造固定式取水设施时应考虑淤高情况，可考虑自流；也可以采用活动式取水形式。松花江水系河水浊度低，但河流冰冻期长，冰情严重，取水时要注意采取防冰冻措施。根据岸边地形和地质条件，可选择合建式或分建式，也可采用水泵直吸式取水形式。

（2）湖泊可根据地貌、地质条件以及水生生物情况，选择合建式或分建式取水设施。当湖面宽阔、水深不大时，可采用自流管或虹吸管取水；当取水口很深时，应采用分层取水。

（3）河床式水库取水形式与河流取水大致相同。湖泊式水库可根据具体情况采取隧洞式取水、引水明渠取水。水库较深时可采用分层取水，较浅时可采用合建式或分建式取水设施，也可采用浮筒式取水。

（4）山区浅水河流洪水期和枯水期水量相差大，水位变幅显著，选择取水设施时，要确保枯水期的取水量以及洪水期取水设施的安全。如果山区浅水河流的水文地质特征与平原河流的水文地质特征相似，也可采用平原河流的取水形式。当取水量小于枯水期径流量时，可采用低坝式或闸式取水设施。当山区浅水河流枯水期径流量小于取水量时，为了利用年径流量来调节水量，可利用山区地形，修建小型水库或拦河闸，以确保取水量。当河床为透水性较好的砂砾层，且含水层较厚、水量丰富时，也可采用大口井或渗渠取用河床渗流水。

（三）取水设施设计原则

地表水取水设施设计原则如下：

（1）取水设施应保证在枯水季节仍能取水，同时要在满足枯水流量保证率的条件下设计取水量。

（2）当在自然状态下河流不能取得设计水量时，应考虑修建拦河坝、拦河闸或其他确保取水量的设施。

（3）取水设施位置的选择应按河流的特征，根据取水河段的水文、地形、地质、环境、河流规划和综合利用条件进行综合考虑。

（4）在洪水季节取水设施应不受冲刷，不被淹没，设计最高水位和最大流量一般按百年一遇的频率确定；对小型取水设施按供水对象可适当降低标准。

（5）作为生活用水取水，其取水口处的水质要符合下列要求：水源的一般物理、化学指标和毒理学指标等要满足《地表水环境质量标准》（GB 3838 - 2002）Ⅲ类及以上（Ⅰ类、Ⅱ类），经净化处理后的指标要符合《生活饮用水卫生标准》（GB 5749 - 2006）。《地表水环境质量标准》（GB 3838 - 2002）规定，依据地表水水域环境功能和保护目标，按功能高低依次划分为五类：Ⅰ类主要适用于源头水、国家自然保护区；Ⅱ类主要适用于集中式生活饮用地表水源地一级保护区、珍稀水生生物栖息地、鱼虾类产卵场、仔稚幼鱼的索饵场等；Ⅲ类主要适用于集中式生活饮用水地表水源地二级保护区、鱼虾类越冬场、洄游通道、水产养殖区等渔业水域及游泳区；Ⅳ类主要适用于一般工业用水区及人体非直接接触的娱乐用水区；Ⅴ类主要适用于农业用水区及一般景观要求水域。

（6）在水源、取水地点和取水设施确定后，还应得到有关部门的同意，建立取水水源卫生防护措施。在《饮用水水源保护区污染防治管理规定》中，对饮用水地表水源保护区的划分和防护的有关规定如下：①按照不同的水质标准和防护要求分级划分饮用水水源保护区。饮用水水源保护区一般划分为一级保护区和二级保护区，必要时可增设准保护区。各级保护区应有明确的地理界线。②饮用水水源各级保护区及准保护区均应规定明确的水质标准并限期达标。③饮用水地表水源保护区包括一定的水域和陆域，其范围应按照不同水域特点进行水质定量预测并考虑当地具体条件加以确定，保证在规划设计的水文条件和污染负荷下，供应规划水量时，保护区的水质能满足相应的标准。④在饮用水地表水源取水口附近划定一定的水域和陆域作为饮用水地表水源一级保护区。一级保护区的水质标准不得低于国家规定的《地表水环境质量标准》Ⅱ类标准，并须符合国家规定的《生活饮用水卫生标准》的要求。⑤在饮用水地表水源一级保护区外划定一定水域和陆域作为饮用水地表水源二级保护区。二级保护区的水质标准不得低于国家规定的《地表水环境质量标准》Ⅲ类标准，应保证一级保护区的水质能满足规定的标准。⑥根据需要可在饮用水地表水源二级保护区外划定一定的水域及陆域作为饮用水地表水源准保护区。准保护区的水质标准应保证二级保护区的水质能满足规定的标准。

（四）地表水取水位置选择

在开发利用河水资源时，取水地点（即取水设施位置）的选择是否恰当直接影响取水的水质、水量、安全可靠性及工程的投资、施工、管理等。因此应根据取水河段的水文、地形、地质及卫生防护、河流规划和综合利用等条件全面分析，综合考虑。地表水取水设施位置的选择，应根据下列基本要求，通过技术经济比较确定。

（1）取水点应设在具有稳定河床、靠近主流和有足够水深的地段。取水河段的形态特征和岸形条件是选择取水口位置的重要因素。取水口位置应选在河床比较稳定、含沙量不太高的河段，并能适应河床的演变。不同类型河段适宜的取水位置如下：

①顺直河段。取水点应选在主流靠近岸边、河床稳定、水深较大、流速较快的地段，通常也就是河流较窄处。

②弯曲河段。弯曲河道的凹岸在横向环流的作用下，岸陡水深，泥沙不易淤积，水质较好，且主流靠近河岸，因此凹岸是较好的取水地段。但取水点应避开凹岸主流的顶冲点（即主流最初靠近凹岸的部位），一般可设在顶冲点下游15～20米、冰水分层的河段。因为凹岸容易受冲刷，所以需要一定的护岸工程。为了减少护岸工程量，也可以将取水口设在凹岸顶冲点的上游处。具体如何选择，应根据取水设施规模和河岸地质情况确定。

③游荡型河段。在游荡型河段设置取水设施，特别是固定式取水设施比较困难，应结合河床、地形、地质特点，将取水口布置在主流线密集的河段上。必要时需改变取水设施的形式或进行河道整治以保证取水河段的稳定性。

④有边滩、沙洲的河段。在这样的河段上取水，应注意了解边滩和沙洲形成的原因、移动的趋势和速度，不宜将取水点设在可移动的边滩、沙洲的下游附近，以免被泥沙堵塞。

⑤有支流汇入的顺直河段。在有支流汇入的河段上，由于干流、支流涨水的幅度和先后次序不同，容易在汇入口附近形成"堆积锥"，因此取水口应离支流入口处上下游有足够的距离。

（2）取水点应尽量设在水质较好的地段。为了取得较好的水质，取水点的选择应注意以下几点：

①生活污水和生产废水的排放常常是河流污染的主要原因，因此供生活用水的取水设施应设在城市和工业企业的上游，距离污水排放口上游150米以上或下游1000米以上，并应建立卫生防护地带。如岸边有污水排放，水质不好，则应伸入江心水质较好处取水。

②取水点应避开河流中的回流区和死水区，以减少水中泥沙、漂浮物进入和堵塞取水口。

③在沿海地区受潮汐影响的河流上设置取水设施时，应考虑到海水对河水水质的影响。

（3）取水点应设在具有良好的工程地质条件的地段，并有较好的地形及施工条件。取水设施应尽量设在地质构造稳定、承载力高的地基上。断层、流沙层滑坡、风化严重的岩层、岩溶发育地段及有地震影响地区的陡坡或山脚下，不宜建取水设施。此外，取水口应考虑选在对施工有利的地段，不仅要交通运输方便，有足够的施工场地，而且要有较少的土石方量和水下工程量。因为水下施工不仅困难，而且费用甚高，所以应充分利用地形，尽量减少水下施工量，以节省投资、缩短工期。

（4）取水点应尽量靠近主要用水区。取水点的位置应尽可能与工农业布局和城市规划相适应，并全面考虑整个给水系统的合理布置。在保证安全取水的前提下，尽可能靠近主要用水地区，以缩短输水管线的长度，减少输水的基建投资和运行费用。此外，应尽量减少穿越河流、铁路等障碍物。

（5）取水点应避开人工设施和天然障碍物的影响。河流上常见的人工设施有桥梁、丁坝、码头、拦河闸坝等。天然障碍物有突出河岸的陡崖和石嘴等。它们的存在常常改变河道的水流状态，引起河流变化，并可能使河流产生沉积、冲刷和变形，或者形成死水区。因此选择取水口位置时，应对此加以分析，尽量避免各种不利因素。

①桥梁。桥墩会使河道中桥梁上游的水位壅高，流速减慢，容易形成泥沙淤积；在桥墩下游，由于水流通过桥墩时流速增大，桥墩下游附近形成冲刷区；再往下，水流恢复了原来的流速，又形成淤积区域。所以一般规定取水点应选在桥墩上游 $0.5 \sim 1.0$ 千米或桥墩下游 1.0 千米以外的地段，不能选在桥梁的水流壅水段。

②丁坝。丁坝是常见的河道整治设施，其作用在于将水流挑离河岸，束水归槽，并使泥沙在丁坝后淤积，形成新的水边线（导流线），以改变水流流向，改善流态，达到保护河岸的作用。路堤类似于丁坝，因此，取水口应设在丁坝同岸的上游或对岸。当取水口与丁坝同岸时，取水口应设在丁坝上游，当取水口设在丁坝对岸时，必须有护岸设施。在丁坝同岸的下游不宜设取水口。

③码头。突出河岸的码头如同丁坝一样会阻滞水流，引起淤积；同时码头附近卫生条件较差，水质易受污染。因此，应将取水口设在距码头边缘至少 100 米处，并应征求航运部门的意见。

④拦河闸坝。闸坝上游流速减缓，泥沙易于淤积，当取水口设在上游时，应选在闸坝附近。当取水口设在闸坝下游时，由于水量、水位和水质都受到闸坝调节的影响，并且闸坝泄洪或排沙时，下游可能产生冲刷和泥沙涌入，因此取水口不宜与闸坝靠得太近，应设在其影响范围以外。

⑤陡崖、石嘴。突出河岸的陡崖、石嘴对河流的影响类似于丁坝，在其上下游附近易出现泥沙沉积区，因此在此区内不宜设置取水口。

（6）取水点应尽可能不受泥沙、漂浮物、冰凌、冰絮、支流和咸潮等影响。取水口应设在不受冰凌直接冲击的河段，并应使冰凌能顺畅地顺流而下。在冰冻严重的地区，取水口应选在急流、冰穴、冰洞及支流入口的上游河段。有流冰的河道，应避免将取水口设在流冰易于堆积的浅滩、沙洲、回流区和桥孔的上游附近。在流冰较多的河流中取水，取水口宜设在冰水分层的河段，从冰层下取水。冰水分层的河段当取水量大，河水含沙量高，主河道游荡，冰情严重时，可设置两个取水口。在沿海地区的内河水系取水，应避免咸潮影响。当在咸潮河段取水时，应根据咸潮特点，采用在咸潮河段影响范围以外的上游河段取水，经技术方面和经济性方面比较确定。

（7）取水点的位置应与河流的综合利用相适应，不妨碍航运和排洪，并符合河道、湖泊、水库整治规划的要求。选择取水地点时，应注意河流的综合利用，如航运、灌溉、排灌等。同时，还应了解在取水点的上下游附近近期内拟建的各种水工设施（堤坝、丁坝及码头等）和整治河道的规划以及对取水设施可能产生的影响。

（8）应尽可能利用地形条件，将取水口位置选在能够自流输水处。对农灌区的引水渠渠首、农村修建自来水厂取水，从经济上、从电力及能源常常间断的特点考虑，尽可能把取水口设在灌区或供水区上游地势较高、地形优越的地点，以靠水头高差自流引水，减少扬升设备成本。

四、地表水取水设施简介

（一）固定式取水设施

在河流水资源开发利用中，习惯上把不经过筑坝拦蓄河水、在岸边或河床上直接修建的固定的取水设施称为固定式取水设施，这是相对于活动式取水设施而言的。

固定式取水设施是各种类型的地表水取水设施中应用最广泛的一种，具有取水安全可靠、维修管理方便、适应范围较广等优点。其主要缺点是当河水水位变化较大时，设施的高度需相应增加，因而工程投资较高，水下工程量较大，施工期长，扩建困难。因此设计固定式取水设施时，应考虑发展的需要。固定式取水设施按取水点的位置和特点，可分为岸边式、河床式和斗槽式。不同的设施形式，适用于不同的取水量和水质要求、不同的河床地形及地质条件，以及不同的河床变化、水深及水位变幅、冰冻及航运情况、施工条件施工方法、投资及设备供应等情况。固定式取水设施有岸边式取水设施和河床式取水设施两种。

（二）活动式取水设施

在水位变幅较大的河流上取水，为了节约投资，减少水下工程量，或者供水要求甚急时，可采用活动式取水设施。活动式取水设施主要有浮船式和缆车式，还有用浮吸式和井架式的等。其又分为以下几类：

1. 浮船式取水设施。

浮船式取水设施具有投资少、建设快、易于施工、有较大的适应性与灵活性、能经常取得含沙量较少的表层水等优点。因此，为我国西南和中南地区水位变幅大的河流上广泛采用，目前每只浮船的取水能力已达每日 18 万立方米。但它也存在缺点，例如，河流水位涨落时，需要移动船位（阶梯式连接时，尚需换接头和短期停止取水），故操作管理较麻烦，浮船要受到水流、风浪、航运等的影响，故取水的安全可靠性较差。浮船式取水设施如图 8-1 所示。

图 8-1　浮船式取水设施

2. 缆车式取水设施。

缆车式取水设施由泵车、坡道、输水斜管和牵引设备四个主要部分组成。当河流水位涨落时，泵车由牵引设备带动，沿坡道上的轨道上下移动。缆车式取水设施的优点与浮船取水设施基本相同，但缆车移动比浮船方便，缆车受风浪的影响较小，比浮船稳定，故为广泛采用。但缆车取水的水下工程量和基建投资则较浮船取水大。缆车式取水设施适宜在水位变幅大，但涨落速度不大，无冰凌和漂浮物较少的河流上采用。选择缆车式取水设施位置时，河岸的地质条件要好，且有适宜的岸坡。岸坡一般以 10°~28°为宜。河岸太陡，则所需牵引设备过大，移车较困难。河岸太缓，则吸水管架太长，容易发生事故。缆车式取水设施如图 8-2 所示。

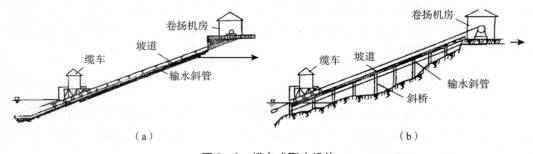

（a）　　　　　　　　　　　　　　（b）

图 8-2　缆车式取水设施

3. 井架式取水设施。

井架式取水设施主要由井架、取水平台、抽水系统和牵引系统等组成，适用于河岸直立、江中水急浪险的山区江河。井架取水的特点是平台可随水位涨落而升降，抽水机组运行时，吸水管和出水管也一起升降。吸水管从井架一侧置于河内，出水管和岸边输水管接通，由岔管或分段式连接管来实现。岔管设在井架的一侧，当平台升降时，其位置和长短均固定不变。岔管有正三通和斜三通两种。斜三通通过一个弯头与出水管横向连接，正三通直接与出水管横向连接或在正三通上加一段胶管再与出水管连接。分段式连接管由一列短管组成，直立在平台上，随着平台升降，并从连接管的顶部增减短管以便和岸边输水管相接。岔管不占用平台位置，不增加平台负荷，操作部位随平台升降而改变。分段式连接管操作部位是固定的，除了会增加平台的负荷，还需要随平台的升降拆卸管段。井架式取水设施工程量少，施工周期短，常用作临时取水设施，但也可作为永久性取水设施建设。

（三）山区浅水河流取水设施

山区浅水河流也称为山溪，取水设施一般为低坝式。低坝式取水设施又分为固定式和活动式，低坝式取水设施一般适用于推移质不多的山区浅水河流。修筑低坝的目的是抬高枯水期水位，改善取水条件，提高取水率。低坝位置应选择在稳定河段上，其设置不应影响原河床的稳定性。取水口宜布置在坝前河床凹岸处。

1. 固定式低坝。

固定式低坝取水是由拦河低坝、冲沙闸、进水闸或取水泵站等部分组成，要在靠近取水口处设置冲沙孔或冲沙闸，以确保取水设施附近不淤积。闸门开启度随洪水量而变化，一般当开启较频繁时，采用电动及手动两用启闭机操纵闸门。

2. 活动式低坝。

固定式低坝取水，在坝前容易淤积泥沙，而活动式低坝能够避免这个问题，因此经常被采用。活动式低坝在洪水期可以开启，从而减少上游淹没面积，并且便于冲走坝前沉积的泥沙，但其维护管理较固定坝更复杂。

（四）库湖取水设施

以下为湖泊、水库常用的取水设施类型，具体选用何种类型，应根据不同的水文特征和地形、地貌、气象、地质、施工等条件进行技术经济比较后确定。

1. 隧洞式取水。

隧洞式取水设施一般适用于取水量大且水深 10 米以上的大型水库和湖泊取水，要求地质条件较好，岩体比较完整，山坡坡度适宜，易于开挖平洞和竖井。其结构比较简单，不受风浪和冰冻的影响，但竖井之前的隧洞段检修不便，竖井开挖也较困难。一般是在选定的取水隧洞的下游一端，先行挖掘修建引水隧洞，并在隧洞进口附近的岩体中开挖竖井，然后将闸门安置在竖井中。竖井井壁一般要进行衬砌，顶部布置启闭机及操纵室，渐变段之后接隧洞洞身。

2. 引水明渠取水。

水库较浅时，常采用引水明渠取水。一般是在水库一侧取水处建取水涵闸，通过明渠将水引入取水泵站集水井。明渠岸边无坝侧向取水是一种常见的取水形式。渠道与库岸的夹角越小，水流经过取水口时的水头损失也越小，越有利于减少推移质底沙进入取水泵站。渠道内水流设计速度要小于不冲刷流速而大于不淤流速。渠道中长草会增大水头损失，降低过水能力。在易长草季节，维持渠道中的水深大于 1.5 米，同时流速大于 0.6 米/秒，可抑制水草的生长。北方在严寒季节，水流中的冰凌会堵塞进水口的格栅，

暂时降低出流量，使渠道流速小于 0.45 ~ 0.6 米/秒，以迅速形成冰盖的方法可防止冰凌的生成。为了保护冰盖，渠内流速应限制在 1.25 米/秒以下，并防止水位变动过大。对渠道应加设护面，减小粗糙度、防渗、防冲、防草、维护边坡稳定。

3. 桥墩式取水。

桥墩式取水是把整个取水设施建造在库湖之中，适用于岸坡平缓、深水线离岸较远、高低水位相差不大、含沙量不高、岸边无建造泵房条件的湖泊，也可用于条件类似、河面宽阔不会影响航运的江河。桥墩式取水设施一般由取水头部、进水管、集水井和取水泵房组成。该种形式的取水设施基础埋深较大，且需要设置较长的引桥和岸边连接，施工复杂，造价较高。

4. 分层取水。

由于夏季近岸生长的藻类数量常比湖心多，浅水区比深水区多，而且暴雨过后会有大量泥沙进入湖泊和水库，越接近湖底，泥沙含量越大，可通过在不同深度设置进水孔，根据水质的不同取得不同水质的水。

5. 浅水库湖取水。

对于水位较低的浅水湖泊和水库，在枯水期采用水泵吸水管直接取水较为困难。可以采用自流管或虹吸管把湖水引入湖岸上深挖的吸水间内，然后由水泵直接从吸水间内抽吸提升。泵房和吸水间既可合建，也可分建，与江河固定式取水方式相似。

（五）海水取水设施

1. 海滩井取水。

海滩井取水是在海岸线上建设取水井，从井里取出经海床渗滤过的海水作为原水，适用于渗水性好的沙质海岸。通过这种方式取得的原水由于经过了天然海滩的过滤，海水中的颗粒物被海滩截留，浊度低，水质好。海滩井取水的不足之处主要在于占地面积较大，所取原水中可能含有铁锰以及溶解氧较低等问题。此外，利用海滩井取水还要考虑取水系统是否会污染地下水或被地下水污染，海水对海岸的腐蚀作用是否会对取水设施的寿命造成影响，取水井的建设对海岸的自然生态环境的影响等。

2. 深海取水。

深海取水是通过修建管道，将外海的深层海水引导到岸边，再通过建在岸边的泵房提升至水厂。这种取水方式适用于海床比较陡峭的海岸，最好选在离海岸 50 米内、海水深度能够达到 35 米以上的位置。这种取水方式一般不适用于较大规模的取水工程。一般情况下，在海面以下取水会含有沙、小鱼、水草、海藻、水母及其他微生物，水质较差，而当取水位在海面以下 35 米时，这些物质的含量会大大减少，水质较好，可以大幅度减少预处理的费用。

3. 浅海取水。

浅海取水是最常见的海水淡化取水方式，虽然水质较差，但由于投资少、适应范围广，而被广泛采用。一般常见的浅海取水形式有岸边式、海岛式等。

（1）岸边式取水。岸边式取水多用于海岸陡、海水含泥沙量少、淤积不严重、高低潮位差值不大且取水量较少的情况。这种取水设施与河流的岸边式取水设施构造相

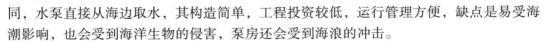

同，水泵直接从海边取水，其构造简单，工程投资较低，运行管理方便，缺点是易受海潮影响，也会受到海洋生物的侵害，泵房还会受到海浪的冲击。

（2）海岛式取水。海岛式取水是将泵房建在离岸较远的海中，其适用于海滩平缓、低潮位离海岸很远的情况。要求建设海岛取水设施处的海底为石质或沙质，且有天然或港湾的人工防波堤保护，受潮水袭击可能性小。可修建长堤或栈桥将取水设施与海岸联系起来。这种取水方式的供水系统比较简单，管理比较方便，而且取水量大，在海滩地形不利的情况下可保证供水。缺点是施工有一定难度，取水设施如果受到潮汐突变威胁，供水安全性较差。

第四节　地下水资源的开发利用

地表水和地下水，虽然都来自大气降水的补给，相互联系又相互转化，有许多相似之处，但它们仍然有许多不同，我们认识了这些才便于因地制宜合理开发水资源。地表水和地下水存在于两个显著不同的环境。地表水存在于地表以上的江河、湖泊里，水资源量的大小主要受流域降水补给的控制；而地下水存在于地下岩层里，地下水资源除受降水补给外，还受地质构造、岩性、补给排泄等水文地质条件的制约，况且它又是隐伏地面下的水资源，两者在动态变化上和外部表现上也必然有显著的不同。地表水汇集快，常常量大、变化大，洪水暴发来势猛；地下水渗流比较缓慢，流量稳定，即使天然流出的"泉"，流量也比较小，流速低且稳定，水质好，多宜饮用。存在于地下岩层的水常常成为一个地区优质的地下蓄水体，为不少缺水地区带来了希望和生机。正是由于这些差异，探明和认识它们的时空分布规律的方法也不同。由于人们直接接触地表水，看得见，摸得着，所以即使非专业人员也会注意到河、湖水的水质、水量是随时间、空间的变化而变化的，同时，也直观地了解到这种变化是由降水多寡造成的。同样原因，人们一般对开发、保护、管理等一系列问题能够有一定的理解，何况在治水、地表水的监测、调蓄、引水灌溉等方面，祖先已给我们遗留下许多宝贵经验。与此相反，对赋存于地下岩层里的水，除水文地质专业人员外，一般人对其了解较少。因为要了解是否有地下水存在，常需经过勘察、评价和监测去探明，这还需要技术和投入，所以，常常有许多地区地下蓄水构造蕴藏着丰富的地下水，而那里地表上生息的人们却不知道，甚至他们连吃水都成为问题。这就是说，开发利用地下水，首先要探查，然后才能开发，并建立供水水源地的一整套设施，以实现向工矿企业或居民供水。由于人们对地下水的开发利用、保护、管理等方面的了解较少，在开采地下水方面产生的问题不仅多，而且难以解决。另外，地表水与地下水还有一点不同，就是在许多地区人们愿意饮用甘甜清凉的地下水，这是因为地下水埋藏在地下，雨水下渗过程中地层本身对杂质有自然净化作用，水质好，受人类活动影响小，所以不易污染。而地表水直接由地面汇流于江河，携带许多杂质，又易直接受人类活动影响，最易污染。需特别指出的是，地下水与地表水相比虽不易污染，但地下水一旦被污染，却很难治理。

因此如何合理地开发地下水资源十分重要，其在我国水资源开发利用中占有举足轻重的地位。由于地下水具有分布广、水质好、不易被污染、调蓄能力强、供水保证程度高等特点，目前已被全国各地广泛开发利用。

一、地下水资源开发利用的途径

地下水的开发利用需要借助一定的取水工程来实现。取水工程的任务是从地下水水源地中取水，送至水厂处理后供给用户使用，它包括水源、取水设施、输配水管道、水厂和水处理设施。但是，地下水取水设施与地表水取水设施差异较大，而输配水管道、水厂和水处理设施基本上与地表水供水设施一致。地下水取水设施的形式多种多样，综合归纳可概括为垂直系统、水平系统、联合系统和引泉工程四大类型。当地下水取水设施的延伸方向基本与地表面垂直时，称为垂直系统，如管井、筒井、大口井、轻型井等各种类型的水井。当取水设施的延伸方向基本与地表面平行时，称为水平系统，如截潜流工程、坎儿井、卧管井等，将垂直系统与水平系统结合在一起，或将同系统中的几种联合成一个整体，便可称为联合系统，如辐射井、复合井等。

在修建取水工程之前，首先要对开采区开展水文地质调查，明确地下水水源地的特性，如是潜水还是承压水，是孔隙水、裂隙水还是岩溶水，进而选择经济合理、技术可行的取水设施来开采地下水。

二、地下水资源开发利用量计算方法介绍

地下水资源可利用量按浅层地下水资源可开采量考虑。地下水可开采量是指在可预见的时期内，通过经济合理、技术可行的措施，在不引起生态环境恶化的条件下，允许从含水层中获取的最大水量。多年平均地下水总补给量是多年平均地下水可开采量的上限值。

（一）可开采系数法

可开采系数法适用于含水层水文地质条件研究程度较高的地区。这些地区，我们对浅层地下水含水层的岩性组成、厚度、渗透性能及单井涌水量、单井影响半径等开采条件掌握得比较清楚。

所谓可开采系数（ρ，无量纲）是指某地区的地下水可开采量（$Q_{可开}$）与同一地区的地下水总补给量（$Q_{总补}$）的比值，即：

$$\rho = Q_{可开} / Q_{总补} \tag{8-1}$$

ρ 不大于1。确定了可开采系数 ρ，就可以根据地下水总补给量 $Q_{总补}$，确定出相应的可开采量 $Q_{可开}$，即：

$$Q_{可开} = \rho \times Q_{总补} \tag{8-2}$$

可开采系数 ρ 是以含水层的开采条件为定量依据，ρ 值越接近1，说明含水层的开采条件越好；ρ 值越小，说明含水层的开采条件越差。确定可开采系数 ρ 时，应遵循以下基本原则：

（1）由于浅层地下水总补给量中，可能有一部分要消耗于水平排泄和潜水蒸发，故可开采系数应不大于1；

（2）对于开采条件良好，特别是地下水埋藏较深、已造成水位持续下降的超采区，

应选用较大的可开采系数，参考取值范围为 0.8 ~ 1；

（3）对于开采条件一般的地区，宜选用中等的可开采系数，参考取值范围为 0.6 ~ 0.8；

（4）对于开采条件较差的地区，宜选用较小的可开采系数，参考取值范围为不大于 0.6。

（二）多年调节计算法

多年调节计算法适用于已求得不同岩性、地下水埋深的各个水文地质参数，且具有为水利规划或农业区划制定的井、渠灌区的划分以及农作物组成和复种指数、灌溉定额和灌溉制度、连续多年降水过程等资料的地区。水的调节计算，是将历史资料系列作为一个循环重复出现的周期看待，在多年总补给量与多年总排泄量相平衡的原则基础上进行的。所谓调节计算，是根据一定的开采水平、用水要求和地下水的补给量，分析地下水的补给与消耗的平衡关系。

通过调节计算，既可以探求在连续枯水年地下水可能降到的最低水位，又可以探求在连续丰水年地下水最高水位的持续时间；可以探求在丰、枯交替年在以丰补歉的模式下开发利用地下水的保证程度，从而确定调节计算期（可近似代表多年）适宜的开采模式、允许地下水水位降深及多年平均可开采量。多年调节计算法有长系列和代表周期两种。前者选取长系列（如 1980 ~ 2000 年系列）作为调节计算期，以年为调节时段，并以调节计算期间的多年平均总补给量与多年平均总废弃水量之差作为多年平均地下水可开采量；后者选取包括丰、平、枯在内的 8 ~ 10 年的一个代表性降水周期作为调节计算期，以补给时段和排泄时段为调节时段，并以调节计算期间的多年平均总补给量与难以夺取的多年平均总潜水蒸发量之差作为多年平均地下水可开采量。具体调节计算方法可参见有关专著。

三、地下水开发利用的优点

（一）分布广泛，容易就地取水

我国地下水开发利用主要以孔隙水、岩溶水、裂隙水三类为主，其中以孔隙水分布最广，岩溶水在分布数量和开发上均居其次，而裂隙水则最小。据调查，松散岩类孔隙水分布面积约占全国面积的 1/3，我国许多缺水地区，如位于西北干旱区的石羊河流域、黑河流域山前平原处都有较多的孔隙水分布此外，孔隙水存在于松散沉积层中，富水性强且地下水分布比较均匀，打井取水比较容易。

（二）水质稳定可靠

一般情况下，未受人类活动影响的地下水是优质供水水源，水质良好、不易被污染，可作为工农业生产和居民生活用水的首选。地下水资源的这种优势在我国北方干旱半干旱地区尤为明显，因为当地地表水资源极其贫乏，因此不得不大量开采地下水来维持生活和生产用水。此外，地下水含水层受包气带的过滤作用和地下微生物的净化作用，使其产生了天然的屏障，不易被污染。地下水在接受补给和运移的过程中，含水层的溶滤作用使地下水中含有多种矿物质和微量元素，成为优质的饮用水源。我国的高寿命地区大多与饮用优质地下水有关。

（三）具有时间上的调节作用

地下水和地表水产汇流机制的不同，导致其接受补给的途径和时间存在一定的差别。地表水的补给受降水影响显著，降水在地面经过汇流后可迅速在河道形成洪水，随时间的变化比较剧烈。地下水的补给则受降水入渗补给、地表水入渗补给、灌溉水入渗补给等多方面的影响，且由于其在地下的储存流动通道与地表水有很大的差异，因此地下水资源随着时间的变化相对稳定，在枯水期也能保证有一定数量的地下水供应。

（四）减轻或避免了土地盐碱化

在一些低洼地区开采地下水，降低了地下水位，减少了潜水的无效蒸发，进而可改良盐碱地，并取得良好的社会效益和环境效益。如黄淮海平原，自从 20 世纪 50 年代后期大规模开采浅层地下水以来，盐碱地减少了 1/2，粮食产量增加了 1.5 倍。

（五）具备某些特殊功效

由于地下水一年四季的温差要大大小于地表水，因此常常成为一些特殊工业用水的首选。此外，由于多数地下水含有特定的化学成分，因此还有其他重要的作用。例如，含有对人体生长和健康有益元素的地下水可作为矿泉水、洗浴水；富含某些元素的高矿化水，可提取某些化工产品；高温地下热水，可作为洁净的能源用于发电或取暖；富含硝态氮的地下水可用于农田灌溉，有良好的肥效作用等。

四、地下水资源的合理开发模式

不合理地开发利用地下水资源会引发地质生态、环境等方面的负面效应。因此，在地下水开发利用之前，首先要查清地下水资源及其分布特点，进而选择适当的地下水资源开发模式，以促使地下水开采利用与经济社会发展相互协调。下面将介绍五种常见的地下水资源开发模式。

1. 地下水库开发模式。

地下水库开发模式主要分布在含水层厚度大、颗粒粗，地下水与地表水之间有紧密的联系，且地表水源补给充分的地区，或具有良好的人工调蓄条件的地段，如冲洪积扇顶部和中部。冲洪积扇的中上游区通常为单一潜水区，含水层分布范围广、厚度大，有巨大的储存和调蓄空间，且地下水位埋深浅、补给条件好，而扇体下游区受岩相的影响，颗粒变细并构成潜伏式的天然截流坝，因此极易形成地下水库。地下水库的结构特征，决定了其具有易蓄易采的特点以及调蓄功能和良好的多年调节能力，有利于"以丰补歉"，充分利用洪水资源。目前，不少国家和地区都采用地下水库式开发模式，山东省多个地方也建设了地下水库。

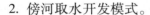

2. 傍河取水开发模式。

我国北方许多城市，如西安、兰州、西宁、太原、哈尔滨、郑州等，其地下水开发模式大多是傍河取水型的。实践证明，傍河取水是保证长期稳定供水的有效途径，特别是利用地层的天然过滤和净化作用，使难以利用的多泥沙河水转化为水质良好的地下水，从而为沿岸城镇生活、工农业用水提供优质水源。

3. 井渠结合开发模式。

农灌区一般采用井渠结合开发模式，特别是在我国北方地区，由于降水与河流径流量在年内分配不均匀，与农田灌溉需水过程不协调，易形成"春夏旱"。为解决这一问题，发展井渠结合的灌溉，可以起到井渠互补、余缺相济和采补结合的作用。实现井渠统一调度，可提高灌溉保证程度和水资源利用效率，不仅是一项见效快的水利措施，而且也是调控潜水位，防治灌区土壤盐渍化和改善农业耕作环境的有效途径。经内陆灌区多年实践证明，井渠结合灌溉模式具有如下效果：一是提高灌溉保证程度，缓解或解决了春夏旱的缺水问题；二是减少了地表水引水量，有利于保障河流在非汛期的生态基流；三是可通过井灌控制地下水位，改良盐渍化。

4. 排供结合开发模式。

在采矿过程中，地下水大量涌入矿山坑道，往往使施工复杂化和采矿成本增高，严重时甚至威胁矿山工程和人身安全，因此需要采取相应的排水措施。例如，我国湖南某煤矿，平均每采1吨煤，需要抽出地下水130立方米左右。矿坑排水不仅增加了采矿的成本，而且还造成地下水资源的浪费，如果矿坑排水能与当地城市供水结合起来，则可起到一举两得的效果，目前在我国已有部分城市（如郑州、济宁、邯郸等），将矿坑排水用于工业生产农田灌溉，甚至是生活用水等。

5. 引泉模式。

在一些岩溶大泉及山丘区的地下水溢出带可直接采用引泉模式，为工农业生产提供水源。大泉一般出水量稳定，水中泥沙含量低，适宜直接在泉口取水使用，或在水沟修建堤坝，拦蓄泉水，再通过管道引水，以解决城镇生活用水或农田灌溉用水。这种方式取水经济，一般不会引发生态环境问题。

以上是五种主要地下水开发模式，实际中远不止上述五种，可根据开采区的水文地质条件来选择合适的开发模式，使地下水资源开发与经济社会发展、生态环境保护相协调。

五、地下水取水设施的选择

常见的地下水取水设施有管井、大口井等构成的垂直集水系统；渗渠、坎儿井、渗流井等构成的水平集水系统；辐射井、复合井等构成的复合集水系统，以及引泉工程。由于类型不同，其适用条件具有较大的差异性。其中，管井适用于开采深层地下水，井深一般在500米以内，最大开采深度可达1000米以上；大口井广泛用于集取井深20米以内的浅层地下水；渗渠主要用于集取地下水埋深小于2米的浅层地下水，或集取河床地下水；辐射井一般用于集取地下水埋藏较深、含水层较薄的浅层地下水，它由集水井和若干从集水井周边向外铺设的辐射形集水管组成，可以克服上述条件下大口井效率低、渗渠施工困难等不足；复合井常用于同时集取上部孔隙潜水和下部厚层高水位承压水，以增加出水量和改良水质；渗流井是近年来才发展起来的新技术，一般用于集取河床底部具有排列有序的砂砾石层，并达到一定厚度（4~5米）且地下水埋深较浅的浅层地下水。

我国地域辽阔，水资源状况差异悬殊，地下水类型、埋藏深度、含水层性质等取水条件以及取材、施工条件和供水要求各不相同，开采地下水的方法和取水设施的选择必须因地制宜才能实现资源配置的优化。管井具有对含水层的适应能力强，施工机械化程度高、效率高、成本低等优点，在我国应用最广；其次是大口井；辐射井的适应性虽强，但施工难度大；复合井在一些水资源不很充裕的中小城镇和不连续供水的铁路供水站中被较多应用；渗渠在东北、西北一些季节性河流的山区及山前地区应用较多。此外，在我国一些严重缺水的山区，为了解决水源问题，当地人们创造了很多特殊而有效的开采和集取地下水的方法，如在岩溶缺水山区修建规模巨大、探采结合的取水斜井等。

对于各种取水设施或设施的选择和应用不做过多赘述，选取比较经典的坎儿井予以介绍即可。

六、坎儿井

（一）坎儿井及其基本原理

坎儿井的同类名称叫串井水巷，是一种水平集水的地下水取水设施，一般适用于埋藏不深和含水层厚度比较薄的潜水含水层。坎儿井一般应建在不透水含水层之上，最好与地下水流方向垂直。因此，在冲洪积扇上部、丘陵地区或地形有较大地面坡度地区开发浅层孔隙潜水，常常是经济适用的。在地下水的上游地带设置坎儿井，以截取部分地下水，因地制宜地建造该类取水设施，在农田灌溉、城镇供水、矿区供水中发挥了作用。特别是在矿区用坎儿井取水既解决了矿区供水问题，又为矿井巷道起到了疏干作用。早在百余年前，新疆哈密、吐鲁番等地人民，用坎儿井集取地下水，而不用任何动力就可引地下水于地面灌溉农田，解决了人畜饮水问题。坎儿井取水原理，主要是在松散的第四砂砾石含水层内人工挖掘一条带有一定斜度的集水廊道，聚集地下水，使水沿廊道自动流出地表以供使用。这种方法在水文地质条件简单时容易施工，不用复杂的机械设备和定期维护，可据需水量多少进行施工，有条件的地方都可使用。

根据这个原理设置坎儿井，采用各种不同类型的管子，管壁上有进水孔，管外填滤料起滤水作用；管安装时有一定坡度，以供地下水能聚集并自动流到输水管中，把水引到输水系统，或直接自流式灌溉农田，或直接进入清水池（集水池）供生活饮用。

（二）坎儿井的构造

坎儿井主要由竖井、暗渠、明渠和涝坝（小型蓄水池）组成（见图8-3）。

（1）竖井，是开挖暗渠时供定位、进入、出土和通风之用，并为整个工程完成后检查维修之用的人工开挖竖井。开挖时所取的土，堆积在竖井周围，形成环形小土堆，可以防止一般地表水入侵。

（2）暗渠，也称集水廊道或输水廊道。首部为集水段，在潜水位下开挖，引取地下潜流，每段长为5～100米。位于冲积扇上部的坎儿井，因土层多砂砾石，含水层较丰富，其集水段较短；而冲积扇中部以下的坎儿井，集水段较长。

（3）明渠，与一般渠道设计基本相同，横断面多为梯形，坡度小，流速慢，暗渠与明渠相接处称龙口，龙口以下接明渠。

（4）涝坝，又称蓄水池，用以调节灌溉水量，缩短灌溉时间，减少输水损失。涝坝面积不等，通常为600～1300平方米，水深1.5～2米。

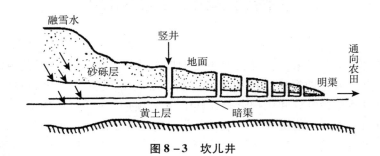

图8-3　坎儿井

习　题

一、名词解释

1. 水资源　　　2. 农业用水　　　3. 地下水　　　4. 地表水　　　5. 水循环

二、选择题

1. 我国可利用的主要淡水资源是（　　　）。

A. 江河水和湖泊水　　　　　　　　B. 高山冰雪融水

C. 大气水　　　　　　　　　　　　D. 深层地下水

2. 地球上储量最大的水是（　　　）。

A. 海水　　　　　　　　　　　　　B. 河流水

C. 湖水　　　　　　　　　　　　　D. 地下水

3. 海滩井适合建造在沙层厚度（　　　）米的海滩。

A. 10　　　　　　　　　　　　　　B. 15

C. 20　　　　　　　　　　　　　　D. 25

4. 下列选项中，不是我国的主要水循环系统的是（　　　）。

A. 大西洋循环系统　　　　　　　　B. 太平洋循环系统

C. 印度洋循环系统　　　　　　　　D. 北冰洋循环系统

三、简答题

1. 水资源按自然存在形式分类有哪些？

2. 地下水资源有哪些开发模式？

四、论述题

1. 我国的水资源利用存在哪些问题？有什么合适的解决方法？

2. 影响地表水资源开发的因素有哪些？

第九章

生物资源的开发利用

地球上自出现生命以来，在漫长的历史发展过程中，形成了形形色色的生物物种。生物资源除了直接为人类提供生产和生活资料，对生态环境优化和协调也起到重要作用。生物资源包括动物资源和植物资源，其中与人类生产生活密切相关的主要有森林资源、草地资源和野生动植物资源等。本章着重论述生物资源的分类和特征，讨论生物资源的最优管理问题，然后通过对我国生物资源状况和开发利用中的主要问题进行分析，探讨生物资源合理开发利用的主要途径。

第一节 生物资源的概念、特征与分类

一、生物及生物资源的概念

生物是地球表面各种形态（包括动物形态、植物形态以及各种中间形态）的生命体。凡对人类有用的各种生物的总体，称为生物资源。

二、生物资源的特征

（一）可再生性和生产的周期性

几乎一切生物个体的生长都会经历生长、发育、消亡的过程，并形成周期性再生的特征，因此生物资源可称为可再生性资源或更新资源。不同种类的生物其个体的生长周期是不同的，短的数小时即可完成一个生命周期（如微生物），长的需要数十年乃至数百年才能完成生命周期（如树木）。所有生物个体的生长与繁衍，共同构成了生物种群生生不息的历史过程。

在纯粹自然的状态之下，生物种群的繁殖导致该种生物数量的扩张，但这种扩张并不能无限制地进行。生物扩张的限制首先来自生物个体生长的环境容量。生物的生长需要消耗光能、热量、土地以及其他资源，这些资源在一定的范围内是有限的。

了解生物资源生长周期的特征，可以使某种资源在其生长和消耗的过程中达到一种理想的平衡状态。使生物资源达到尽可能大的生长量，是资源经济学要研究的问题。

（二）与土地等资源相依存，属二次资源

生物资源生长于陆地、淡水或海洋，它是土地资源、水资源、气候资源（光热等）

综合作用的结果。因此，它属于二次性的自然资源。生物资源的赋存条件、生长条件及再生条件与土地资源、水资源及气候等资源的状况密切相关。

（三）各类生物之间组成生物群和生物链

生物资源尽管种类繁多，千差万别，但各种生物一般都不能单独地存在。生物之间相互依存，形成生物群或生物链，从而维持生物生长过程的动态平衡。例如，肉食动物以相应的草食动物的存在为前提，草食动物又以植物的存在为前提，植物的生长除了光、热、水、土等自然条件外，动物死后分解的营养元素也是必不可少的要素。这就是生物生生不息的生态系统。

（四）既有自然属性，又具有人类劳动产品的属性

生物资源既可以是野生生物资源，即在纯粹自然状态下形成的生物群；但人类也可以模拟野生生物成长的自然环境或创造这种环境，通过人工培育的方式生产多种生物资源，从而使生物资源日益增加其作为人类劳动产品的属性。目前，在森林资源中，人工造林面积日益增加，中国的森林中人工林面积占 1/4 以上，而几乎一切种植业资源，都是从原始的野生生物走向人工种植的。人类对生物的成功的、有效率的种植和饲养，成为科技革命的重要内容，而对生物资源人工生产过程的管理，则是社会经济管理的最基本内容之一。

三、生物资源的分类

生物资源可以分为植物资源和动物资源。植物资源可以分为野生植物和栽培植物，按照经济用途，野生植物可进一步分为食用植物、油料植物、药用植物、观赏及其他植物；栽培植物可进一步分为粮食作物、经济作物、绿肥及饲料作物。动物资源可以分为野生动物和饲养动物，按照经济用途，可进一步分为毛皮动物、羽绒动物、药用动物、役用动物、观赏动物等。

按照生存繁衍环境分类，植物资源可以分为热带植物、亚热带植物、温带植物、寒带植物，或山地植物、平原植物，或草本植物、林木植物；动物资源也可以分为陆地动物及海洋动物。

在资源经济中，将生物资源分为植物资源和动物资源，其中植物资源分为野生植物（食用植物、油料植物、药用植物、观赏及其他植物）和栽培植物（粮食作物、经济作物、绿肥及饲料作物）；动物资源分为野生动物和饲养动物，进一步可以分为毛皮动物、羽绒动物、药用动物、肉用动物、观赏动物、役用动物、其他动物。

第二节　森林资源的开发利用

森林是以乔木为主体，乔、灌、草等多种森林植物和森林动物、微生物群集，共生相结合的，与其相应的水、土、气资源共处于同一空间范围内的自然资源综合体。森林

具有许多突出的特性和功能，不仅能为人类提供物质财富和服务，还对精神的恢复、科学技术的进步以及生态环境的改善具有重要作用。因此，森林也是人类社会不可或缺的重要资源。

一、森林资源的特性与功能

（一）森林资源的特性

1. 森林资源系统结构的复杂性。

森林资源的各个组成部分，在特定的环境条件下，共同构成一个复杂且既相互联系又相互制约的森林生态系统或森林资源系统。它不仅包括各种乔木、灌木、草本植物、苔藓、地衣、各种微生物以及各种飞禽走兽、大小动物，甚至包括其土地、水和空气；不仅有各种食物链结构、共生结构和立体结构，而且在时间空间上分别与其外部环境相交融。

2. 森林资源系统功能的多样性。

由于森林资源系统结构的复杂性，决定了其功能的多样性。森林资源不仅具有多种多样的经济功能和生态功能，而且具有极大的社会功能。

3. 森林资源生产力的可更新性和高效性。

森林生态系统具有自我维持的能力，能够通过自然过程恢复和再生；而森林生态系统中的演替过程是其可更新性的重要体现，随着时间的推移，森林中的物种组成和结构会自然变化，从而保持生态系统的活力和生产力。一切生物都具有不断更新和增殖的能力。只要不受外力破坏或超负荷开发利用，经营得当，可供人类永续利用。

4. 森林资源生长和更新周期长。

森林资源中林木的生长和更新周期一般为 10 ~ 40 年，人工更新杨树需要 10 ~ 20 年，更新落叶松需要 40 ~ 50 年，中国泾渭河在过去两千多年的历史中五次更换其浑浊，就包含了这种自然更新年限的制约。

5. 森林资源更新能力的有限性。

森林资源的更新能力是由其繁殖能力和生长能力以及更新周期决定的。任何生物的生长发育都需要有一定的空间和时间，因此，在林木密布的环境条件下，朽木不伐，新树就不能替代，尽管其繁殖能力很强，也无能为力。在适时采伐条件下，显然其生长能力越大越快，其更新能力就越强，反之则越弱。但无论更新能力多么强，总是有一定限度的，采伐量如果长期超过其生长、更新能力，森林资源最终将被毁灭。

6. 森林资源的经济效益、生态效益、社会效益具有超越性。

即不仅森林培植者可直接从中受益，其周围居民，其他生物、工农业生产、旅游、水电、环保等方面都能从中受益；不仅培植者当代受益，其子孙后代都能受益。由于这个特性将造成投资和获利相脱节，或者是因当年投资不能回收，使许多缺乏长远观点或不愿意为子孙后代造福的人不愿意努力造林、培植森林资源，甚至只顾眼前利益，乱砍滥伐，造成大量破坏森林资源的严重事件。

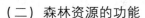

（二）森林资源的功能

1. 防护功能。

森林能够防风固沙、改造沙漠、保护民生。林木的根系深入数米至一二十米，水平分布的面积大于立地面积，这使林木能够牢牢地固定在地上，同时又能吸取土壤深处的地下水以维持其生长。因此，它具备抵抗风沙和干旱的能力；林木高大、枝叶繁茂、结构错综复杂，与空气接触面积大，阻力也大，所以林带能显著降低风速、减少和防治风沙危害。由于风速的降低，沙粒难以被风吹起，只能落到地面。因此，林带能够防风固沙。森林中大量的枯枝落叶、动物粪便和尸体，为其土壤增加了大量的有机物质，有助于蓄水改土、改造沙漠。除此之外，防护林带还可以防止风雪、台风、海浪对海岸的冲击破坏，保护道路交通、城乡房屋建筑和农田。

森林还可以净化大气、防治污染。由于森林资源具有独特的物理、化学、生理、生化特性，它具备净化空气、防治污染的功能。它可以吸收二氧化碳，释放氧气，维持空气中的含氧浓度；可以吸收空气中的粉尘和有毒气体，杀灭空气中的有害细菌；还可以消除噪声污染，从而保护人们的身心健康。

2. 涵养水源、调节气候。

森林可以涵养水源、保持水土。森林具有多层结构，乔、灌、草、苔藓、地衣层层都能截流储水，其截流总量可达其自重的15%～40%；林地上的枯枝落叶像海绵一样，吸水量可达其自重的2～4倍，并且可以使溢出的水流速降低97%以上；森林土壤疏松，有机质丰富，孔隙多，吸水透水性强，因此可以有效地涵养水源。

森林可以起到调节气候的作用。森林枝叶繁茂，其树冠的蒸腾作用可以增加林内湿度、增大水热容量，调节气温的变化。这样可以减免初、终霜对作物的危害，促进作物增产。

3. 提供种类繁多的森林产品。

木材是森林生产的主要传统产品。除此之外，枝叶果子是很好的饲料、肥料或燃料；树叶、树皮或种子富含各种有机物；林果生产可提供营养丰富的干鲜果品；木本粮油是有前景的代食品；森林还可提供人参、鹿茸等珍贵药材，以及猴头菇、蘑菇、竹笋等多种绿色产品。

4. 天然基因宝库。

全世界物种约有500万～1000万种，热带雨林占其中的29%～40%。在温带阔叶林中也有动物300多种，鸟类70多种，昆虫5000多种，低等动物1000多种。

森林几乎集中了所有陆地野生生物资源，是巨大的物种资源仓库。随着生物工程和遗传工程技术的不断发展，它将发挥越来越难以估量的重大作用。

二、我国森林资源分布的概况

森林资源的地理分布，取决于水热因子的结合；一个地域水热因子的时空分布特征，又决定于其地理位置、大气环流状况和海拔高度这三个基本要素。我国南北纬度差大，受日照、太阳辐射、气流、海陆分布等因素影响，各地区积温明显不同。因此，我国森林资源的分布呈现出比较明显的地带性。由北向南依次出现针叶林带、针阔叶混交林带、落叶阔叶林带、常绿阔叶林带、季雨林和雨林带。

（一）寒温带针叶林带

寒温带针叶林带的范围约在东经 127°20′以西，北纬 49°20′以北的大兴安岭北部地区。这是中国最北部的森林区，土地总面积为 2.7×10^8 公顷，森林总蓄积量为 1.37×10^9 立方米，森林覆盖率为 53.6%。中国寒温带针叶林植物种类较简单，主要建群种为兴安落叶松。兴安落叶松的面积和蓄积分别占本带有林地面积和蓄积量的 55% 和 75%。在人类活动较为频繁的地区，兴安落叶松林被砍伐或破坏后，通常被次生的白桦林、黑桦林、蒙古栎林所代替。次生林约占该林带林地面积的 25%，其中以白桦纯林或以其为优势的混交林面积最大，约占总面积的 15%。

（二）温带针阔叶混交林带

温带针阔叶混交林带主要包括小兴安岭、张广才岭、完达山及长白山等主要林区。本带受海洋季风气候的影响较大，全区冬长夏短，年平均气温在 0℃ 以上，一般年积温 2000~3000℃，无霜期（5月至9月初）为 125~150 天，年降水量在 500~900 毫米。降水量自东南向西北递减。土壤主要以山地灰棕壤（暗棕壤）为主，有些地方还分布有沼泽地、草甸以及白浆土（长白山区）等。

地带性森林是以红松为优势组成的针阔叶混交林。森林组成树种比较丰富，针叶树种除红松外，还有红皮云杉、鱼鳞云杉、臭冷杉、沙松、落叶松和紫杉等；混生的阔叶树种有紫椴、枫桦、水曲柳、黄波萝、春榆、胡桃楸、蒙古榆、大青杨以及多种械树等。针阔叶混交林采伐后，通常形成以栎树林、山杨林、白桦林为主的次生阔叶混交林。本带的森林面积约有 2×10^8 平方米，森林覆盖率为 44.3%，总蓄积量为 1.75×10^9 平方米。

（三）暖温带落叶阔叶林带

暖温带落叶阔叶林带东起辽西山地、辽东半岛和胶东半岛山地丘陵，西到青海东部，北界长城，南到秦岭和淮河以北山地丘陵。主要包括东北平原、华北平原及西部的黄土高原地区。地势西高东低，东阔西窄，明显地分成山地、丘陵、平原三部分。

地带性森林以落叶栎类为代表的落叶阔叶林为主。建群种有蒙古栎、辽东栎、槲栎、栓皮栎、苞栎和菠萝栎等。其他针叶林的主要组成树种有赤松、油松和华山松、华北落叶松、白杆、青杆和侧柏等。由于本区开发较早，人为干扰严重，这一带的原始落叶阔叶林分布极少，常见的多为次生的栎类林、油松林和侧柏等。

（四）亚热带常绿阔叶林带

亚热带常绿阔叶林带的范围北起秦岭、淮河一线以南，南界在北回归线附近，西界在青藏高原的东侧并延伸到西部国界线。总面积约为 2.5×10^6 平方千米，约占中国土地总面积的 1/4。现有林业用地约 1.5×10^8 公顷，其中有林地为 0.6×10^8 公顷，森林覆盖率为 25% 左右。亚热带的植物区系以中国—日本植物亚区的中国南部湿润森林区系为主，其特点为中亚热带成分丰富，热带性科属很多，其中不少种类为中国热带区域共有类群，且多古老、孑遗和特有种类。根据本地带水热条件的差异，分为北、中、南三个亚带。

北亚热带包括北纬 31°（32°）以北到暖温带界线之间的地区。地带性森林为暖温带向亚热带过度的常绿、落叶阔叶混交林。以壳斗科占优势，建群种有麻栎、栓皮栎、白栎等。

中亚热带的范围位于北纬 23°～北纬 31°（32°），包括江苏、浙江、湖北、湖南、安徽、江西、福建、云南、贵州、广西、四川和广东等省（自治区）的全部或部分地区。地带性森林为常绿属，山茶科的木荷属、茶属、检木属；还有木兰科和金缕梅科等有关属种组成。

南亚热带的范围包括台湾地区的中南部，滇、桂、粤等地的南部以及闽东南部。本亚带的地带性森林植被为偏湿性的季风常绿阔叶林，为亚热带向热带过渡的森林类型。本亚带的大部分原始森林已采伐殆尽，现有的森林多为马尾松、杉木等人工林。在其西部还分布有思茅松、云南松和高山松林，在南部生长着海南松林等。

（五）热带季雨林和雨林带

热带季雨林和雨林带的范围包括台湾、广东、广西、云南和西藏等地的南部以及海南省全部，约占全国总面积的 3%，其中海南省的天然林约 3.5×10^5 公顷，森林覆盖率为 22%。

热带季雨林分布于云南南部，海南岛、雷州半岛、西藏南部及台湾等地。季雨林的林冠一般比雨林要低矮，通常在 10～30 米，季雨林的板根多但不发达（榕树除外），藤本和附生植物也比雨林少。该类森林的乔木层一般为 1～3 层，主林层以落叶或半落叶树种混交组成，故树冠有雨季郁闭而旱季稀疏的季相变化。根据季雨林的外貌特征、结构及各类组成，可分成落叶季雨林、半常绿季雨林和石灰山季雨林三大类。

中国的森林除了以上的地带性分布类型以外，还有一些非地带性类型。这些森林资源在地球表面上并非形成一个"带"，它们分散地分布在各个植被带中，由于决定它们分布的主导因素是地形和地质条件影响下的局部特殊环境，并不是当地的气候条件，因此，这些森林资源的分布是非地带性的。中国森林的非地带性类型可大致分为青藏高原区的森林、温带草原区的山地森林和温带荒漠区的山地森林三大类。

三、我国森林资源的开发利用

（一）我国森林资源开发利用的现状

新中国成立以来，森林资源开发利用取得了很大成就。为适应国民经济发展需要，先后开发了东北、内蒙古的小兴安岭、大兴安岭、完达山林区，西北的秦岭、白龙江、天山、阿尔泰山林区，川滇林区以及海南岛林区等大片国有林区，共建立 131 个国家林业局，承担国家木材生产计划任务的一半以上，地处亚热带的闽、粤、湘、桂、浙、皖、鄂、黔以及海南、四川、云南等省区的集体林区，经过开发建设也已形成一定的木材生产能力，为国家提供了大量的木材及林副产品。根据中国国家林业和草原局的数据，截至 2020 年，中国的森林覆盖率达到了 23.04%，比 20 世纪 80 年代初提高了近 10 个百分点。中国的森林蓄积量也在不断增长，截至 2020 年，全国森林蓄积量达到了 175.6 亿立方米。

（二）我国森林资源开发利用的主要特征

第一，森林资源人均占有量少，利用率偏低。截至 2020 年，中国的森林覆盖率提高到了 23.04%，人均森林面积和蓄积量也有所增加。尽管如此，与世界平均水平相比，中国的森林资源人均占有量仍然较低，这导致了森林资源的利用率偏低，并且在一定程度上影响了生态环境的稳定性。

第二，森林资源分布不均衡，导致资源管理十分困难，中国的森林主要集中在东北（黑龙江、吉林、内蒙古的东北部）和西南（四川、云南和西藏的东部），这两块区域面积均为全国总面积的 1/5，但占全国森林总面积的 1/2 以上；辽阔的西北地区，占全国国土面积的 1/2，但森林面积仅占全国的 1/30，在经济发达的华北、黄河及长江中下游地区，人口稠密，人均蓄积量仅 0.8 立方米左右，这一地区由于木材需求量大，导致采伐过量，目前成熟林面积比重很小；但东北、西南两林区，成熟林蓄积量占全国的 85%，由于采运条件差，存在大量自然枯损现象，造成生物资源的极大浪费。

第三，森林资源的结构不合理，导致森林采育效率低。一是林种结构不合理。在森林面积中，经济林和薪炭林比重低（各占 10% 和 3.4%），用材林比重高（占 13.2%），不便于发挥森林的综合效益。由于在圆木采伐中，70% 左右用于薪柴，30% 左右作为商业木材生产，薪炭林的缺乏导致对森林资源的破坏性采伐。二是林龄结构不合理。中国森林的蓄积量中，成熟和过熟林、中龄林、幼龄林的比例约为 6：3：1；但成熟林集中分布在东北、西南两林区中；而东南地区的集中林区中，林龄结构大致是 1：4：5，可砍伐的成熟林很少。三是树种结构不合理。在成熟林中，针叶林占 40% 左右，阔叶林占近 60%，其他特种林极少，一些名贵的树种，如红松、水曲柳、椴木、柞木等很少种植成林，优良树种比例小。

第四，林地生产力较低，残次林偏多。中国现有的森林，除西南地区的云南西北部、四川成都及西藏东北部地区，西北的天山、阿尔泰山、祁连山、白龙江地区，东北、内蒙古的大小兴安岭和长白山区以及湖北的神农架等地尚存成片的原始森林外，大部分林区已变成次生林，其中部分森林由于采伐过度，已经成为经济价值极低的残次林，单位面积蓄积量很低，资源产出率低。

（三）中国森林资源的发展与保护

根据中国森林资源的现状、特点及存在的问题，为缓解森林资源危机，扭转两个恶性循环，必须采取森林资源开发利用与保护相结合的措施。

1. 经营管理好现有的森林资源。

要加强森林资源管理，采伐迹地应及时更新，加速中幼龄林的抚育，努力改造低产林，提高森林防火等的综合能力，积极防治森林病虫害，进一步建设好森林资源自然保护区，保护珍稀树种和野生动物资源，完善林政法制体系，制止乱砍滥伐。

2. 大力植树造林，提高森林覆盖率。

随着国民经济的发展、社会的进步和人口的进一步增长，对木材和林产品的需求量将越来越大，对生态环境的要求也将越来越高。现有森林资源将难以承受这种日益增长的需求压力。要解决这一问题，最根本的出路在于植树造林，不断扩大森林资源，提高森林覆盖率。这是林业工作的首要任务。

中国多山，宜林的后备资源丰富，扩大森林面积不仅必要，而且有实现的可能。要从中国各地实际情况出发，采取人工造林、封山育林、飞播造林、义务植树等多种形式发展林业，尽快实现消灭荒山、绿化祖国的宏伟目标。

3. 积极建设防护林体系工程。

中国干旱、洪涝、水土流失、风沙等灾害频繁，要重视森林的环保作用，发挥森林的环保功能，积极发展各种防护林，提高防护林在整体中的比重，调整林种结构。总体来说，中国在建设五大防护林工程（"三北"防护林、长江中下游防护林、沿海防护林体系工程、太行山地区绿化工程以及平原地区农田防护林工程）的基础上，还要积极推进天然林保护工程、退耕还林还草工程、京津风沙源治理工程、石漠化综合治理工程、国家储备林建设，推动生态文明建设。

4. 加速用材林与经济林生产基地建设。

一方面要加速商品用材林基地建设，重点营造好速生丰产林；另一方面要建设以干鲜果品为重点的经济林生产基地。

5. 适当发展薪炭林。

此外，还有其他一些森林资源开发利用与保护相结合的措施，如建设南方山区综合性林业生产基地。同时，注意节约和综合利用森林资源，要依靠科学技术进步，实行科学决策与管理，制定切合实际的保护和建设森林资源的政策，强化林政管理体系；加强保护、培育和利用森林资源的技术装备建设；运用现代化科学技术，建设林木种苗基地，完善林木种苗科研、生产和供应体系，这样才能保护和扩大森林资源。

第三节　草地资源的开发利用

草地资源是指在一定范围内所包含的草地内容、面积及其蕴藏的生产能力，是有数量和分布地域概念的草地。草地是具有一定面积、由草本植物或灌木为主体组成的植被及生长地的总体，是畜牧业的生产资料，是具有多种功能的自然资源和人类生存的重要环境。

一、草地资源的类型与特点

（一）草地资源的类型

根据草地植物群落的组成和发展过程以及生态因素发生的规律，可以将全国草地划

分为以下六大类:

1. 温性草原。

草原是以多年生旱生草本植物为主组成的草地类型,中国是以针茅属为代表的寒温型和中温型草本植物组成的温性草原。根据优势种的原则及其水分生态特征,温性草原又可划分为温性草甸草原、温性典型草原(干草原)、温性荒漠草原和高寒草原。

2. 温性荒漠。

荒漠是以超旱生小半灌木、灌木为建群种组成的草地。根据生境及其种类组成的差异又可划分为温带草原化荒漠、温性荒漠(典型荒漠)和高寒荒漠。

3. 草甸。

草甸是由多年生中生草本植物为建群的草地类型。它是适中的水分条件下形成和发育起来的,一般不呈地带性分布。根据生境和地形条件不同,草甸又可分为低平地草甸、山地草甸和高寒草甸。

4. 灌木草丛。

灌木草丛是指以中生或旱中生多年生草本植物为建群种,但其中主要是散生灌木的草地类型。这类草地大部分是有森林、灌丛遭反复破坏,导致水土流失,土壤瘠薄,生境趋于旱化而形成的次生类型。根据灌草丛的群落结构特征、种类组成及生态地理分布特点,可划分为暖性灌草丛和热性灌草丛。

5. 沼泽草地。

沼泽草地是在多水和过湿的条件下以沼生植物为建群种的草地类型。沼泽草地属中高产草地,常因积水而放牧利用不便,但可作打草场或冬季放牧场。

6. 零星草地。

零星草地主要指分布于中国农区、农林隙地、田埂、路边、房前屋后的零星草地,是农区家畜放牧和割草舍饲的主要场所,对农区畜牧业有重要意义。

(二)中国草地资源的主要特点

1. 草地面积大,分布广,主要集中在干旱、半干旱的高原与山区。

首先,中国有草地面积4亿公顷,广泛分布于全国各省区,但主要集中在400毫米等雨线以西的半干旱、干旱的高原和山区,包括内蒙古高原、黄土高原、青藏高原、天山、阿尔泰山、祁连山、贺兰山、准噶尔盆地、塔里木盆地及河西走廊;其次,广泛而分散地分布于南方山地丘陵。在东南部河流冲积平原、盆地、河谷与三角洲等地区,草地主要以田边、地埂的农隙草地形式存在。

2. 草地类型多,牧草种质资源丰富。

中国是草地类型最多的国家。有18种基本类型:草甸草原、草原、荒漠草原、高寒草原、草原化荒漠、荒漠、高寒荒漠、低平地草甸、山地草甸、高寒草甸、暖性灌草丛、热性灌草丛、沼泽和零星草地等,适合于多种牲畜饲用。

另外,中国牧草种质资源十分丰富。据初步调查,仅北方草原上就有野生牧草4000多种,南方草地饲用植物达5000多种。如羊草、无芒雀麦草、草地早熟禾、黄花、山野豌豆、冰草等，适合于不同地区，各类牲畜饲用的优良牧草在中国都有其野生种。

3. 天然草地多，人工草地少；放牧场多，割草场少；草地质量低，地区差异大。

全国4亿公顷草地中，3.9亿多公顷都为天然草地，人工草地仅占1.67%。由于草地大部分为低草类型，故绝大部分草地只适宜作为放牧场利用，适合割草利用的草地资源很少。由于中国主要草地分布区的降水量少，草地生产力低，因此草地综合质量不高。

4. 草地生产力季节不平衡，暖季大于冷季。

中国北方草地气温低、降水少，牧草生长期短，枯黄期长，造成了冬夏之间牧草产量及营养不平衡。冬春的产量仅为夏秋的40%～50%，而且营养价值大大降低。

5. 草地生产力年际变化大，丰歉年相差显著。

草地生产力随年度降水量的变化而变化，形成丰、平、歉年的差别。丰歉年产量差别的程度随地区而异，草甸草原丰歉年相差1倍，干草原相差2倍，荒漠草原相差3～4倍，荒漠相差2倍。丰歉年的差异是靠天养畜的畜牧业不稳定的主要因素之一。

6. 草地载畜能力低，冷季草场不足是限制因素。

由于上述原因，草地载畜能力普遍偏低，全国平均大约1～1.33公顷养1只绵羊单位。按目前实际，平均每只绵羊单位仅占有草地0.5公顷，大部分处于超载状况。但季节与地区不平衡。以季节论，暖季草场普遍有潜力，而冷季草场明显不足，大体上缺1/3。冷季草场不足是限制中国草地载畜量提高的主要因素。

二、中国草地资源的开发利用

草地是由一种或多种植物形成的有规律的、具有经济意义的植物群体，草原资源具有多种使用价值。草地是陆地生态系统的维护者，草地植被的覆盖稳定着相当面积的陆地生态环境，并将太阳能转化为其他形式的能，促进了生态系统能量和物质的循环。草地又是畜牧业的重要饲料来源，牧草含有丰富的牲畜生活、生产所需要的营养物质，甚至其蛋白质的含量高于谷物。牧草是土壤肥力的创造者，牧草的根系及微生物的生命活动，残遗的有机物，促进土壤理化性状的改变和团粒结构的形成，使土壤肥力提高。草是水土保持的卫士，是城市环境的美化者，同时是巨大的植物资源和基因库。

(一) 草地资源的利用方式

草地资源开发利用的效益首先取决于利用方式。目前，草地资源的利用方式主要有两种，即放牧利用和割草利用。

1. 放牧利用。

放牧利用是我国天然草地资源最主要的利用形式之一，其优点在于能经济有效地利用天然草地。牲畜直接在草地上采食。由于饲养全面，不仅有利于提高畜产品的数量和品质，而且生产成本较低。放牧利用常因牧场条件、草地类型、畜群种类等不同而采取不同形式。

（1）全年放牧与半放牧制。全年放牧即家畜全年依靠放牧，直接从天然草场得到自身所需要的营养物质。这种放牧制度是将放牧草地划分季节牧场，每一季节牧场划分一定的放牧地，牲畜定期移场。半放牧制，是指白天放牧，夜晚回畜舍补充饲料或者夏、秋季放牧，冬、春季舍饲。

（2）自由放牧与划区轮牧制。自由放牧就是将牲畜散放于整个牧场，任其自由采食，这是原始的放牧形式，常常使优良牧草被过度啃食，使草被难以恢复，导致草地退化。划区轮牧是根据草地生产力和放牧需要，在划分季节牧场的基础上，把每一个季节牧场再划分为若干轮牧区，按序轮流放牧，划区轮牧可使草群得以均匀、充分地利用，提高草地生产率与促进优质牧草的再生和繁衍。

2. 割草利用。

由于草地资源生产力的季节性，畜牧业的稳定性受到影响。特别是高寒草地，夏、秋饲草较多，营养丰富，而冬季饲料则严重缺乏。为了弥补冬季草料的不足，人们常常在人工草地或草质、高度较好的天然草地收割牧草，使其成为青贮饲料或干草，以满足冬季牲畜对饲料的需求。

不同的利用方式直接影响资源的转化效率。从劳动生产率的角度来看，牧场制的效率比牧畜制高。据我国西北地区的调查数据，放牧饲养成本仅为舍饲喂养的 14% ~ 30%，此外，如果对同样面积的草场实行小区划分和轮牧制度，还能提高家畜生产率 30% ~35%。

（二）中国草地资源开发利用存在的问题

中国草地资源的开发利用和建设主要存在以下几方面问题。

1. 粗放经营，靠天养畜，生产水平低，资源效益不高。

长期以来，对草地的投入严重不足，很多地区只注重利用，而忽视建设，造成草地建设迟缓，畜牧业基础设施不完善。同时，生产经营方式落后，仍延续粗放经营、靠天养畜的生产习惯。粗放经营往往导致资源利用效率不高，牲畜生产潜力未能得到充分发挥，还可能会对环境造成负面影响，包括草原退化、生物多样性下降和生态系统服务功能降低。

2. 大面积超载过牧，草地退化严重。

长期以来，由于盲目追求家畜头数的增长，实行掠夺式的经营方式，使草地大面积超载过牧，造成草地退化。这不仅导致生产力大幅度下降，其草地生态环境也日趋恶化，草地的原始面貌已逐渐消失，往日"风吹草低见牛羊"的自然景观已不复存在，取而代之的是风沙、干旱、土壤侵蚀和虫鼠害。

3. 区域发展不平衡，地区间差异大。

地区的差异一方面表现在开发利用程度上的不平衡上。目前北方草地已开发利用95%，同时普遍超载过牧，造成草地退化严重。而南方草地由于开发较晚，尚有 60%的草地利用不充分或基本未利用，大量牧草自生自灭，资源浪费严重。

另一方面，地区发展也不平衡，从草地畜牧业生产效益来看，东部沿海省份效益较好，中部地区次之，而西南地区较差。

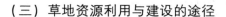

（三）草地资源利用与建设的途径

中国草地资源利用中的主要问题是草场季节不平衡，冬春饲草料不足；大面积草地过牧超载、退化严重，同时，草地资源分布地区的自然条件大都相对较差，因此，草地经营的方针应是实行大面积的合理利用和一定面积的集约经营相结合。其目标是增加冬春饲草料，提高饲养水平和抗灾保畜能力，稳定畜牧业生产。其具体措施和途径包括以下五点：

1. 加强对大面积天然草地的合理利用和建设。

天然草地是中国草地资源的主体，天然草地目前存在的最主要问题，在自然方面是季节不平衡，在人为方面是超载过牧，但解决这个问题的实质还是要协调草畜关系，缓解草畜矛盾。

中国草地利用在季节上的不平衡不仅表现在冷季牧场严重不足上，还表现在冷季草场利用时间长、枯草期长、产草量低、营养价值差等方面，因此，冷季缺草是限制草地畜牧业生产发展的最大影响因素。另外，草地超载过牧表现最严重的时期也还是在冷季，这是因为：其一，冷季草场本身面积小，单位面积载畜量相对较高；其二，在冷季牧草停止生长，家畜啃食对其的破坏影响最大。

因此，合理利用草地的措施在畜的方面来讲，首先就是以草定畜，即根据草地生产力合理确定家畜的饲养量和配置畜群。同时，应根据暖季草场丰富、冷季草场不足的情况，合理控制载畜量，以暖季草场提供的饲草量（包括冷季草场、割草储草与人工饲草饲料量）来确定家畜的存栏数。其次，要因地制宜地推行幼畜肥育，当年屠宰，加快周转，以减轻冷季草场的压力。

在草地方面，首先，应采取利用与保护相结合的方针，建立科学的放牧管理制度，固定草场使用权，切实做到分区、围栏轮牧；其次，应采取积极措施大力改良草地，因地制宜地利用耕耙、补播、灌溉、施肥、病虫害防治等农作方法培育草地；再次，要对已退化的草地进行封育，使其休养生息，以恢复地力和植被；最后，对无水草场、利用不充分的草场，要通过扩大水源、改善交通等手段开辟新草场。

2. 积极建设人工草地。

中国天然草地的生产力与外国同类草地相比并无明显差异，但畜产品生产能力却低得多。究其原因，除管理和投入的因素外，我们或许可以从人工草地的数量上得到一些启示。人工草地不仅产量高、质量好，而且产量稳定，利用适宜性强，能弥补冬春饲草料紧缺的问题。因此，中国开发利用草地资源的一个重要途径就是要积极建设人工草地。中国国土辽阔，各地自然条件差异极大，建设人工草地首先应选择适宜当地的优良牧草草种。根据不同地区的气候、地理和生态环境条件，结合原有植被的牧草种类和适宜性，对可供栽培的牧草进行区域划分。

3. 积极发展牧区繁育与农区育肥，促进农牧结合。

提倡牧区繁殖、农区育肥，是发挥农、牧各自优势，弥补农牧各自不足，开展农牧区经济互补，促进农牧结合的有效途径。如利用牧区暖季草场优势繁殖家畜，增加总量，再利用农区冬季饲草料和农作剩余物充足的优势，推行幼畜育肥、提高质量，发展

两个季节畜牧业，在中国广阔的农牧过渡带都可实行这种方式。

4. 加强各种牧业措施和能量投入及科学技术的应用。

运用各种科学的管理技术手段，使草地生态系统的输入与输出保持平衡，从而达到保持地力与稳产高产的目标，以提高牧草的转化率。

5. 应用草业系统工程理论，促进草地畜牧业生产的发展。

草业系统工程是以草地和牧草为基础，建立高度综合的、能量循环的、多层次高效益的生产系统，把专业化、社会化、商品化的现代草地畜牧业经营体系作为发展目标，实行种草、养畜、加工、生产、科研、培训、牧工商的生产科研体系和产前、产中、产后服务体系，在体制、技术、经营、流通和管理领域进行改革、挖潜和优化，促进资源经济的最大效益。同时，按照草地资源再生性规律，保证生态系统能流和物流的平衡，使之永续利用，稳产高产、可持续发展。另外，以知识密集型的草业理论为基础，发挥草地资源多用途和多功能的自然属性，进行综合开发。

第四节　野生动植物资源的开发利用

一、野生动物资源

（一）野生动物资源的特点与类型

1. 野生动物资源的特点。

中国野生动物资源具有种类繁多、资源丰富的特点。特有种类丰富，有许多特有的野生动物种类，如大熊猫、金丝猴、扬子鳄、朱鹮等；生态系统多样，从北方的森林和草原到南方的热带雨林，再到西部的高原和沙漠，中国有着多样的生态系统，为不同种类的野生动物提供了栖息地。中国野生动物资源兼有南北两大区系的特点。据动物地理学的研究，在动物区系成分上，中国南方适应于热带与亚热带的种类，属于东洋界，有许多种类与东南亚一带所共有。北方则分布着适应于欧亚北方森林的种类，属于古北界西伯利亚区系；西北干旱地区包括青藏高原则有许多与中亚一带相同，属于古北界中亚区系。世界上像中国这样兼有南北两大区系动物种类的情况，甚为罕见。因此，中国的野生动物资源是欧亚大陆南方与北方的混合产物。同时，由于中国自然条件的区域差异明显，从热带到寒温带，从平原到高原，各地动物的组成各具特色。从而导致了中国野生动物资源丰富的多样性。

2. 野生动物资源的类型。

野生动物资源按用途可分为以下六类：

（1）食物来源，包括兽类中的野猪、野兔、野鸡等；两栖类中的青蛙、泽蛙、金线蛙等；爬行类中的甲鱼、蛇等。

（2）工业原料，包括兽类中的紫貂、水獭、赤狐等；野生鸟类中的雁、野鸭、野鸡等；无脊椎动物中的多种紫胶虫、白蜡虫等。

（3）药用动物，包括药用兽类至少65种，多至100多种，如麝香、鹿茸、熊胆、牛黄等；鸟类中可入药的 100 多种，如金鸡、鸳鸯、斑鸠、云雀等；两栖动物中的药用动物 30 种以上，如蝾螈、蟾蜍等。爬行动物 80 多种，如各种蛇、蜥蜴等；无脊椎动物中的紫胶、白蜡、虫草等。

（4）农业有益种类，主要指一些能消灭农林害虫的动物。如鸟类中的啄木鸟、林鹃、猫头鹰等；兽类中的刺猬、蝙蝠、穿山甲等；另外还有许多有益的昆虫可帮助传授花粉和捕食害虫。

（5）改良与增加家畜、家禽的遗传种源，一些野生动物资源的保护和研究有助于创造新的为人类驯养的品种。如麝、猕猴、水獭等已成为新式家畜；鹌鹑、鹧鸪等已成为新式家禽。

（6）可供发展旅游和进行文化贸易的种类，包括科研与实验需求的种类。如中国特有的大熊猫、扬子鳄、丹顶鹤等对旅游和文化贸易起到很特殊而重大的作用。

（二）野生动物资源的分布与数量

不同的资源动物，因生态适应能力及分布历史的差异，有一定的分布位置与范围，因此不同地区野生动物资源的组成和数量也不尽相同。我们可按地理位置将中国野生动物资源的分布划分为以下七个区：

1. 东北区：本区包括资源动物 220 多种。本区动物冬毛丰满，是裘皮兽的主要产地。如紫貂、雪兔、松鼠等。此外，还有许多水禽，如鹤、鹭、雁等。

2. 华北区：本区资源动物比东北区多，有 230 多种，但特产或主要产于本区的动物较少，大多数是一些常见的动物，如刺猬、花鼠、草兔等。鸟类中的石鸡、沙鸡、岩鹨等。该区还有一个蛇岛，盛产蝮蛇，数量以万计，现已划为保护区。

3. 蒙新区：本区资源动物种类不到 200 种，由于人类长期狩猎，一些以前产于该区的大、中型动物如野马、野山羊等已在区内绝迹。现存的还有野驴和一些羚羊类，但数量都已很少，已成为国家保护的对象。旱獭、马鹿、沙狐在本区数量较多。另外，雁、鸭、天鹅等鸟类夏季在本区繁殖。环颈雉、沙鸡及几种鸫全年在本区繁殖。

4. 青藏区：本区野生资源动物仅有 130 种，全国最少。然而，本区由于气候条件和地理位置特殊，因此有许多特有的种类，如雪豹、藏棕熊、野驴、野牦牛、藏羚羊、喜马拉雅旱獭、岩羊、盘羊等。据估计，野牦牛和野驴的数量均不超过 10 万头，藏羚羊数量更少，约有 5 万~10 万头，岩羊约有 4.2 万头，盘羊只有 8000 头左右，都是亟待保护的物种。另外，赤狐、藏狐、猞猁、兔狲等在本区也有一定的数量。

5. 西南区：本区的野生资源动物接近 300 种。如熊类中的棕熊、黑熊；鹿类中的梅花鹿、马鹿；此外，本区内有一些特殊的资源动物，如大熊猫、金丝猴、水獭、猞猁、金钱豹等。数量较多的是松鼠、草兔和黄鼬等。另外还有赤狐、果子狸、小灵猫、狼和藏狐等。

6. 华中区：本区资源动物有 350 种，主要属于适应次生林灌和田野的动物。包括草兔和一些中小型食肉兽，如黄鼬、鼬獾、豹猫、果子狸、狐、大灵猫、麂、猕猴等。

本区的长江中下游是许多鸟类的越冬区，雁、野鸭、鹤等30余种。另外，珍稀动物扬子鳄和鸟类中的白尾长尾雉是本区的特产。

7. 华南区：本区资源动物种类达430余种，居全国首位。包括鸟类的鹧鸪、孔雀雉、绿孔雀、原鸡；爬行类的龟类、壁虎、蟒蛇、变色树蜥等；紫胶、白蜡、蝴蝶等特殊昆虫资源；麂类、草兔、果子狸、麝、鹿、猕猴、黑叶猴等动物。

（三）野生动物资源的保护

1. 禁止滥捕，实行轮猎，建立保护区。

中国野生动物资源减少的主要原因一方面是由于不少地区对野生动物滥捕滥猎，致使野生动物资源遭到严重破坏，另一方面是由于许多野生动物的栖息环境遭到破坏，包括森林的滥伐、环境的污染、农药的使用等原因。因此，要保护野生动物资源的一个重要措施就是要禁止滥捕，实行轮猎制度，制定狩猎法，确定合理狩猎量，并在猎区内划出"禁猎特区"。实行"护、养、猎并举"的方针，合理利用可再生的野生动物资源，进行适量狩猎，既不破坏资源，又不使资源因自然死亡而浪费。

对一些濒临灭绝的种类，最后的办法是将仅存的少数个体置于人为的保护之下，当其繁殖到一定数量时，再将其放回野外。中国的野马和麋鹿就是通过这种办法避免灭绝的。

对一些经济价值高的种类，特别是药用动物，应发展驯养，以减轻对自然种群的压力。梅花鹿、白唇鹿、马鹿、麝和熊的驯养和活体取茸，取麝香和取胆已获得显著成效。

2. 珍稀濒危野生动物的保护。

（1）重点保护濒危的野生动物。为保护野生动物资源，中国政府制定了国家重点保护野生动物的名录，以法律予以保护。其中第一类动物有96种，为绝对重点保护对象，如大熊猫；第二类为限制狩猎动物，有181种，如鸟类的天鹅、两栖类的大鲵等。

（2）几种重要野生动物保护的措施。

①大熊猫的保护：中国已在大熊猫集中的地区建立了14个专门的大熊猫自然保护区。在卧龙保护区建立了大熊猫研究中心。除此之外，更重要的是要在大熊猫分布区内注意恢复山谷原有的森林和竹林，以扩大大熊猫的活动范围和生存环境。

②鹤类的保护：主要应注重保护鹤类生存的环境——湿地。应控制工业建设占用湿地；水利建设应在不破坏自然湿地环境的基础上进行。

③扬子鳄的保护：扬子鳄受威胁的主要原因除人们的滥猎外，还由于大量使用农药化肥和为消灭血吸虫过量使用五氯酚钠，污染了水体，从而使扬子鳄的生存受到威胁。为使扬子鳄免遭灭绝，应保护和恢复扬子鳄的自然栖息地，在扬子鳄的自然分布区域建立自然保护区；通过人工繁育项目增加扬子鳄的数量；提高公众对扬子鳄保护的意识。

除以上几种动物以外，中国还有金丝猴、麝、大鲵等其他珍稀野生动物。目前，对这些珍稀濒危野生动物，中国也分别在其生存的地区建立了相应的自然保护区，进行专门保护。

二、野生植物资源

（一）野生植物资源的特点和主要类型

1. 野生植物资源的特点。

中国野生植物资源除了具有植物资源的一般特点，即再生性、光转换性、地域性和群体性外，还具有多样性、古老性和特有性。

中国高等植物种类约有 30000 种，居世界第三位。中国从南到北有热带、亚热带、暖温带、温带和寒温带的植物种类；从东到西有森林、草甸、草原、荒漠草原和荒漠的植物种类；中国又是多山的国家，不同地区的不同垂直带谱上分布着多种多样的植物。

中国有许多地方没有受到第四世纪冰川的覆盖，所以许多古老的植物种类被保存下来。例如，水杉、银杉和银杏等植物种类，被称为"活化石"。

中国的特有植物种类极为丰富，仅特有属就有 240 个，特有种近 10000 种。例如，领春木、连香树、天目木兰和浙江山胡椒等，都是中国的特有植物。

2. 野生植物资源的主要类型。

野生植物资源按其用途可分为六大类：

（1）食用植物资源，包括淀粉类（如魔芋、蕨根）；油脂类（如光皮树、硬核、漆树、油茶等）；蛋白类（如黄芪、老芒麦、刺槐等）；维生素类（如猕猴桃、山楂、蔷薇等）；甜味品类（如罗汉果、水槟榔等）；食用色素类（如金鸡菊、金盏花、栀子等）；饮料类（如君迁子、黄刺玫等）；饲用植物类（如羊草、无芒雀麦草等）。

（2）药用植物资源，包括中草药类（如人参、刺五加、杜仲等）；化学药品原料类（如萝芙木、喜树、黄花夹竹桃等）；兽用药类；植物性农药类（包括冲天子、枫杨、鱼藤等）。

（3）工业用植物资源，包括纤维类（如龙须草、芦苇、青檀树等）；鞣料类（如落叶松、栓皮栎、槲栎等）；芳香油类（如木姜子、樟树、金合欢等）；树脂类（如云南松、红松、华山松等）；植物胶类（如槐树、猕猴桃、田菁等）；工业用油脂类（如油桐、乌桕等）；染料类（如苏木精、红木等）；经济昆虫寄主植物（如柴胶虫的寄主三叶豆、紫梗树，五倍子的寄主植物苔藓等）；木材类。

（4）观赏植物资源，仅云南野生观赏植物就有 2500 种。主要观赏植物有菊花、兰花（约 20 种）、竹（400 余种）、梅花、芍药和牡丹（11 种）、山茶花、杜鹃花、百合、珙桐、水杉、海棠等。

（5）保护和改造环境的植物资源，包括防风固沙植物，如木麻黄、大米草、多种桉树、红柳、杨树、榆树等；保护水土植物，如银合欢、牛油树、豆腐果、刺槐等；固氮增肥、改良土壤植物，如桤木、紫苏、田菁等；检测和抗污植物，如凤眼莲。

（6）植物种质资源。按照遗传学的观点，每一个植物种都有不同的遗传特征，均应视为不同的种质。中国是世界植物种质资源最丰富的国家，约有 3 万种，但开发利用的不到 1%，作过化学分析的也仅占 10%，开发利用丰富的种质资源大有潜力。

（二）野生植物资源的开发利用

1. 天然保健饮料植物资源的开发。

近年来，天然保健饮料在饮料行业中发展很快。许多野生植物资源正是天然保健饮料的直接原料。目前，中国有开发前景的天然饮料资源主要有：

（1）蔷薇果汁：在蔷薇属中有不少植物富含维生素 C，这些植物是加工蔷薇果汁的重要原料。目前发现的比较有开发价值的蔷薇属植物主要有刺梨、黄刺玫和新疆野蔷薇等。刺梨主要分布在中国的亚热带地区；黄刺玫则分布于东北和西北地区；新疆野蔷薇主要在新疆的北疆地区。要开发这几种资源，可在贵州、湖南建立刺梨商品原料基地，在东北地区建立黄刺玫商品原料基地，在新疆的北疆地区建立野蔷薇商品原料基地。

（2）沙棘果汁：沙棘也是一种富含维生素的野生植物，主要分布在东北、西北和华北地区。可结合防风、固沙和绿化等作用，在以上地区建立沙棘基地。

（3）酸枣汁：酸枣汁是另一种已经被消费者广泛接受的天然饮料。酸枣主要分布在华北地区，要积极开发酸枣资源，发展酸枣汁产业，可在华北地区建立酸枣基地，为酸枣汁的生产提供原料保证。

除了以上三种植物资源外，绞股蓝、柿叶、红景天属植物等，都具有很高的营养价值或保健作用，可用于生产天然保健饮料。应大力开发这些野生植物资源，实现它们的经济价值。

2. 天然香料植物资源的开发。

中国能生产 120 多种天然香料，如桂油、八角茴香、薄荷油、柏木油等产品年产量居世界前列，其中薄荷脑年产量名列世界第一。中国已成为天然香料的生产大国之一。中国的樟科植物（香料生产的重要原料）约有 1400 多种，分布于长江以南的各省区。樟树有几种类型，其中以芳樟型、龙脑型和樟脑型最有价值，分别能提炼出重要的香料原料芳樟醇、龙脑和樟脑。因此，要开发天然香料植物资源，应大量栽种这几种樟树，并建立相应的香料原料生产基地。

3. 药用植物资源开发。

中国药用植物开发历史悠久，驰名中外。国内外对中草药的需求量都很大，药用植物的发展前景很好。但由于大量采掘，近年来，一些原来储藏量较大的药用植物已经出现资源枯竭（如甘草）。因此，合理地开发利用药用植物资源，应建立相应的药用植物生产基地。结合各种药用植物的分布特点，中国主要应建立以下五个药用植物商品原料基地：

（1）东北药用植物商品原料基地：主要发展人参、刺五加、五味子、延胡索等。

（2）西北药用植物商品原料基地：主要发展甘草、当归、党参、黄芪、麻黄等。

（3）西南药用植物商品原料基地：主要发展天麻、三七、川贝母、川芎、黄连、黄柏、萝芙木等。

（4）华东药用植物商品原料基地：主要发展丹参、青蒿、金银花、厚朴、吴茱萸等。

（5）海南岛和西双版纳药用植物商品原料基地：主要发展砂仁、草果、红豆蔻等。

4. 花卉植物资源的开发。

中国是世界上许多著名花卉的种源中心。然而，中国野生花卉资源的开发利用研究工作却有不足。要促进中国花卉业的发展，应重视野生花卉的开发研究工作，特别对下列几类花卉应加速发展，形成产业。

（1）杜鹃花：杜鹃花属有 650 种，主要分布在西南地区，特别是在四川和西藏。可选择在四川建立杜鹃花商品生产基地。

（2）兰花：兰科植物约有 1019 种，主要分布在云南、台湾和海南岛等地。虽然目前已有许多栽培兰花，但大量优良的野生兰花还有待进一步开发。可选择在云南和海南岛建立野生兰花商品生产基地。

（3）报春花：报春花属植物有 300 种，主要分布在西南地区，可选择在四川建立报春花商品生产基地。

除了上述野生植物资源外，还有许多其他野生植物都具有很高的经济价值，应对这些资源进行积极而合理的开发利用。例如，可在江西、浙江、湖南、湖北等地建立栗类商品原料基地，发展橡子淀粉产业；在广西建立甜茶基地，在广西、广东、江西等地建立罗汉果基地，发展天然甜味品产业；在江西、浙江等地建立栀子基地，在江苏建立大金鸡菊基地，在辽宁建立紫草基地，发展天然食品色素产业。

（三）野生植物资源的保护

1. 植物资源的就地保护。

即建立各种类型的植物自然保护区。从 20 世纪 20 年代起，世界各国都相继建立国家公园和保护区。美国、英国、日本等国家自然保护区面积都占国土总面积的 10% 以上。中国于 20 世纪 50 年代建立第一个自然保护区，至今已建立各种类型自然保护区 400 多个，占国土总面积的 2%，数量和面积都还不够，应继续扩大。对自然保护区应全面深入开展植物分类、生态、经济评估、有效管理以及植物受威胁情况的研究，以促进植物基因资源更有效地在原地受到保护。

2. 植物资源的迁地保护。

即建立各种植物园、树木园和百花园等，在全国范围内组成一个引种繁殖网，将野生植物进行栽培，移地保护其基因。据调查，全世界目前有 1400 个植物园，收存大量的野生植物，例如，加拿大的蒙特利尔植物园收集了植物 15000 种。

中国最早建立的植物园有南京中山植物园和江西庐山植物园，至今全国已建立 80 多个植物园、树木园和百花园。中国大多数植物园收集植物 2000～3000 种，最多的有 5000 种。但总体来说，数量、种类上都还不适应需要，还应加强对植物园的建设，增加迁地保护的植物种类。

3. 建立植物基因资源库。

供长期保存种子、花粉及各种无性繁殖体，开展繁殖体的生理和生化特性研究，使植物基因资源得以更好地保存。美国和苏联均建立了国家种子库。英国邱园设有基因库，以保存野生和园林植物基因为主。中国拥有多个现代化种子库，它们在生物多样性保护和植物遗传资源的长期保存方面发挥着重要作用，如中国西南野生生物种质资源库、中国国家基因库、中国农业科学院国家种质资源库、中国林木种质资源平台等。

习 题

一、名词解释

1. 生物资源　　　　　2. 森林资源　　　　　3. 草地资源

4. 半放牧制　　　　　5. 草甸

二、选择题

1. 生物资源是指可以被人类利用的天然生长或人工培养的种类及群落类型，具体包括（　　）。

A. 植物　　　　　　　　　　　B. 动物

C. 微生物　　　　　　　　　　D. 植物、动物、微生物

2. 下列不属于森林资源的利用方式的是（　　）。

A. 木材采伐　　　　　　　　　B. 保护国家公园

C. 旅游观光　　　　　　　　　D. 在森林中放牧

3. 下面生物资源耗尽速度最快的是（　　）。

A. 水资源　　　　　　　　　　B. 石油

C. 林木资源　　　　　　　　　D. 草原资源

4. 生物资源的可持续利用是指（　　）。

A. 将生物资源转化为经济价值

B. 有效利用生物资源，同时保持它们的可替代性

C. 限制对生物资源的使用，以保护生物多样性

D. 无限制地利用生物资源，无论是否可再生

5. 下列捕捞方式对海洋生态系统造成的影响最小的是（　　）。

A. 拖网捕捞　　　　　　　　　B. 爆炸捕捞

C. 挂钩捕捞　　　　　　　　　D. 漂网捕捞

6. 野生植物资源的分布有明显的（　　）。

A. 季节性特点　　　　　　　　B. 空间性特点

C. 地域性特点　　　　　　　　D. 时间性特点

7. 野生植物资源的三级开发手段侧重于（　　）。

A. 工业生产方式　　　　　　　B. 可持续利用性

C. 农学和生物学方面　　　　　D. 多学科综合性科学研究

8. 以下不属于野生植物资源开发目标的是（　　）。

A. 零级开发　　　　　　　　　B. 一级开发

C. 二级开发　　　　　　　　　D. 三级开发

三、简答题

1. 简述生物资源的分类。

2. 简述生物资源的特征。

3. 简述森林有哪些特性和功能。

4. 简述中国森林资源的分布情况。

5. 简述草地资源的类型与特点。

6. 简述中国草地资源的分布和数量情况。

7. 简述野生动植物资源的特性和类型。

四、论述题

1. 论述中国森林资源开发利用存在的主要问题以及如何合理开发利用。

2. 论述中国草地资源开发利用存在的问题以及如何开发和利用。

3. 论述如何合理开发利用以及保护珍稀野生动植物资源。

第十章

旅游资源的开发利用

　　旅游资源是旅游活动的核心要素，是发展旅游业的重要基石。一个地区旅游资源开发和利用的成功与否，直接决定着当地旅游业发展的前景与命运。旅游资源学作为旅游学中的一门重要学科，其研究的最终目标是实现旅游资源的有效开发和利用，其中，旅游资源的概念、特点、分类与评价是这一学科最基础的理论问题。而深入分析当前旅游资源开发中存在的突出问题，提出科学的可持续发展模式，对旅游资源的合理开发与利用具有至关重要的意义。

第一节　旅游资源的概念、特点及分类

一、旅游资源的概念

　　旅游资源是发展旅游业的基础，然而，什么是旅游资源？弄清这一问题其实并不简单。几十年来，学者们众说纷纭，对旅游资源的概念、特点、价值等进行了不懈的探讨，提出了许多不同的见解，至今仍在探讨和研究。本书在借鉴前人关于旅游资源的认识的基础上，从旅游资源的本质属性出发，来揭示旅游资源的概念和本质。

（一）旅游资源的本质属性

　　旅游资源首先属于"资源"的范畴。根据《现代汉语词典》，"资源"是指"生产资料或生活资料的天然来源"，简言之，即"资料来源"，它具有可用于生产而带来价值的含义。一切构成资源的事物和因素，不论是自然的还是社会的，都是客观存在的，是相对"天然"的，当它不被人们或某个产业认识和利用时，就不能相对于人们或某个产业而产生价值，也就谈不上是什么资源。那么，旅游资源是何种事物的资料来源呢？铁矿是钢铁的来源，木材是纸张的来源，棉花是棉纺织品的来源……我们认为，旅游资源是旅游产品的来源。

　　目前，有关旅游产品的概念在理论界颇有争议，其与旅游资源的关系问题也尚未得到解决。在学术研究和实践运用中，许多人将二者直接等同，但更多的人认为旅游资源与旅游产品是两个不同的概念。下面我们就以最简单的逻辑，从旅游活动入手，对这二者进行分析，从而实现对旅游资源本质的把握。

　　"旅游，是人们离开自己的常住地，到异地做暂时停留或访问所经历的特殊生活过

程。"也就是说，旅游活动是人们在异地经历的一段特殊生活过程。在现代社会中，旅游者的旅游活动基本上是在旅游市场的大环境中进行的。旅游业生产、组织、销售能够为旅游者带来异地特殊生活经历的旅游产品，也就是提供"异地经历"。旅游者通过支付一定的费用，购买旅游业生产的旅游产品，在消费旅游产品的过程中实现其特殊生活经历，消费的过程就是经历的过程，旅游者购买和消费的也是"异地经历"。所以，我们可以说，旅游产品就是这样一种"异地经历"。剖析旅游产品的构成，也就是经历的来源，我们发现，尽管旅游者的经历多种多样，但所有经历的形成都有一个核心要素，这个核心要素就是具有异地性的"吸引力"，或者说是吸引旅游者到异地、以足够的力量促使其实现身体位移的这种"移动吸引力"，也就是许多学者所说的"核心吸引力"。所以，所有的旅游产品也都有一个核心要素——某种异地吸引因素。旅游者的异地经历主要是因为某种异地吸引因素的吸引力而产生，并且整个经历都是围绕着这一吸引因素来进行的，这个吸引因素因此就成为经历的来源，成为旅游产品的原材料，也就是旅游产品的来源，也就是我们上面所说的旅游资源。

所以，旅游资源的本质在于其作为异地的吸引力，能够被开发利用。旅游资源的"异地"吸引因素是由旅游活动的"异地性"所决定的。

（二）关于旅游资源概念的研究

我国对旅游资源的研究始于20世纪70年代末，随着旅游业的发展和旅游研究的深入，人们不断发现新的问题，提出新的见解，力图实现对这一概念更为完整准确的把握，但是至今仍未达成共识。其中比较有代表性的说法有：旅游资源是旅游者参观游览的对象，是旅游业存在和发展的基础条件。旅游资源是吸引人们前来游览、娱乐的各种事物的原材料，这些原材料可以是物质的，也可以是非物质的。它们本身并非游览的目的物和吸引物，必须经过开发才能成为有吸引力的事物。凡是能够造就对旅游者具有吸引力环境的自然因素、社会因素或其他任何因素，都可构成旅游资源。旅游者之所以愿意在某地或某国旅游，是因为那里的环境对他们具有吸引力。从经济学的角度来看，旅游资源可以初步定义为能够使旅游者产生兴趣，有足够的力量吸引他们前来并由此获得经济效益的各种要素的集合。

旅游资源是指自然界和人类社会中，能够对旅游者产生吸引力，可用于发展旅游业并产生经济效益和社会综合效益的各种事物和因素。旅游资源是一切可以用于旅游开发的条件和因素。从社会角度分析，旅游资源包括社会资源和专用资源两部分。其中前者又包括基础设施资源、自然与社会环境以及可用于旅游投资的社会财力和物力；后者包括旅游服务设施资源、旅游吸引诸因素资源、旅游专业劳动力。旅游资源是由旅游地资源、旅游服务及其设施、客源市场三大要素构成的相互吸引、相互制约的有机系统，是这三大要素间相互吸引关系的总和。我们认为，旅游资源是一个开放系统，如果说有标准或定义核心，那么这个核心就是旅游产品，只要具有开发为旅游产品的潜力，无论是有形的还是无形的，都可以被视为旅游资源。在特定时代和地域空间中，人类认知能力所能够发现的一切具有旅游吸引力的客观存在，都是旅游资源的范畴。在旅游吸引物与旅游产品这两个概念间，其实无须再单独设立"旅游资源"这个概念。旅游吸引物是指对旅游者具有基本吸引作用的自然因素、社会因素以及其他任何因素。

分析上述定义，存在以下几个方面的问题：

第一，人们普遍认识到旅游资源直接指向旅游者的吸引力，并以不同的表述对这种吸引力进行限定，如"有足够的力量吸引他们前来""可以为发展旅游业开发利用""人们认知能力所能发现的""旅游吸引力"等。这些表述其实只是试图表达一个共同的认识：旅游资源对旅游者具有核心吸引力，是吸引旅游者进行异地迁移的主要因素，并非所有吸引旅游者的因素都能被称为旅游资源。

第二，存在对于旅游资源的"资源"本质认识不清的情况，导致了旅游资源外延的界定混乱，进而影响对其内涵的认定。

第三，"具有开发为旅游产品的潜力"意为旅游资源是旅游产品的主要来源或直接来源，是旅游产品的资料来源，然而，这只是对旅游资源本质属性的表层解释，在没有明确解释旅游产品这一概念的前提下，以一个尚不确定的概念去界定另一个不确定的概念似乎欠妥。

为了规范实践领域，2017 年 12 月 29 日，国家标准部门颁布了中华人民共和国国家标准 GB/T 18972-2017《旅游资源分类、调查与评价》代替 2003 年版，在该标准中，对旅游资源等概念进行了补充和修订。

（三）旅游资源的概念

根据对旅游资源本质的把握，综合以往研究成果，我们决定采用 2017 年颁布的中华人民共和国国家标准 GB/T 18972-2017《旅游资源分类、调查与评价》（该标准于 2018 年 7 月 1 日开始实施）中对旅游资源所作的定义。旅游资源是指"自然界和人类社会凡能对旅游者产生吸引力，可以为旅游业开发利用，并可产生经济效益、社会效益和环境效益的各种事物和现象"。

这一定义包含下面几层含义：

第一，旅游资源对旅游者产生吸引力。任何产品对其消费者都有本身特定的吸引力，旅游产品也不例外。作为旅游产品的来源，旅游资源的吸引力作用指向的是旅游者。只有对旅游者产生某种吸引力，能够激发其旅游动机，才有可能成为旅游资源，不具有这种吸引力的任何资源因素都不会成为旅游资源，而当这一吸引力足够强大，形成异地吸引力，就可以促使旅游者实现异地迁移，从而促成一段异地特殊生活经历。

第二，旅游资源是旅游业的开发对象，是旅游产品的来源。一方面，旅游业是生产、组织、销售旅游产品的经济产业，其通过必要的辅助因素和手段对旅游资源进行开发利用，将资源转化为产品，推向市场，实现旅游业的良性运转。其中，辅助因素和手段不能算作旅游资源。另一方面，能够为旅游业开发利用是旅游资源存在的价值，只有通过旅游业的开发利用，成为旅游产品，旅游资源才能和旅游者发生联系，为旅游者提供独特的经历，从而实现其价值。此外，由于旅游资源的开发是多层次的，旅游产品也是多级别的，所以旅游资源既包括尚未被开发但有开发价值的部分，也包括已经被开发过，可以被组合成不同旅游产品的部分。

第三，经济效益、社会效益和环境效益是现今社会环境对旅游资源是否可以为旅游业开发利用的限制条件。对某项旅游资源的开发利用形成的旅游产品，既要能满足市场需求，为旅游业带来经济利润，又要符合社会规范，有利于社会的发展和进步，还要遵循生态原则，有益于环境的建设和保护，这是现代社会对资源利用的要求，也就成为资源能否开发的条件。

二、旅游资源的特点

任何一个概念都是共性与个性的统一。旅游资源除了从属于资源这一行列、拥有资源的共性以外，还有着自身的个性特点。认识这些特点，对于发展旅游业，尤其是对一个国家和地区的旅游资源开发利用、旅游市场营销以及旅游资源的保护等工作有着重要的意义。关于旅游资源个性特点的研究也是旅游资源学中的一个重要课题。

旅游资源的特点是其本质属性的多维展现和延伸，是旅游资源与其他类型资源的相异特征。研究旅游资源的特点，应该从其本质属性出发，反映其基本内涵，为旅游业的实践工作提供依据和指导，为揭示旅游发展的特殊规律和完善旅游学的理论体系奠定基础。

由于学术界对这一问题仍未达成一致的意见，因而也存在许多不同的特点组合。但研究者基本上都是从旅游资源的范围、使用、存在方式及价值等角度入手，对旅游资源的特点进行分析概括的，虽然表述不尽相同，但无大的分歧，共识较多。这些理论成果服务于旅游业的特定任务和要求，并发挥了重要的指导作用。

结合旅游资源的本质属性，其基本特点主要包括六个方面：广泛多样性、地域差异性、组合性、文化性、开发利用的相对永续性和变化性。

（一）广泛多样性

旅游者的社会组成和心理特点的多样性，决定了作为旅游产品核心来源的旅游资源的存在极为广泛。一般的资源，都有特定的物质内容和分布特征，而旅游资源则不然，它的品种和表现形式多种多样，物质内容纷繁复杂；它的存在范围无所不至，无边无界。甚至可以说，世界上任何一种客观存在都可能成为旅游资源，人类所能到达的任何地区都可能有旅游资源可供开发利用。

由于世界经济和社会的发展，一方面人们的旅游动机和需求在向高层次、多元化发展，另一方面人类的空间活动范围也在不断扩大。于是，许多崭新的旅游形式和内容被不断地纳入到旅游资源的范畴中来，从而使旅游资源的分布更加广泛，内容更加丰富多彩。从传统的山水风光、名胜古迹，到一个国家和地区的文化、艺术、生活方式和民族风情，再到工业示范园、农业生产基地等，旅游资源有涵盖世间万物的趋势。

（二）地域差异性

第一，尽管旅游资源品种繁多、类型复杂，但它们都分布在一定的空间范围内，都反映着各地地理环境的特点。

每个地区的地质、地貌、气候、水文、动植物以及人类在长期同自然界的斗争中创造的物质文化和精神文化，如建筑艺术、宗教、民俗等，均存在着明显的地域差异性，形成了具有不同特征的"地缘文化"。这种地域的差异性，使旅游资源具有以地域为基础而形成的独特魅力，赋予了旅游资源鲜明的地域特征。如世界上最吸引人的"3S"资源和景观，主要分布在中低纬度的基质砂岩海岸；岩溶山水景观则主要分布在热带和亚热带的石灰岩发育地区；世界上的园林大致可分为东方园林、西方园林和西亚园林三大系统，而我国的园林则有南方类型、北方类型和岭南类型，其中南方的明媚秀丽、北方的富丽堂皇和岭南的亚热带风光，三者各具特色，迥然不同。我国幅员辽阔，自然环境复杂多样，社会文化地域特征鲜明，形成的旅游资源自然也各具特色。

第二，旅游活动和旅游资源的本质属性决定了只有具有鲜明地域特色的事物和因素，才能够成为吸引旅游者的旅游资源。

旅游活动是在异地吸引因素的作用下实现的异地特殊生活经历，旅游资源作为旅游产品的核心来源，必须具备足够的力量吸引游客前来。而这种异地吸引因素的吸引性，正来源于其与旅游者本身生活环境的差异。因此，一个地方的自然景物、人文风情和生产实践越具有独特的地方特色，对旅游者形成的吸引力就越强大。在旅游开发实践中，如果盲目开发、重复建设，抛弃地方特色，只会造成当地人力、物力和财力的极大浪费。地域特色逐渐消失，地区之间趋同化，这是旅游资源开发和利用中产生的重要问题，已经引起旅游学界的高度重视。

第三，由旅游资源的地域特征决定的区域特色，是划分旅游区的主要依据。旅游资源的地域性分布，形成了世界上各具特色的旅游区，从而影响了旅游者的空间流动，旅游区特色与旅游者需求的结合是旅游市场营销成功的关键所在。

（三）组合性

组合性是指孤立的景物要素很难形成具有吸引力的旅游资源，在特定的地域中，往往是复杂多样、相互联系、相互依存的各个要素共同构成资源体。例如，一条河流要形成一条风景走廊，离不开两岸的远山近木、水势峰状、民情风俗等。长江"黄金旅游线"的魅力不仅来自波涛汹涌的江水，更来自千姿百态的峡谷景观、满目沧桑的古代遗址遗迹、气势恢宏的现代水利工程以及浓郁多彩的民俗风情。

旅游资源的组合形式丰富多样，如山与其他旅游资源的组合形式就有山水组合、山树组合、山与人文景观组合等。

旅游资源的组合性特征对于旅游开发实践具有重要的指导意义。对于相对孤立的资源单体，需要通过组合其他吸引因素扩大其规模，增强其吸引力。不同的资源组合形式对旅游者具有不同的吸引力，因此可以据此开发多样化的旅游产品。

（四）文化性

"旅游资源凝聚着人类的精神文化，是社会文化环境的集中体现。"自然资源本身所具有的美学本质是其文化属性的表现，在开发利用过程中又凝结了人们的智慧和心血；人文资源更是蕴含着丰富的文化内容；其他一些新兴旅游资源，也都脱离不开社会文化的映射范围。

旅游资源的文化性来源于旅游者的精神需求。旅游是人类的一种精神活动，旅游需求是一种高层次的需求，旅游活动是一项高级消费活动。任何其他的资源都不如旅游资源这样具有显著的文化属性。无论是人文的，还是自然的资源，它们之所以能够成为旅游资源，成为人们旅游的对象，最根本的原因就在于它们为旅游者提供了特殊的经历，满足了人们高层次的精神需求，这便是旅游资源的文化属性的具体表现。例如，高山峻岭令人感到雄伟；江河湖海使人心情奔放；森林草场给人以浓郁幽静的感受；植物园、动物园为人们提供了探索了解自然奥秘的条件；博物馆、文物古迹都具有某种文化教育意义。

　　对于不同旅游者而言，旅游资源的文化性内涵是不同的，这与旅游资源本身的文化底蕴以及旅游者的职业、受教育程度、生活阅历等因素有关。此外，不同的旅游者对于旅游资源文化性的需求也是多样化的。

（五）开发利用的相对永续性

　　有些资源（如矿产资源）在使用过程中会逐渐消耗，或是需要自然繁殖、人工饲养、栽培和再生产来补充。但旅游资源则不然，旅游者只能在旅游活动中使用这些资源，以获得自身需要的美好感受，旅游者带走的仅仅是"印象"和"体验"，而不能带走旅游资源本身。从这一点来说，旅游资源具有使用上的永续性。

　　但这种永续性是相对的，是建立在对旅游资源合理利用的基础上的，如果利用不当，则可能导致资源质量下降，甚至完全被破坏。自然资源的开发利用一旦超过其环境承载力，资源的质量就会大大降低，从而难以为旅游者提供高品质的审美体验。例如，"天上人间"武陵源就曾因利用过度而面临失去世界遗产称号的风险。历史文化资源是历代文化的载体，其历经风雨沧桑，本身的存活都很艰难，我们护之尚且不及，一旦被破坏，即使进行人工修复，也不再具有原来的价值。试想，如果敦煌的壁画有一天消失，再先进的科学技术也将难以挽回。另外需要特别指出的是，合理开发利用的程度越深，利用的时间越长，旅游资源的知名度就越高，价值就越大，就越能长久地被利用。因此，在开发旅游资源时，重视对旅游资源和旅游环境的保护尤为重要。

（六）变化性

　　所谓变化性是指旅游资源不是一成不变的，它会随时间或空间的改变而发生变化。

　　首先，旅游资源在时间上往往表现出较强的季节性，其中最明显的是气象气候旅游资源、生物旅游资源以及各种节日。例如，高纬度、高山地区冬季长而严寒，观光旅游主要集中在夏季（雪上、冰上项目除外）；中纬度地带夏热冬冷，春秋是旅游的黄金时期；低纬度地带则常年适宜旅游，并成为避寒胜地。又如，观赏黄山云海和瀑布的最佳季节是多雨的夏季，观赏牡丹的最佳时机则是每年的阴历谷雨前后。

　　其次，在不同的空间范围内，旅游资源的形态和价值也会发生显著变化。泰山上的迎客松若移到平地，其原有的观赏价值将大打折扣，甚至可能消失殆尽；北方常见的大雪，在南方则可能被视为稀奇的景象。

　　最后，随着时代的变迁，人们对自然和社会的认知及其对旅游资源的价值判断，也表现出极大的差异：一是旅游资源的产生和发展紧随时代需求，其品种和数量正在成倍增加，许多原本不被认定是旅游资源的事物也逐渐被纳入旅游资源的范畴。例如，有学者提出旅游地的居民或者某一区域的聚居群体也可以成为旅游资源，如在《山东省旅游发展总体规划》中，世界旅游组织专家组提到"山东人民才是尚待开发的文化宝库，他们能够通过与旅游者分享其日常生活而使旅游者了解文化，增强山东人的地方自豪感"；二是随着时代的发展，部分古代旅游资源开始淘汰或消失；三是旅游资源因时代的不同而评价不同；四是旅游资源的功能也会随着时代的变迁而变迁，原本古人的生活用具现今成为博物馆中的观赏品，而今天的建筑设施在将来也可能成为文物古迹。

三、旅游资源分类

旅游资源普查、分类与评价是旅游资源在开发利用前不可或缺的三个步骤，它们通常相辅相成，缺一不可。旅游资源的概念以"旅游"的定义为基础，旅游资源的普查、分类与评价都需要在确定旅游资源内涵与外延的基础上进行。分类系统是旅游资源普查的工作规范和技术指导，而分类通常以评价为目的，特别是定量评价。评价是为了更好地开发旅游资源，最终推动旅游业发展。在这一关系链中，分类处在中间环节，相比而言，它更具有工具意义，脱离了这一关系链，分类就失去了意义，但没有分类，这一关系链也难以形成。

在旅游学发展初期，便开始了对旅游和旅游资源概念、旅游资源分类评价等基础理论的研究。早期的旅游资源分类方法较为简单，随着旅游学研究的深入和旅游业的蓬勃发展，从实践需要和专业研究的角度出发，旅游学界涌现出多种分类方法。

综观众多的旅游资源分类方案，可以发现，旅游资源的分类方案首先因所依据的分类标准的不同而有所差异；其次，由于所依托的旅游资源概念的不同而有所区别；最后，随着旅游资源外延的扩大而不断更新。

（一）传统的理论分类

1. 按旅游资源的属性和成因分类。

这是最传统、最基本也是最普遍的分类方法。按旅游资源的属性和成因，人们将旅游资源主要分为自然旅游资源和人文旅游资源两大类。

（1）自然旅游资源。

自然旅游资源，又称自然景观，主要是由地表、气候气象、水文、生物、太空等自然地理要素构成。它是地球表层所有自然要素之间相互联系、相互制约以及有规律运动的结果，基本上属于天赋的或自然形成的，主要是在同类型中比较典型，具有美学观赏价值或科研、教学、探险、健身、休养、娱乐等功能的部分。

地表：典型地质构造、标准地层剖面、生物化石点、自然灾害遗迹、天然矿藏点、名山风光、观赏洞穴、火山熔岩景观、蚀余景观（包括水蚀、风蚀、沙蚀作用形成的奇特景观）、造型地貌、沙漠戈壁景观、海滨沙滩、黄土景观、小型岛礁等。

气候气象：避暑胜地、避寒胜地、冰雪风景与滑雪胜地、云雾景、树挂奇观、天象胜景（如蜃景、宝光、极光等）、小气候与微气候等。

水文：风景河段、漂流河段、湖泊风光、瀑布、泉、冰川、浪潮景观、游览海域等。

生物：森林、草原、古树名木与奇花异草、野生动物及其栖息地等。

太空：宇宙星体、天文观测、陨石、太空遨游等。

（2）人文旅游资源。

人文旅游资源，又称人文景观，是指古今人类所创造的，能够激发人们旅游动机的物质实体和精神财富。它受人类历史、政治、经济、文化、民族以及环境等多种人文地理因素的影响，与自然旅游资源相比，其形式内容更加丰富多彩，主要包括历史遗迹、古建筑园林、文学艺术、民俗风情、科学教育、购物、现代景观等。

历史遗迹：人类文化遗址、社会经济文化遗址、军事遗址、名人故居、历史纪念地等。

古建筑园林：古墓葬、水利工程、桥梁、宫殿建筑、宗教建筑与礼制建筑、中外园林、历史城镇、传统街区、古典院落等。

文学艺术：文学作品、神话传说、楹联题字、音乐、书法、绘画、戏曲等。

民俗风情：生养婚娶、饮食起居、节日活动、服饰等。

科学教育：博物馆、科技馆、文化中心等。

购物：市场与购物中心、庙会、店铺、地方物产等。

现代景观：具有典型现代化特征或现代社会特征的景观，如磁悬浮列车、现代化大都市、现代化工厂、农场等。

在自然旅游资源、人文旅游资源分类基础上或有变化。

依托传统旅游资源概念进行分类的，也就是说，认为旅游资源不是旅游业资源，而只是旅游产品来源的，对旅游资源分类，主要的不同表现在对新兴的民俗资源、模拟景观资源、产业类资源等的归属安排上，同时也涉及其他一些新型旅游资源的归类问题。大体分类情况如下：

①采用自然、人文二分法，将民俗、模拟景观类归入人文大类，在自然、人文二分法之下，将自然旅游资源进一步分为观赏旅游资源和滞留旅游资源两大类；将人文资源划分为文化旅游资源、社会旅游资源和产业经济有关的旅游资源三大类。

②采用三分或四分法，名目不一。或将人文资源分为历史、社会两类，将上述三类资源收录；或直接加类，加一类为自然、人文、社会三类，加两类分旅游资源为自然景观资源、人文景观资源、社会景观资源和模拟景观资源四类或自然资源、人文（文化）资源、社会资源、产业资源四类。

③去掉自然、人文这一类层，直接在下属层次上划分，分旅游资源为地质地貌类、水体类、生物类、气象气候与天象类、历史遗迹类、古建筑类、古代陵墓类、城镇类、古典园林类、宗教文化类、社会风情类十一类。

对于依托另类旅游资源概念进行分类的，即认为旅游资源等同于旅游业资源，包括劳务、设施等辅助因素的，旅游资源分类方案的不同除了涉及民俗、模拟景观等资源的归属问题，还涉及对这些辅助因素的类别划分。主要分类方案有：

①将旅游资源分为自然旅游资源、人文旅游资源和劳务旅游资源。

②将旅游资源分为自然景系、人文景系、服务景系。

③将旅游资源分为景观旅游资源、经营旅游资源和更新旅游资源，其中景观旅游资源进一步分为自然旅游资源、人文旅游资源和社会旅游资源等。

2. 按旅游资源的再生性分类。

从旅游资源的开发利用角度出发，按旅游资源的再生性分类，可将旅游资源分为可再生性旅游资源和不可再生性旅游资源。

（1）可再生性旅游资源。

可再生性旅游资源是指在旅游过程中被消耗或部分消耗后，仍能够通过适当途径为人工再生产所补充的旅游资源，如旅游纪念品、土特产品、风味佳肴等。

（2）不可再生性旅游资源。

不可再生性旅游资源是指那些自然生成的或长期历史发展过程中的遗存物。这些旅游资源一旦在旅游过程中遭到破坏则极难恢复，即使能部分复原，其原有的观赏价值也将大大降低，如古建筑、古文化等。

因此，在旅游资源的开发和利用过程中，对可再生性资源要充分利用，在兼顾环境效益的前提下，尽可能地发挥其经济效益和社会效益；对不可再生性旅游资源则要坚持开发与保护并举的原则，掌握好开发和利用的尺度，为子孙后代留下可持续发展的资源空间。

3. 按旅游资源的功用分类。

按照旅游资源对于旅游者的不同功用，一般可以将旅游资源分为观赏型旅游资源、运动型旅游资源、休（疗）养型旅游资源、娱乐型旅游资源以及特殊型旅游资源（如具有科学考察价值的旅游资源）。

观赏型旅游资源：包括自然景观（如山脉、河流、湖泊、瀑布、地质奇观等）和人文景观（如历史遗迹、古建筑、雕塑、绘画等）。满足旅游者的审美需求和对美的追求。

运动型旅游资源：涵盖各种体育活动场所和设施，如滑雪场、高尔夫球场、攀岩场地、徒步小径、自行车道等。为旅游者提供参与体育活动和锻炼身体的机会。

休（疗）养型旅游资源：包括温泉度假村、海滨疗养地、森林养生基地、高山避暑胜地等。为旅游者提供放松身心、恢复健康和进行康复治疗的场所。

娱乐型旅游资源：提供各种娱乐活动的场所，如剧院、电影院、音乐会场等。满足旅游者在休闲时的娱乐需求和社交需求。

特殊型旅游资源：如科研基地、自然保护区、野生动植物观察站等，具有特定的科学考察和研究价值。吸引科研人员、学生和对特定领域有兴趣的旅游者。

4. 按旅游资源的市场特性和开发现状进行分类。

按旅游资源的市场特性和开发现状，可以将旅游资源分为三类。

（1）潜在旅游资源。包括具有旅游价值但目前尚无力开发的旅游资源，对个别游客具有异地吸引力且这一吸引力具有继续扩大趋势的资源，甚至包括虽然目前对游客没有吸引力但根据市场情况可以预测到其将来成为旅游资源可能性的资源。

（2）现有的和即将开发的旅游资源。这类旅游资源是指已经客观存在的资源，已经成为当地旅游业发展的主体，或者是指已经通过可行性论证、即将开发的资源。

（3）市场型旅游资源。这类资源是比较适合市场需求的资源，它可能原本质量不高，但由于某一社会事件使其影响力倍增而成为旅游资源，或者是由于市场需要而可以创造出来的新的旅游资源，如各类主题公园。实现旅游业的可持续发展，需要有效利用现有旅游资源，适时适地创造市场型旅游资源，还要不断地探寻潜在旅游资源。

另外，还有其他的分类方法，如按旅游资源的吸引级别分为国家级景观旅游资源、省区级景观旅游资源、市县级景观旅游资源；按旅游资源的来源分为反映固有民族传统的旅游资源，历史上从外国传入，经本民族融化改造兼收并蓄的旅游资源，反映地方特色的旅游资源，由国外引进移植的旅游资源，等等。

（二）几种新型分类方法

很多学者另辟蹊径，提出了一些具有创新性的分类方案，这对于深入理解旅游资源的概念和意义，深化旅游学理论研究和推动旅游资源的开发利用，具有一定的作用。下面就介绍几种新型的分类方法：

1. 从资源的平面展布和主体配置关系角度对旅游资源进行分类。

将旅游资源分为聚汇型、辐散型、单线型、环线型、方矩型、叠置型、凌空型等数种。

2. 按资源开发利用的变化特征分类。

划分为原生性的旅游资源（包括山水、生物、气候、文物古迹、传统民族民俗、传统风味特产六小类）和萌生性旅游资源（包括现代建设风貌、现代体育科技吸引及去处、社会新貌与民族新风尚、博物馆展览馆、名优新产品及购物场所、自然力新作用遗迹、人工改造大自然景观七小类）。

3. 旅游资源的动态分类系统。

（1）稳定类旅游资源。

长久稳定型旅游资源：如城市、宗教圣地、会议中心、港口、古建筑、遗址、出土文物等；山岳、山谷、大江、大海、大湖、大型造型地貌、温泉、岩洞、回音山壁；民俗风情等。

相对稳定型旅游资源：如小型地貌、古树、野生动物、常年性溪流、瀑布、常绿树木、花卉、钟乳石、冰川、黄土造型地貌、游乐设施等。

（2）可变类旅游资源。

规律变化型旅游资源有以下两种类型：①稳定规律变化型：如季节性气候条件、季节性河流、瀑布、溪流、泉水等；山花、红叶、落叶树种、海光、鱼群、动物群、候鸟、鸟鸣、沙丘、海潮等；农业土特产品等。②不稳定规律变化型：如云海、云雾、树挂、沙鸣、山鸣等。

随机型旅游资源：如蜃景、极光、佛光等。

（三）应用型分类系统

旅游业开发与规划的实践工作不仅满足于旅游资源分类理论研究的指导意义，更需要以普查为目的、面向评价与开发的、可供操作利用的规范化分类系统。由于旅游业发展的历史短暂，旅游资源一直处于丰富多样、不断更新和扩展的状态，目前世界各国尚未形成统一的分类标准和方案。在多种分类系统之中，最有影响的是西班牙国家旅游资源普查与分类系统，它按属性将旅游资源分为 3 个一级类型（自然景观、建筑人文景观和传统习俗）、7 个二级类型和 44 个三级类型。

在近三十年的旅游开发实践和学术研究中，我国主要形成了三大分类系统，作为旅游资源普查实践工作的规范化依据。

1. 1992 年版《规范》的旅游资源分类系统。

国家旅游局原资源开发司和中国科学院地理研究所联合制定了《中国旅游资源普查规范（试行稿）》，于 1992 年形成，1993 年国家科委和国家旅游局联合发文，作为试行稿向全国推荐，被学术界称为 "92 版《规范》"。92 版《规范》中的资源定义、分类原则与分类体系等一直为学术界广为利用，还在一些地区进行了实验性应用，并且不断地完善和发展。

92 版《规范》依托传统的旅游资源概念，"自然界和人类社会凡能对旅游者产生吸引力，可以为旅游业开发利用，并可产生经济效益、社会效益和环境效益的各种事物和因素"，将旅游资源划分为 2 大类（自然旅游资源与人文旅游资源）、6 小类（地文景观、水域风光、生物景观、古迹与建筑、休闲求知健身、购物）和 74 种基本类型。

虽然 92 版《规范》中的分类系统形成之后应用较广，发挥了重要作用，但随着实践和研究的发展，其中存在的问题也日益显现。据有些学者分析，此分类系统没有包括许多新的旅游资源形式；对资源单体和复合形式未加区分；有些基本类型包容太大。

2. 1997 年版旅游资源分类系统。

1997 年版旅游资源分类系统是吴必虎等学者根据自身工作实践和研究成果，在深入分析 92 版分类系统缺陷的基础上，对其进行修订和完善的成果。此版分类系统属于学术研究成果，虽然也曾被应用于实践，但未被国家有关行政部门颁布推荐。

此分类系统力求兼顾科学性和可操作性，依托当时较为新颖的旅游资源概念，把服务和有关设施也作为一种旅游资源纳入分类系统，形成三个层次：景系（serial）、景类（type）、景型（pattern）。景系为第一层次，景类为第二层次，景型为第三层次。其中，第三层次的景型是最基本的层次，称为基类。整个分类系统中共有 3 个景系、10 个景类、98 个景型。景系分为自然、人文、服务三大类别。分类系统中还以 A、B、C 分别代表景域、景段、景元来标识旅游资源的规模级别，同时以已开发态、待开发态和潜在势态标识旅游资源的三种状态，这一分类系统是一种由分类、分级、分态构成的时空资源系统。

1997 年版分类分级系统是旅游学理论研究的重要成果，具有较高的应用价值，为旅游资源分类的研究能更贴近实践提供了一种新思路，为开展资源普查奠定了规范化的科学基础，不过，它所依托的旅游资源概念并未得到多数学者的认可。

3. GB/T 18972 – 2003 旅游资源分类系统。

为了推动旅游产业实践的进步，规范实践领域的操作行为，2003 年 2 月 24 日国家旅游局颁布了中华人民共和国国家标准 GB/T 18972 – 2003《旅游资源分类、调查与评价》，该标准已于 2003 年 5 月 1 日实施，这是在总结 1992 年版《规范》的实践应用经验，综合最新理论研究成果基础上确定的新标准。该标准所确定的分类方法和分类体系，将旅游资源的分类结构确定为"主类""亚类""基本类型"三个层次，共分为 8 个主类、31 个亚类和 155 个基本类型，而 2018 年则更新为 8 个主类、23 个亚类和 110 个基本类型。

第二节　旅游资源开发现状及存在的问题

旅游资源的开发和旅游者的进入，一方面，会给旅游地带来经济效益，促使旅游经营者保护和改善环境，增加旅游资源的吸引力，以满足游客需求；另一方面，随着旅游业的蓬勃发展，相应的旅游法规尚不健全，一些地方政府和投资者一味追求短期的经济效益，忽略了对旅游资源的保护。此外，旅游者人数的急剧增长，也带来了旅游环境的污染，使旅游资源遭到破坏的现象越来越严重，不利于旅游的可持续发展，旅游资源的永续利用已成为一个亟待解决的问题。旅游资源开发对资源和环境的负面作用及消极影响，表现为旅游资源和环境受到污染和破坏。旅游开发对旅游资源和环境的破坏，既包括旅游和其他方面的有害物质和废弃物质等对自然环境的污染，即旅游的自然污染或物质污染，又包括旅游活动对旅游接待地的人文社会环境造成的不良影响，即旅游的社会污染或精神污染。

一、合理的旅游开发可促进对旅游资源的保护

旅游资源与环境是旅游业生存和发展的物质基础，旅游业的发展不仅脱离不了环境，而且还影响着环境的变化。通过对旅游资源及环境的合理开发利用而实现的旅游良性循环与发展，可以为环境保护和改善提供物质基础和条件，对环境保护起到促进作用。它通过提供经济刺激的手段来保护那些无法通过其他途径获得经济收入的资源，如珍奇动物种群、独特的自然景区和文物。合理的旅游开发对旅游资源的保护主要表现为以下几个方面。

（一）促进对自然资源、野生动植物及环境的保护

自然资源和野生动植物是自然环境的组成部分，也是重要的旅游吸引物。在人类越来越渴望回归自然、越来越重视自然资源和野生动植物的情况下，旅游开发确实起到了保护自然环境和野生动植物的作用。比如，20 世纪 80 年代初期，东非和南非已建立了 20.72 万平方千米的国家公园，成为世界上最大的野生动物庇护所。当地政府意识到发展旅游可以赚取外汇，如一头狮子每年能创汇 2.7 万美元，如果用作狩猎战利品，一头狮子只获得 0.85 万美元，作为商品出售仅得到 0.1 万美元。由此，人们意识到，只有保护好吸引旅游者的旅游资源，才能使旅游不断发展。

（二）促进对传统文化的挖掘、保护和弘扬

由于旅游者对地方特色的追寻，旅游开发使许多中国传统文化如地方戏曲剧、杂

技、武术等，得以焕发青春，获得了新的发展空间。旅游发展使少数民族传统文化免受消亡之灾，得到较好的保护，变得更有生命力，更有吸引力。

（三）促进了文物古迹的保护

旅游发展为文物部门和单位提供了一条获得文物古迹保护和维修经费的渠道，使之保护的可行性提高；制定和完善文物保护相关法律法规，确保文物古迹得到法律层面的保护；成立专门的文物保护机构，如文物局、博物馆等，负责文物古迹的保护和管理工作；建立文物古迹的风险评估体系和应急预案，提高对自然灾害和意外事件的应对能力。

二、旅游资源开发中存在的主要问题

（一）地文景观资源开发中存在的问题

地文景观资源是旅游资源的重要组成部分，同时也是生态环境的一部分。在多数地区，旅游开发对宏观地文景观环境的影响相对有限。其影响多表现在对一些独特的地文景观的破坏，例如对岩溶洞穴的破坏等。地文景观资源开发利用中，主要存在以下两方面问题：

1. 旅游开发建设对资源和环境的破坏。

旅游开发等经济活动对地文景观环境的破坏，主要表现在公路、电缆、索道、通信线路等基础设施的建设和宾馆、饭店等旅游设施的修建，这些建设活动导致了某些地貌形态的改变，破坏了地文景观的保育，使其部分或全部失去原有的美学观赏价值。例如，在山地旅游区内开山炸石，大修道路、索道或其他建筑，既破坏了山体的稳定性，又破坏了生态平衡。在旅游资源开发过程中，由于规划设计和施工不当，破坏了原生状态的溶洞景观。同时，盲目的旅游开发还破坏了山地旅游区的生态平衡，导致水土流失加剧，溪流泉水枯竭，生活用水紧张，甚至引发了滑坡、泥石流、崩塌等灾害。此外，有的旅游区或旅游景点在有特色的造型地貌旁边修建人工建筑物，从而破坏了原有景观的自然观赏价值。例如，有的经营者在旅游开发过程中对溶洞资源进行了建设性的破坏，在洞内设置大量的人工景观，或铺设水泥路面、拓宽洞口通道等，使洞内的环境恶化，并威胁到溶洞景观。

2. 旅游活动对资源和环境的破坏。

游客数量过多，超出了旅游环境的承载力，会导致一些地貌形态侵蚀速度加快，质地变差。另外，旅游设施的激增，会带来大量的污水、垃圾，有时导致山林火灾的发生，对山地生态环境造成污染和破坏。某些旅游者的不文明行为等也会对地文景观资源造成一定程度的破坏。旅游活动对溶洞旅游资源及环境的污染和破坏十分明显。由于管理不善，有的溶洞因开放时间较长，游人过多，游客呼出的气体使洞内的二氧化碳含量增高；加上强烈灯光的照射等，使钟乳石和石笋等风化而造成破坏。

（二）水域风光旅游资源开发中存在的问题

一般而言，旅游活动对水体旅游资源和环境都会有不同程度的污染和破坏。水体本身具有一定的自净能力，但当水体中的污染物含量超出其自净能力时，就会导致水质恶化，影响水的有效利用，危害人体健康，或者破坏生态环境，形成水体污染。造成水域风光旅游资源及环境污染和破坏的因素，一方面是自然因素，另一方面是人为因素。自然因素指自然界本身的地球化学异常所释放的物质给水体造成的污染，如高矿化度的地下水对旅游区水体的污染，这种污染具有持久性和长期性作用，但发生范围有限。目前对水域风光旅游资源危害最大的主要是人为因素造成的水体污染，它来自旅游区周边地区的生产、生活活动以及旅游业的经营活动和个别旅游者不文明的旅游行为。根据人们的旅游经营活动和旅游活动向水体排放污染物的不同形式与过程，可以将水域风光旅游资源和环境的破坏原因分为以下三种。

1. 旅游设施对水域风光旅游资源和环境的破坏。

旅游区内的宾馆、饭店、游船及其他旅游服务设施，在运营过程中都会产生一定量的烟尘、废气、污水和垃圾等废弃物。如果这些废弃物未经科学处理便排入旅游区内的水体中，就会造成一定程度的污染。在水域风光旅游景区，游船随意抛洒的垃圾污物，是水体主要的污染源。

2. 旅游活动对水域风光旅游资源和环境的破坏。

旅游活动对水域风光旅游资源的污染主要表现为旅游者向旅游区的水体内乱扔垃圾污物，严重地影响了水体的清洁。水上运动项目如水上摩托艇、划船、踩水、游泳、垂钓、跳水、潜水、驾驶帆船等，极大地丰富了人们的旅游活动内容，但同时也给水体环境带来了巨大的危害。比如，水上摩托艇不仅会侵蚀沙滩及海岸线，而且其产生的涡流也会破坏海域生态，如珊瑚礁内的浮游生物和鱼类，漏出的油污还会污染水体，产生的化学物质甚至会威胁水体内生物的健康。

3. 生活污染源对水域风光旅游资源和环境的破坏。

随着人口在旅游城市或旅游区周边的集中，旅游城市和旅游区内及其附近地区居民所产生的生活污水成为旅游区水体的重要污染源。大量未经科学处理或稍作处理的生活污水进入各种水体，造成水体质量下降，严重污染和破坏了水体环境。污水是排入污水管网的各种污水的总和，包括生活污水、工业废水、地面降雨、雪融水，并夹杂各种垃圾、废物及污泥等，是一种成分极为复杂的混合液体。其中，生活污水是人们日常生活中产生的各种污水的混合液，污水中还伴有各种合成洗涤剂，它们对人体和水生生物都会有一定危害。此外，在污水中还含有相当数量的微生物，其中的一些病原体，如病菌、病毒及寄生虫等，会危害人的身体健康。有色度高的废水排入旅游区的水体，还会影响其色泽，从而影响游客的观赏质量。

另外，生活污水含有的大量有机物质排入旅游水体后，即成为微生物的营养源，使有机物分解而被消化。在分解过程中消耗水中大量的溶解氧，一旦水体中氧气补给不足，将使氧化作用停止，引起有机物的发酵，分解出甲烷、硫化氢、硫醇、酚类化合物及氨等腐臭气体，散发出恶臭，严重影响游客的旅游体验。过多的营养物质进入水体将加快富营养化的过程，过量的杂草生长也会减少水中溶解氧的含量，不仅影响水体感官功能，加速湖泊等水体的衰亡速度，而且溶解氧含量的变化会影响鱼等水生生物的数量、种类和生长速度，破坏生态平衡。

（三）天象与气候景观资源开发中存在的问题

旅游对天象与气候景观资源及环境的影响，一方面表现为可以促进旅游区大气环境质量的改善和提升；另一方面则表现为对旅游区大气环境的污染和破坏。由于旅游活动具有典型的审美性和享受性，游客在观光游览，尤其是疗养、休闲、度假时，必然非常重视旅游区内的大气环境质量。为满足游客的需求，吸引更多的游客，提高旅游业的综合效益，旅游业经营者也必然投入人力、财力和物力，采取多种措施，积极改善和提高旅游区内的大气环境质量。但同时，旅游活动对大气环境也具有某些负面影响，主要表现在旅游交通工具所排放的尾气以及旅游服务设施向大气中排放的废气等方面。

1. 旅游设施对大气环境的污染。

旅游对大气的负面影响主要源于旅游设施向大气中排放的废气。例如旅游城市和旅游景区景点中，由于旅游宾馆、饭店布局不合理，治污设施不完备，其所产生的污染物未能达标排放，造成对旅游区大气环境的污染。旅游宾馆饭店的供水、供能设备以及旅游区的小吃摊，由于多无除尘设施，其排出的一氧化碳、二氧化氮、二氧化硫和烟尘等，严重污染了大气环境。同时，垃圾等固体废弃物的不当处理，滋生了细菌和病毒，并产生恶臭。旅游区的公厕卫生状况不佳，管理不善，排泄物未能及时处理，散发阵阵恶臭，既增加了大气含菌量，也污染了大气环境。此外，旅游交通也可形成对旅游区大气的污染。旅游区内及其附近的汽车、轮船、飞机和火车等交通工具在运行时，排放的大量有毒尾气和扬起的灰尘造成了大气污染。其中以汽车和游船未达标排放尾气的污染最为明显和严重，尾气的主要成分是一氧化碳、氮氧化物、碳氢化合物以及铅化合物等。

2. 旅游活动对大气环境的污染。

游客的旅游活动也会对旅游区的大气环境造成污染。例如，有些游客在旅游区内随地乱扔垃圾等废弃物，这些旅游垃圾未能及时处理，尤其在高温、高湿的环境下，散发阵阵恶臭，使大气环境质量下降。此外，在宗教寺庙里，一些游客和香客燃烧大量的香和蜡烛，致使寺庙周围烟雾弥漫，蜡味刺鼻，空气污浊不堪。

（四）生物旅游资源开发中存在的问题

在旅游业迅速发展的同时，由于缺乏科学的规划和管理，加之人们环境保护意识的薄弱，生态观念尚未深入人心，导致旅游活动对旅游区生物环境的负面影响十分显著，危害了植物的生长和健康，干扰了动物的生活和繁衍，破坏了生物旅游资源和环境。

1. 旅游开发和经营活动对生物资源的破坏。

（1）旅游开发、设计、管理不当。不合理的旅游开发、设计和管理，破坏了旅游区的生物环境。旅游经营者在旅游区内进行大规模的旅游开发，对森林乱砍滥伐，侵占了森林、绿地和水面，降低了植被覆盖率，使动物失去栖息环境，生物物种减少，导致生态平衡遭到破坏。此外，一些为便于观赏动物而采取的措施，如利用灯光照射海龟生蛋景象，也会对动物的生长发育产生不良影响。我国的野生动物园多为半放养式的，一般是在城市郊区人为营造的一个模拟动物生存环境的自然区域。这种环境能否满足某些野生动物需要的生存条件以及管理水平的高低等因素，都会对野生动物产生影响。

（2）旅游设施的建设。旅游区内的基础设施和旅游设施必然占据一定空间，这就有可能损害一些珍稀濒危植物。割裂野生生物的生活环境，间接破坏动物的繁衍迁移规律。另外，旅游区内的饭店、宾馆等设施未经处理便排放烟尘、生活污水和垃圾粪便等废弃物，同时还产生了严重的噪声污染，这都破坏了生物环境。旅游交通工具所产生的噪声、废气等会使野生动物受到惊吓而产生某些病变，不利于其生长发育。有的旅游区盲目追求短期的经济利益，超量接待游客，造成土壤板结、草坪被踩坏，古树濒临死亡。

2. 旅游活动对生物资源的破坏。

（1）个别游客的不文明行为。部分游客的不文明行为会破坏生物环境的质量。我国北方的许多石灰岩山地旅游区，植被生长的自然条件较差，保护现有植被，不断补种草木，扩大风景区绿地面积，应是重要管理项目。然而，在旅游旺季，游客数量多达几万人、十几万人，许多游客随意采摘山上的红叶、茅草、山菊花，甚至小柏树苗，这种行为具有很大的破坏性，其后果不堪设想。很多游客有在树木上刻字画画的不良习惯，这不仅破坏了景观的完整性，还影响到植物的正常生长。

（2）滥捕滥猎或食用、采集野生珍稀动植物。人类的干扰已对野生动植物构成严重威胁。个别游客在旅游区内滥捕滥猎以及食用珍稀动物等不文明行为，导致动物的品种和数量急剧减少，某些珍稀动物濒于灭绝的边缘。旅游者购买动物纪念品和品尝野味的愿望，以及旅游地居民追求经济利益的欲望，导致大量野生动物被猎杀。

（3）游客违章用火及乱弃垃圾。游客在旅游区内违章烧香、用火有可能会引起火灾，烧毁大片植被，对生态环境造成破坏。一些游客缺乏生态环境保护意识，在旅游区内随地乱扔塑料瓶、塑料袋、易拉罐和各种垃圾。这些垃圾未能及时处理，不仅污染了森林、土壤和空气还导致土壤营养状态改变，堵塞空气和光线，使土壤环境被破坏。

（4）游客的踩踏。虽然游客在旅游活动中一般不会蓄意破坏植物，但在旅游区内，由于大量游客的踩踏往往会对植物造成不良影响，使得土壤板结，影响植物根系的正常生长发育，阻碍植物种子发芽，导致幼苗无法顺利生长，进而导致整片植物患病死亡。对于已成长的植物，则可能因踩踏而导致其生理、形态等产生改变。此外，大量游客的涌入还会使草地裸露荒芜，树木生长不良，也会导致植物抗病能力下降，使病虫害有机可乘。

（五）遗址遗迹类旅游资源的开发中存在的问题

遗址遗迹类旅游资源及环境遭到污染和破坏，一方面是由自然风化、虫蚁蛀蚀、地面沉降、地震等自然因素造成，另一方面是由人为因素造成。在旅游资源开发中，由于缺乏科学、合理的整体规划，经营者盲目、无序建设，建造临时用房，造成了遗址遗迹类景观的污染和文物古迹的破坏。这种因旅游开发而造成旅游资源受损的例子比比皆是。

1. 经济建设不当对遗址遗迹类旅游资源的破坏。

经济建设和遗址遗迹的保护之间的关系如果处理不好，就会对遗址遗迹造成污染和破坏。某些地方和单位在进行经济建设时，只追求经济效益，而忽视了遗址遗迹的历史价值和旅游价值，造成了旅游资源的损坏，其损失之大难以估量。

2. 管理不善造成对遗址遗迹类旅游资源的破坏。

古文化遗址、遗迹是极有价值的历史文化资源，如果不对它们加以妥善保护和管理，那么它们就可能在旅游开发中遭到无法挽救的破坏甚至毁灭，无法实现资源的永续利用。有些风景区管理部门过于重视经济效益，而忽视了资源管理，对游客的某些破坏行为视而不见，造成严重的不良后果。

（六）建筑与设施类旅游资源开发中存在的问题

建筑与设施是人类文化的重要组成部分，也是人类文明的重要标志，它们不仅反映了各时期建筑本身的技术与艺术水平，还反映了社会的政治、经济力量和水平。建筑与设施以其精湛的艺术和独特的风格而成为重要的旅游资源，在现代旅游和旅游业中发挥着不同的旅游功能。但随着旅游的开发，建筑与设施类旅游资源也遭到越来越严重的破坏。

1. 游客带来的污染和破坏。

旅游活动本身对建筑与设施类旅游资源的破坏相当严重，尤其是在旅游旺季，大量游客带进的尘土、呼出的气体、排出的汗液以及脚踩、手摸、照相机闪光灯的闪烁等对建筑与设施类旅游资源都会造成危害。一些建筑内壁画颜色的保持与湿度和二氧化碳有直接的关系。北京一些建筑与设施类旅游景点，在旅游旺季时经常出现人满为患的现象。川流不息的人群踩踏，使行人道上铺设的古砖受到了严重磨损，甚至露出了黄土。在旅游区内乱写乱画是游客不文明行为的主要表现之一。

2. 旅游经营管理中的失误。

旅游经营部门如果忽视旅游活动的负面影响，片面追求短期经济效益，盲目扩大规模，超出旅游环境容量而无限制地接待游客，就会造成旅游环境质量下降，破坏旅游景观生态系统的平衡。此外，不少建筑与设施类旅游资源的修复和保护，要采用传统的特殊工艺技术和建筑材料，否则其价值将大打折扣。

3. 建设性破坏。

在生产建设中，直接拆毁或占用建筑与设施类旅游资源，是旅游资源与环境被破坏的重要原因。许多有旅游价值的建筑与设施，在开发建设中遭到了严重破坏。如中国的古城墙除西安及少数地方尚保存较为完好外，其他地区的古城墙大部分都被拆除。

（七）人文活动类旅游资源开发中存在的问题

人们通常把由于旅游业的发展给旅游目的地造成的损害和对社会文化产生的消极影响称为旅游污染。旅游污染并非旅游活动本身所固有，但常伴随着旅游活动的开展而发生，可以说旅游业的发展为旅游污染的传播提供了可能。旅游开发对人文活动类旅游资源和环境的消极影响主要表现为：

1. 对传统文化产生冲击。

旅游行为原是人们追求多样化生活体验的过程，但旅游的发展加速了文化的单一化，可能导致世界大部分地区文化风貌的相似，这将无法满足游客追求多样化生活体验的旅游目的，从而使文化旅游逐渐萎缩。旅游地文化商品化也是旅游对人文活动类旅游资源的影响之一。一些具有民族特色的艺术品、烹调、建筑形式、风俗活动等可能由于刻意迎合旅游业发展的需要，被任意夸大歪曲，使质量降低。此外，某些宗教场所为了追逐经济利润，把旅游接待作为一项重要的经济收入来源，使宗教文化蒙上了浓重的商业色彩。传统的民间习俗、节庆活动和宗教仪式等随着旅游业的发展，逐渐被商品化，不再按照传统的时间和方式举行，而是为了迎合旅游者的观看兴趣，随时进行表演，活动的内容也往往有所改变，表演的节奏明显加快，在很大程度上已经失去了其传统上的意义和价值。民俗文化是重要的人文旅游资源，对旅游者有着独特的吸引力。在民俗文化丰富的民族地区开展旅游活动，当地的民俗文化常常会受到外来文化的强烈冲击，如果保护措施不力，就会加速当地民俗资源的破坏甚至于消亡。

2. 对旅游地居民产生不良影响。

如果旅游目的地不顾旅游环境容量的限制而超量接待旅游者，就会缩小当地居民有限的生活空间，导致交通、娱乐场所等公共设施拥挤不堪，给当地居民的生活带来诸多不便，在一定时期会降低旅游地居民的物质文化生活质量，可能引发当地居民的不满。来自世界各国、各地区的旅游者，各自具有不同的政治信仰、道德观念和生活方式，有的可能带来消极的颓废思想和生活方式，对旅游地的居民造成不良影响。此外，游客到宗教圣地游览，其不当的言行和服饰常引起虔诚教徒的不满。

3. 对少数民族风情民俗旅游资源及环境的破坏。

旅游发展一方面促进了民族地区的经济发展，但另一方面也给民族风情民俗带来一些消极影响，使其受到不同程度的污染和破坏。民族地区其丰富多彩的风情民俗是最具优势的人文旅游资源，但其风情民俗正面临着衰退和消亡的危险。表现之一是民族服饰被同化，民族服装服饰对旅游者具有较强的吸引力，但目前，在许多民族地区，年轻人不愿意穿着本民族服装的现象随处可见，传统的民族服饰已逐渐被各式各样的新潮服装所取代。表现之二是民族居住习惯被汉化，在许多民族地区，传统的民族居住习惯也正在发生着变化，具有民族特色的民居建筑逐渐消失，取而代之的是内地汉式砖木结构的平房和钢筋水泥结构的楼房。

4. 对民族文化艺术的破坏和不良影响。

各民族的传统文化艺术由于长期的历史变迁已经发生了重大的变化。旅游业的发展又使这种变化呈现出更剧烈、更复杂的趋势。旅游业在刺激旅游地传统文化艺术复兴、促进当地经济发展的同时，也可能导致它的破坏和扭曲。比如，旅游业的发展和大批游客的到来，导致了假冒伪劣旅游工艺品和纪念品的出现。制造者不断改变传统工艺美术品的风格和形式，改变其原有的内涵和意义，也改变了制作技术、使用材料和应有的质量。

综上所述，在当前旅游发展的大潮流下，各种旅游资源在开发过程中已经不同程度地遭到了破坏，不利于旅游的可持续发展。然而，我们不能阻挡人类的旅游活动，只能因势利导。因此，解决这一矛盾的最好方法就是将旅游开发对旅游资源和环境的破坏限制在最小范围内。为此，旅游资源的开发要注意综合、系统地评价旅游地的环境容量、客源市场流量、旅游设施与旅游地的和谐度之间的关系，其核心内容就是注重对旅游资源和环境的保护，正确处理开发、利用与保护的关系，使旅游资源不至于枯竭，实现旅游的可持续发展。

<h2 style="text-align:center">第三节　旅游资源评价</h2>

旅游资源的界定和分类的实践意义最终体现在旅游资源的评价上，所谓旅游资源评价，就是在资源调查基础上对旅游资源本身价值和开发利用价值根据一定的标准和原则进行科学衡定。旅游资源评价直接为旅游资源开发与规划提供理论依据，直接服务于旅游资源开发利用实践，是旅游资源开发利用的重要环节，其评价的科学性和实践性直接影响着区域旅游开发程度和远景发展，科学准确的评价是克服旅游资源规划建设盲目性、增强资源开发利用效益的重要手段。

我国的旅游资源评价工作始于 20 世纪 80 年代初，经过多年的发展，已经形成了一套评价的理论和方法，但因旅游实践和理论研究始终处于不断变化与完善的过程中，理论评价还无法真正地与实践有效地衔接起来。

一、评价目的

旅游资源评价是进行旅游资源开发的必要步骤，旅游资源评价的结果将对旅游资源开发利用的方向和旅游地的建设与发展产生直接影响，是判断项目可行与否的重要依据。对旅游资源进行评价首先要确定评价的目的，通常情况下，旅游资源评价的目的包括以下几个方面：

第一，通过对某一区域上的旅游资源进行基本物理属性和开发环境的评价，确定其开发价值和开发目标。

第二，通过对某一类型或某一区域旅游资源的具体评价，确定科学管理决策。

第三，通过对某一区域旅游资源综合测评，进行可行性论证和具体规划。确定此区域的主导资源以及旅游开发的目标、规模、顺序等。

第四，通过对某一地区旅游资源的综合评价和特色分析，进行地区旅游形象设计和营销策划，确定促销策略和目标市场。

二、评价内容

旅游资源评价的具体内容因评价目的的不同而变化。但总体上说，旅游资源评价的内容基本上不超出以下范围。

（一）基本物理属性

资源的基本物理属性因资源的类型而异，一般来说，包括旅游资源的类型和特征、结构与质量、规模及容量、保存状况等因素。资源的基本物理属性决定着旅游资源的适宜产品形态、开发程度和规模。

（二）魅力度

魅力度包括旅游资源的美感度、愉悦度、文化性、奇特性、知名度等因素。旅游资源的价值在于能开发成旅游产品，所以对其价值的评定不仅要包括其本身属性，还应将其本身属性与旅游者心理尺度相结合。旅游资源的魅力度决定着其适宜开发的价值大小。

（三）客源市场条件

客源市场条件包括与主要客源地的实际距离、联系客源地的交通条件、通信条件、客源地人口与出游水平、与邻近旅游地的关系、客源地旅游者旅游需求情况等旅游源条件。客源市场条件也是旅游资源开发方向的一个重要决策依据。

（四）区域旅游开发环境

区域旅游开发环境包括地区经济、社会及环境条件，涉及财力（投资）、人力（劳动力）、物力（物产和物资供应）、基础设施和建设用地、建设施工条件、现有服务设施、领导层和经济决策部门对旅游开发的重视程度、地区开发程度和对外交流传统、卫生健康状况、治安状况、生态环境承载力、现状生态环境的稳定性、旅游开发的经济、社会和环境效益及影响预测等因素。旅游业是一个关联度高、依托性强的行业，而旅游资源是一个地区发展旅游业的基础依据，旅游资源开发的效果直接影响到当地旅游业的发展状况，所以在旅游资源开发规划过程中需要综合考虑所有相关因素，确保旅游资源开发的良好效益。

三、评价标准

不同的评价方法和体系，其指标是不相同的。综合相关研究成果，我们认为，旅游资源的评价标准主要有三类。

（一）专业标准

由于旅游资源通常是各领域比较优秀、突出和有特色的部分，所以通常首先在其所属领域内对其进行价值评估，以专业的眼光确定其价值高低。自然景观首先需要依据美学标准对其进行评价，通过分析景观环境与景物的美感特征和美感度评定其观光游览的价值；人文旅游资源通过社会标准和历史标准来衡量，以资源本身所含有的历史分量和社会文化含量判定其价值高低，一般来说，越具有社会代表性的事物，历史越悠久的资源，其价值就越高；对于像公共设施、建筑物、工厂、园圃等新型人文类产业类旅游资源，则需要根据其在本来归属范围内的特色度、优秀度、功能等来进行评价。

（二）旅游开发标准

旅游资源是旅游产品的来源，是旅游活动的对象物资源，旅游资源的价值评定需要

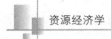

依据其为旅游业开发利用的程度和效果来进行。有些资源虽然在本领域内独具特色，价值很高，但是可能因其专业特点不适宜旅游开发，其旅游价值就大大降低。

（三）市场标准

市场标准，即旅游资源相对于旅游者的吸引力大小，是从旅游者心理感应角度对旅游资源进行评价的。虽然有些资源的专业价值很高，也适宜于旅游开发利用，但因其专业性过强，吸引的群体范围过窄，限制了开发成旅游产品后的客源市场的发展，从而使其价值大打折扣。资源的价值有赖于产品的价值，旅游资源对于旅游者吸引力的大小是其价值评价的一个重要尺度，吸引力越大，价值也就越大。由此，我们得出一个结论：在旅游资源的评价上，专业标准服从于市场标准。

在初期阶段，对旅游资源的评价只是对资源本身物理属性的评价即专业评价，后来许多学者和专家较倾向于旅游资源的物理属性评价与旅游者的心理感应评价相结合的双向评价。将上述标准结合起来，从专业角度、开发角度和市场角度对旅游资源进行综合评价，才能真正地面向开发，有益于实践工作。同时我们还应该注意，因评价目的不同，评价内容不同，评价标准也会有差异，因此不能一概而论。

四、评价原则

对旅游资源的评价应遵循以下原则：

（一）客观实际的原则

只有根据实际情况，进行客观评价，评价结果才能真实有效，才能真正指导旅游开发规划工作顺利进行，否则，只能增加开发的曲折度，造成物资、人力和资金的巨大浪费，甚至可能导致资源开发的彻底失败，再开发工作难以进行，从而造成无法弥补的损失。

（二）科学规范的原则

总体上说，旅游资源的评价工作是一项技术性很强的工作，必须注重科学性和规范性，依据科学的方法、手段，规范程序，有序进行。

（三）面向开发的原则

旅游资源的评价工作要服务于旅游资源的开发实践，因此，旅游资源评价的方法和体系必须遵循面向开发、有利于开发顺利进行的原则，注重实用性和有效性。

五、评价方法与体系

（一）评价方法

旅游资源评价是一项极其复杂的工作，其原因一方面是由于旅游资源本身包罗万象，很难采取统一的评价标准；另一方面由于受人的主观因素的影响，不同民族、职业、年龄和文化背景的人往往具有不同的审美标准。尽管如此，人们仍在不懈地研究和制定优化的评价方法，使旅游资源评价工作不断取得进展。现在有关旅游资源评价的方法纷繁复杂，但总体上可分为定性与定量两大类。我国对旅游资源的评价前期主要有经验评价和单因子评价，近期主要是建立评价数学模型，考虑多因子的定性与定量相结合。前期经验评价的代表有卢云亭的"三三六"评价法等，单因子评价有气候适宜度评价、海滩与海滨浴场评价、溶洞评价及滑雪评价等；后期主要有层次分析法、模糊数学方法、指数评价法、综合评分法、价值工程法等。

1. 定性评价方法。

所谓定性评价是指评价者在考察之后根据自己的主观印象和固有的价值观念对旅游资源的质量所作的定性描述。定性评价的主观性较强，其科学性和准确度因此而受到限制，但是这种方法具有省时省钱、简便易行等优点，较适用于那些投资小、规模小和周期短的项目。

学术界比较典型的定性评价方法有：

（1）北京师范大学卢云亭的"三三六"评价法。所谓"三三六"是指"三大价值""三大效益""六大条件"。

"三大价值"指旅游资源的历史文化价值、艺术欣赏价值（又称美学价值）和科学研究价值。历史文化价值主要是针对人文旅游资源来说的，但有些自然旅游资源也或多或少地带有一定的历史文化价值；艺术欣赏价值主要是指旅游资源的艺术特征给游人所带来的审美感受，是多数自然旅游资源的生命力所在；科学研究价值主要是指某些专业性较强的资源可以为科学工作者和探索者提供的探索研究功能。

"三大效益"指经济效益、社会效益和环境效益。经济效益是指旅游资源利用后可能带来的经济收入，它是旅游资源开发可行性的重要条件；社会效益指对人类智力开发、知识积累、社会伦理规范等方面的功能；环境效益是指要考察旅游资源开发是否会对周围的环境和资源本身构成破坏。我们在对旅游资源进行评价时要综合考察这三种效益。

"六大条件"指景区的地理位置和交通条件、景物或景类的地域组合条件、景区旅游资源容量条件、旅游客源市场条件、旅游开发投资条件及施工条件。地理位置及与之相关的交通条件是确定景区开发规模、利用方向及线路设计的重要依据，它不仅制约着风景的类型和特色，而且影响着旅游客源市场；景观的地域组合是指一个风景区内旅游资源的丰富程度和质量及其与相邻风景区的联系状况；旅游容量包括容人量与容时量两个方面，旅游地单位面积所容纳的游人数量为容人量（人/平方米），它是风景区的用地、设施和投资规模在设计时的依据，容时量指游览景区所需要的基本时间（小时/景点），它体现了风景区的游程、内容、景象、布局等内容，一般说的旅游容量主要指容人量；施工条件主要指项目的难易程度和工程量大小；客源市场条件不仅包括客源地、客源的可能数量、客源的最低限度数量，而且包括客源的季节变化；一定的财力物力是旅游资源开发的投资条件，对于一个开发项目，要评估近期、中期和远期可能筹集到的资金数量，以确保工程建设的顺利进行。

（2）上海社会科学院黄辉实的"六字七标准"法。他提出对旅游资源应从两个方面来进行评价：旅游资源本身和资源所处的环境。在旅游资源本身方面，他采用了六个标准：美、古、名、特、奇、用；在评价资源所处的环境方面，黄先生提出了季节、污染、联系、可进入性、基础结构、社会经济环境、市场七个标准；此外，黄先生还提出资源开发成本问题，认为评价旅游资源时，对单位成本、机会成本、影子成本、社会定向成本等也要有个约略的估计。

（3）美感质量评价的四个学派。美感质量评价法是一种专业性的旅游资源美学价值的评价，属国外学者研究成果。通常是在对旅游者或专家体验的深入分析的基础上，建立规范化的模型，评价结果多具有可比性的定性尺度或数量指标。其中对自然旅游资源的视觉美评价技术较为成熟。目前有四个公认的学派：专家学派、心理物理学派、经验学派（亦称现象学派）和认知学派（亦称心理学派）。

专家学派认为凡符合形式美原则的风景就具有较高的风景质量，还把生态学原则作为风景质量评价的标准。评价工作由少数训练有素的专业人员完成，评价方法突出地表现为一系列的分级分类过程。这一方法一直处于统治地位，为许多官方机构所采用。

心理物理学派把风景与风景审美的关系理解为刺激—反应的关系，认为风景审美是风景和人之间共同作用的过程。它将心理物理学的信号检测方法应用到风景评价中，通过测量公众对风景的审美态度得到一个反映风景质量的量表，然后将该量表与各风景成分之间建立起数量关系。

认知学强调风景对人的认识及情感反应上的意义，试图用人的进化过程及功能需要去解释人对风景审美的过程。

经验学派把人对风景的审美评判看作是人的个性、文化历史背景及个性与情趣的表现。经验学派的研究方法：一是通过考证文学艺术家关于审美的文学艺术作品或考察名人日记分析人与风景的相互作用及某种审美评判所产生的背景；二是通过心理测试、调查和访问等记述现代人对具体风景的详细个人经历感受与评价。其研究结论一般难以直接服务于风景规划与管理，所以难以被风景评价者直接应用。

2. 定量评价方法。

定量评价是在对旅游资源及有关的实际情况进行深入细致的调查和分析，并用数学方法定量测算后作出的评价。与定性评价相比，定量评价可以比较客观地对旅游资源作出科学的评价，因此它是旅游资源评价工作的发展趋势和研究方向，但同时这种方法较为复杂，难度较大，对评价者的技术要求较高，其发展历史也较为短暂，这决定了定量评价的工作任重而道远。在实践中要防止一种不良倾向的滋生和影响，那就是盲目追求定量化和数字化。事实上，定量评价是以定性评价为基础的，二者相互配合、相互补充。先对旅游资源进行定性描述，然后通过定量分析实现指标的量化，最后把量化后的计算结果转化为定性的结论，即所谓"定性—定量—定性"。

下面介绍两种比较常用的定量评价方法：

（1）层次分析法。

层次分析法是美国运筹学家赛提（A. L. Saaty）教授于 20 世纪 70 年代初提出的一

种实用的多准则决策方法，简称 AHP（the Analytic Hierachy Process）法。它把一个复杂的问题表示为有序递阶层次结构，通过人们的判断并利用数学方法对决策方案的优劣进行排序。现在层次分析法通常与专家征询法、聚类分析法、模糊数学综合评判法及价值工程法等结合使用，对区域旅游资源进行综合评价。层次分析法一般被用来确定指标和权重。

该法用于旅游资源的定量评价时，一般要经过以下步骤：

第一步，建立目标评价层次结构。包括确定工作总目标，即对旅游资源进行评价；确定综合评价指标，即从哪几个大的方面对旅游资源进行评价；分析每个综合指标所包含的评价要素；若有必要，还可对每个要素分析其具体的评价因子，即旅游资源定量评价指标体系。保继刚采用 AHP 法确定了旅游资源的评价指标体系的权重，评价指标体系见图 10 - 1。

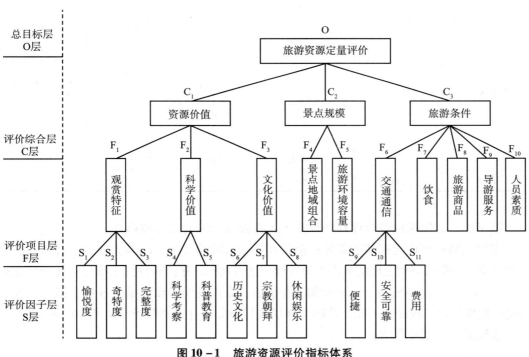

图 10 - 1　旅游资源评价指标体系

第二步，相对重要性判断与权重计算。邀请和组织有关专家对同一层次中的各要素间相对于上一层次的某项因子的相对重要性给予判断，一般采用填表问卷形式，按同样重要、重要一点、重要、明显重要和极端重要五个级别进行判断，分别以 1、3、5、7、9 或其倒数作为量化标准，必要时还可取 2、4、6、8 或其倒数。然后在计算机上进行整理、综合、检验（简单的层次结构可用手工计算），求出各因素的权重 Wi，列出层次总排序，见表 10 - 1。

表 10 - 1　　　　　　　　　　旅游资源定量评价因子权重

评价综合层	权重	评价项目层	权重	评价因子层	权重
资源价值	0.72	观赏特征	0.44	愉悦度	0.20
				奇特度	0.12
				完整度	0.12
		科学价值	0.08	科学考察	0.03
				科普教育	0.05
		文化价值	0.20	历史文化	0.09
				宗教朝拜	0.04
				休闲娱乐	0.07
景点规模	0.16	景点地域组合	0.09		
		旅游环境容量	0.07		
旅游条件	0.12	交通通信		便捷	0.03
				安全可靠	0.02
				费用	0.01
		饮食	0.03		
		旅游商品	0.01		
		导游服务	0.01		
		人员素质	0.01		
合计	1.00		1.00		

第三步，运用模糊综合评判法计算出各资源点的级别隶属和得分。

①建立模糊评价指标基本集合：包括评价指标集合 $U = \{u_1, u_2, u_3, \cdots, u_n\}$，评价指标集合一般可使用上面的旅游资源价值、景点规模、旅游条件三个指标；评价尺度集合 $V = \{v_1, v_2, v_3, \cdots, v_m\}$，对旅游资源价值、景点规模、旅游条件这三个指标的评价尺度一般按很好、较好、一般、差四个级别进行划分，并分别赋予分值 8、6、4、2。

②确定隶属度矩阵 R；

$$R = \begin{pmatrix} r_{11} & r_{12} & \cdots & r_{1m} \\ r_{21} & r_{22} & \cdots & r_{2m} \\ \vdots & \vdots & \cdots & \vdots \\ r_{n1} & r_{n2} & \cdots & r_{nm} \end{pmatrix} \qquad (10-1)$$

③用模糊变换求出综合评价值；

$$S = W \cdot R = (w_1, w_2, w_3, \cdots, w_m) \begin{pmatrix} r_{11} & r_{12} & \cdots & r_{1m} \\ r_{21} & r_{22} & \cdots & r_{2m} \\ \vdots & \vdots & \cdots & \vdots \\ r_{n1} & r_{n2} & \cdots & r_{nm} \end{pmatrix} \qquad (10-2)$$

第四步，根据级别隶属对旅游资源分等定级。对 $\{s_1, s_2, s_3, \cdots, s_n\}$ 作归一化处理，得到 $\{s_1', s_2', s_3', \cdots, s_n',\}$，假设 $s_k' = \max\{s_1', s_2', s_3', \cdots, s_n'\}$，则评价对象属于第 K 个等级。

（2）指数评价法。

旅游资源的指数评价法分为三步。第一步是调查分析旅游资源的开发利用现状、吸引能力及外部区域环境，形成准确的统计定量资料；第二步是调查分析旅游要求，主要调查内容有游客需求量、旅游者人口构成、逗留时间、旅游花费趋向、需求结构、需求的节律性等；第三步是总评价的拟定，即在前两步所做工作的基础上，建立表达旅游资源特质、旅游需求与旅游资源关系的若干量化模型。最后，可以应用调查结果和评价指数确定旅游资源的旅游容量、密度、节律性和开发序位。

旅游资源评价指数：

$$E = \sum_{i=1}^{n} FiMiVi \qquad (10-3)$$

其中，Fi 代表第 I 项旅游资源在全部资源中的权重，Mi 代表第 I 项旅游资源的特质与规模指数，Vi 代表旅游者对 I 项资源的需求指数，n 代表资源总项数。

南非的费拉里奥在评价旅游资源时将需求指数与旅游者可得性程度（即供给）相结合来决定旅游资源的总价值。他把旅游点的旅游潜在吸引力的程度称为旅游潜力指数。其计算公式为：

$$I = \frac{A+B}{2} \qquad (10-4)$$

其中，I 代表旅游潜力指数，A 代表旅游要求部分，即需求，B 代表旅游可得性部分，即供给。

这一指数可表示一个旅游点的实际可用性，即不管它的特性如何，都能充分代表它所具有的旅游吸引力。

计算出这一潜力指数需要解决供给的量化问题。费拉里奥选择反映旅游资源基本特性的六个评价标准，即季节性、可进入性、准许性、重要性、脆弱性、普及性，通过将学者们的主观定性判断进行比较并以数字化的形式决出六个标准的相对贡献值，并以好、中、差的等级排出它们的序位。不同的旅游资源通过量化的结果进行比较。

（二）评价体系

评价内容不同，评价指标体系也不同。而同一评价内容的不同评价指标体系的区别一般在于参评因素的选择和权重的确定。对于旅游资源个体品质评价、区域旅游资源系统评价及旅游资源开发条件评价等，学术界建立了许多指标体系，包括旅游地综合评估指标体系、旅游资源开发可行性评价体系、旅游资源开发潜力指数、旅游地魅力度评价体系、旅游容量评价体系、旅游资源—产品转化适宜性评价游憩机会谱；各种专题旅游资源评价，像风景名胜区、生态旅游资源、自然保护区和森林、海滩、喀斯特景观等具体评价指标及体系；还有天气与气候宜人度评价、空气中负离子评价指数等。

对于旅游资源评价的研究主要还是集中于旅游资源个体品质的评价、旅游资源开发利用评价和旅游地综合评估三个方面，关于这三个方面评价的体系很多。为了规范实践领域的操作行为，必须建立统一规范化的某一类型的评价体系。只有采用统一规范化的评价体系，才能实现广大区域内不同区域之间的旅游资源赋存状况和开发利用前景的比较，确定不同区域的发展方向和着力点。虽然之前有学者将自己在旅游资源评价方面的研究成果用于实践操作，但在全国范围内统一施行还需要国家有关行政主体的推行。由中国科学院地理科学与资源研究所和国家旅游局规划发展与财务司联合起草，由国家旅游局颁布的中华人民共和国国家标准 GB/T 18972－2017《旅游资源分类、调查与评价》是一项权威性的技术性应用标准，其中的旅游资源单体评价指标体系对各类型旅游区（点）的旅游资源开发与保护、旅游规划与项目建设、旅游资源信息管理与开发利用等方面都有重要的意义，而其本身也是旅游学术研究的重要成果，是专家们在综合当前研究成果的基础上制定的。

下面我们将具体介绍这一指标体系：

按照本标准的旅游资源分类体系对旅游资源单体进行评价，采用打分评价方法。

（1）本标准依据"旅游资源共有因子综合评价系统"赋分；系统设"评价项目"和"评价因子"两个层次；评价项目为"资源要素价值""资源影响力"和"附加值"。

其中"资源要素价值"项目中含"观赏游憩使用价值""历史文化科学艺术价值""珍稀奇特程度""规模、丰度与概率""完整性"五项评价因子；"资源影响力"项目中含"知名度和影响力"和"适游期或使用范围"两项评价因子；"附加值"含"环境保护与环境安全"一项评价因子。

评价项目和评价因子均用量值表示。资源要素价值和资源影响力总分值为 100 分，其中"资源要素价值"为 85 分，包括"观赏游憩使用价值"30 分、"历史科学文化艺术价值"25 分、"珍稀或奇特程度"15 分、"规模、丰度与概率"10 分、"完整性"5 分；"资源影响力"为 15 分，包括"知名度和影响力"10 分、"适游期或使用范围"5 分；"附加值"中"环境保护与环境安全"分正分和负分。每一评价因子分为 4 个档次，其因子分值相应分为 4 档。

（2）旅游资源评价赋分标准见表 10－2。

表 10－2 　　　　　　　　　旅游资源评价赋分标准

评价项目	评价因子	评价依据	赋值
资源要素价值（85 分）	观赏游憩使用价值（30 分）	全部或其中一项具有极高的观赏价值、游憩价值、使用价值	22～30
		全部或其中一项具有很高的观赏价值、游憩价值、使用价值	13～21
		全部或其中一项具有较高的观赏价值、游憩价值、使用价值	6～12
		全部或其中一项有一般观赏价值、游憩价值、使用价值	1～5

评价项目	评价因子	评价依据	赋值
资源要素价值（85分）	历史文化科学艺术价值（25分）	同时或其中一项具有世界意义的历史价值、文化价值、科学价值、艺术价值	20~25
		同时或其中一项具有全国意义的历史价值、文化价值、科学价值、艺术价值	13~19
		同时或其中一项具有省级意义的历史价值、文化价值、科学价值、艺术价值	6~12
		历史价值，或文化价值，或科学价值，或艺术价值具有地区意义	1~5
	珍稀奇特程度（15分）	有大量珍稀物种，或景观异常奇特，或此类现象在其他地区罕见	13~15
		有较多珍稀物种，或景观奇特，或此类现象在其他地区很少见	9~12
		有少量珍稀物种，或景观突出，或此类现象在其他地区少见	4~8
		有个别珍稀物种，或景观比较突出，或此类现象在其他地区较多见	1~3
	规模、丰度与概率（10分）	独立型旅游资源单体规模、体量巨大；集合型旅游资源单体结构完美、疏密度优良级；自然景象和人文活动周期性发生或频率极高	8~10
		独立型旅游资源单体规模、体量较大；集合型旅游资源单体结构很和谐、疏密度良好；自然景象和人文活动周期性发生或频率很高	5~7
		独立型旅游资源单体规模、体量中等；集合型旅游资源单体结构和谐、疏密度较好；自然景象和人文活动周期性发生或频率较高	3~4
		独立型旅游资源单体规模、体量较小；集合型旅游资源单体结构较和谐、疏密度一般；自然景象和人文活动周期性发生或频率较小	1~2
	完整性（5分）	形态与结构保持完整	4~5
		形态与结构有少量变化，但不明显	3
		形态与结构有明显变化	2
		形态与结构有重大变化	1
资源影响力（15分）	知名度和影响力（10分）	在世界范围内知名，或构成世界承认的名牌	8~10
		在全国范围内知名，或构成全国性的名牌	5~7
		在本省范围内知名，或构成省内的名牌	3~4
		在本地区范围内知名，或构成本地区的名牌	1~2
	适游期或使用范围（5分）	适宜游览的日期每年超过300天，或适宜于所有游客使用和参与	4~5
		适宜游览的日期每年超过250天，或适宜于80%左右游客使用和参与	3
		适宜游览的日期超过150天，或适宜于60%左右游客使用和参与	2
		适宜游览的日期每年超过100天，或适宜于40%左右游客使用和参与	1
附加值	环境保护与环境安全	已受到严重污染，或存在严重安全隐患	-5
		已受到中度污染，或存在明显安全隐患	-4
		已受到轻度污染，或存在一定安全隐患	-3
		已有工程保护措施，环境安全得到保证	3

（3）计分与等级划分。根据对旅游资源单体的评价，得出该单体旅游资源综合因子评价赋分值。

依据旅游资源单体评价总分，将其分为五级，从高级到低级依次为：

五级旅游资源，得分值域≥90分。

四级旅游资源，得分值域75～89分。

三级旅游资源，得分值域60～74分。

二级旅游资源，得分值域45～59分。

一级旅游资源，得分值域30～44分。

未获等级旅游资源，得分≤29分。

其中，五级旅游资源称为"特品级旅游资源"；五级、四级、三级旅游资源被统称为"优良级旅游资源"；二级、一级旅游资源被统称为"普通级旅游资源"。

第四节　旅游资源的可持续利用

可持续发展应用于旅游资源的开发中，就是要对旅游资源有规律地、可持续地开发利用，从而实现旅游环境的生态平衡及旅游资源、环境的代际平衡。

旅游资源的开发必须在指导思想、技术手段、制度措施等各个方面都摒弃俗套，立足改革创新。为了确保可持续发展战略的实施，应在资源开发的各个环节上充分贯彻可持续发展的思想。具有权威性的政府提供有利于旅游资源可持续利用的政策及体制保障，旅游经营管理部门在开发中根据本区的实际情况，依据国家的政策制定具体的管理措施。而作为资源开发后的服务对象，也是旅游资源的体验者——游客，也应不断提高环境保护意识，在旅游实践中主动保护环境。

一、加强旅游资源开发与保护的理论研究

旅游资源开发与管理的研究成果，既是旅游资源开发的依据，又为旅游资源和旅游环境保护与管理提供了理论指导。

首先，要从旅游环境保护方法论（确定旅游环境质量的指标体系、旅游区环境质量评价方法以及旅游区环境设计的原则与方法）、资源与环境保护工程（从美学和旅游心理学角度研究景区或景点建设的工程技术方法）等方面，对旅游资源保护理论展开多角度、多层面的研究，为旅游资源的保护提供技术指导，并为进一步编制科学合理的旅游规划及立法管理提供理论依据。

其次，要注重旅游资源效益价值评估体系的研究，完善评价指标体系和评价方法，为旅游资源开发提供科学依据。旅游资源的效益价值主要指经济、社会、环境三大效益的综合评估。这三项效益的评估是衡量一个地区旅游资源是否具有可开发性的重要指标，缺一不可。经济效益的评估侧重评价旅游资源的开发将给风景区和附近地区带来多少直接和间接的经济效益，对当地经济发展会产生什么影响；社会效益的评估重在反映资源开发的社会文化意义和影响；环境效益的评价集中反映资源的开发是否会造成资源的破坏和对环境的影响，以及如何针对负面影响采取对策。

二、依法保护旅游环境

为避免旅游资源开发中的不可持续性行为，依法管理是一个重要方面。首先，制定关于旅游资源开发与保护的法律或法规。现有的《环境保护法》《森林法》《文物保护法》《自然保护区条例》《风景名胜区管理条例》《国家风景名胜区规划规范》《旅游规划管理办法》等法律法规已经为旅游资源和环境的保护提供了法律依据，建立起了旅游规划行政管理体系，法律法规制定后，需要采取严格的措施，加大执法力度，对旅游者、旅游经营者和旅游管理者的行为进行有效的规范。同时在执行过程中，必须充分考虑系列法规在地区的适用性问题。

三、制度创新

从现阶段来看，要促成旅游资源开发的可持续发展，实现旅游业的产业化、市场化和管理现代化，必须从制度创新入手，实现旅游要素各个方面的创新发展，其中包括投资机制、管理机制、激励机制等多方面的系统创新。

要形成多方投资的制度。出台一系列鼓励旅游投资的税收和财政政策，并以市场为基础，积极引导旅游投资融资主体多元化、领域多元化、方式多样化。

在管理机制方面，必须明确旅游资源的产权，确定国家、地方政府、景区所在地居民的权利义务，加强政府对旅游市场的宏观管理调控能力，建立符合市场经济体制的新机制，促进旅游资源的合理开发利用和保护；将以往垂直式的领导方式转变为多个部门的协同参与管理方式，尽可能地让当地居民参与决策的制定，逐步改善当地居民与管理者之间的关系，并成立专门的领导小组对保护、开发工作的展开进行协调和监督；强化领导干部目标责任制，使旅游资源的保护和开发工作真正落到实处，做到权责明确，责无旁贷。

建立均衡发展的激励机制。政府出台一系列优惠政策：资金上扶持、贷款上倾斜、权属上落实和税收上优惠。除了以上优惠政策之外还应建立生态效益补偿制度，合理调节生态公益经营者与社会受益者之间的利益关系，增强全社会的环境意识和责任感。补偿制度包括：向旅游资源保护的受益单位和个人，按收入的一定比例征收资源治理的补偿金；使用治理好的资源地的单位和个人必须缴纳补偿金；破坏旅游资源及生态者不仅要支付罚款和负责恢复生态，还要缴纳补偿金。收取的补偿金必须用于旅游资源的开发与保护工程建设，不得挪用，以保证正常建设持续、稳定、健康地发展。

四、科学规划

科学合理的规划是旅游资源开发的首要步骤，未经规划的开发必然是盲目的、低效的。合理的规划旨在平衡不同地区间的旅游资源与发展，实现资源互补。规划应从宏观角度出发，自上而下进行，同时倾听基层意见，综合平衡。在开发规划中，需运用系统观点，整体规划，突出地区特色和优势，充分考虑开发旅游资源可能带来的连锁效应，并尽可能预测其后果的严重性。此外，还应周密规划旅游地的基础配套设施，确保一步到位。

五、加强旅游资源的全方位管理

加强保护是确保旅游资源持续利用的关键。首先，旅游景区应根据国家和地方政府制定的有关旅游资源和环境保护的法律法规，针对不同类型的旅游资源，制定具体的保护和管理措施，从而加强对世界自然和文化遗产、风景名胜区、历史文化名城及森林公园等方面的法律性、政策性和技术性保护与管理。其次，要根据景区资源和环境特点，慎重确定旅游活动项目。对可能导致水体、空气污染的旅游活动项目，应采取严格措施加以限制，严禁任何破坏性、掠夺性的旅游开发行为；对于以保护珍稀野生动植物为目的的自然保护区，科学规划"核心区""缓冲区"和"实验区"，将旅游活动尽可能控制在实验区内，适度向缓冲区伸展，将旅游活动控制在适宜范围内。最后，针对假日旅游和旅游旺季人满为患的状况，要采取有效措施对游客进行疏导、分流或限制，游客管理的核心在于引导，通过合理的调控措施将参观活动集中或分散在某些区域，旅游活动带来的巨大压力就可限制在一些旅游环境容量较大的区域，以减轻环境脆弱区的压力。

六、提高游客的环境保护意识

意识引导行为，而游客是旅游活动的主体，所以游客的环境意识对于旅游资源的保护与开发至关重要。根据可持续性发展思想，旅游资源开发利用应是在保护现有环境的前提下，为后代人创造更加优美环境的行为。这是一个涉及全社会以及后代人利益的大事。因此，要充分利用宣传媒介，通过多种形式对游客进行环保教育，深化对环境问题的认识，强化保护环境的责任感和紧迫感，激发保护环境的自觉性、主动性和积极性，形成全社会共同保护环境的风尚，使游客自觉地参与到旅游资源保护的行列中。

习　题

一、名词解释

1. 旅游资源　　　2. 旅游可持续发展

二、选择题

1. 以研究旅游规划的内容与实施行动的关系、本质和规律为基本任务的理论是（　　）。

    A. 关于旅游规划研究方法的理论　　　　B. 关于旅游系统及其发展的理论

    C. 关于旅游规划的理论　　　　　　　　D. 关于旅游规划实施的理论

2. 20世纪70~80年代，国外旅游规划与开发进入的阶段是（　　）。

    A. 初始阶段　　　　　　　　　　　　　B. 推广阶段

    C. 综合发展阶段　　　　　　　　　　　D. 快速发展阶段

3. "军事观光地"属于的旅游资源亚类是（　　）。

    A. 社会经济文化活动遗址遗迹　　　　　B. 综合人文旅游地

    C. 景观建筑与附属型建筑　　　　　　　D. 单体运动场馆

4. 如果按照资料的来源进行分类，旅游规划与开发的市场调研主要包括（　　）。

    A. 探索性调查、描述性调查、因果性调查

B. 全面调查、典型调查、抽样调查

C. 询问调查、实验调查

D. 第一手资料调查、第二手资料调查、观察调查

5. 团队旅游市场、散客旅游市场的市场细分依据是（　　　）。

A. 行为细分　　　　　　　　　　　　B. 心理细分

C. 人口细分　　　　　　　　　　　　D. 地理细分

6. "公交车身广告"属于（　　　）。

A. 旅游分销商　　　　　　　　　　　B. 大众媒体

C. 户外媒体　　　　　　　　　　　　D. 专业媒体

7. 以下属于旅游规划图件中的专题要素的有（　　　）。

A. 交通线　　　　　　　　　　　　　B. 图例

C. 植被　　　　　　　　　　　　　　D. 基础设施

8. 在旅游产业发展目标的分类中，旅游者的满意度属于（　　　）。

A. 经济发展水平目标　　　　　　　　B. 社会效益目标

C. 环境保护目标　　　　　　　　　　D. 文化发展目标

9. 在旅游危机管理保障体系规划中，信息的整理和归类属于（　　　）。

A. 信息收集子系统　　　　　　　　　B. 信息加工子系统

C. 警报子系统　　　　　　　　　　　D. 决策子系统

10. 按照效益产生的影响程度分类，可将旅游规划与开发的效益分为（　　　）。

A. 可恢复的影响、不可恢复的影响　　B. 不利影响、有利影响

C. 直接影响、间接影响　　　　　　　D. 长期影响、短期影响

三、简答题

1. 旅游资源的特点有哪些？

2. 旅游可持续发展的本质特征是什么？

3. 旅游资源评价的目的、原则是什么？有哪些标准？

4. 为实现旅游资源开发利用的可持续性，需要采取哪些措施？

四、论述题

1. 当前旅游资源开发中存在哪些问题？如何解决这些问题？

2. 在旅游资源开发中运用可持续发展的思想有何意义？

3. 结合不同分类方法与分类体系，评析 2017 版分类系统。

4. 如何对旅游资源进行评价？

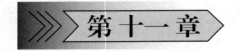

第十一章

人力资源的开发利用

习近平总书记强调，现代化的本质是人的现代化，人口发展是关系中华民族伟大复兴的大事。我们要深刻认识与把握人口发展在国家发展全局中的重要性，切实增强促进人力资源开发利用的高度自觉。加强人力资源开发利用，是人口高质量发展的必然要求，是经济高质量发展的迫切需要。在新时代新形势下，正确把握人力资源的开发与利用是经济发展的重要着眼点。

第一节　人力资源的概念、分类及特性

一、人力资源开发利用的相关概念

（一）人力资源的概念

人力资源按其字义来讲，是指人的劳动能力及其资质源泉。人自身的劳动能力即体力和智力；资质即素质的提高和发挥功用，并成为主要生产要素，都源于人力资源。人力资源的量，以一定的人口量为基点。人类社会以存在人类为标准，如果没有一定量的人口，就没有所谓的人类社会。一个国家或地区人口不足，就不能形成足够的人力资源。但是，人口量过度膨胀，仅为维持人口生存就要耗费过多的财富，势必使社会对人力资源的培植缺乏必要的物质条件，造成人力资源素质降低。人力资源的质（或称质量、素质），可以概括为身体素质、文化技术素质、思想道德素质等。

（二）人力资源开发的概念

所谓开发，是指开化和发掘。人力资源的开发，既要在开化上使人力由原始状态进入有文化即具有知识和才能的水平，又要在发掘上挖掘人力自身蕴含的体力和智力，从而提高人力资源的素质。人力资源的开发过程就是人力资源提高素质的过程。提高人力资源的素质，包括人力的身体素质、文化技术素质、思想道德素质等。

（三）人力资源利用的概念

所谓利用，是指使事物或人发挥效能。人力资源的利用，要在对其开发的基础上，使人力充分发挥效能或功用。人力资源的开发和利用是统一的。开发是为了利用，为了

利用要进一步开发。开发和利用都是为了发挥人力资源的效能或功用。单就人力资源的利用来说，可着重研究以下问题：

1. 要为人力资源的利用，创造必要的环境；
2. 要为人力资源的利用，完善配置机制；
3. 要把人力资源的利用，落实在经济的增长和发展上；
4. 要为人力资源的利用，完善社会保障制度和健全法律制度。

二、人力资源的分类

（一）人力资源的分类

当我们更详细地阐述人力资源的各个分类时，可以进一步深入了解不同类型的劳动力和其在劳动力市场中的特点：

1. 按照用途和用途特征分类。

（1）生产性劳动力：这类劳动力从事直接的生产活动，包括工人、技术人员、生产操作人员等。他们的工作直接关系到产品的制造和服务的提供，是生产过程中不可或缺的一部分。

（2）非生产性劳动力：这类劳动力从事与生产无直接关联的工作，包括行政人员、销售人员、财务人员等。他们的工作主要是为了支持和管理生产活动，保障企业的正常运转。

2. 按照技能和专业分类。

（1）高技能劳动力：拥有专业技能和专业知识的劳动力，通常需要经过较长时间的专业培训和教育，如工程师、医生、律师等。

（2）普通劳动力：具有一般技能和常规培训的劳动力，通常从事一般性的生产和服务工作，如生产线工人、服务员等。

（3）非技术劳动力：缺乏专业技能或特殊培训的劳动力，通常从事体力劳动或一些简单的服务性工作，如清洁工、搬运工等。

3. 按照用工性质分类。

（1）正式员工：与企业签订正式劳动合同，享受相应的福利和保障，通常是企业的长期用工人员。

（2）临时员工：与企业签订短期或临时性的劳动合同，工作时间和用工需求较为灵活。

（3）合同工：按照劳动合同约定的期限或项目从事工作，通常是为了完成特定项目或任务而雇佣的劳动力。

（4）劳务派遣工：由劳务派遣公司向用工单位提供劳动力，受派遣工作，但与用工单位签订的是劳务派遣协议。

4. 按照用工形式分类。

（1）全职员工：全职从事某一单位工作的员工，通常享有相对稳定的工资和福利待遇。

（2）兼职员工：同时从事两个或多个单位的工作，工作时间和用工形式较为灵活，通常没有全职员工的福利待遇。

（3）临时工：临时从事某一单位工作的员工，工作时间和期限较短，通常是为了满足临时用工的需求。

5. 按照职业分类。

（1）专业技术人员：具有专业技能和知识的人员，通常需要经过较长时间的专业培训和教育。

（2）管理人员：负责组织、协调和管理工作的人员，通常需要具备一定的管理和领导能力。

（3）生产工人：从事产品制造和加工的工人，通常需要具备一定的生产操作技能。

（4）服务人员：从事各类服务性工作的人员，如服务员、保洁员、销售人员等。

6. 按照劳动力市场地位分类。

（1）受雇员工：受雇于企业或组织从事工作的劳动者，通常享有相应的劳动保障和福利待遇。

（2）自雇人员：自行创业或经营个体工商户，自我雇佣，享有相对独立的经营权利。

（3）失业人员：丧失工作岗位或无法找到工作的劳动者，通常需要接受相关的失业救济和再就业培训。

7. 按照用工行业分类。

（1）农业劳动力：从事农业生产活动的劳动者，包括农民、农场工人等。

（2）工业劳动力：从事工业生产和制造活动的劳动者，包括工厂工人、技术工人等。

（3）服务业劳动力：从事各类服务性工作的劳动者，包括餐饮服务员、医护人员、教育工作者等。

（二）人力资源管理的分类

人力资源管理是指组织中负责管理和发展人员的部门或职能。根据不同的角度和功能，人力资源可以分为以下几类：

1. 招聘与选拔。

招聘与选拔是人力资源管理的重要环节，目的是吸引并选拔符合岗位要求的人才。在招聘过程中，可以根据招聘渠道的不同进行分类，如校园招聘、社会招聘、中介招聘等。在选拔过程中，可以根据选拔方法的不同进行分类，如面试、考核、测评等。

2. 培训与开发。

培训与开发是人力资源管理的另一个重要环节，目的是提升员工的专业技能和综合素质。在培训方面，可以根据培训内容的不同进行分类，如技术培训、管理培训、销售培训等。在开发方面，可以根据开发方式的不同进行分类，如岗位轮换、挂职锻炼、项目驱动等。

3. 绩效管理。

绩效管理是评价员工工作表现的过程，目的是激励和提升员工的工作效能。在绩效管理方面，可以根据评价指标的不同进行分类，如目标管理、行为管理、结果管理等。在绩效考核方面，可以根据考核方式的不同进行分类，如360度评价、绩效排名、绩效奖金等。

4. 薪酬与福利。

薪酬与福利是激励员工的重要手段，目的是满足员工的经济和非经济需求。在薪酬方面，可以根据薪酬形式的不同进行分类，如基本工资、绩效工资、奖金、股权激励等。在福利方面，可以根据福利内容的不同进行分类，如社会保险、住房公积金、健康保险、休假等。

5. 劳动关系。

劳动关系是指雇主与雇员之间的关系，目的是维护和促进劳动关系的和谐与稳定。在劳动关系方面，可以根据劳动关系形式的不同进行分类，如雇佣关系、劳动合同关系、劳务关系等。在劳动关系管理方面，可以根据管理方法的不同进行分类，如劳资协商、劳动争议处理、员工代表大会等。

6. 人力资源信息系统。

人力资源信息系统是管理和处理人力资源信息的工具，目的是提高人力资源管理的效率和准确性。在人力资源信息系统方面，可以根据系统功能的不同进行分类，如招聘系统、培训系统、绩效管理系统等。在系统实施方面，可以根据实施方式的不同进行分类，如自主开发、购买外包、云端部署等。

人力资源可以根据不同的角度和功能进行分类，包括招聘与选拔、培训与开发、绩效管理、薪酬与福利、劳动关系和人力资源信息系统等。每个分类都有其独特的特点和作用，在人力资源管理中起到重要的作用。这些分类的目的都是为了更好地管理和发展组织中的人员，提高组织的绩效和竞争力。

（三）人力资源的特点

人力资源不同于其他资源，具有以下主要特征：

1. 主导性。

在社会的各种资源中，人力资源处于主导地位，发挥主导作用。社会物质资料的生产过程，是人的要素和物的要素相结合而发挥作用的过程。其中作为人的要素的人力资源，支配着作为物的要素的物力资源。人力资源主导、运用物力资源，使之发挥作用，实现生产的目标。在这里，人力资源和物力资源都要与物质资料的生产相适应，而物力资源的数量和规模，必须足以使人力资源得到充分利用。在人力资源的主导下，按照追求的方向和目标，使物力资源得以改造和创新，增强物质技术基础，优化人力资源配置，从而促进社会生产力发展，创造更多的物质财富。马克思在《资本论》中深刻指出："劳动资料是劳动者置于自己和劳动对象之间、用来把自己的活动传导到劳动对象上去的物或物的结合体。劳动者利用物的机械的、物理的和化学的属性，以便把这些物当作发挥力量的手段，依照自己的目的作用于其他的物。劳动者直接掌握的东西，不是劳动对象，而是劳动资料。这样，自然物本身就成为他的活动器官，他把这种器官加到他身体的器官上，不顾圣经的训诫，延长了他的自然的肢体。"

2. 意识性。

人力资源蕴含着人自身的意识及其形成的思想道德观念。人力资源的这种意识性，表现为人力的活动及提高具有明确的目的。人力为实现其追求的目标而施展体力和智力，是由人力的思想道德观念支配的。这种支配作用，还表现在人力有意识地不断对物力资源条件的改进和创新，努力改良工具和革新技术。马克思在《资本论》中形象生动地写道："蜘蛛的活动与织工的活动相似，蜜蜂建筑蜂房的本领使人间的许多建筑师感到惭愧。但是，最蹩脚的建筑师从一开始就比最灵巧的蜜蜂高明的地方，是他在用蜂蜡建筑蜂房以前，已经在自己的头脑中把它建成了。劳动过程结束时得到的结果，在这个过程开始时就已经在劳动者的表象中存在着。他不仅使自然物发生形式变化，同时他还在自然物中实现自己的目的，这个目的是他所知道的，是作为规律决定他的活动的方式和方法的，他必须使他的意志服从这个目的。"人力资源的意识性所形成的进步的思想道德观念，对于劳动的情绪和态度，对于劳动的数量和质量，都产生积极影响，从而提高劳动生产率。同时，在进步的思想道德观念支配下，不断提高思想道德素质，必然促进科学文化和社会教育的发展。

3. 开发性。

人力资源不是一成不变的。它既有现实的力，又有可发掘的力，还有可培植的力。人力自身是不断发展变化的。马克思在《资本论》中指出："人自身作为一种自然力与自然物质相对立。为了在对自身生活有用的形式上占有自然物质，人就使他身上的自然力——臂和腿、头和手运动起来。当他通过这种运动作用于他身外的自然并改变自然时，也就同时改变他自身的自然。他使自身的自然中沉睡着的潜力发挥出来，并且使这种力的活动受他自己控制。"因此，人力资源是动态的，具有开发性的。它的功用，通过对其开发而显示出来。一个国家或地区，只有对人力资源有效地开发利用，才能形成人力资源的优势。人力资源的开发性表明，要使人力资源发挥更大的效能或功用必须对其开发；要有效地开发它，必须为开发创造条件。这就引出了各国各地区以及各行业各企业深入研究人力资源开发利用的课题。

4. 激励性。

人类自身追求利益和为实现利益而努力奋斗的精神，体现在人力资源之中，形成其激励性。人力资源的这种激励性，表现为通过物质鼓励和精神鼓励，激发人的劳动能力和劳动动机，从而提高生产效率或工作效率。人力资源的激励性，主要包括报酬激励和成就激励。在生产或工作中，人力施展体力和智力，其成果被确认为成绩，从而获得较多的报酬。这种报酬激励，激发人力不但继续努力保持既得的成绩，而且还会进一步发挥功用，力争取得更大的成绩。但是，人力资源的激励性，不只限于报酬激励，高素质的人力资源还蕴含着成就激励。人力的素质高，进取和事业心强，认识到一项艰巨任务的重要性，勇于承担和完成它，不预期和计较报酬，满足于成就的榜样感、光荣感和自豪感，这就是成就激励。

5. 竞争性。

人力资源的素质提高、能力增强、劳动或工作效率超前，都体现着竞争的促进作用。马克思在《资本论》中有如下形象生动的描述："在大多数生产劳动中，单是社会接触就会引起竞争心和特有的精力振奋，从而提高个人的工作效率。"因此，12 个人在 144 小时的共同工作日中提供的总产品，比 12 个单独工作的劳动者每人劳动 12 小时或者 1 个劳动者连续劳动 12 天所提供的产品要多得多。这是因为人即使不像亚里士多德所说的那样，天生是政治动物，无论如何也天生是社会动物。

人力资源的竞争性，在人力资源的开发利用中形成人力生存的压力。压力促使人力的素质提高，可变为动力。竞争作为一种外在的强制力量，在人力资源中推动人力在竞争的优胜劣汰中求生存、求发展，不断进取，永不满足现状，竞相争做优胜者。

6. 时效性。

人力资源不用则会荒废，因而呈现时效性。因为人力不只以人的生命期间为限，在人的生命的不同时期也是有变化的。所谓"正当年"的青壮年，其体力和智力很旺盛，求知欲和进取心很强。人到老年，则会出现"心有余而力不足"。因此，人力的功用是有时效性的。同时，人力的体力和智力长期不用，会不进则退。原来掌握的知识和技能，如果长期得不到运用，会忘却或生疏。人力资源的时效性表明，对人力资源备而不用，是社会最大的浪费和损失。人力资源是社会最宝贵的资源。只有对人力资源及时有效地开发利用，才能推动其他资源与之优化配置，从而成为创造社会财富的源泉。

7. 能动性。

人力资源的能动性是指，人力资源是劳动者所具有的能力，而人总是有目的、有计划地在使用自己的脑力和体力，并具有自我开发的潜力。例如，在蜂房的建筑上，蜜蜂的本领使许多建筑师感到惭愧。但是，最拙劣的建筑师也要比最灵巧的蜜蜂显得优越，这是因为建筑师在用蜂蜡构成蜂房之前，已经在头脑中把它构成。劳动过程结束时得到的结果，已经在劳动过程开始时存在于劳动者的观念中。正因为如此，在价值创造过程中，人力资源总是处于主动地位，是劳动过程中最积极、最活跃的因素，自然资源总是处于被利用、被改造的地位，服从于人力资源。其能动性体现在以下几个方面：

（1）人具有意识，知道活动的目的，因此人可以有效地对自身活动作出选择，调整自身与外界环境的关系。

（2）人占主体地位，并且是支配其他资源的主导因素。

（3）人具有自我开发性，在生产过程中，人一方面是对自身的损耗，而更重要的一方面是通过合理的行为，让自己得到补偿、更新和发展，非人力资源不具有这种特性。

（4）人在活动中可以被激励，即通过提高人的工作能力和工作动机，从而提高工作效率。

第二节　人力资源开发利用的人口基础和素质基础

一、人力资源与人口资源

人口是具有一定数量和质量的人的总称。人力资源总量表现为人力资源数量和质量的乘积，因而人口构成人力资源开发利用的自然基础。一国人力资源的充裕程度不仅与其人口素质有关，而且与人口数量密切相关。可以说人力资源的开发与利用是以人口资源为基础。

（一）人口资源的概念

人口资源是指一个国家或地区的人口集成或人口总体，主要表现为人口数量的概念，反映的是人口资源质与量的统一。

人口资源质的规定性主要通过人的身体素质、文化素质和思想道德素质表现，而人口资源量的规定性主要表现为以个体形式存在的人的数目，同时还表现为人口的增长速度以及各种结构。人口资源相应具有质和量的规定性。人口资源质的规定性主要表现为一个国家或地区人口总的素质水平，其主要标志为一国教育的发达程度及科技领先水平。劳动者与一定生产资料的结合是以一定的技术条件为基础，其技术水平的高低直接决定生产资料的利用效率及产品的数量与质量。在社会分工日益国际化的今天，人口素质的高低直接决定一国在社会分工中所处的地位。一方面，如果劳动者的素质高，掌握先进的科学技术，其生产的同类产品的劳动价值低于世界平均劳动价值，在国际交换中能够以较少的社会劳动换得较多的产品。另一方面，高素质的劳动者可以掌握较复杂的生产技术、从事复杂劳动，根据复杂劳动是简单劳动的倍加原理，复杂劳动创造的高、精、尖产品在市场交换中可以换得较多的简单劳动加工的初级产品或半成品。以上两方面原因结合起来，人口素质水平高的国家往往成为富裕的国家。诸如美国、日本等国，它们本国的生产资源并非特别丰富，但由于他们国民的整体素质较高，科学技术水平处于领先地位，新技术、新产品层出不穷，因而处于世界经济发展火车头的地位。

人口资源量的规定性主要表现为一国人口的数量、人口的增长速度及各种结构。劳动者与生产资料不应只是质量上的匹配，同时也应是数量上的匹配。如果劳动者的数量小于生产资料对劳动者的需求，势必造成生产资料的闲置。同样，若劳动力供给过剩，失业或半失业人口增多，社会的负担就会加大，即社会财富中用于消费的部分加大，用于扩大再生产的部分减少，从而使国民财富的增长受到限制。此外，国民财富是一个动态的概念，在社会扩大再生产的条件下劳动者的数量也应是一个变量。

人口自然增长率是一个重要的衡量指标，人口增长过快而没有足够的生产资料与之匹配会产生失业问题，人口增长过慢甚至零增长会出现老龄化问题，会加大社会负担系数，从而限制国民财富的增长。国民生产是通过不同地区、不同产业部门分别实现的，人口的分布及各种结构构成应与国民生产的需要相适应，而人口资源对一国国民财富的增长有着重要的意义。

（二）人口资源的构成

1. 人口素质。

人口素质主要包括身体素质、文化素质和思想道德素质三个方面。身体素质反映一国居民的总体健康状况，是一国人口资源的基础内容，只有健康状况良好的人才能更好地从事生产、创造财富。文化素质是指一国居民平均受教育水平的基本情况，文化素质直接决定劳动者的质量，因而是一国人口资源的核心内容。思想道德素质主要是指一国居民的责任感和价值观，它决定了一国社会风气的好坏，思想道德素质的高低决定劳动者自觉提高文化素质的积极性和在生产过程中的责任感，同时也必将影响劳动的产出水平，因而思想道德素质是人口素质的重要内容。人口的身体素质、文化素质和思想道德素质共同构成了微观的人的个体，在人口资源的构成中三者缺一不可。身体素质是人之所以为人的自然基础，人的本身是人的体力和脑力得以产生的源泉和载体。没有好的身体素质，即使有较高的文化素质和思想道德素质也无法从事生产劳动。衡量人口身体素质的指标主要有死亡率、婴儿死亡率及人口平均寿命等。人的思想道德素质主要表现为人的责任感和价值观，直接影响人们的劳动态度和生产水平。

意识决定行动。自古以来，统治阶级都致力于培养有利于自己阶级利益的价值观念体系。1949 年，新中国的成立结束了国家作为剥削阶级统治工具的时代。作为全体人民利益的代表，我国人民政府提倡的价值观念必然是有利于全体人民利益的价值观念。现在，我国正处于政治和经济转轨时期，人们的意识形态领域正经历一场史无前例的大变革。我们应对之加以正确的引导，一方面要鼓励人们突破传统思想的束缚适应市场经济和世界经济一体化的要求，另一方面要坚决抵御外来腐朽思想的入侵，逐步形成具有中国特色的价值观念体系。人的思想道德素质是无形的，但它对劳动生产的影响是巨大的，因而是人力资源开发过程中一个不容忽视的问题。随着知识经济的到来，人口的文化素质是世界各国普遍关注的问题，人才的竞争早已上升到战略的高度。一般而言，人口文化素质提高的主要途径是接受教育，一国人口文化素质的高低与其教育的发展程度成正比。

我国历来重视教育的发展，早就有"百年大计，教育为本"的共识，但由于种种历史原因和现实条件，我国目前的教育状况不容乐观。十六大报告指出"教育是发展科学技术和培养人才的基础，在现代化建设中具有先导性、全局性作用，必须摆在优先发展的战略地位"。人口文化素质低，一国在世界分工体系中只能从事一些技术要求低的简单劳动和加工活动。今后我们应努力改变这一局面，全面提高人口的文化素质。

2. 年龄结构。

人口资源虽然指的是一个国家或地区人口的总体，但并不是所有的人口都直接从事国民财富的创造活动。一般而言，具有劳动能力的人口构成人口资源的主体，判断人口是否具有劳动能力可以从年龄上粗略估计。根据一般的划分标准，我们可以把人口划分为 0~14 岁，15~64 岁，65 岁及以上 3 个部分。0~14 岁和 65 岁及以上一般被视为被抚养人口，他们占人口总数的比重被称为社会负担系数，社会负担系数越大，直接从事国民生产的人口比例越小，创造的国民财富相对减少，因而一国人口的年龄结构特征是人力资源开发利用的重要影响因素。0~14 岁的人群是人口资源中即将成长为劳动力人口的部分，可以说是人力资源的储备力量。他们的身体素质、文化素质和思想道德素质主要在此阶段形成，因此这个年龄段的人口资源应以教育开发为主。

人口资源的开发利用是一个动态的过程，任何个人都要经历少儿、中青年、老年三个阶段，少儿阶段对人口素质的高低具有重要影响，这个阶段的教育培训是不可忽视的。15~64 岁通常被视作具有劳动能力的人群部分，虽然随着社会的进步，人口的平均受教育程度普遍有所提高，人们参加工作的初始年龄普遍提高，但从根本上这种划分方式仍能反映一般规律，故而此处我们沿用此种划分方式。这个年龄阶段的人群构成人口资源的主体，也是人力资源开发利用的重点对象。进入 21 世纪，知识的更新速度普遍加快，因而此阶段的人口在利用的基础上还应注重开发。当今社会普遍兴起的成人高考热、在职进修热便是这种现象的有力佐证。65 岁及以上的人口大多已经退休，他们为社会作贡献的黄金时期已经过去，属于颐养天年的人群部分。如果 65 岁及以上所占的人口比重过大，将会造成人口老龄化问题，造成社会负担系数过大，加大劳动人口的负担，对一国的经济发展造成不利的影响。但 65 岁及以上的人口具有其他年龄组人群无法比拟的经验优势，而且随着生活水平和医疗保健水平的提高，老年人的身体状况普遍提高，工作年限有延长的趋势，他们当中蕴藏的劳动潜能是巨大的。我们应努力为他们创造发挥余热的环境，利用他们的经验优势为国民财富的创造提供便利条件。具体到我国而言，我国人口年龄结构正逐步过渡到老龄化社会。

3. 数量和规模。

人口数量是人口资源的主要特征之一。一定数量的人口为一国经济的发展提供了充足的劳动力，只有足够数量的劳动力才能实现与土地、生产资料资本的完全结合。同时，由于劳动者的双重身份——生产者与消费者，一定数量的人口形成巨大的消费市场成为社会再生产的直接原动力。因而是否具有相当数量的人口是衡量一国人口资源是否丰富的重要指标。我国目前的人口总数已超 14 亿，巨大的人口规模形成巨大的消费市场，为生产发展提供了动力。但同样由于人口数量巨大，在资源有限的条件下，人均占有的生产资料必然减少，人均受教育的机会必然受到限制，这对人口文化素质的提高十分不利。人口数量与人口素质是人口资源不可缺少的两个重要方面，人口数量过大对人口素质的提高将会产生不利影响，因而我们应将人口数量控制在适当范围内，降低人口的自然增长率。否则，社会上每年新创造的社会财富有相当一部分会被新增人口消费掉，导致没有足够的生产资料用以扩大再生产且没有足够的消费资料用以提高人们的生活消费水平。可见，人口数量是衡量人口资源的重要指标，但二者不是绝对的正比关系。

4. 分布质量。

在人口资源的范畴当中，人力资源占据主要地位，因而人力资源的分布质量对人口资源具有重要影响。国民生产具有地区和行业的不同特点，因而其对人力资源的需求是不同的。

（1）地区结构质量。

地区结构质量指人力资源在不同地区的分布情况。人力资源在不同地区间与其他资源的结合状况对不同地区或国家的经济发展具有重要意义。不同地区的资源状况有很大区别，在社会分工中所处的地位也不一样，因而对人力资源的需求状况也不相同。需要指出的是我们所说的地区并不是以面积来衡量的，更重要的是一个地方资源的富裕程度。一国经济发展的原则之一是要实现资源的最优配置，人力资源是重要的资源之一，不同地方的自然资源只有配合相应的人力资源才能发挥效应。从这一点上讲，人力资源的地区分布应与不同地区自然资源的状况相结合。就我国目前的状况而言，地区经济发展状况和自然资源的拥有状况很不平衡，东部沿海地区的经济发展状况优于西部地区，相应地对人才的需求状况要高于西部。因而在对待人才的问题上，虽然双方都应将人才放在重要位置，西部对人才需求的数量与质量应与较低的经济发展水平相适宜，以免造成人才资源的浪费。

（2）城乡结构质量。

城乡结构质量指人力资源在城市和乡村的分配比例。随着人类社会分工的发展，不同的人从事不同的工作，与此相适应的人类居住的地方出现城市和乡村的区别。在城市中居住的人一般从事第二、第三产业的劳动，具体表现为工业生产及各种服务加工业。由于第二、第三产业劳动的技术要求比较高，相同时间内创造的价值比较多，因而对高素质人才的需求量更大。

与此同时，城市和乡村的发展有很强的相关性，城市中的人口需要足够的生产资料与之结合并需要足够的消费资料维持日常生活。城市人口如果过多，第一产业的产品不足以提供足够的生产资料必将限制第二、第三产业的发展。同样，农村人口既需要足够的土地耕种又需要第二、第三产业提供的化肥、农具等产品，如果农村人口过多，将会造成农村劳动力的剩余，如果农村人口过少，无法提供足够的生活和生产资料，也将限制国民生产的正常进行。我国是农业大国，第二、第三产业尤其是第三产业所占的比重严重低于发达国家水平，农村人口占我国人口的大部分。由于我国人口众多，人均耕地面积有限，造成农村人口过剩的问题。农村人口过剩，使我国农业的耕种还处在刀耕火种的原始阶段，生产效率低下，无法采用先进的农业生产技术，同时也极大地阻碍了农业产业化的进程。农业生产低效率直接导致我国农业产品在国际市场上缺乏竞争力。如何为农村的过剩劳动力寻找合适的释放口是困扰我国经济发展的一个难题。农业产业化、农村城市化打破严格的工农业界限是出路之一。此外，我们应大力发展第二、第三产业，为农村过剩人口提供新的就业机会。引导城乡人口分配均衡并使其适应我国经济发展的需要是人力资源开发利用的目标之一。

（3）产业结构质量。

产业结构质量指人口资源在不同产业部门之间的分配状况。一般而言，一国的产业部门可划分为工业、农业和第三产业三个体系，其中第三产业含义较广，覆盖了除工农业的其他产业部门。不同的产业具有不同的生产特点，相应的技术要求也各不相同，对人口资源的要求自然有差异。第二、第三产业对劳动者的素质要求较高。近几年来，随着农业产业化进程的加快，农业生产的技术含量增加，农业劳动已不再是简单的体力劳动，不同行业的技术要求有明显差别。

产业结构调整是我国经济发展面临的巨大挑战，前面已经说过，我国的第二、第三产业明显落后于发达国家水平，表现之一为从事三种产业的劳动力人口比例严重失衡。1992年，我国第一产业的劳动力占劳动力总数的58.5%，第二、第三产业的劳动力分别占21.7%和19.8%。由于第一产业的劳动复杂程度低，同样时间内创造的价值必然低。发展高科技产业首先必须有高科技的人才，没有高科技的人才，产业结构的调整便无从下手。鉴于我国第一产业人口过剩的国情，我们应大力加强第二、第三产业的发展，促使第一产业过剩人口向第二、第三产业转移，实现人口资源在各产业部门的平衡。

（4）职业结构质量。

职业结构质量主要从职业类型的划分来区别人力资源的质量的高低。从总体上来讲，职业类型分为体力劳动和脑力劳动两大类。这两种职业类型的比重反映了一国人口资源的质量状况。由于脑力劳动的复杂程度高于体力劳动，因而在同样的时间内脑力劳动创造的价值高于体力劳动。如果一国从事脑力劳动的人口比重较大，则可以判断该国的科技水平较高，人力资源得到较好的开发利用；相反，若从事体力劳动的人口所占比重较大，则该国的人力资源尚未得到最佳利用。

由于我国是农业大国，农业人口所占比重很大，从事体力劳动的人在职业类型中占优，这是我国人均国民生产总值低下的重要原因之一。要改变这种状况，必然要调整职业结构，使脑力劳动在职业类型中占优。农业产业化是提高职业结构质量的途径之一。

5. 流动质量。

流动质量指作为基本生产要素之一的劳动力进入市场的自由程度。劳动力自由进入市场是指劳动力可以自由地随着市场的需求，在地区之间、产业之间、城乡之间以及各行业之间流动，是市场经济要求资源配置市场化的重要表现。人口的流动质量与一国市场经济的发达程度有正相关的关系，人口的流动质量提高，市场对资源配置发挥的功效越大，经济发展越顺利。改革开放 40 多年以来，我国人口的流动质量大幅度提高，就业自由、招聘自由是我国对待就业问题的基本态度，人口流动尤其是高素质人才的流动已成为十分平常的事情。据统计，1997 年，我国以各种形式流动的劳动力在 6000 万人左右，其中跨县市流动占 80% 以上。但过分强调人才流动也并非无任何害处，如果对人口流动完全不加限制，一些经济比较发达的地区会由于外来人口的巨大压力而带来一系列的社会问题。因为虽然经济发达地区的就业机会比较多，但其毕竟是有限的，人口的过度流入会造成就业压力加大的问题，进而为经济发展造成负面影响。针对我国国情，我们应对高素质人才的流动完全放开，对其他人口的流动进行有计划的限制。随着我国经济的发展实现人口的相应流动，保证经济的稳定发展。

（三）人力资源开发利用以人口资源为基础

上面分析人口资源的构成时提到人力资源的分布质量。人口资源是指一个国家或地区人口的总体，但并不是所有的人口都直接参与生产。前面所讲的分布质量主要以人力资源分布是否适应经济发展为主要衡量指标。人口资源与人力资源的分布有着密切的关系。

首先，从量的方面看，人力资源是人口资源中有劳动能力的那一部分，它包含在人口资源之中，从全部劳动人口中剔除丧失劳动能力的那一部分就是人力资源的集合，既包括现在的劳动者又包括未来的劳动者。因而我们可以得出结论：人口资源包括人力资源，人力资源是人口资源的核心部分，人力资源的开发利用必然以人口资源为基础，不同的是人口资源偏重数量概念，而人力资源突出质量，但两者都是质量与数量的统一。这里值得指出的是，通常所讲的人力资源并不等同于狭义的劳动力资源和人才资源。劳动力资源是人口资源中拥有劳动能力且进入法定劳动年龄的那一部分人口，通常在 16~60 岁，不包括 16 岁以下的潜在劳动者。人才资源则指一个国家或地区具有较强的管理能力、研究能力、创造能力和专门技术能力的人的总称，重点强调人的质方面，是人力资源中较突出、优秀的那一部分。

其次，从质的方面看，因为人力资源包含在人口资源之内，人口资源质量的总体状况直接决定人力资源的质量状况。综上所述，人力资源的开发利用以人口资源为基础，两者在数量上是统一的关系，一国的人口资源越丰富，人力资源也相应越丰富。但二者的统一是有条件的，因为人力资源还包含着质的因素，人口资源重在数量概念上。人口数量过多，有限的生产资料无法与之充分结合，一方面致使生产发展受限制，另一方面制约了教育水平的提高，最终导致人力资源总体水平的下降。各资源的关系如图 11 - 1 所示。

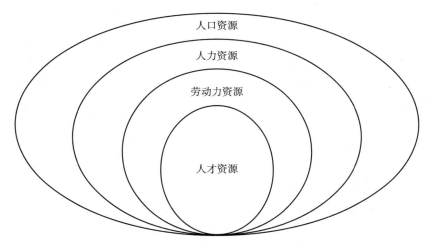

图 11 - 1　各资源的包含与被包含关系

二、人力资源开发利用与人口数量的关系

（一）人口数量的基本概念

人口数量反映人口总体量的规定性，泛指人口规模、增长速度、各种构成和各种数量特征，通常人口数量指的是人口规模。人口规模是一个不断发生变化的量。人口规模的变化是由两方面的变动引起的：一是由人口出生和死亡引起的自然变动；二是由人口迁入和迁出引起的迁移变动。人口的迁移变动只会引起人口分布的变化，而人口的自然变动还会引起人口密度的增减，还有可能导致人口总量的变化。制约人口自然变动的因素十分复杂，既包括遗传和自然环境等自然因素，也包括社会、政治、经济、文化等社会因素。一般来说，越是远古时代的人口变动，自然因素所起的作用越大；越是发生在距现今较近的人口变动，社会因素所扮演的角色越重。从动态的角度看，人口总量的变化体现为自然增长速度的变化。人口自然增长主要取决于人口出生率与人口死亡率所形成的差额。随着社会主义制度的建立，生产力水平有了很大程度的提高，人口死亡率趋于下降并稳定在一个较低的水平，导致人口出生率成为制约人口自然增长速度快慢与否的重要因素。人口构成也称人口结构，它是人口总体某一方面（某一特征）划分的各

个成分及其比重。各种人口结构按其性质，可以归纳为人口的自然、社会、经济、质量和地域结构五大类。人口的自然结构包括性别、年龄和人种三种结构；人口的经济结构是按照人的一定的经济标识来划分的，包括人口的产业、行业、职业、收入分配和消费类型等结构；人口的社会结构是根据人的社会标识来划分的，主要有人口的阶级、民族、宗教、语言和婚姻家庭结构；人口质量结构是按照人的某种素质标识来划分的，主要有人口的体质结构和人口的文化结构；人口的地域结构是按照人的居住标识来划分的，主要有人口的自然地域、行政区域、城乡和迁移等结构。上述种种人口结构共同组成人口结构体系。

（二）人力资源开发利用与人口数量的关系

人力资源作为人口总体所具有的劳动能力的总和，其总体也就是数量与质量二者的乘积，即人力资源总数＝劳动力人口数量×质量。人力资源数量，指的是构成劳动力人口的那部分人口数量，其单位是"个"或者"人"。劳动力人口即具有劳动能力的人。人力资源开发利用的对象是相当一部分具有劳动能力的人，而具有劳动能力的人是从人口总体中通过教育、学习、锻炼培养而成的，这样就使我们必须从研究人力资源开发利用与人口数量的关系出发，找到二者之间存在的关系，然后结合自身所具有的条件来进行人力资源的开发与利用。

1. 人力资源开发利用与人口规模的关系。

人口规模作为一个变量，它的变化会引起人力资源开发利用所面对的资源市场的变动，使我们在进行人力资源配置时要考虑到人口规模变动所带来的影响。

人力资源的配置指的是将人力资源投入到各个部门、地区的职业劳动岗位，使之与物质资源结合，形成现实的经济运动。从要素经济学的角度看，每一生产要素，都应当在可能的情况下得到充分运用，并与其他要素之间有一个比较好的配比关系，以求得最大的生产效果。人力资源的使用，基于其重要性和特殊性，从宏观的角度说，就要达到充分就业和合理使用，形成良好的结构，保证社会经济的需要，取得国民经济的最大效益和自身较多的使用效率。因此，人力资源配置必须符合以下四个原则：

（1）充分就业原则。

充分就业不仅是一个经济目标，也是一个社会目标。可以这样说，这是当今世界不同经济体制、不同经济发展水平国家和地区所共同追求的发展目标。从经济学一般原理出发，充分就业应当是人力资源供给基本上能被需求吸收，既有劳动能力又有就业需求的经济活动人口基本上能取得社会劳动岗位。在人力资源供不应求和供求平衡的条件下，是很容易达到充分就业的，关键是在人力资源供大于求的情况下，如何通过制订合理有效的人力资源开发政策来减少"过剩人口"的存在。

（2）合理使用原则。

人力资源的合理利用，从经济学一般意义上讲，是指人力资源投入的最高产出率。此外，还包括人力资源在经济上投入方向及配置的合理以及更为广泛的社会方面的内容。为了使全社会的人力资源能够做到"人尽其才"，在宏观配置上必须将经济－社会效益结合起来考虑，从双重利益出发进行人力资源的配置，以实现双赢战略。

（3）良性结构原则。

搞好人力资源的宏观配置，调节各部门、各行业、各地区的劳动力，将追加的人力资源投入不同方向，以形成一种良性的人力资源使用结构－就业结构。在良性的就业结构下，人力资源的投放适应全社会经济水平，能够满足国民经济建设的主要部分的需要，能够取得较大的经济效益，也能使国民经济各部门在较长时间内保持协调平衡发展。

（4）高效率原则。

提高效率是管理学的一条重要原则，而人力资源开发利用作为一项很重要的管理活动，提高其使用效率就更为重要。"有效劳动"和"无效劳动"是一对重要的经济学概念。有效劳动是指劳动力的投入取得了经济效益；无效劳动是指劳动力的投入未取得经济效益。进一步分析，有效劳动又分为高效劳动和低效劳动；无效劳动又分为零效劳动和负效劳动。我国经济学家于光远指出：人是生产活动的主体，生产的发展归根到底要取决于人的作用的发挥，而在现实的生产中，这种发挥是不充分的。解决人力资源利用不充分问题，是提高国民经济效益的根本途径，而要解决这一问题必须首先明确人口发生变动会给人力资源的配置带来的影响。

①自然变动，影响人力资源配置的静态因素。

人口的自然变动即人口的再生产运动。人类和其他生物一样，具有新陈代谢的过程。从总体上看，人口是在不同个体的逐渐替代中实现更新，维持自身的。这种更新的结果是一代人口的出生、成长替换补充老一代人口的衰老、死亡，从而实现总体的再生产。人口个体一般都经过发育、成长、结婚、生育后代，最后衰老死亡这一过程，在无数人口个体的"出生－成长－结婚－生育－衰老－死亡"的持续不断的循环中，总体人口维持了自身的一定规模，保持了自身的更新与发展。一般来说，人口的自然变动不仅会引起人口密度的增减，而且极有可能导致一国总人口的变化，人口密度的增减特别是人口数量的变化对于人力资源的宏观配置有着深远的影响。由于人力资源的配置要遵循四大原则，因此在人口数量发生自然变动的情况下，如何遵循上述四大原则达到人力资源的合理配置显得尤为重要。在现代社会，由于科学技术发展日新月异，医疗水平日趋完善，人民的生活水平日渐提高，一般而言，人口自然变动带来的是人口总量的不断增加和人口密度的扩大，人口的增加随之也会带来各式各样的问题。

首先，人口总量的增加和人口密度的扩大会引起原有就业人员、就业结构的改变。伴随着人口总量的增加，在原有人力资源供不应求及供求平衡的条件下，当人口总量增加大于经济发展所需的就业岗位人数时，有可能会出现人力资源供大于求的状况。当人口密度扩大，在原有地区或行业所需就业人数不变或减少的情况下，就很容易影响就业结构的合理性，或者原有地区或行业所需就业人数的增长速度小于人口密度的增加时同样也会出现不充分就业或就业结构不合理的现象。

其次，人口总量增加和人口密度扩大的同时人力资源可供选择的范围随之被拓宽。在一定程度上可以提高人力资源利用的合理性，使具有一技之长的劳动者能在合适的岗位上工作，对于促进地区经济的快速发展，充分体现市场经济的竞争机制——适者生存，提高资源的有效利用率也会起到一定的推动作用。总之，人力资源开发利用与人口自然变动之间的关系不能一言以蔽之。

②迁移变动，影响人力资源配置的动态因素。

由于人口的迁出和迁入所引起的迁移变动可称为人口流动，它指的是某一人口总体由于一部分人口的迁出和迁入而形成的人口数量上的变动，也叫作"人口机械变动"。根据不同的划分标准，人口流动的类型大致有三种：第一，人口在城市内部及其之间的流动；第二，国内人口流动与跨国人口流动；第三，自愿人口流动与非自愿人口流动。

人口为什么会流动呢？不外乎有两个原因：生存的需要和发展的需要。可以这么认为，人类的流动从一开始就与其生存发展紧密相连。正如列文斯坦早在19世纪末说的那样，人口的迁移意味着生存和进步，而静止则意味着停滞。人口迁移的主体是劳动力的迁移，即人力资源空间位置的改变。人口从农村向城市流动，从一般地区向大工业中心和新兴工业城市流动，从农业劳动率较低、人口密度较大的地区向农业劳动率较高、人口密度较小的地区移动是人口迁移的几个重要流向。一般而言，人口流动是一种社会现象，受多种社会因素诸如经济、政治、文化等的影响和支配，主要表现为人口结构（如地理分布、城乡结构变化等）的变化。因此，人口迁移对于迁出地和迁入地的人口密度、土地，以及其他自然资源的利用，生产力的布局，现实劳动力数量和未来人力资源的状况以及流动者本身都会产生一定的影响。

首先，人口的迁移对于流出地而言，既可能造成人力资源的流失，同时又可能缓解本地人力资源的就业压力，孰轻孰重，必须依据本地区的人力资源现有情况来加以判断。对于那些人口密度大、劳动生产率不高的地区，人口的迁移变动一般来说在一定程度上可以缓解就业压力，使闲散劳动力找到劳动就业出路，这对于提高本地区居民生活水平，促进地区经济发展有一定好处。

此外，人口从农村向城市流动对于农村本身而言，既解决了农村剩余劳动力的问题，同时也提高了农民的收入，对于解决"三农"问题有一定的实效。但是，反过来说，倘若本地区本身人力资源就缺乏，如果再加上人口的迁移变动，无疑是雪上加霜。大量人力资源在人口的迁移变动中极有可能随之离开本地，对于今后地区经济的发展很不利。在一般情况下，人口的迁移变动中，具有较高文化水平且有一技之长、在经济发展中具有重要作用的人由于自身条件的优越性，即使离开了原有工作岗位，再次就业的难度相对而言也较低。因此在人口迁移变动中极易流失的就是高级人力资源，这部分人力资源的流失对于地区经济的发展极为不利。在这种情况下，当地政府就应该深入分析人才流失的原因，切实采取相应的对策以尽可能地缓解这种人才流失现象。

其次，人口的迁移变动对于流入地而言也是有利有弊的，它既能为当地带来丰富的人力资源，但同时也可能造成人力资源关系趋于紧张，社会成员之间可能产生利益冲突。从全国范围来看，一个地区既可作为人口的迁出地，也可作为人口的迁入地，造成的人力资源配置所面临的资源市场是饱和还是缺乏，主要取决于人口的流向。因此，对于各地政府而言，要使本地区人力资源市场趋于平衡就必须从人口流向方面出发，研究制订有关的政策，改善工作环境，留住人才以利于地区经济的发展。此外，对于人口迁移变动的主体——流动者本身而言，他们既是人力资源配置的对象，同时也是社会经济发展的主导力量，他们在流动过程中所产生的作用会反映在迁出地和迁入地的地区经济发展上。

一般而言，在人口的迁移变动中，流动者本身的技能、知识水平随着自身阅历的增加，接触到更多先进的科学理念、知识观念，自身的素质会得到很大的提高。这就是说在人口迁移变动过程中，人力资源的素质可以得到改善，这对于人力资源的开发利用来说是一件好事。

2. 人力资源开发利用与人口增长速度的关系。

人口数量的变化，主要取决于人口的自然变动和迁移变动。在短时期内，跨国人口的迁移变动不会对一个国家的人口总量产生较大的影响，因此，就一个国家而言，人口数量的变化主要由人口的自然变动，即人口的再生产运动引起。人口的再生产运动主要是以人口自然增长速度这一指标体现出来的，而人口的自然增长速度则主要取决于一定时期内人口的出生率和死亡率。随着生产力的发展和人民物质文化生活水平的提高，人口死亡率趋于下降并稳定在较低水平，而人口出生率作为一种主动的活跃的因素，决定着人口自然增长速度的发展方向。人口自然增长速度加快是使人口总量不断增多的基本因素，而人口出生率变化则是人口自然增长速度变化的内在动因。

各国政府为使人口自然增长速度符合本国经济发展的需要，相应地采取不同的人口政策。例如，中国采取的是适龄婚育、优生优育的政策，而新西兰、澳大利亚采取的则是鼓励生育的政策。但是不同的政策有一个共同的目标，就是能够实现经济的平稳发展，实现劳动人口的充分就业。那么为什么各国会采取不同的政策呢？原因主要是各国国情不同，人口基数不同，所需人力资源总量不同。这就需要把握度的问题，人口的自然增长速度必须符合适度原则，即每个国家地区的人口自然增长率应该与本国、本地区发展所需人力资源总量相匹配，防止出现由于人口自然增长不当导致人口就业压力增大或无法满足现有工作岗位对人力资源需求的现象。中国作为世界第一人口大国，在这方面的经验与教训值得各国借鉴。新中国成立之初，当时的中国人口只有 4.5 亿人的概数，那时百废待兴，社会主义建设热潮需要大批人力。同时，幅员辽阔的中国还有许多待开发利用的土地和其他资源，所以人口问题一时还未引起普遍关注。从当时的国情来看，中国的人口问题不是很严重，但是我们必须清醒地认识到中国的资源是有限的，而当时中国人口同其他发展中国家一样，进入了人口高增长的惯性（Transitional Growth Momentum）时期，即出生率居高不下，而死亡率却趋于下降，结果导致人口自然增长加快。在这种情况下，政府应该及时出台相应的人口政策，保持现有的人口增长率，而不能听之任之，使之无限增长下去。然而由于种种原因，未能及时形成政策在全国推广，导致从 1962 年开始，中国进入了持续几年之久的人口高出生率时期。由于这一时期出生人数多，持续时间长，所以人口增长的惯性难以在短期内缓解和消除，加剧了中国社会经济生活的困难，给社会带来了巨大的影响。绝大多数中国人维持着一种低水平的温饱，巨大的就业压力也困扰着各级政府。一方面，农村地区的隐性过剩劳动力有增无减，事实上，在 1956 年前，中国农村的劳动力已经饱和甚至过剩；另一方面，城镇地区所能提供的就业机会难以满足不断增长的就业需求，结果产生了严重的城镇就业问题。人口自然增长率的不当增加导致中国经历了一次真正的人口危机。人口增长速度过快，导致全国就业压力加大，全社会的生产经营活动举步维艰。20 世纪 70 年代初中国终于发出了人口非控制不行的口号。1971 年，国务院排除各种阻力，开始部署计划生育工作，并于 1973 年重建国务院直属的计划生育机构，拉开了人口控制的帷幕。改革开放以来，随着经济的不断增长以及外资的引进，就业机会有所增加，这对长期以来中国所形成的就业压力有一定程度的缓解。但是从长远利益着想，控制人口的自然增长率，对于减轻人口负担、降低就业压力以及优化人力资源的开发利用是非常重要的。但是，人口自然增长率与人力资源开发利用的适度原则要求不能过分地控制人口的自然增长，否则会导致青黄不接的现象出现。

目前，人口老龄化已成为一种全球性的发展趋势。人口老龄化问题是指人口系统的运作、人口年龄结构的演进会影响对经济社会可持续发展的挑战。伴随人口老龄化而来的问题就是老龄化社会劳动力短缺的问题。为使一国人力资源的开发利用不致因人口自然增长率而遭遇困难，各国政府必须保持人口增长率与人力资源需求量的适度比例才能使二者协调发展，共同促进经济的发展和人民生活水平的提高。

3. 人力资源开发利用与人口构成的关系。

由于人口是人力资源的自然物质前提，因此人口的结构及其变动就成为决定人力资源结构及其变动的最基本因素。所谓人力资源结构，是指一个国家或地区的人力资源总体在不同方面的分布或构成。人力资源结构的不同，反映了人力资源总体及其内部的不同性质与状态，这构成了社会对于人力资源使用的基础因素。特别是在劳动力流动幅度很小的条件下，国家以及各个地区的人力资源总体及其结构，决定着可以投入社会经济运动的劳动力总量及其布局状况，并且在相当大的程度上影响着国家和地区的就业总量及结构。根据人口结构的分类，人力资源的结构也可以分为五大类，下面论述各种人口结构对于人力资源结构的影响。

（1）性别构成。

众所周知，男性人口与女性人口生理方面的差距，使他们在从事社会经济活动方面和对于不同职业的适应能力方面有很大的不同。一般来说，男性劳动力比女性劳动力的劳动能力强，参与率高，适应性强，参加社会劳动的年限长，家务劳动的负担少，流动性强。因此人口性别结构的不同必然影响社会人力资源的供给与使用状况。在正常情况下，人口总的性别比例和各年龄组的性别比例，特别是劳动年龄组的性别比例，基本上是均衡的。但是在一些特殊情况下，例如战争、大规模迁移等，可能会出现人口性别比例失调的问题，这必然会影响到人口的性别结构，进而影响社会人力资源的供给。例如苏联在第二次世界大战中损失了约 2000 万人口，其中大部分是男性人口，致使女性人口多于男性人口，从而对本国的劳动力供给造成持续几十年的影响。移民对人口性别构成产生的影响，必须与移民的目的、政策联系起来考虑，如移民是同经济建设所需劳动力相联系的，则移民的性别往往以男性居多，这在一定程度上弥补了当地人力资源缺乏的现象，也改变了世界许多国家长期以来形成的落后的意识形态，致使女性走向社会，从事劳动工作的机会很小，导致人力资源性别结构严重失调，出现就业男性人口明显多于女性人口的现象。但是，伴随着人类文明的进步以及女权运动轰轰烈烈的开展，许多妇女挣脱家庭束缚的枷锁，走上了就业岗位，男女比例失调的现象大大得到了改善，逐渐趋于平衡，这也是目前世界人力资源性别比例结构发展的一大趋势。

（2）年龄构成。

一个社会的人力资源及其总体的年龄界限是：男性 16 ~ 60 岁，女性 16 ~ 55 岁。从从事社会劳动有关的自然生理特征方面看，人力资源还可以划分为青年、中年、老年三部分。对于人力资源的年龄划分，青年为 16 ~ 25 岁，中年为 26 ~ 50 岁（男性人口）或 26 ~ 45 岁（女性人口），老年为 50 岁（男性人口）或 45 岁（女性人口）以上。同一总体内不同年龄的人力资源的比例，构成了人力资源的年龄结构，人力资源的年龄结构是由人口的年龄构成特别是适龄人口的年龄构成所决定的。从青年人力资源自身所具有的基本情况而言，这个时期劳动能力正在增长，即将进行职业定向与职业选择，开始加入和适应社会劳动。尽管这个时期可能其职业劳动能力差异不大，但其使用年限比较长、学习能力比较强、适应性比较好、流动性比较强，因而其开发的潜力比较大。人的成年阶段，体力、智力都达到一生中比较稳定的高峰阶段，是人的一生中的黄金时代。作为中年的人力资源，其劳动能力最强、职业技术水平最高、生产管理经验较丰富、创造发明在这个时期也最多，正所谓"年富力强"，这是人力资源效用最高的时期。人的老年阶段，体质、智力都开始下降，生理上处于衰退期。老年人力资源的一般劳动能力，特别是实际操作能力已经不如从前，但是其长期积累的知识和丰富的经验仍不失为一笔宝贵的财富。一般来说，一个社会的劳动力年龄构成状况比较年轻，即青年人力资源的比例较大，老年人力资源的比例较小，是比较有利于社会经济发展的；而一个社会的劳动力老化，即青年人力资源的比例较小，老年人力资源的比例较大，这个社会就会面临劳动力减少，甚至劳动力供不应求的问题，影响社会生产的健康发展。但是青年人力资源比例过大，而且在短时期内增长得比较快，又可能形成劳动力的总供给量超过社会对他们的总需求量，影响一部分人获得劳动岗位。此外还应当注意，一般在正常的社会经济条件下，中年和老年人力资源都是以相对稳定的参与率参与经济活动的。而青年人力资源的一部分参与经济活动，另一部分处于就学阶段，就学青年毕业后，需要获得工作岗位，由此就形成以年度为周期的社会人力资源高峰，并且由于人口教育、经济、社会等因素的影响，使不同年份的供给量和参与率也有所差异。

（3）质量结构。

人力资源的质量结构由人的体质结构和文化结构组成，一般来说，同一时期人力资源在体质方面的差异不会过大，而且体质方面的差异对人力资源的开发利用不起决定作用。文化专指精神财富，比如文学、教育、艺术和科学等。

所谓人口文化结构是指人口中具有不同文化程度人口之间的比例关系，这体现在劳动力人口，特别是经济活动人口的受教育水平上。通常来说，人力资源的质量结构就是按文化程度划分的文盲、小学程度、初中程度、高中程度、中专程度、大学及大学以上程度几个等级的劳动力人口的比例。此外，社会劳动者达到的职业技能不同等级的比例，也是人力资源文化结构的一个方面。劳动力作为社会生产和经济活动的主体，能够促进和延缓社会的经济发展。长期以来，劳动能力的大小是以劳动经验的多少为表现形式的，在一个既定的劳动力大军中，经验丰富的劳动力越多，就意味着开发自然资源和改造社会环境的能力越大。在近现代，尤其是当代，劳动能力的大小与文化水平的高低有着密切联系。一般来说，文化水平高的人的劳动能力大于文化水平低的人的劳动能力。由此可见，文化结构的高低对于国民经济的发展起着至关重要的作用，从 20 世纪 80 年代发达国家与发展中国家在地区人口文化的差异上可见一斑。20 世纪 80 年代中期，在发达国家中，以中级、高级文化结构水平的国家为多数；在发展中国家，则以低级、中级文化结构水平的国家为多数。1978 ~ 1981 年，有资料记载的 33 个发达国家中，平均每万人拥有的在校大学生在 15 人以上的有 22 个国家，占 66.67%；在 83 个发展中国家中，15 人以上的只有 14 个，占 16.86%，有 20% 的发展中国家每万人口中在校大学生不到 10 人。可以看出，经济越发达，需要的高质量人力资源数量越多、比例越大。不同的社会经济状况，不同的生产发展水平，要求与不同的劳动力质量相适应，因此我们不能不顾现实的生产力水平，简单地认为高质量劳动力数量越多越好，比例越大越好。因为如果高质量的人力资源超越了社会经济发展的客观需要，则不能充分发挥其作用，其中的一部分不得不从事质量要求较低的社会劳动，这就会降低高质量人力资源的效用，浪费一部分高质量的人力资源，并浪费社会与个人的教育投资，这显然是违背经济原则的。由于高质量人力资源不同类别之间的替代性较差，合理的人力资源质量结构不仅要求不同等级、不同层次的人力资源处于适宜的比例，而且要求各个等级、各个层次的人力资源内部从事不同性质劳动、不同职业类型的人力资源也要协调。否则，此长彼短，就可能会造成结构性失业。

（4）区域结构。

人力资源的区域结构即人力资源在不同地区的分布，可以从自然地域结构、行政结构方面区分。这种分布是地区生产力配置的基础，同时也是人力资源开发利用的基石。要想达到人力资源合理分布的目标，首先需要基于各地区经济发展的短期和长期需求与人力资源的现实状况，对人力资源进行规划，还应考虑人口与人力资源在总量方面和地区间分布的变动，从而对人力资源进行合理配置。人口自然地域结构，是指在总人口中居住在不同自然地域的人口之间的比例关系，是人类在进化过程中形成的一种分布区。而人口行政区域结构，是指国家（地区）各个行政区之间的比例关系，它不是人类一开始就有的，是人类发展到一定历史时期的产物，是国家行政权力的产物。人口的自然地域结构与行政区域结构的不同导致对人力资源的需求及供给情况也不尽相同。人类社会赖以生存的自然环境是不可以改变的，但是自然中蕴藏的丰富的自然资源却必须以人的主动性加以开发和利用，因此不同的自然地域结构对人力资源的配置要求不同。自然资源的分布在很大程度上决定了人口的自然地域分布，这种关系既是合理的，又是不完全合理的。之所以说是合理的，是因为人口的分布和自然资源的分布基本上是一致的，凡是自然环境良好和自然资源丰富的地方，人口就多，可供选择、利用的人力资源也就相应地增多；反之，人口则少，人力资源的缺乏也就显而易见。所谓不完全合理，是指在自然条件比较好的地方，聚集的人口太多，给某些自然资源形成超负荷的压力，破坏生态平衡，使环境质量下降，导致人力资源的部分流失；在自然环境较差的地方，人口稀少，由于缺乏足够的劳动力和科技人才，使许多可以开发利用的自然资源不能及时地得到开发利用，需要人力资源的补充。由此可见，我们应充分利用各地自然地域结构的差异，充分发挥各地资源优势，因地制宜开发利用人才，实现人力资源的价值，为经济发展服务。人口的行政区域结构作为国家行政权力的产物，带有一定的政治色彩。一个国家的行政区域结构的特点表现为两方面：一是在结构中，各省区土地面积及人口比重不一定均衡；二是在结构中，地域比重和人口比重不一定一样。此外，再加上不同行政区由于自然资源丰缺、经济发展水平参差不齐、人口迁移变动和历史因素的影响，最终导致各个行政区对人力资源的需求不同及人力资源流向的不同。一般来说，在经济发展水平较高的行政地区内，人力资源常会出现供大于求的现象。而且劳动力的流向一般是由经济发展程度低的区域向经济发展程度高的区域流动，出现人才的不均衡现象：一部分地区出现人才过剩现象，当然，这里还涉及一个就业结构，各种人才的比例协调问题；另一部分地区却人才流失严重，造成地区经济发展的不平衡。这就需要各地政府根据自身经济发展的需要，制定各种吸引和留住人才并优化就业结构的政策，使各地区经济协调发展和人力资源能够充分发挥自身价值，做到学以致用。

（5）城乡结构。

一个国家的人口按照一定的居住标准，分为城镇人口和乡村人口。城镇，特别是城市，一般是政治、经济、文化、教育和科学研究的中心。所以，城乡人口比例的变化，既是社会经济变动的结果，又是影响社会经济发展的重要因素。人力资源城乡结构是由人口的城乡分布所决定的，并且受到城乡间人口流动的影响，它反映了一个社会经济发展的总水平，也反映了农业和非农业部门的发展状况。农村人口一般是以从事农业经济活动为主，城镇人口一般是以从事非农业经济活动即工业、服务业为主。城市、农村的劳动力供给是满足城市、农村经济活动需要的重要条件，人力资源在城乡间的流动，则是调节人力资源在城乡之间分布的途径。一般来说，人力资源城乡结构的变化以农村劳动力进入城市为主要流向。从某种意义上来讲，农村劳动力进入城市，可以减缓农村人口增长过快，人满为患的状态，同时解决城镇人口不愿从事而因此空缺的工作岗位的劳动力缺口问题，这对于农村、城镇经济的发展都有好处。但是，农业人口作为第一部类和第二部类再生产所需消费品的生产者，必须在保证全社会总人口消费资料的合理解决、农业劳动生产率提高、符合社会经济发展的合理需要的前提下，向城市流动才是一件好事。否则，大批农村人口盲目涌入城市，既会造成对城市就业的压力，加剧城市的失业和潜在失业状况，同时也可能使农业劳动力不足，这对于城乡经济发展和人力资源的合理利用，都是非常不利的。因此，使人口城乡结构向合理化的方向发展，也是人力资源开发利用所需实现的目标。以上论述的人力资源与人口结构几个方面的内容不是孤立存在的，而是交织在一起，共同存在于一个统一体内。因此，我们在进行人力资源开发利用的过程中，必须全面分析研究各个结构的影响情况，同时要有一定的侧重点，切实解决实际中存在的问题，为社会经济发展服务。

三、正确认知人力资源与人口基础

人力资源来源于人口的一部分，人力资源的数量体现为劳动人口的数量，因此，从直接意义上讲，人口的状况就决定了人力资源的数量。由于劳动人口是人口总体的一部分，人力资源数量及其变动，首先取决于一国人口总量及其通过人口再生产所形成的人口变动。根据对世界各国的人口统计，可以看出成年组人口（15～64岁）占全部人口的一半以上，一些发达国家高达65%以上，例如，日本1998年15～64岁人口为

67.7%，加拿大为67.9%，美国为66.4%。如果按16~60岁的口径划分（即符合一般劳动年龄划分的口径），其数量也一般在50%以上，这样各国的人口数量就基本上决定了其人力资源的数量。但是，人口数量只是人力资源数量的一个基石，并没有一个固定比例决定一国总人口中有多少人会成为可利用的人力资源，因此要实现二者的统一，还必须对人口数量的各部分进行开发，使人力资源率（人力资源率＝劳动力数量/人口总量×100%）大大提高。同时也要不断通过人力资本的投资提高全民族的人口素质，努力提高人口资源的"含金量"，这样可供选择利用的人力资源也会相应增多。

（一）提高人口资源的"含金量"

日常生活中存在"木桶现象"。即木桶所盛水量不取决于最长的木板，而是取决于最短的木板，因此要扩充木桶的容量，就应改变短木板的形状。由此我们可以提出"人口素质木桶理论"的一个基本观点，即在一定的历史条件下，某人口群体其素质潜能所能开掘的极限受制于最短的那块"木板"，即最弱的那方面素质。根据这种人口素质木桶理论，我们获得的重要启迪是：若要使人力资源的素质潜能得到最大限度的开掘，除了扬长避短发挥优势以外，还要时刻注意最短板的限制效应，并要通过不断加长短板来弱化它的掣肘作用，以提高素质潜能和开发水平。人口素质的提高很大程度上取决于人力资本的投资，因此，我们必须通过有针对性的人力资本投资不断弱化短板，使人力资源的数量趋于期望水平，与人口数量达成一致。

当然，这里的人口素质指的是综合素质，包括文化素质、身体素质和心理素质等。人口综合素质中的最弱素质决定人力资源可供开发利用的限度。譬如，一个天资聪颖和个性坚韧的人，倘若身体素质欠佳，那么其横溢的才能和冲天的斗志很可能因其"弱不禁风"而被断送，少有可能走到生命的顶峰；相反，倘若一个人体格健壮、聪明有余而斗志不旺、个性不坚、习惯不良，则也有可能将宝贵的生命潜能悄悄淹没在一些碌碌无为的日子里。因此应积极加大人力资源的投资，主动提高全民族的综合素质，弱化短板的影响。这样，全社会的整体素质提高之后，可供利用人力资源的数量也随之增加，就会达到人口数量与人力资源数量的统一。否则，庞大的人口基数反倒成了人力资源开发利用的绊脚石。

（二）加大人才资源的培养

所谓的人才资源是指掌握特殊技能的劳动人口。根据人口资源的塔式结构，如果人口资源中人力资源的比例较大，说明资源是充裕的，但这仅仅是指一般的资源，是一般的"矿藏"。如果人口资源中人才资源的比例较大，也说明资源是充裕的，但这是特殊的资源，有特殊的价值，是人口资源中的宝藏，因此这就意味着良好的开发前景。如果人力资源中人才资源比例较高，则说明人力资源的含金量较多，是优质的人力资源。如此看来，要判别一个国家人力资源的丰裕程度，一要看人力资源占总人口资源比例的大小；二要看人力资源总量中特殊人力资源即人才资源所占的比例的大小，这是一种数量－质量的双重标准。

就目前我国的国情而言，一般人力资源过剩，而人才资源匮乏，然而真正对社会进步与开发起决定性作用的，往往是人才资源。面对这种情况，我们必须采取措施：一方面使大量的人力资源向合格的人才资源过渡；另一方面应通过人力资源投资工程使一般人才资源向高级人才资源转变。只有这样，不断加强人力资源的培养，扩大人力资源的总量，才能从真正意义上实现人口数量与人力资源的统一，如若不然，表象的统一最终会使人口问题成为社会发展中的一大难点。

（三）从容应对人口老龄化的冲击

联合国规定，一个国家或地区，60 岁以上的人口占全部人口的 10% 以上，或 65 岁以上的人口占总人口的 7% 以上即为人口老龄化，这个国家就称为老年型国家。

人口老龄化在发达国家已经形成，在发展中国家也日趋形成。这种趋势是由于科学技术的发展、医疗水平的提高、出生率迅速下降、死亡率逐年降低和平均寿命的延长造成的。不可避免的人口老龄化将使人力资源的数量与人口数量不统一。但应指出，中国不存在人口老龄化后劳动力资源不足的问题，相反，我们将面临劳动力就业的巨大压力。如果从经济学、社会学等诸学科的综合角度看，今后的实际情况肯定要复杂得多。首先，随着人口老龄化的冲击，医疗保险体系，社会保障制度，离退休人员的保险福利，以及由此引发的人力资源开发周期的时间差问题，都将接踵而至。解决好人口老龄化问题对于今后社会的发展和进步将起到重要的推动作用，而解决的关键就是要开发老年人力资源。虽然老年人随着年龄的增长，其体力和生理机能发生变化，不适合干一些重体力和操作性强的劳动，但是他们在长期的劳动过程中积累的丰富的劳动经验和人生阅历对于后人来说却是一笔很宝贵的财富。其次，随着人民生活水平的提高，人类的寿命逐渐变长，对于 60 多岁的退休老人来说其健康状况仍支持他们继续从事工作。而且，老年人再就业既可以给自己带来经济收入和精神慰藉，同时也可以促进社会经济进步和弥补部分人力资源的结构性短缺。

四、人力资源开发利用的人口素质

人口素质是人力资源开发与利用的素质基础。人口不是指单个的人，也不是指抽象的人，人口是对生活在特定社会制度、特定地区，具有一定数量和素质的人的总称。人力资源来源于人口的一部分。在知识信息日益升值的今天，人们强烈地意识到人口作为一种资源，如果存在过多的低素质的劳动力，将会成为国际竞争和未来发展的沉重负担。对于发展中国家而言，尤其如此。因此，提高和改善劳动力人口的素质将迫在眉睫。对人口素质的论述我们赞同如下四个观点。首先，人口素质作为一种"潜能"，其增加意味着潜在生产力的增长，其开发又是现代经济的轴心问题。其次，人口素质是综合国力的重要组成部分。再次，人口素质是一种特殊的"资源"，具有能动性的特点。最后，人口素质，是弱化文盲和愚昧的复制与自循环的关键因素。

（一）人口素质的概念界定

关于素质的含义，理论界有许多不同的解释，对其特性和内容的说法不尽相同。如何理解素质，先讲一个众所周知的故事。据史称，管仲病入膏肓时，齐桓公问他谁可担当相任，管仲说：宁戚是最佳人选，可惜他死了；鲍叔牙忠心耿耿，德行好，但对人要求太严格，灵活性不够，不利于团结群僚；湿朋谦虚谨慎，一心为公，可当相任，但体弱多病寿命不长；易牙、竖貂、开方三人均是野心家，千万不可用。管仲病榻论相告诉我们，个体素质，要以德、智、体诸方面进行综合考察。对群体素质而言，当然也不例外。人口素质是反映一定时空条件下人口总体质的规定性的一个综合范畴，是对人口多方面质的规定性的普遍概括和总结，所体现的是人口总体所具有的认识世界、改造世界的条件和能力。其外延包括生理素质、智力素质和非智力素质。具体讲，生理素质即身体素质，指的是健康状况，如体力、体能、体态和智力等；智力素质是指成功地解决某种问题或完成某种任务所表现的良好适应性的个性心理特征，由思维力、感知力（观察力）、记忆力、想象力、操作力及语言力等组成；而非智力因素又称非认知因素，是指除了智力与能力之外同智力活动效益发生相互作用的一切心理因素，它包括情感过程、意志过程、个性意识倾向性（主要指理想、动机和兴趣）、气质和性格。

（二）影响人口素质的因素

影响人口素质的因素不外乎遗传与环境。遗传是一种生物现象，通过遗传传承祖先的许多生物特征。遗传的生物特征，是指与生俱来的解剖生理特征，如机体的构造、形态、感官和神经系统的特征等。良好的遗传因素无疑是人口素质正常发展的物质基础，而现代文明社会禁止近亲结婚，也正好说明了遗传对人口素质的影响。环境是指客观现实，即人的生活条件和社会条件。它包括三个方面：一是胎儿的环境，即除去受精卵之外的母体内部、外部的一切，对胎儿来说都属于环境。母亲在孕期生病，吃药（禁药）就有可能导致畸胎、死胎等。二是生活环境，人的生活环境又包括自然环境和社会环境两个系统。其中社会环境又可分为制度环境、政策环境、经济环境、文化环境、工作环境等。三是教育，由于教育具有目的性和计划性，因而它在人口素质发展中具有特殊意义。上述三方面是人口素质的决定条件。遗传和环境对人口素质的影响谁大谁小，是有争议的。遗传与环境，先天与后天，生与养孰轻孰重确实很难分清。但从人类进化和目前的许多教育理论（如威特理论）看，环境因素对人口素质的影响更重要。此外，人口逆淘汰在一定范围内也是影响因素之一。所谓人口逆淘汰是指总人口中低素质及零素质的人口比重越来越高，以至于形成人口再生产在质量方面"劣胜优汰"恶果的一种社会现象。这种"逆淘汰"是应该引起注意和警惕的，理论界许多专家已经对此发表了看法。但人口逆淘汰并非不可遏制。《国际人口与发展大会》的召开，标志着国际社会对人口、发展与教育的关注，也标志着世界人口问题从此进入一个新的重要的阶段。

（三）人口素质与人力资源开发利用的关系

人力资源的投资是必要的，人是企业之本，人的素质如何，对企业关系甚大。人是社会主体，人口素质的高低直接关系到国家综合国力的强弱。一方面，我国是一个人口众多、地区发展不平衡的国家，人力资源开发程度不够；另一方面，劳动人事部门缺乏与社会经济活动相匹配的灵活管理机制，极大地限制了劳动力流动与合理配置，影响和抑制了劳动者的积极性、主动性和创造性的发挥，造成了严重的劳动力资源浪费，从而进一步使人力资源的开发利用受到限制。这使我国教育与人力资源开发面临着严峻的挑战。如果我们正确认识现状并研究对策，这种挑战将变为一种机遇。事实上，党和政府高度重视教育与人力资源开发问题，并且采取一系列的措施，如加大教育投资、鼓励社会力量办学、改革劳动用人制度等。这些做法对人口素质与人力资源开发利用之间的良性循环起到了积极作用。

人口素质是人力资源开发利用的基础。我国的人口素质开发蕴含着巨大的潜能。开发潜能巨大的人力资源，对我国社会主义现代化建设有着十分重要的现实意义。因此，要加快构建学习型社会、开发学校教育资源、拓展社会教育资源、利用现代信息与通信技术，形成符合国际教育标准与经济社会发展相适应的现代国民教育体系和终身教育体系，使人口素质整体得到提高，实现教育与人力资源开发利用关系的协调发展。

五、人口素质提升途径

（一）早期教育

1. 胎教时期。

在我国，胎教古已有之，随着现代医学技术的发展，在越来越大的范围内，胎教受到空前的重视与普及。在胎儿发育形成至出生的整个阶段，孕妇在医生的指导下采取相应措施对胎儿实施有意识的教育，这不仅是可能的，而且是必要的。国外的研究也证明了这一点。胎教的教育方法不同于普通教育。首先，要为胎儿发育成长提供充分的必需养分，要补充钙、铁、磷、锌等及各种维生素，为此，孕妇要多吃肉蛋奶、各种蔬菜、水果和豆制品，合理搭配饮食。其次，孕妇必须加强肌体抗病能力的锻炼，坚持做孕妇操，以保证胎儿的正常发育。再次，孕妇应保持心情舒畅，尽量排除忧烦。最后，保持良好的室内环境，多看一些可爱的娃娃像，多听轻松欢快悠扬的音乐，与胎儿多"对话"并轻轻抚摸，这些在胎教中是极其重要的。当然，还要定期检查，做好孕期保健。

2. 婴儿时期。

婴儿时期教育应把培养习惯作为教育内容的一个重要部分。婴儿的习惯要靠反复刺激和认识来形成，这样触、看、听、闻才能合为一体，从而使其产生物体的概念。婴儿的求知欲很强，只要给他们提供机会，他们就会自己去做。许多实验证明，婴儿出生后就予以适度的教育训练，数月后与同龄未受训练者比其学习效率高出近一倍。我们知道，任何技能的形成都是一个从不熟练到熟练、协调的过程，婴儿的技能也是如此。新生儿手脚运动无秩序，眼睛运动也不协调，但经过训练，到五六个月时，手眼已基本可协调运动。可以抓东西，可独坐，所谓的三翻六坐即三个月学会翻身，六个月学会坐，并能发一些简单的单音节。大部分孩子到一岁左右时能独立行走，并会叫爸爸妈妈等。如果婴儿期缺乏教育和训练，情况就不一样了，有的甚至大相径庭。印度的"狼孩"就印证了这一点。在婴儿时期，教育的实施者不再单纯是母亲，家庭其他成员和日常看护者的言谈、行为、举止等均会对婴儿产生重大影响。婴儿时期要保证婴儿所需营养素，膳食要搭配合理；食物制作方法要得当；提高钙的摄入量；防止婴儿挑食偏食；不适合婴儿的食物要禁止食用；培养婴儿良好的饮食习惯。在此前提下，大人要注意自己的习惯和行为，要以身作则，防止不良行为对子女的负面影响。另外，要通过改变周围环境，通过音乐、图片、玩具、语言等对婴儿因势利导、循序渐进、顺其自然地促进其生理、心理和智力的健康发育，特别强调的是，在这一阶段也要严字当头，切不可一味娇宠，当然也不可采取粗暴的方法。

3. 幼儿教育与人口素质。

一岁左右的孩子，对外部世界已经有了印象，开始学说话。多数研究表明，幼儿前期是儿童学习口语的最佳时期，此时如对儿童进行合理、正确的引导和教育，不仅可以培养起儿童浓厚的学习兴趣，而且也可为今后学习外语打下良好的基础，锻炼出良好的听力。其感觉理解力也迅速发展，学着表达自己的思想，从事一些简单的模仿活动，并能自己看画、学画，儿童的性格也逐渐形成。在大脑发育方面，从一岁到三岁，幼儿的脑重将由婴儿时的约 700 克增至三岁时的 1000 克左右，脑神经细胞将达 100 亿 ~ 110 亿左右；在心理变化方面，开始注意别人对自己的评价，开始有了自己的想法，要求自己看书，自己吃饭、玩耍，有了独立的活动趋向，但其心理仍表现为易变性。这一时期要多给幼儿探索新环境的机会，给他们足够的刺激，使其能够多思考、多运动。

另外一岁的幼儿没有道德判断能力，也不可能有意地作出道德行为，其道德行为和判断是在掌握语言以后逐步产生的。所以，大人要根据幼儿日常行为的良与不良作出好与不好或乖与不乖的评价，逐步养成幼儿良好的道德习惯，当然，不可期望太高。总之，根据幼儿前期的生理、心理和智力特点，幼儿前期教育应加强对孩子语言能力和听力的训练，有意识地让孩子多听、多说，同时教孩子一些简单的字母、汉字和数字，学习一些简单的加减算术题，教会他们基本的日常行为，分清对错。

4. 小学教育。

小学教育阶段的儿童，一般在六七岁至十二三岁。从脑发育情况看，约从七岁时的 1280 克增至 1400 克左右，同时，脑神经细胞也迅速增长，并逐渐接近成年人水平。这一阶段的儿童，思维能力具有很大的具体形象性，开始能概括、判断、推理，到观察力、记忆力的发展，想象力也在迅速增长，存在着明显的关键年龄。据专家研究结果，一般认为这个关键年龄或"转折年龄"发生在四年级（约十至十一岁），也有的认为在高年级，如果教育条件适当，可提前至三年级，反之可推迟至五年级。这个关键期，主要表现在思维发展上，也在观察力、记忆力和想象力等发展中表现出来，小学时期儿童的情绪由易变向逐渐稳定发展，其行为则表现为好动和较明显的模仿性特征，此时儿童的道德感和正义感开始萌芽，但因辨别是非能力较差而极易受外界影响。这一时期的儿童在心理上出现了巨大的变化，其创造力发展进入到一个有实质性进展的新阶段。呈现出持续发展趋势，但并非直线上升，而是波浪式前进。

小学教育要突出形象、直观和趣味的特点，除了在各科学习中体现这些特点外，还要多让小学生参加校外、课外活动，使小学生的爱好、个性、才能、兴趣得到充分展示，更重要的是为小学生的创造力发展提供良好的条件。世界上许多国家都很重视课外活动，尤其是具有创造性科技发明的活动。

5. 中学教育。

（1）初中阶段。

初中阶段是人生的少年时期，一般为十二三岁至十五六岁，人的抽象思维能力将得到更大发展，并日益占主要地位，但思维中的具体形象成分仍起重要作用，而且抽象思维的发展与具体形象思维密切联系。在初中阶段，学生自我意识的发展有了质的变化，开始意识到自己的个性，对自己有了思考，希望受到别人的重视，但往往过高估计自己的能力，独立性和批判性显著发展。但极易产生主观片面性，表现在对事物的独立和偏激、不全面不客观等。从记忆力看，初中学生不再像小学生那样机械记忆，而是逐渐向选择性、理解性和思考性的意义识记转化。初中学生有着较为强烈的求知欲和广泛的学习兴趣，他们富于幻想、追求理想、好胜心强、喜欢博览群书。但因自制力不强，往往爱冒失，行事不计后果。鉴于此，初中教育应逐渐加大抽象思维的教育内容，在扩大学生知识面、加大知识深度的同时，尽量让学生多思考、多实践，培养其创造性思维能力和动手能力。

（2）高中阶段。

高中阶段是人生的青年时期，学生一般为十五六岁至十八九岁，学习的兴趣将更加广泛和深刻，自我意识分化为理想的我与现实的我，开始将自己的学业与未来愿望相联系，考虑自己的前途和未来的出路。因此，这一阶段的学生学习的目的性和选择性较强，自觉性进一步增强。抽象逻辑思维能力进一步发展，能够用理论作指导来综合分析各种事实材料，从而不断扩大自己的知识领域，基本具有辩证思维能力，独立思考能力将达到较高水平。高中后期学生的体力和智力基本成熟，知识也有了一定积累，已具备从事一般技能和特殊技能工作的能力。高中教育应突出动手能力，利用实验课，让学生尝试揭示和发现事物的内在规律，并运用这些规律去解释现象、解决问题。对激发学生去探索自然界的奥秘、提高实际操作能力、促进创造力的发展都十分有利，要继续扩大知识面，增加课外实践时间，添加职业技术教育的教学内容，尽可能实现高中教育与社会需要的结合。

6. 大学教育。

大学生时代，是人生的黄金时代。在大学时期，学生的个性逐渐成熟并趋于稳定，兴趣深化并逐渐与职业选择相联系，智力发展到最佳水平，其智力优势主要体现在理解能力、分析问题能力、推理能力及创造性思维能力等方面。此时学生接受的教育、接触到的事物和观察到的现象，会对其世界观、人生观和价值观产生重要影响，从而形成自己的人格核心，并决定自己今后的行为。因此，对大学生进行正确的世界观、人生观、价值观及方法论教育，是非常必要的。大学阶段，学生的记忆力、想象力、观察力都得到了迅速发展，理论更富有逻辑性、独立性、批判性和独创性。情感日益丰富，具有社会性、政治性。意志的目的性和坚持性获得重要发展，使活动带有很高的自觉性和主动性，在理想的支配下克服困难，排除干扰，向目标迈进。尽管如此，大学生由于知识还不够丰富，经验上还有欠缺，特别是缺乏社会生活实践，因此他们还存在很大的不足。表现为：想象丰富，但有时脱离实际；思维敏捷，但不善于掌握创造思维的方式；有灵感，但不善于捕捉；想创造，但不善于利用创造条件等。

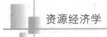

鉴于大学生的生理、心理、智力特点，大学教育应继续扩大学生的知识面，在加大知识尤其是专业知识深度的同时，注重对学生人生观、价值观及未来工作适应能力的培养和训练，提高学生的自学能力、独立思考能力和独立工作的能力，为其顺利步入社会、适应社会打下基础。而要做到这一点，就必须对现行高等教育进行改革，紧跟社会发展步伐，转变观念，重树大学新理念。

第三节　人力资源开发利用与经济发展

一、经济发展及其趋势

经济发展是一个内容非常丰富的概念，它不仅包括经济增长的内容，而且还包括经济结构变化的内容，即主要包括投入结构的变化、产出结构的变化、产品构成的变化、质量的改进、人民生活水平的提高和分配状况的改善等。经济发展是人类社会的重要组成部分，随着人类社会的发展，它经历了由低级到高级、由简单到复杂，由各区域发展相对独立到各区域发展相互依赖、相互促进，进而迈向一体化的演变过程。这是一个渐进的过程，同时又是一个由量变到质变的过程，而且发展的速度越来越快，总之和人类社会的发展进程相符相随。世界经济发展到现在，尽管各国经济发展水平差异很大，但总的趋势非常明确，而且不可逆转。那就是以知识经济为标志的新经济时代已经到来。这一点在发达国家的经济发展中显现无遗。作为新经济现象的起源地——美国，其经济连续108个月保持持续上升的势头。而且一直保持着高投入、高效益、低通胀、低失业、产业结构合理的良好态势。为什么会形成这种局面，大量的研究证明以高科技产业尤其是IT和互联网产业为龙头的新经济推动整个经济的车轮向前飞驰。新经济的出现，使美国经济在未来的全球竞争中处于极大的优势地位。那么新经济的主要特征是什么呢？有两点，第一个特征：创新是核心。首先是观念的变革和创新；其次是运行模式的创新，包括制度和组织结构等；再次是技术创新。另一个特征：可持续发展。小到企业，大到国家，都需要确立可持续发展的战略。新经济的悄然兴起是经济发展进程中的客观必然，是大势所趋，不可逆转。我们必须对此有所认识，并为此做好充分准备。

二、经济发展与人力资源开发利用的关系

我们知道，要推动包括经济增长方式转变和经济结构调整升级在内的经济发展，离开人力资源是根本无法实现的。人力资源的开发利用水平是和经济发展的水平相适应的。以知识经济为标志的新经济时代的到来，对人力资源的开发利用提出更新、更高的要求，主要表现在以下三个方面。

（一）新经济时代促使教育方式由传统教育向数字教育转变

教育是人力资源开发利用的核心内容，教育在人类步入工业文明以后，已成为经济发展的主要内生变量。在知识经济时代，一国经济发展潜力更是完全取决于教育。那么教育方式也随着知识经济时代的到来而发生根本性的变革。由于知识经济产生、发展的

基础和根本特质在于以计算机为基础的数字信息技术，因此，我们将知识经济时代的教育称作数字教育。数字教育和传统教育相比，有以下六个特点：

1. 教育情景的数字化。在教育手段上将广泛应用数字化的多媒体信息技术。

2. 教育的开放性、全球化。远程教育和虚拟学校的产生，将突破时间和空间上的障碍，使山沟的孩子与城市的学生、中国的学生与美国的学生一样可以有平等的受教育权利。

3. 教育的高效性。一是学生的学习效率大大提高，一节课的时间可能学到 10 倍甚至更多的知识，并且让创造力和想象力得到培养。二是教师的教学效率也大大提高，同样的劳动可能让成千上万的学生同时受益，而不局限于几十个学生。

4. 教育的个性化。教育不再是一个教师教若干个学生，而是一个学生可以自行选择若干个教师，学习者在教育中的主体地位得到根本确立，学什么，怎么学，不再单纯是教育者主导的事，而取决于学习者自身的选择。

5. 教育的互动化。教与学的关系互动特征愈加明显，学习者学习的同时在创造，在探索，教学相长。

6. 教育内容的现代化。教育的内容将迅速更新、膨胀，适应信息知识爆炸的时代，将产生更多类似数、理、化等的基础学科，学习者可以更快地转向专业化学习。

（二）促使全球性企业重新调整人力资源战略

技术革命和经济的全球化是造成企业经营环境迅速变化的重要原因。许多全球企业不得不采用全球战略、柔性战略、联想战略和合作战略等新战略来建立和维持企业的动态核心能力以适应环境。为了克服环境中的不确定因素并保持企业竞争优势，全球企业已开始对人力资源管理的职能进行再创造，并且采用全球观念和新的政策来解决全球企业所有的人力资源管理问题。

首先对全球企业管理领域的有关文献进行简要回顾，然后讨论全球企业所采用的主要的新战略及其对人力资源管理的影响，并对全球进行研究，然后分析 21 世纪全球企业人力资源管理的主要战略趋势，最后提出建立面向 21 世纪全球企业的人力资源管理战略。在人力资源管理的战略调整中，最重要的是要做到以下六点：

第一，培养全球观念。我们可以通过一系列指标来衡量公司管理人员的全球观念的发展水平，如整合能力、对环境的应对能力和协作能力等。全球观念是很难培养的，企业需要通过文化变革来培养全球观念。

第二，培养协作与团队精神。全球性的战略协作在其地理上的柔性、多样化以及对当地市场和当地政治的应对性，在优化企业重大活动方面发挥着重要作用。

第三，培养全球范围内的有效沟通。有效沟通是一种组织资源。全球信息和知识系统帮助全球企业在不同业务单位之间整合和分享有价值的信息与知识，并能有效促进知识库的构建。

第四，提高业务单位对全球绩效的贡献。在新的薪酬制度中，管理人员对全球产出的贡献这一指标的权重要高于他们对某一国家范围内公司绩效的贡献。

第五，建立新的激励机制来适应新战略。新的激励机制需要提高在柔性战略下员工对企业的忠诚度，这需要报酬制度的创新。

第六，制度安排和跨文化培训。为了培养不同单位、不同文化之间的信任，全球企业需要跨文化的培训，需要建立信息共享系统，也需要建立互相信任与合作的制度。

（三）创新人力资本的激励机制

为适应新经济的特点，对人力资本的激励需要创新，建立起新的有效的激励机制。其主要方式有以下两种：

第一，基于当期业绩的奖励人员的工资和奖金的发放取决于当期企业利润增长率、投资回报或市场份额等会计指标。

第二，基于长期业绩的奖励，主要是指通过与企业股票增值挂钩的奖励方式。此方式主要包括限制性股票、股票期权、近期股票奖励等方式。

三、人力资源的智力和技能是推动经济发展的决定性因素

（一）知识资本是推动经济发展的关键因素

生产力是推动包括经济发展在内的人类社会向前发展的根本动力。在生产力的构成要素中，人是最具活力，最具决定性作用的要素。之所以这样，是因为人具有主观能动性。而主观能动性集中体现在人的智力和技能上。人类正是依靠自身的智力和技能推动着生产力向前发展，从而也推动着经济和社会向前发展，创造了无数的物质财富和精神财富。这些又构成了人类社会进步和经济发展的基础。随着人类社会物质财富和精神财富的增加，特别是精神财富的增加，人的智力和技能也在向前发展；反过来，人的智力和技能的发展，又会进一步创造更多的物质财富和精神财富，这是一种互动的关系。在影响经济发展的几个重大因素中，如教育、文化、经济体制、政治制度、城市化水平、劳动力素质等，始终贯穿着人的智力和技能。哪一项因素的变革与创新都离不开相应的人的智力和技能亦即人力资本的发展，20世纪70年代以来，随着世界新技术革命的发展尤其是信息技术及其产业的迅速发展，一种新型的经济，即主要取决于智力资源的智力经济或知识经济逐渐发展起来。我们称之为新经济。知识经济时代真正占主导地位的资源和生产要素，既不是资本，也不是一般的劳动力，而是建立在先进技术和经营管理技能基础上的知识资本。

（二）人力资本投资是经济可持续发展的主要途径

可持续发展是当今世界各国都十分重视的战略问题。其核心是人口、资源、环境与经济的协调发展，它强调经济发展不能以资源的耗竭、环境的污染为代价，当代经济的发展不能建立在牺牲后代经济利益的基础上。要实现经济可持续发展，最主要就是依靠可持续发展能力的增强。可持续发展能力受多种因素的影响，但这些因素都集中地表现为两种能力，即人类发展能力和自然支撑能力。人类发展能力是人类征服自然、改造自然的能力，是协调人与自然相互关系、合理利用自然的能力，其具体表现为人造资本、社会资本和人力资本。自然支撑能力是指自然界提供给人类社会永续发展的动力，表现

为人类所能利用的资源与环境数量、质量、结构、分布的具体组合，即自然资本。在人类社会发展过程中，人类发展能力和自然支撑能力所起的作用大小是变化发展的，在现代及未来社会中，人类发展能力在人类社会发展中日益扮演起极其重要的角色。

因此，可持续能力建设的一个主要内容就是人类发展能力的建设。在人造资本（劳动工具）、社会资本（国家制度组织）、人力资本的积累中，人力资本的积累起着举足轻重的作用，人力资本是其他资本积累的前提和基础，决定着其他资本积累的速度和方向，从而也就决定着可持续发展能力建设的进程。知识经济在很大程度上是创新经济，而技术、制度的创新源于人力资本的开发与利用，因此人力资本的存量和质量状况，是一个国家可持续发展能力建设的关键因素，是国家竞争力的决定性因素。

提高全体公民素质，持续地对公民进行教育和培训是人力资本投资的主要方向，也是各国经济发展的重要内容。从我国目前的情况来看：一要大力加强教育投资，形成全民办教育的良好格局；二要加强法治建设，全力普及义务教育；三要大力开展职业教育与职业技能培训，全面提高劳动者的素质与技能；四要积极发展高等教育，培养和造就一流科技人才。只有这样，才能为我国经济可持续发展提供有力的保证。

四、人力资源开发利用促进生产要素优化配置

生产要素优化配置的目的是提高劳动生产率，从而促进经济增长。生产要素细分起来，有好多种，但不外乎是两大基本要素：一是资本，二是劳动力。经济增长靠两大基本途径：一是生产要素的投入量增加，二是提高生产要素的使用效率。提高生产要素的使用效率就是提高劳动生产率。历史发展到今天，全球经济即将进入知识经济时代，任何一个国家的经济发展主要依赖于劳动生产率和科技创新能力的可持续提高。而后者又完全是由该国的人力资本条件所决定的。因此人力资源的开发利用水平决定着该国的劳动生产率和科技创新能力的可持续提高。在知识经济时代，资本和劳动力两大生产要素中，劳动力素质起着主要作用。劳动力素质越高即人力资本存量越高，就意味着人力资源开发利用水平就越高，后者越高，就意味着资本的使用效率越高，从而提高了劳动生产率。

（一）提高全社会适龄人口的受教育水平

联合国教科文组织在一份研究报告中曾根据统计分析指出，劳动生产率的提高与劳动者的素质特别是文化程度有明显的相关关系，具体说来，不同文化程度的劳动力提高劳动生产率的能力分为：小学 43%，中学 108%，大学 300%。由此可见，提高劳动者的受教育水平是非常重要的战略措施。各级政府及社会各界力量都要高度重视教育，千方百计筹措资金，大力发展教育努力提高适龄人口的受教育水平。为促进生产要素的优化组合，劳动生产率的可持续发展奠定雄厚的人力资源基础。

（二）大力推进科学研究与开发，提高科技创新能力

知识经济时代的核心是创新，是知识创新、科技创新、管理创新、制度创新。人力资源的科技创新能力对于促进生产要素的优化配置，提高劳动生产率，推动经济发展，

有着非常重要的作用。而科技创新能力来自人力资源的科学素养。人力资源科学素养的高低直接决定着科技创新能力的大小。因此大力推进科学教育，积极研究与开发科技新项目就显得非常必要。对社会公众不遗余力地进行科学教育，有助于提高社会公众的科学素养，提高人力资源的科学知识水平。投入足够的人力物力进行科学研究、开发科技创新项目，这会有力地带动各种产业科技含量的增长和水平的提高，有助于提高劳动生产率。

（三）重视职业技能培训，提高职业效率

劳动者职业技能的高低，直接影响着职业效率，从而影响着劳动生产率的高低。因此，在人力资源开发利用中，要对职业技能培训给予足够的重视。采用各种各样灵活有效的方式进行培训。提高从业者的职业技能是各国劳动教育的一项重大内容。纵观发达国家，在职业培训上做得较为彻底和完善，培训内容丰富，覆盖面宽，形式多样，手段先进。因此，这些国家从业人员的职业技能职业素养较高。因此，就业管理部门和各就业单位都要重视职业技能，提高从业人员的职业素养和职业技能，为提高劳动生产率，提供坚实的职业保证。总之，面对经济全球化的趋势，各国之间产业竞争更加激烈，只有做好人力资源开发利用的工作，促进生产要素优化配置，提高社会劳动生产率，推动经济发展，增强综合国力，才能立于不败之地。

第四节　人力资源的开发与利用

一、人力资源的规划

（一）人力资源规划的概念

人力资源规划是一个组织的人力战略规划，通常是将管理学的基本原理用于组织对劳动力需求的规划，是组织在分析环境变化和预测未来的发展基础上，提出的员工需求计划。人力资源规划从战略管理角度考虑人力资源，是组织人事管理的长期计划。组织根据自身发展的特点和环境的变化，以综合、整体的发展观念进行人力资源规划，保证将人力资源调配到适当的岗位。它的制定为组织的人事管理活动提供指导，是组织发展战略和年度计划必不可少的组成部分。

（二）人力资源规划的作用

任何一个组织，要想拥有合理高效的人员结构，创造出良好的社会效益和经济效益，就必须进行人力资源的规划。其作用主要有以下三点：

1. 有利于保证组织人力资源的需求和组织目标的顺利实现。没有目标就没有手段，组织的主要目标是完成发展战略。人力资源规划的首要目的就是拥有一定质量和必要数量的人力资源，以实现包括个人利益在内的组织目标的实现。

2. 有利于提高组织人力资源的使用率，促进组织人力资源的不断开发和利用。人

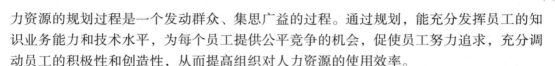

力资源的规划过程是一个发动群众、集思广益的过程。通过规划，能充分发挥员工的知识业务能力和技术水平，为每个员工提供公平竞争的机会，促使员工努力追求，充分调动员工的积极性和创造性，从而提高组织对人力资源的使用效率。

3. 有利于为组织发展提供人力保证，为组织管理活动提供指导。人力资源规划实质上是一种人事政策，它为组织的管理活动提供准确的信息。通过人力资源规划可以分析预测组织未来发展对人力结构的影响以及社会人力市场供需关系的发展趋势，及时引进所需人才，最大限度地实现人尽其才，才尽其用，为组织在竞争中发挥人才优势提供保证。

（三）人力资源规划的内容

人力资源规划包括总体规划和各项业务规划。人力资源的总体规划就是指在计划期内人力资源开发利用的总目标、实施步骤和总预算的方案。各项业务规划是指为实现总体规划而制定的各种具体计划。包括劳动力更新计划、人力发展计划、职业转移计划、晋升计划、培训开发计划等。每一项业务计划的执行结果是要保证人力资源总体计划目标的真正实施。

二、人力资源的招聘

"谁赢得智力谁就是胜利者。"要想成为胜利者，就必须赢得智力；要想赢得智力，就必须去招聘人才。

（一）人力资源的招聘程序

人力资源的招聘就是寻找和鼓励潜在的应征者申请现有的或预期的空缺职位的过程。组织为适应经济环境的变化，提高竞争能力，需要开发和利用多种人力资源。招聘是充实人力资源的主要方法，也是保持组织存在与发展的重要手段。一次成功有效的招聘意味着人力资源占有的优势。通过招聘可以有效改善组织的劳动力结构与数量，根据人力资源的规划实现组织发展的整体目标，可以保障员工充分发挥自身潜力。组织按照公开、公平、公正的招聘程序，给每一位员工提供公平竞争的就业机会，帮助员工找到自己的最佳位置，调动员工的工作热情和献身精神，有助于提高组织的管理效率，为组织的经营发展奠定良好的基础。人力资源的招聘是一位员工和组织之间双方选择的过程，组织招聘者相对处于主动地位。人力资源的招聘程序，包括制定招聘计划、发布招聘信息、进行招聘测试、征选录用和评价招聘效果五个方面。

1. 制定招聘计划。招聘计划是根据人力资源规划进行的。一个组织无论规模大小，在进行招聘之前都应明确招聘的范围和数量，招聘工作首先要确定人员的需要状况，在此基础上制定招聘目的、应聘职务、应聘人员的资格条件、招聘对象的来源、传播招聘信息的方式、招聘组织人员、参与面试人员、招聘的时间、新员工进入组织的时间、招聘经费预算等。制定招聘计划是一项复杂的工作，要求做到心中有数，有条不紊。

2. 发布招聘信息。发布招聘信息是利用多种传播媒介发布招聘岗位信息，鼓励和吸引人员参加应聘。组织要根据不同的招聘对象，选择相应的招聘渠道来传播招聘信息。发布渠道有报纸、杂志、电视、电台、新闻发布会等形式。发布招聘信息，要坚持发布面广、及时发布的原则。另外，招聘内容还应明确具体，不能含糊其词。

3. 进行招聘测试。招聘测试是在招聘进行过程中，运用各种科学和经验方法对应聘者加以客观鉴定的多种方法的总称。招聘人员一般要审查应聘者的申请表，然后安排应聘者接受各种必要的测试。目前，常用的测试方法主要有笔试、面试、劳动技能测试、心理测试和情景模拟等。

4. 征选录用。在经过一系列的测试程序后，对求职者个人信息进行综合分析与评价，确定每位求职者的能力与素质特征，按照已定标准做出录用决定，招聘单位与新招聘人员签订劳动合同，招聘单位向受聘人发出上班试工通知。

5. 评价招聘效果。对已经进行过的招聘过程进行总结评价，是整个招聘工作的最后阶段。主要评价指标为招聘成本的核算和对应聘人员的评估，如果招聘的费用支出低，而录用的人员数量多，且录用到高质量的人才，则表明这次招聘效率高，是一次成功的招聘。

（二）人力资源的招聘方法

1. 广告招聘。

广告招聘是用广告方式吸引申请人应聘职务。它以报纸、杂志、广播、电视，甚至街头墙报为媒介，广泛开展宣传，吸引求职者。它的影响范围广，信息传播快，是常用的一种招聘手段，利用广告进行招聘的关键是制作广告内容和选择广告媒体。为保证求职者的数量和质量，在撰写招聘广告时应明确、详尽真实地说明工作性质及任职资格要求，不应说假话和夸大其词。

2. 网络招聘。

网络招聘是通过计算机网络向公众发布招聘信息。组织可以利用区域网、国际互联网发布招聘信息，应聘人员可以通过网络寻找适合自己的职业。利用网络信息高速公路可以跨越地区和国界，通过在线招聘使组织获得大规模的求职者储备库，既节约时间又节约成本，是一种很有潜力的获取人力资源的招聘方式。比如，在《波士顿环球日报》上刊登一个星期的广告大约需要花费 500 美元，而把招聘广告粘贴到网络平台上却只需75 美元。

3. 企业兼并中的招聘。

企业兼并中的招聘是指通过企业兼并直接聘用企业的员工，达到人员扩充的目的。它是发展型大企业在迅速壮大时产生的一种招聘方式。通过兼并，企业能在最短的时间内获得训练有素的技术人员、经营人员和管理人员，从人员数量和质量上保障企业开拓新产品、新市场，是一种切实可行、效率较高的招聘方式。

三、人力资源的培训

（一）人力资源培训的意义

时代的迅猛发展，对人才提出了越来越高的要求。具有综合性、前瞻性素质的人才已成为当今社会的首宠。发现人才就要利用，人力资源是取之不尽、用之不竭的。在人力资源开发和利用的过程中，要使人力资源不断涌出、不会逐渐衰退和枯竭，就需要进行人力资源的不断培训，只有坚持不懈地进行人才培训，才能充实发展和更好地利用人力资源。

（二）职业培训

1. 新员工培训。

为使员工能尽快地熟悉组织环境，掌握工作要求和工作技能，正确地进入职业角色，并融会到组织的整体之中。组织一般都要对新员工进行培训，新员工的培训内容主要有组织层次的培训。组织层次的培训是指由专门的培训人员对组织的所有新员工共同的问题进行培训，主要包括组织文化层次的培训、组织制度层次的培训、组织物质生活条件层次的培训、企业概况的介绍、规章制度与行为规范的告知、待遇以及员工福利的介绍。除此之外，还要进行业务层次的培训，包括生产工艺和流程的介绍、工作要求、各部门职责、工作环境和岗位操作技术要领等，主要是由组织主管对员工直接进行的业务指导。

2. 在职员工的培训。

随着经济、科技、社会环境的变化，组织的经营环境也要不断适应这种变化。培训会使员工获得技能、知识和新观念，改进行为规范，提高工作绩效和员工素质，形成一种不断创新、与时俱进、勇于挑战的新思想。因此，对在职员工不断进行培训是人力资源开发和利用的一项重要任务，主要包括以下四个方面：

（1）在职培训。

在职培训是指受训人员不离开自己的工作岗位，利用业余时间或节假日来参加学习。这种培训的最大优点是受训人员的工作不会受到影响，甚至在他们接受培训的过程中，也能随时处理工作中的问题。这类培训通常针对的是公司高级职业管理人员。培训人员向接受培训的员工示范怎样工作并在他们的指导下完成某项工作。在职培训不需要特别的设备，但由于受训人员还有工作任务的压力，无法集中精力于培训课程，可能造成受训人员忽略培训人员的指导意见。因此，其培训效果不是太好。

（2）转岗培训。

企业在生产经营过程中，为更好地开发利用人力资源，可能对部分员工进行内部工作变动；或者要求员工在同一部门学习做不同类型的工作，这就要进行在职员工的转岗培训。转岗培训主要是针对新岗位的要求，进行必要的新知识、新技术、新能力的培训。转岗培训的优点是员工能够适应部门中出现的各种可能情况，积累工作经验，调动员工对工作岗位的兴趣。

（3）脱产培训。

脱产培训是指受训人员离开自己的工作岗位，利用一段时间专门集中学习一门知识或掌握一种技能。这类培训主要适用于专业人员和管理人员。脱产培训的员工由于有充足的学习时间且远离工作岗位，所以学习效果最好，回到企业后能结合企业实际很快发挥作用。

（4）学徒培训。

学徒培训是一种传统的培训方法，这种方式是以师傅带徒弟的形式，通过一定的生产实际劳动，使学徒掌握特定的技能，将来独当一面。在现代社会，传统的学徒培训制度存在不少弊端。目前，这种培训方式已逐渐减少。但在某些专业技术领域仍然有效，如我国对博士生和硕士生的培训，就比较接近这种学徒培训方式。

四、人力资源的绩效考核

（一）人力资源绩效考核的概念及特点

绩效是员工在考核期间全部工作活动的结果。工作绩效被组织和员工共同关注，员工工作绩效的高低直接影响着组织的整体效率和效益。绩效考核是对员工的工作现状和结果进行考核、测定和评估的测量过程。其表现具有以下三个特征：

1. 绩效效果的多因性。

员工工作绩效的好坏不是由单一因素决定的，而是受制于个体的主观努力和客观条件等多重因素。一般认为，绩效是员工激励、能力水平和环境因素相互作用的结果。激励是指员工的激励状态，是保证员工实现工作绩效的心理基础；能力是员工的工作技巧和工作水平；环境是影响工作绩效的外部因素。因此，绩效的多因性要求充分考虑工作任务实现的难易程度，工作的环境条件及人际关系等因素。

2. 绩效内容的多重性。

绩效考核所涉及的内容是多方面的，包括工作任务执行和完成情况的各个方面。例如，一名工人的绩效，除产量指标完成外，产品的质量、材料消耗率、能耗、出勤状况等都是工作绩效的组成部分，甚至服从纪律、人际关系也构成绩效的一部分。因此，绩效的内容是复杂的，绩效考核需要从多个方面去进行分析和考核，才能获得真实的绩效考评。

3. 绩效形式的多样性。

从事不同类型工作的员工，其绩效的表现形式是不一样的。因此，在绩效考核时，对绩效考核的内容应有所侧重，比如对从事生产的一线工人来说，绩效考核可根据产品的质量、数量来测定；而对从事行政管理工作的人员来说，就很难采用定量化的方法来进行考核，只能辅之以定性的方法来作评估。

（二）人力资源绩效考核的作用

1. 绩效考核是制定人事决策的依据。

组织通过对员工工作绩效的考核，获取员工的相关信息，便可据此制定相应的人事决策措施，通过奖惩、升降、淘汰，达到调整人事决策的目的。

2. 绩效考核是确定劳动报酬的依据。

没有考核，制定报酬就没有依据。通过考核，准确衡量"劳"的数量和质量，按照按劳分配的原则，调整员工的薪酬、发挥考核的激励作用，达到提高工作绩效的目的。

3. 绩效考核是进行人员培训的依据。

绩效考核是按规定的绩效标准进行的，考核结果显示出的不足之处就是员工的培训需求。管理者可以根据考核结果有针对性地制定培训计划，确定培训需求；同时，绩效考核也是判断培训结果的主要手段，它给管理者和员工双方提供了谈论该员工长期的事业目标和发展计划的机会，管理者向员工提出具体建议，帮助员工提高绩效。

4. 绩效考核是上下级之间沟通的桥梁。

将绩效考核的结果向员工进行反馈，可以促使上下级之间的沟通，使双方了解彼此的期望，有效地加强和保持现有的良好绩效，使员工保持旺盛的工作热情，出色地完成组织目标。

（三）人力资源绩效考核的方法

在具体的实际运用中，绩效考核的方法多种多样，不同的考核方法对绩效考核内容的不同方面各有侧重。在选择绩效考核方法时应根据具体的考核对象、考核目的等进行选择。

1. 等级法。

等级法是绩效考核中广泛使用的一种传统方法，等级法考核要求将绩效的各方面内容归纳成若干条目，而每一项都划分为优、良、中、差的等级，通过分级考核对员工绩效的各方面都有一个相对评价，各项评价的总和即员工绩效的总评价。运用此方法进行绩效考核，所考评的员工工作内容有较大差别时经常存在较大争议，难以实事求是地作出评价。

2. 配对比较法。

配对比较法是对考核的员工逐一配对比较，按照逐对比较中被评为较优的总次数确定等级名次。比较时用排列组合对每一对进行比较，判断优劣，以得优次数进行排序。该法的优点是方便简洁、系统科学、准确度高；缺点是操作烦琐费时、适用人数较少的考核，通常在 10 人左右。

3. 总体排序法。

总体排序法是按被考评人每人绩效的相对优劣程度，排出全体被考评者的绩效优劣顺序，排序方向为由最优排至最差，或由最差排至最优，也可以从两头往中间排。这种方法简单易行，适用于从事同类或相似工作，或是同一部门员工绩效的评价。但这种考绩是概括性的，所排出的名次只有相对意义，无法确定等级差。

4. 强制分配法。

强制分配法是把被考核人员按一定比例，归入各等级，各等级的比例根据需要设定，然后按照每个被考核者的绩效的相对优劣程度，强制列入某一等级。实质上它也是一种相互比较的方法，适用于人数较多情况下的总体考核，简易方便，但很难对被考核人的绩效精细划分。

5. 书面报告法。

书面报告法要求评估者以文章的形式，认真描述被评估的员工，评估者要对被评估者的优缺点进行记录，并对被评估者的发展提出建议。这种考核方法要求评估者对被评估者的工作应有充分的了解，而且要有公正、认真的评估态度，使评估者能有机会指出被评估者的个人特征，但该方法过于主观且绩效考核的质量易受评估者写作技巧和表现风格的影响。

6. 关键事件法。

关键事件是指在某些工作领域中，员工的行为产生了不同寻常的成功或失败。关键事件法是对每一位被考核的员工制订一本绩效记录，由进行考评的人随时记载，新记载的事件既有好事（如某日提前完成新分配给他的某项重要任务），也有不好的事（如某日因违反操作规程而造成一次重大的质量事故）。这些事件都是与工作相关的较突出的具体事件与行为。关键事件的记录只是素材的积累，而本身不是考核评语，还应将关键事件数量化或结构化而成为最终的考评结果。该方法比较费时，但可促进员工绩效的改进和提高。

7. 量表考核法。

量表考核法是通过标准化的分层级的指标等级量表对被评估者进行全面评价的技术方法。在考核中，考评人员主要按照预先设计好的量表来对被评估者进行全面评价，是一种比较科学的量化考核的方法。实际运用中的量表形式多种多样，基本结构主要由两大部分构成：一部分是用以规定考核内容的指标体系；另一部分是用以表示各种指标相对重要程度的权重体系。

8. 目标管理法。

目标管理法是一种主要以工作成果为依据来对员工的绩效进行考核的方法。它是目标管理原理在绩效考核中的具体运用，与组织的目标管理体系以及工作责任制相联系。这种方法要求管理者首先根据目标管理原理和工作责任制确定各部门及个人的工作目标，然后将员工的绩效同这个预先设定的工作目标相比较，得出超过、达到、有距离、差距大等结论。使用该方法比较费时且制定目标有一定困难，如果绩效考核目标设置不科学，会导致考核结果失真。

9. 描述表格法。

描述表格法是由有经验的考评者在充分观察的基础上，首先，将工作分解成若干方面，对员工在工作的不同方面的具体行为表现加以描述，就组成一个描绘表格，形成对工作的每一方面都有多个行为描述的句子与其对应。其次，在考评时，分别从每个方面的所有描述中挑选出与被评估者行为表现最符合的描述，就得到一个关于员工工作行为多方面再现的语句集合。最后，概括所得词句就可以确定员工的工作绩效。这种方法对描述设计的表格要求较高，反馈效果也难以实现。

五、人力资源的激励

调动人的工作积极性是人力资源在开发利用过程中的永恒主题。人力资源的激励机制，运用心理学的原理和方法，知人善任，充分调动劳动者的积极性和创造性，特别是激发劳动者的内在潜力，能取得较高的工作绩效。

（一）人力资源的激励及其作用

在人力资源的开发利用过程中，激励就是创设满足员工需要的各种条件，激发员工的工作动机，使之产生实现组织目标的特定行为的过程。组织激励的水平越高，员工的积极性就越高，生产效率也就越高。因此，企业要发展，就必须采取有效的激励手段。激励的作用主要体现在以下几个方面：

1. 激励是调动员工积极性的主要手段，是企业创造活力的源泉。美国哈佛大学教授威廉·詹姆斯研究发现：在缺乏激励的环境中，人员的潜力只发挥出一小部分即20%～30%，刚刚能保住饭碗即止；但处在良好的激励环境中，同样的人员却可发挥出潜力的80%～90%。因此，使每位员工处在良好的激励状态中，是人力资源开发和利用所追求的理想状态。

2. 激励能增强员工的创造意识，提高企业的劳动生产率。日本丰田汽车公司的迅速崛起，应归功于总裁丰田喜一郎的知人善任，得益于销售专家神谷正太郎的加盟。神谷原供职于通用汽车公司，丰田创始人丰田喜一郎了解到神谷的销售特长，坦诚相见，力邀加盟。神谷最终被感动而担当起丰田销售汽车的重任，神谷在推销工作中，建立起一套神谷销售哲学，成为丰田成功的法宝，像"顾客第一，销售第二，公司第三""需求是创造出来的，需要就能创新"等。此外，神谷还创立了按日付款的金融制度、汽车保险制度，大大打开了丰田车的销售渠道。

3. 激励能使企业形成优秀的企业文化，促进企业蓬勃发展。丰田公司之所以有惊人的成绩，是因为它有着与众不同的激励机制，只要你走进公司的工厂，就会看到到处挂着的好产品、好主意的大幅标语牌。这个闻名日本的丰田职员建议制度帮助公司渡过了震撼世界的20世纪70年代的石油危机，使公司抓住机遇，制造出销量不断增长的节油型汽车。公司为鼓励员工提建议，建议一经采纳即付奖金，即使是微不足道的建议，凡是有利于公司发展的，都给予奖励。建议制度使"丰田人"努力消除自己工作岗位上的浪费，发挥团结一致的主观能动性，成为丰田公司发展壮大的主要动力之一。"丰田人"说："丰田人的使命是通过汽车去献身社会，造福人类。"

（二）人力资源激励的原则

激励是一种科学，它的实施基于一定的理论基础。常见的激励理论有泰勒的传统激励理论、马斯洛的需求层次理论、赫茨伯格的双因素理论、佛罗姆的偏好期望理论、斯金纳的强化理论和亚当斯的公平理论。无论哪一种理论都从不同的角度阐述了对人的激励作用。在实际运用中，没有一个理论是完全有效的，我们需要对这些理论加以整合，为完整地理解激励的丰富内涵，正确的激励应遵循以下原则。

1. 目标综合原则。

在激励机制中，设置目标是一个关键环节，目标设置既要体现组织目标的实现，还必须满足职工个人的需要，否则无法实现满意的激励强度。只有将组织目标与个人目标结合起来，使组织目标包含较多的个人目标，使个人目标的实现离不开组织目标所作的努力，这样才能得到良好的激励效果。

2. 物质激励与精神激励相结合的原则。

人类既有物质上的需要，又有精神上的满足。相应地，激励方式也应该是物质激励与精神激励的结合，精神激励需要借助一定的物质载体，而物质激励又必须结合一定的思想内容。换句话说，物质激励是基础，精神激励是根本，只有把两者有机地结合起来，才能有效地发挥激励工作的作用。

3. 民主公平原则。

根据亚当斯的公平理论，每位员工都要用主观的判断来看待公平，公平就是奖罚严明且奖罚适度，奖罚适度就是从实际出发，奖与功相匹配，罚与错相对应。如果奖罚不公，不会收到预期的激励效果，反而会带来许多消极因素。员工都是以自己的投入进行工作的，如果他在工作中的投入与产出的回报不公平，就会挫伤员工的积极性。为尽力消除导致不公平的客观因素，激励员工时，应坚持一定的民主，才能防止奖罚不明，确保公正激励。

4. 正面激励与负面激励相结合的原则。

根据美国心理学家斯金纳的强化理论，可把强化（即激励）分为正强化和负强化，正面激励就是对员工符合组织目标的期望行为进行奖励，负面激励就是对员工违背组织目的的非期望行为进行惩罚。运用正面激励和负面激励，树立正面榜样和反面典型，扶正祛邪，形成一种健康向上、富有生机的企业文化，使员工外有压力，内有动力。不过，在运用此原则时，负面激励容易使人产生消极心理。因此，应该把正面激励和负面激励相结合，坚持以正面激励为主，负面激励为辅的原则。

5. 按需激励原则。

根据马洛斯的需求层次理论，每个人都存在一个复杂的需求系统，追求这些需求的满足便产生了一种重要的激励力量。因此，员工的需要存在个体差异，激励应因人而异、因时而异，并且只有满足最迫切需要的措施，激励强度才最有效，只有有针对性地采取激励措施，才能收到激励的实效。在日本，为取得现代年轻人才的好感，像三越、高岛屋这样的名店已实行了周休三日制。

6. 外部激励与内部激励相结合的原则。

根据赫茨伯格的"双因素理论"，影响工作的动机因素有两类：一类是工作的外部因素，称作维持因素，缺乏这些因素时员工就会不满意，就难以维持正常工作状态。这些因素主要包括工资、工作环境等，它不能构成强烈的激励；另一类是内在因素，称作激励因素，是真正的激励动机之源。包括工作本身、职责、成就、重视提升等。当职员满意于工作本身，并受到高度激励时，他对外部环境引起的不满会产生高度的忍耐力。因此，我们应善于将外部激励与内部激励相结合，并以内部激励为主，力求做到事半功倍的效果。

（三）人力资源激励的方法

1. 目标激励。

组织目标是一面号召和指引千军万马的旗帜，是组织凝聚力的核心。实施目标激励，应把组织目标与个人目标结合起来，当员工明确意识到自己的行动目标与组织目标相一致时，能激发员工强烈的事业心和使命感。目标激励是一个有效可行的常见的激励方法，运用此方法激励员工时，制定的目标难度不要太大，否则员工会失去信心；目标难度又不宜过小，否则激发不出员工应有的干劲，只有够得着的目标，积极性才是最高的。

2. 榜样激励。

榜样是人的行动的参照物，作为人力资源的主管人员应建立起科学合理的"参照物"，把人们的行为导向组织目标。榜样的力量是无穷的，是在人们的群体行为中孕育起来的。被群体公认为思想进步、品质高尚、工作出色的人，能受到大家的敬佩和信服。宣传榜样要实事求是、不弄虚作假，反之起不到榜样作用、会引起人们的反感、挫伤员工的积极性。

3. 荣誉激励。

荣誉是社会或组织对个体或群体的崇高评价，是满足人们自尊需要，激发人们进取向上的一种手段。它表明一个人的社会存在价值，在人们的精神生活中占有重要地位。马背上的皇帝拿破仑主张对军队"不用皮鞭而用荣誉来进行管理"。我国企业中的先进工作者、青年突击队、三八红旗手、红旗车间等荣誉称号，激励了成千上万先进集体、先进个人和有进取心的人。

4. 许诺激励。

许诺激励是通过适应下属职工的心理需要来激发员工的积极性，从而去实现某种工作目标的激励形式。许诺可采取公开许诺和个别许诺两种形式：公开许诺是指在公共场合上级对下属进行的许诺；个别许诺是指上级私下对某些员工进行的许诺。要达到许诺的激励目的，许诺内容应明确具体、范围要准确、公平公正、恰到好处、不信口开河、盲目许诺。

5. 评判激励。

评判激励是对人们的某种行为作出的一种反应，有肯定评判激励和否定评判激励。如肯定的奖励、表扬或否定的惩罚、批评，以及什么都不做的沉默。运用评判激励，要根据正确的社会价值观和一定的标准给予不同类别的评判。比如，一个表示赞同的点头、一次会意的微笑、一个含义深刻的手势，引导员工正确认识什么是高尚、什么是正确，从而指导员工追求文明进步。

6. 逆反激励。

中国古代兵法的"奇正"理论认为，奇为正之反，正为奇之反，无奇则无正，无正也无奇，奇正相望。在激励员工时也不妨运用这种逆反激励。逆反激励并不直接从正面鼓励人们去实现某一目标，而是向他们提示或暗示与此目标相反的另一种结果，而这种结果正是他们不愿接受的，从而使他们义无反顾地向着既定的目标努力。使用此方法时，一定要仔细分清希望实现的目标是什么，如果这一目标不能实现，会出现什么后果，这一后果对组织及员工会产生什么激励，如果不慎，很容易弄巧成拙。

7. 物质激励。

物质激励的使用范围比较广，是满足人们的较低层次需要的一种激励方法，每个人都有自己的物质需要和经济利益。物质激励是通过满足员工个人物质利益的需要，来调动人们积极性的激励方式。拿破仑曾说："金钱不能购买勇敢。"但为了保持部队的高昂士气，他总是慷慨地给立下战功的官兵赐以丰厚的物质奖赏。在利用物质激励时，要分清个人正当利益与组织物质刺激的界限，善于把员工眼前的经济利益和组织长远的经济利益融为一体，才能更好地发挥物质激励的积极作用，达到鼓励员工的目的。

<h1 style="text-align: center">习　题</h1>

一、名词解释

1. 人力资源　　　2. 人力资源的规划　　　3. 人口资源

4. 目标管理　　　5. 人力资源开发　　　　6. 量表考核法

二、选择题

1. 一定范围的人所具备的劳动能力的总和称为（　　）。

A. 人力资本　　　　　　　　　B. 人力资源

C. 人才资源　　　　　　　　　D. 物力资源

2. 下面各项中，不属于人力资源的特点的是（　　）。

A. 能动性资源　　　　　　　　B. 资本性资源

C. 变化性资源　　　　　　　　D. 一次性资源

3. 人力资源的数量受到很多因素的影响，概括起来主要包括（　　）。

A. 人口的总量与人口的质量

B. 人口的年龄结构与适龄就业人口

C. 人口的总量与人口的年龄结构

D. 人口的年龄结构与待业人口

4. （　　）是生产活动中最活跃、最具有能动性的因素，是一切资源中最重要的资源。

A. 财力资源　　　　　　　　　B. 人力资源

C. 信息资源　　　　　　　　　D. 物力资源

5. （　　）是人力资源最根本的特性，是人力资源区别于其他资源的最根本特征。

A. 自有性　　　　　　　　　　B. 两重性

C. 时效性　　　　　　　　　　D. 能动性

三、简答题

1. 人力资源管理的开发与利用包括哪几个方面的内容？

2. 人力资源有哪些特点？

四、论述题

1. 人力资源的激励方法有哪些？如何合理地运用各种方法？

2. 人力资源和人口资源的区别是什么？如何理解两者的关系？

第十二章

矿产资源的开发利用

矿产是在地球演化过程中形成的物质资源。矿产资源是人类赖以生存和发展的重要物质基础，开发利用矿产资源对人类社会的进步起到了巨大的推动作用。人们的生活水平随着矿产可利用价值的增加而提高。随着科学技术的进步，有用矿物的范畴将不断扩大，矿产资源的可用性成为社会财富的一种衡量指标。

矿产资源数量有限，而人类对矿产资源的消费量却在日益增长，所以随着开发利用的加强，有用矿物开始短缺，甚至枯竭，矿产资源开发利用的同时也不可避免地对环境造成各种各样的破坏性影响。只有努力降低环境代价，才能使矿产资源的开发利用纳入经济可持续发展的轨道。

第一节　矿产资源的概念、分类及特性

一、矿产资源的概念及其特征

（一）矿产资源的基本概念

矿石和岩石都是由一种或两种以上矿物所组成的集合体，人们把地质作用形成的、有经济价值的矿物和岩石称为矿产。它可以分为固态、液态和气态三类。

资源通常有广义的资源和狭义的资源之分。广义的资源指人类生存发展和享受所需要的一切物质的和非物质的要素，如阳光、空气、水、矿产、土壤、植物及动物等。狭义的资源仅指自然资源，联合国环境规划署（UNEP）对资源所下定义为："所谓资源，特别是自然资源，是指在一定时间、地点、条件下能够产生经济价值，以提高人类当前和将来福利的自然环境因素和条件。"通常所说的资源或自然资源，实际上往往指的是资源产品，即原料。

《中国资源科学百科全书》对自然资源的定义为："人类可以利用的、自然生成的物质和能量。"由此，根据资源的再生性，按利用限度划分为可再生资源和不可再生资源。可再生资源是指通过比较迅速的自然循环作用或人为作用能为人类反复利用的各种自然资源，如可更新的淡水资源。不可再生资源是指在人类开发利用后，在现阶段不可能再生的自然资源，如煤炭、石油等。

矿产资源是指在地质作用过程中形成并赋存于地壳内（地表或地下）的有用的矿

物或物质的集合体，其质和量符合工业要求，并在现有的社会经济和技术条件下能够被开采和利用，呈固态、液态、气态的自然资源。矿产资源是一种非常重要的非再生性自然资源，是人类社会赖以生存和发展的不可缺少的物质基础。它既是人们生活资料的重要来源，又是极其重要的社会生产资料。

广义的矿产资源指在内外力地质作用下，元素、化合物、矿物和岩石相对富集，人类开采后能得到有用商品的物质形态和数量。狭义的矿产资源是指自然界产出的物质在地壳中富集成具有开采价值或潜在经济价值的形态和数量。

（二）矿产资源的特征

1. 不可再生性。

矿产资源是亿万年地质作用的产物，在短暂的人类社会历史中，矿产资源是不可再生的，蕴藏量也是有限的。随着人类的大规模开发利用，矿产资源在不断减少，有的甚至发生短缺和枯竭。不可再生性决定了矿产资源的宝贵性，因此必须合理开发、综合利用。

2. 相对性。

在勘探、开发和冶炼技术落后的时代，低品位的"矿石"对人类而言如同岩石一样，不具有资源的意义；随着冶炼技术的提高，人类能够从昔日的低品位"矿石"中提炼有用的物质时，这些"矿石"才具有资源价值。因此，在不同的人类历史阶段，矿产资源具有相对性。矿石的埋藏深度亦决定其是否具有资源价值，不能被人类开采的地下深处的矿石即使品位很高，也不能称为矿产资源。

3. 复杂性。

矿产资源绝大部分隐伏在地下，地质成矿、控矿作用极为复杂，所以，不管地质调查工作多么详尽，也只能求得相对准确的结果。因此，在资源勘探矿山建设时，不仅需要大量的资金和较长的周期，而且有一定的风险。

4. 地理分布的不均匀性与成矿规律性。

不同类别的矿产通常具有不同的地质形成条件，有色金属多与岩浆活动有关，而煤、天然气和石油等都分布于沉积岩地区，反映成矿的规律性。矿产资源的分布主要受各种地质、构造条件的控制，由于成矿地质作用的复杂性和特殊性，导致许多矿产资源在地壳中的分布具有局部集中的现象，矿产资源在地域分布上呈现出明显的不均匀性。如世界 1/3 的锡分布在东南亚，我国北方多煤、南方多钨等。

5. 矿产资源的伴生性。

自然界的矿产资源在区域分布上，有的是由平均含量相差不大的若干矿种或元素组成，称为共生矿。更多的情况是以一种矿种为主，另有相对含量较少的一种或几种矿种或元素组合在一起形成伴生矿，这类矿床虽然可以一矿多用，但是矿石的选冶技术条件十分复杂，开采利用难度较大。随着地质勘探工作的不断深入和选、冶技术的不断发展，人类综合利用矿产资源的能力也在不断提高，矿产资源的品种在不断增加，利用范围在逐步扩大。

6. 生态性。

矿产资源赋存于地质生态环境中，人工开发矿产资源后，会对地质生态环境产生影响，破坏原有的地质生态环境的平衡状态，严重的可诱发不良现象而导致灾害的产生。如矿产资源开发利用导致生态环境进一步恶化，土地沙化、地下水位下降、水土流失、沙尘暴、地面沉陷，露天开采占用了大量的土地，原有地表植被遭到破坏等。

二、矿产的种类与形成

（一）分类

矿产资源属不可再生性资源，据统计，当今世界95%以上的能源和80%以上的工业原料都取自矿产资源。为了合理开发利用矿产资源，根据矿产的性质、用途、形成方式及其相互关系而分别排列出的不同次序类别和体系，称为矿产资源分类。矿产资源一般包括能源资源和原料资源两类，能源资源即矿物燃料和核燃料，原料资源有金属原料（金属矿产）和非金属原料（非金属矿产）。矿产资源依其组成成分可分为金属矿产和非金属矿产，在目前世界矿业生产总值中，燃料产值约占70%，非金属原料约占17%，金属原料约占13%。人类社会对矿产资源的需求量约占自然资源需求总量的70%。

因此，地球上的矿产按用途可以分为三大类，即金属矿产、非金属矿产和能源矿产。

1. 金属矿产。

金属矿产是指通过采矿、选矿和冶炼等工序从中可以提取一种或多种金属单质或化合物的矿产。金属矿产按工业用途及金属本身的性质，还可进一步划分为：黑色金属矿产，如铁、锰等；有色金属矿产，如铜、铅、锌、钨等；贵金属矿产，如铂、钯、铱、金、银等；稀有金属矿产，如铌、钽、铍等；稀土金属矿产，如镧、铈、镨、钕、钐等。

2. 非金属矿产。

非金属矿产指那些除能源矿产外，能提取某种非金属元素或可以直接利用其物化性质或工艺特性的岩石和矿物集合体。工业上只有少数非金属矿产是用来提取某一种元素的，如磷、硫等，大多数是利用非金属矿物的某种物理性质、化学性质或工艺性质。非金属矿产是人类使用历史最悠久、应用领域最广泛的矿产资源。非金属矿产可分为四类：冶金辅助原料，如菱镁矿、萤石、耐火黏土等；化工原料，如硫、磷、钾盐等；建材及其他，如石灰岩、高岭土、长石等；宝石非金属矿产，如玉石、玛瑙等。

3. 能源矿产。

能源矿产又称矿物燃料，是指蕴含某种形式的能量并可以转化为人类生产和生活所必需的光、热、电、磁和机械能的一类矿产，是人类获取能量的重要物质资源，是工农业发展的动力和现代生活的必需品。能源矿产包括煤、泥炭、石油、天然气、铀矿等。尽管水力、太阳能、海洋能、风能等越来越广泛地被开发利用，但在能源消费结构中，能源矿产仍占90%左右，是人们取得能量的主要源泉。中国已发现的能源矿种可分为三类：

（1）燃料矿产，又称可燃有机物矿产，主要包括煤、石煤、油页岩、油砂、天然沥青、石油、天然气和煤层气；

（2）放射性矿产，包括铀矿、钍矿；

（3）地热资源。

（二）矿产的成因

矿产的成因与整个地质循环密切相关，并与构造作用、地球化学循环以及地质流体（包括地表水、地下水和泉水）有密切关系。矿产的形成作用一般包括：岩浆作用、变质作用、沉积作用、生物作用和风化作用等。虽然矿产种类有很大差别，但成矿的基本机理非常相似。

1. 岩浆作用。

岩浆矿床是指岩浆经分异作用使其中的有用组分富集而形成的矿床。它可以形成具有经济价值的多种金属矿产，如铬、铜、镍、钴、铁等。有些矿床是由早期晶体分离作用形成的，如橄榄石、铬铁矿；有些是由晚期岩浆作用形成的。

2. 变质作用。

矿床经常在岩浆岩及其侵入围岩的接触带处发现，该区以接触变质作用为特征。区域变质作用和热液变质作用也可形成某些有用矿床。变质矿床是经变质作用改变了工艺性能和用途的矿床或岩石经变质作用后形成的矿床。如煤经变质后形成的石墨矿床，又如变质硅灰石矿床、蓝晶石类（红柱石、蓝晶石及矽线石）矿床等。

3. 沉积作用。

沉积作用对聚集有价值的可开采的矿床具有重大意义。在搬运过程中，风和流水使沉积物按大小、形状和密度分选。用于建筑方面的最好的砂或砾石都是由风或流水的搬运、沉积而形成的。沉积作用还可以形成金和金刚石砂矿。机械沉积分异作用形成砂矿床，化学沉积分异作用形成盐类矿床等。

4. 生物作用。

生物作用也可形成矿床。许多矿床是在被生物强烈改造的生物圈环境中形成的。有机物如贝壳和骨骼可形成含钙矿物，人们已鉴定出几十种生物生成的矿物。生物成因矿物对沉积矿床的形成意义甚大，如生物及生物化学沉积作用形成磷块岩矿床。

5. 风化作用。

风化作用也可以使一些物质达到一定浓度，并具有开采价值，如红土型风化壳指上部具有铝土岩风化带或富含褐铁矿、赤铁矿的红土带（即最终水解带）的风化壳。富铝岩风化后产生的残留土壤，可使难溶的含水氧化铝和氧化铁相对富集，形成铝矿（铝土矿）。镍矿和钴矿也可在富铁镁火成岩风化后残留的土壤中找到。

（三）成矿时代

根据我国地史演化和有关的大地构造发展阶段，我国的成矿时代一般可划分为五期。

1. 前寒武纪成矿期。

这是我国的一个重要成矿期，太古代末到早元古代，华北、华南及西北塔里木等地

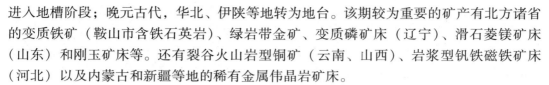

进入地槽阶段；晚元古代，华北、伊陕等地转为地台。该期较为重要的矿产有北方诸省的变质铁矿（鞍山市含铁石英岩）、绿岩带金矿、变质磷矿床（辽宁）、滑石菱镁矿床（山东）和刚玉矿床等。还有裂谷火山岩型铜矿（云南、山西）、岩浆型钒铁磁铁矿床（河北）以及内蒙古和新疆等地的稀有金属伟晶岩矿床。

2. 加里东成矿期。

我国境内稳定区和活动区均发育良好，华北、西南进入相对稳定的台地期，以产于浅海地带和古陆边缘海进层序底部的 Fe、Mn、P、U 等外生矿产为主，如宣龙式铁矿、瓦房子锰矿、湘潭式锰矿、昆明式磷矿、襄阳式磷矿等；中期海浸范围扩大，形成灰岩、白云岩矿床；晚期在海退环境下形成潟湖相石膏和盐类矿床；祁连山、龙门山、南岭等地进入地槽期，以内生矿床为主，也有变质矿床，如黄铁矿型铜矿（白银厂式）、镜铁矿型铁矿（北祁连山）、铬镍矿床、伟晶岩矿床以及气成热液矿床。

3. 海西成矿期。

我国东部仍处于地台阶段，相应形成一系列外生矿床，如宁乡式铁矿，遵义式锰矿，石炭－二叠系的煤、铝土矿、黏土矿等；我国西部仍处于地槽发展阶段，以内生矿床为主，有秦岭和内蒙古的铬、镍矿床，白云鄂博式稀土－铁矿床，阿尔泰、天山地区的稀有金属伟晶岩，与花岗岩有关的 W、Sn、Pb、Zn，南祁连的有色金属，川滇等地的 Cu、N、Zn 以及力马河 Cu－Ni 硫化物矿床。

4. 燕山成矿期。

燕山成矿期是我国最重要的内生矿产成矿期，特别是我国东部。该期由地台期转入地洼（活化）期，构造、岩浆活动强烈，形成一大批与中酸性岩浆岩有关的 W、Sn、Mo、Bi、Fe、Cu、Pb、Zn 矽卡岩型和热液型矿床。晚期形成一系列与小侵入岩体有关的 Fe、N、Zn、Hg、Sb、Au，稀有金属，萤石，明矾石等矿床。喜马拉雅山地区及台湾仍处于地槽发展阶段，有与超基性及基性岩浆活动有关的 Cr、Ni、Cu、Pb、Ag 等矿床。在小型内陆盆地还有 Fe、Cu、U、煤、盐、油页岩等外生矿床产出。

5. 喜马拉雅期。

我国西部以地槽活动为主，另外中生代开始发展的喜马拉雅地槽和台湾地槽成为仍在强烈活动的地槽褶皱区，产出伴随基性－超基性岩浆活动的 Cr－Pt 矿床（西藏）、Cu－Ni 矿床，火山岩中的 Cu、Au 矿床（台湾地区）及 Pb、Zn、S 矿床（新疆）等；外生矿床以沉积和风化淋滤矿床为主，主要有含铜砂岩、风化淋滤型镍矿、风化壳型铝土矿，各类砂矿、盐类，高岭土等，还有钾盐（云南）、煤炭和石油等。

第二节　矿产资源开发利用存在的主要问题

新中国成立以来，我国矿业取得了巨大发展和瞩目成就，我国现已建成国有矿山7560 多座，集体及个体矿山近 15 万个。1999 年，全国国有及 500 万元以上非国有矿产采选业和相关矿产资源与原材料加工（制品）业工业产值 25086 亿元，其中国有和 500万元以上非国有矿业（采选业）总产值 4174 亿元（当年价），固体矿量 41.84 亿吨，液体矿量 2.29 亿吨，气体矿量 238.27 亿立方米，是世界上的主要矿业大国之一。依靠本国的矿产资源开发，成功地实现了发展经济的目标，为我国社会主义现代化建设作出重大贡献，也使我国由矿业弱国跃入世界矿业大国的行列。石油、煤炭、金属矿产、非金属矿产等行业建成一批矿产品重点生产企业（矿山），成为我国矿业的支撑，保证了工业经济对能源和原材料的需求，促进了国民经济持续快速增长。

一、大规模、高速度的开采导致矿产资源耗竭速率过快

我国长期以来特别强调矿产资源开发对区域经济增长的基础性作用，劳动效率普遍偏低，许多资源被严重破坏、浪费，经营市场秩序混乱，资源产出效益低而消耗水平高，目前单位矿产资源投入产出只及日本的 1/6 和美国的 1/3，矿产资源开发速度明显高于世界平均水平。改革开放以来，我国矿产资源无论是保有储量还是矿产品产量、矿业产值都有大幅度提高，但不论是总体上，还是局部上我国矿产资源的耗竭速率一直高于世界平均水平。由于矿业有一定的生命周期，随着资源储量的枯竭，产业需要退役，大规模、高速度开采必将导致资源产业退役过快，直接冲击国民经济的持续发展。由于储量的消耗速度远大于增长速度，根据 2002 年底可供储量静态（石油、天然气除外）预测计算对 2020 年目标的保证程度，45 种主要矿产中有 9 种可以保证（天然气、稀土、菱镁矿、钠盐、芒硝、膨润土、石墨、滑石、硅灰石）、10 种基本保证（煤、钛、钨、钼、磷、玻璃硅质原料、石材、石膏、硅藻土、石棉）、21 种不能保证（铁、锰、铜、铅、锌、铝土矿、锡、金、银、锶、萤石、硼、重晶石、石油、铀、镍、耐火材料、硫、水泥、灰岩、高岭土）、短缺矿产 5 种（铬铁矿、钴、铂、钾盐、金刚石）。

二、矿产品供给总量过剩和结构性短缺并存，国内支柱性矿产资源供给能力下降

近几年来我国矿产品生产总量供大于求，一些矿产品积压。同时，一些质量优、品种适销对路的矿产品供不应求。可利用的矿产储量不足，现有生产矿山（油田）产能消失严重，接替资源短缺。矿产品进口量持续增加，自给能力不断下降。从总体上说，21 世纪初期的 15 年内，矿产品供需矛盾进一步加剧，国内矿产资源供需形势严峻。

以煤炭资源为例，在开发布局上既没有充分考虑资源的经济可采性，也没有考虑煤种特点和消费布局。据统计，西部现有矿区有 5000 万吨生产能力闲置。煤炭产业组织结构不合理，企业数量过多，大企业规模不大，小煤矿数量太多，产业集中度低。目前我国现有各类煤矿 3 万多处，平均每处生产原煤 3 万吨左右，产业集中度为 12%，原煤产量超过 1000 万吨的大型企业有 17 家，产量占全国原煤总产量的 28%。目前我国最大的动力煤生产企业大同煤业集团公司市场占有率仅 2.9%，最大的炼焦煤生产企业开滦有限责任公司市场占有率仅 1.5%；而世界主要采煤国家的煤炭企业，都以经营规模大、经济实力强的大集团和大公司为主，俄罗斯产煤 2.55 亿吨，其中一家大公司产量 2.43 亿吨，占 95%。

三、矿业经营粗放，矿产资源利用效率普遍较低，资源破坏浪费严重

我国大部分国有矿山是 20 世纪五六十年代建立的，企业负担重，技术改造难度大，

自我发展能力较差；而多数中小型集体、个体矿山缺乏科学管理或资金技术力量薄弱，矿业企业生产技术及设备普遍落后，采富弃贫，经营粗放，效益不高，一些优势资源未能转化为经济优势。2000年，中国钨业协会对我国41个钨矿山进行了现场抽样调查及资料研究分析，表明目前我国钨矿资源开发利用水平较低，采选综合率只有46.5%，我国钨矿资源开发利用水平亟待提高。我国开发利用的150种矿产中，有87种属共伴生矿产，占62.6%，对其中1/3的共伴生矿产进行了综合开发，但综合利用率较低，仅为20%。全国矿产资源总的回收率为30%，比发达国家低20~30个百分点。

四、矿产资源开发利用造成的环境问题突出

矿山开采占用、破坏大量的土地，环境污染造成土地质量下降，可用耕地减少，矿产资源的开发破坏地表景观、地质遗迹，破坏森林、草地资源，矿区塌陷是破坏土地资源的一个重要因素。矿产资源采、选、冶过程中排放的废气、废水、废渣治理率低，对生态环境污染严重。开发矿山诱发的灾害与生态环境问题未引起足够的重视，防范不力，矿区地面塌陷造成大量耕地等土地损毁而未予及时恢复，矿山排水造成大面积地下水资源枯竭或污染等问题，对人、畜及农业生产构成潜在危害。江西省高安市矿产资源总体规划（2001~2010年）指出仅英岗岭、八景矿务局煤矿区现存放废石1150万吨，年排放矸石38万吨，废水2000万立方米以上，废气11.7亿立方米，被破坏土地面积累计达1000公顷以上。

五、矿产资源勘查投入不足，开发管理体制改革滞后，矿业市场不发育

国家公益性地质工作萎缩，大量的商业性地质勘查工作仍然依赖国家投资。传统的矿业管理体制、矿业企业经营机制越来越不适应社会主义市场经济发展的要求，矿业资本市场、矿业权市场、社会中介组织等都不发育。除石油天然气勘探开发外，整个矿业领域利用外资进展缓慢。国有矿山企业负担重，经济效益差，困难重重。矿业投资环境不佳，投入严重不足，缺乏活力和发展后劲。矿产资源开发管理体制改革滞后，矿业市场不发育，矿业投资环境有待改善。

六、矿业宏观调控能力较弱

在矿业经济总量平衡、矿业区域政策、矿业结构调整、矿业生产和矿产品进出口秩序等方面都存在不少问题。矿业生产的上中下游比例不协调，加工生产能力明显大于冶炼能力，而冶炼能力又大于矿山采掘能力，下游生产能力闲置。小规模矿山及加工企业重复建设多，产业集中度、规模化、集约化程度低；矿产品以原矿和初加工产品为主，精深加工能力弱，高附加值深加工产品比重小，整体经济效益差，矿产资源优势未能充分转化为经济优势。部分地区凭借资源优势，采富弃贫，盲目发展，冲击市场，不利于矿山的持续发展。

七、对国际突发事件与市场剧变的矿产供应安全问题缺乏保障和反应机制

储备一定数量的矿产，对于应对国际突发事件是必要的，对于在国际市场上增强影

响控制力也有重要的意义。中央已经提出要实行矿产资源战略储备，但目前我国并未制定矿产战略储备制度和特别矿产地的保护性开发措施，适应市场变化和应对突发事件的能力较差。

随着中国经济的高速发展，矿产资源的供需矛盾日益突出，预计到 2020 年，石油、煤炭、铁、铜、铝、锌、铬、钾盐等重要矿产的供需缺口分别为 2.54 亿吨、9.85 亿吨、2.94 亿吨、308 万吨、795 万吨、43 万吨、430 万吨和 1504 万吨。资源不足已经成为制约经济发展的瓶颈。为了满足国家经济建设对矿产资源日益增长的需求，实施全球矿产资源战略刻不容缓，这也是经济全球化对国家经济发展提出的必然要求。

第三节　矿产资源的规划

我国矿产资源规划的理论研究始于 1999 年。在此之前，矿产资源区划研究和区域经济学中的区域规划理论为矿产资源规划的理论研究提供了指导。1996 年贾芝锡出版的《矿产资源区划研究》一书为矿产资源规划理论的形成提供了借鉴。1999 年自然资源部出台了《矿产资源规划暂行条例》，2001 年，自然资源部规划司组织编写了《矿产资源规划研究》和《矿产资源规划手册》。多年以来，广大专家、学者在有关杂志上发表了研究论文，自然资源部近几年出台的矿业管理文件为矿产资源规划提供了背景材料。这些研究都推动了区域矿产资源规划的发展。

一、概述

（一）矿产资源规划的含义

矿产资源规划是指在一定区域内对矿产资源勘查、开发、保护与合理利用及利用国（区）内外"两种资源、两个市场"等方面进行统筹规划的总体部署。通过运用地质和经济等理论方法，对一定区域内的矿产资源进行自然条件、区位条件、勘查开发现状和供需形势的评价，分析矿业与其他产业的关系，划分各种类型的规划区域，确定矿业结构调整方向和矿业组织政策，研究该区域矿产资源短期（5 年）、中期（10 年）和长期（15～20 年）的勘查开发和利用计划与资源保护措施，形成鼓励矿产资源集约生产和合理利用的法律文本。

矿产资源规划不同于矿产资源开发利用建议或矿业发展计划，它是一种与土地利用规划、城市发展规划、旅游资源规划等相类似的具有全局性、长远性、战略性的专项规划。矿产资源规划是社会主义市场经济条件下指导矿产资源勘查、开发利用与保护的纲领性文件，是依法审批和监督管理矿产资源勘查、开采活动的重要依据，是加强宏观调控和矿产资源管理的基本手段。

（二）矿产资源规划的特点

矿产资源规划是一种政府法规，自然资源部 1999 年 10 月 12 日颁布施行的《矿产资源规划管理暂行办法》第十七条将矿产资源规划的特点概括为：宏观性、战略性、政策性、科学性和可操作性。

1. 宏观性。

矿产资源规划的宏观性是由矿产资源规划作为矿产资源开发利用和保护的宏观调控手段这一基本性质所决定的。按照"宏观性"的要求，在内容上矿产资源规划应根据国民经济或区域经济发展的要求，制定矿业经济发展的总目标、矿产资源开发利用和保护的重大方针和政策，研究矿业生产力的合理布局和矿产品结构调整方向，提出矿产资源开发利用和保护的重大战略措施，制定矿产资源规划实施的保障措施。

2. 战略性。

矿产资源规划在时间上要着眼于未来，要按照可持续发展的要求制定目标、方针和政策，提出矿产资源开发利用和保护的重大战略措施，处理好当前利益与长远利益的关系。在空间上要立足于国内、区内资源，综合考虑国内外、区内外"两种资源、两个市场"，处理好局部利益与整体利益、地方利益与中央利益的关系。矿业的发展要和其他产业的发展相协调。

3. 政策性。

矿产资源规划的政策性就是指它的规范性。矿产资源的开发利用要符合国家有关的法律、方针和政策，矿产资源规划要运用政策手段对矿业行为进行规范和引导。

4. 科学性。

矿产资源规划的科学性就是指它的合理性。按照"科学性"的要求，编制矿产资源规划首先要全面、准确地收集各种经济信息，包括矿产资源的查明及分布情况，矿产资源开发利用状况，国内外矿产品市场供需信息，国民经济与社会发展综合信息，矿业相关部门发展规划，矿产品开发利用新技术及发展趋势，党和国家的有关方针、政策和指令等。经济信息是规划编制的基本依据，因此，信息必须准确、及时、适用。在掌握了大量经济信息之后，就要对信息进行分析研究，探索其内在的联系和规律性。在此基础上对未来矿业经济的发展趋势进行综合分析，并作出科学的预测。根据预测的结果，综合考虑规划期内国民经济和社会发展的要求、资源条件、产业基础等因素，对矿产资源开发利用所要达到的目标和实现目标的主要措施作出抉择。这是矿产资源规划的主体和核心。它主要包括矿业经济的发展规模、速度、结构、重大比例关系、重大项目建设、矿业生产力布局、产业结构调整等内容。

5. 可操作性。

矿产资源规划的可操作性是指它的切实可行性。贯彻"以人为本"的思想是规划的主线，按照"可操作性"的要求，矿产资源规划的编制要以资源条件、产业基础、市场需求为依据，发展目标要具体，产业结构调整方向要明确，措施及政策建议要有针对性（胡福祥，2003）。

（三）矿产资源规划的分类

1999 年自然资源部颁布《矿产资源规划管理暂行办法》的通知指出，"矿产资源规划由全国性矿产资源规划、地区性矿产资源规划和行业性矿产资源开发规划构成，全国性矿产资源规划包括全国矿产资源总体规划和专项规划。其中专项规划主要包括地质矿产调查评价与勘查规划、矿产资源开发利用与保护规划、矿山生态环境保护规划等，地区性矿产资源规划包括省级、市（地）级、县级和跨行政区域的矿产资源规划。行业性矿产资源开发规划指有关矿产资源开发产业行业管理部门编制的相关矿产资源开发规划"。因此，矿产资源规划有多种类型。

1. 纵向划分。

纵向划分，可分为如下几类：

（1）国家级矿产资源规划；

（2）省级矿产资源规划；

（3）地（市）级矿产资源规划；

（4）县（市）级矿产资源规划；

（5）重点矿业乡镇矿产资源规划；

（6）重点矿区矿产资源规划。

在纵向上按照行政区域划分，不同级别的矿产资源规划之间具有层次性。下一级矿产资源规划的编制应以上一级矿产资源规划为依据。

2. 横向划分。

按行业划分，可分为如下几类：

（1）冶金行业矿产资源规划；

（2）有色金属行业矿产资源规划；

（3）化工行业矿产资源规划；

（4）建材行业矿产资源规划；

（5）煤炭行业矿产资源规划；

（6）石油行业矿产资源规划；

（7）其他行业矿产资源规划。

在横向上按照与矿产资源有关的行业类别划分，不同类别的矿产资源规划之间具有关联性。行业矿产资源规划的编制应加强衔接和呼应。

3. 专业内容划分。

按专业内容划分，可分为如下几类：

（1）矿产资源总体规划；

（2）矿产资源调查评价与勘查规划；

（3）矿产资源保护与开发利用规划；

（4）矿山环境保护与恢复治理规划。

按专业内容划分的矿产资源规划实质上就是总体规划与专项规划的关系。专项规划还可以涉及很多不同的内容，也可以与上面两类规划同步或交叉进行，如山东省（按行政区域）矿产资源总体规划（按专题内容）、黄石市（按行政区域）有色金属矿产（按行业类别）保护与开发利用规划（按专题内容）等。此外对于单一矿种比较集中的地区还可以开展该矿种（如煤炭、石油等）资源规划。

（四）矿产资源规划的功能

1. 矿产资源规划的经济功能。

（1）宏观经济功能。

矿产资源的整体性特征决定了矿产资源应统一规划、合理布局、综合勘查、合理开采、综合利用。根据我国矿产资源的赋存特点、开发利用条件、市场供需形势以及国家区域经济布局的要求和经济安全的需要，遵循市场经济规律，对全国矿产资源进行统筹规划，坚决维护矿产资源的国家所有权益。地方各级政府、企业、各类经济组织和个人都必须以国家利益为重，有效保护和合理开发利用矿产资源。

（2）中观经济功能。

矿产资源的区域性特征决定了矿产资源规划必须强调矿产资源的开发利用要与区域经济发展相结合，调整优化矿业结构根据矿产资源分布的区带性和组合分布的区域性特征，密切结合区域经济发展，统筹规划，发挥优势，重点开发，建立起地区间分工合理的区域矿产资源开发体系。资源输入区和资源输出区要因地制宜，优势互补，横向联合，分工合作，协调发展。以市场为导向，积极推进矿业探采结构、产品结构、进出口结构、企业组织结构和地区结构等的调整和优化，合理布局，协调发展。

（3）微观经济功能。

矿产资源的有限性、不可再生性决定了矿产资源规划必须遵循开发和保护并举原则，提高资源利用率。在具体的经济活动中体现为：

①加强矿业秩序治理整顿，避免人为地破坏、浪费矿产资源；

②在矿产资源开发、冶炼、加工、运输、消费的各个环节提高资源利用水平；

③依靠科技进步和科学管理，提高采矿回采率和选矿回收率；

④扩大共伴生矿产的综合开发利用，尾矿、废石（矸）综合利用和废旧金属的回收利用；

⑤根据资源赋存特点实行规模经营和集约生产；

⑥大力开展节能减排，不断提高单位能源、矿产资源的国民经济产出率；

⑦切实推进矿产资源开发利用方式从粗放型向集约型转变。

2. 矿产资源规划的法律功能。

矿产资源规划一经制定，经有关部门批准和同级政府发布，即成为矿产资源管理的法规，是同级人民政府及其自然资源主管部门依法管理和保护矿产资源的重要依据，具有强制的法律效力，包括如下几方面的内容：

（1）"控制人口增长，保护自然资源，保持良好的生态环境"是基本国策，矿产资源生产和矿业生产应坚持"在保护中开发，在开发中保护"的总原则；

（2）矿产资源规划是各级人民政府依法管理和保护矿产资源的指导性文件，其主要规划目标纳入同级国民经济和社会发展规划中实施；

（3）矿产资源规划是国家加强矿产资源勘查、开发宏观调控的重要手段，是各级人民政府地质矿产主管部门依法对矿产资源勘查、开发利用与保护进行监督管理的依据；

（4）国家规划矿区和国家规定实行保护性开采的特定矿种的设立、变更或者撤销及其开发利用，应当符合全国矿产资源总体规划；

（5）各级人民政府地质矿产主管部门审批颁发勘查许可证、采矿许可证，应当符合矿产资源规划；

（6）下级矿产资源规划服从上级矿产资源规划，专项规划服从总体规划，行业性规划和地区性规划服从全国性规划。矿产资源规划自上而下编制，下级矿产资源规划的编制必须以上级矿产资源规划为依据，并与上级相关规划相一致，与同级相关规划相衔接。

此外，面对新形势对矿产资源规划的要求，矿产资源规划在基本功能上还要做到：

（1）强化规划的空间指导和约束功能，促进矿产资源勘查开发的合理布局，推动矿山环境保护与恢复治理；

（2）强化规划的矿产资源总量调控和结构调整的引导和约束功能，促进矿产资源开采总量与市场需求量相适应，促进矿产资源勘查与开发结构优化；

（3）强化节约和高效利用的政策导向功能，提高资源利用率；

（4）强化规范管理功能，充分发挥规划在规范矿业权市场中的重要作用，促进矿产资源开发利用有序有偿，合理规范。

二、矿产资源规划的目标

党中央、国务院历来对保护和合理开发利用矿产资源十分重视，2001 年国务院批准的首轮矿产资源总体规划发布实施，标志着适应我国社会主义市场经济体制要求的矿产资源勘查开发利用宏观调控机制初步建立，促进了矿产资源管理的科学化与规范化，在加强矿产勘查、促进矿山合理布局、控制部分矿产开采规模过快增长、提高资源利用率和保护矿山环境等方面发挥了重要作用。"十一五"是全面建成小康社会承前启后的重要时期，党中央和国务院提出了"科学发展观""走新型工业化道路""建设节约型和友好型社会""大力发展循环经济""构建社会主义和谐社会"等新的发展观念和发展道路。矿产资源对社会经济发展的瓶颈制约日趋显现，因此，新时期的矿产资源规划工作面临更加紧迫的任务和挑战。

"加强勘查、科学调控、合理布局、优化配置、集约高效、注重保护、科技创新、扩大开放、持续发展"是目前正在进行的第二轮矿产资源规划工作的基本目标。以科学发展观为统领、坚持"在保护中开发，在开发中保护，保护优先"的指导方针，以提高矿产资源对经济社会可持续发展的保障能力为终极目标，以保护和合理开发利用矿产资源为主线，力求将矿产资源管理的各项任务和重要环节在规划中很好地体现，是矿产资源规划的基本思路。

矿产资源规划的目标，从宏观上讲要保证资源供给和资源持续利用；从中观上讲要保证矿业有序和矿业组织高效；从微观上讲要保证矿区矿产资源集约开发。现从以下几个方面分析。

（一）可持续发展鼓励经济增长

可持续发展更重视追求经济增长的质量。这就是说经济发展包括数量增长和质量提高两部分，数量的增长是有限的，而依靠科学技术进步，提高经济活动中的效益和质量，采取科学的经济增长方式才是可持续的。要达到具有可持续意义的经济增长，必须重新审视使用能源和原料的方式，改变传统的以"高投入、高消耗、高污染"为特征的生产模式和消费模式，实施清洁生产和文明消费，从而减少单位经济活动造成的环境压力。

（二）可持续发展的标志是资源的永续利用和良好的生态环境

经济和社会发展不能超越资源和环境的承载能力。可持续发展以自然资源为基础，同生态环境相协调。它要求在严格控制人口增长、提高人口素质和保护环境、资源永续利用的条件下，进行经济建设、保证以可持续的方式使用自然资源和环境成本，使人类的发展控制在地球的承载力之内。可持续发展强调发展是有限制条件的，没有限制就没有可持续发展。要实现可持续发展，必须使自然资源的耗竭速率低于资源的再生速率，必须通过转变发展模式，从根本上解决环境问题。如果经济决策中能够将环境影响全面系统地考虑进去，这一目的是能够达到的。但如果处理不当，环境退化和资源破坏的成本就非常大，甚至会抵消经济增长的成果。

（三）可持续发展的目标是谋求社会的全面进步

可持续发展的观念认为，世界各国的发展阶段和发展目标可以不同，但发展的本质应当包括改善人类生活质量，提高人类健康水平，创造一个保障人们平等、自由、教育和免受暴力的社会环境。这就是说，在人类可持续发展系统中，经济发展是基础，自然生态保护是条件，社会进步才是目的。而这三者又是一个相互影响的综合体，只要社会在每个时间段内都能保持与经济、资源和环境的协调，这个社会就符合可持续发展的要求。人类共同追求的目标，是以人为本的自然—经济—社会复合系统的持续、稳定、健康的发展。

因此，在制定矿产资源规划目标时，必须充分考虑现实的资源基础和未来区域经济发展环境，促进区域经济发展和实现资源的可持续利用，并做到以下几点：

1. 矿产资源规划：从单一到多目标优先保护目标。

受经济发展阶段的影响，以往的矿产资源开发利用的目标是一种片面追求经济增长的单目标模式。这种模式虽然对国家和区域增加物质财富作出了应有的贡献，但带来了日益沉重的人口、资源、环境与社会压力。新理论指导下矿产资源规划的概念不再是建立在从自然界得到越来越多的资源上，也不再是把 GDP 作为发展的唯一尺度，而是以经济、社会和生态环境的多目标协调发展为指导原则，把绿色 GDP 作为发展的尺度，追求全方位的综合发展，提高资源的利用率。不论主目标何等优先，仍需同时兼顾生态环境目标和社会公平目标。总之，追求复合型矿产资源规划目标是实现可持续发展总目标的关键。

所谓绿色 GDP，就是把资源和环境损失因素引入国民核算体系，即在现有的 GDP 中扣除资源和环境损失，包括由于经济增长造成自然资源、生态环境破坏的直接经济损失，以及为恢复生态平衡、挽回资源损失而必须支付的经济投资。据世界银行估算，我国目前大气和水污染造成的损失值相当于国内生产总值（GDP）的 3.5%。如果把资源耗竭、生态破坏和环境污染所造成的损失全部计算在内，估计现行的 GDP 总量至少应降低 10% 以上。

2. 社会与生态环境：评估矿产开发的标准。

区域发展是一个非常综合多维的概念，既包括经济增长和经济结构，也包括社会发展和人的素质提高以及生态环境改善诸多方面在内的多元多层次进步过程，所以矿产资源开发利用方案的确定与最终选优必须同时用效益尺度、社会进步尺度和生态环境尺度去等额量度。在注重经济总量指数、经济效益指数的同时，还必须注重资源保证系数及资源空心化系数、环境污染指数和生态指数等的选取、量化。矿产资源开发利用水平要适度，经济增长不得超过资源与环境承载能力。

3. 处理好六个关系是确保规划目标实现的前提。

（1）处理好市场调节与宏观调控的关系。既要发挥市场机制的作用，又要加强宏观调控，把二者有机地结合起来，市场调节要以宏观调控为基础，宏观调控要以市场调节为取向。要处理好矿产资源勘查、开发利用中规划作用与市场作用之间的关系，准确把握规划中市场调节与宏观调控的范围，特别是对于商业性矿产勘查和开发利用，重点进行政策的引导。

（2）处理好局部利益与整体利益的关系。矿产资源的开发利用要有全局意识，充分体现国家的产业政策导向，要落实好矿产资源规划的目标和任务，协调好中央、省（自治区、直辖市）以及与地方的关系。要了解宏观经济的运行情况、经济社会发展的总体要求，要掌握规划辖区内的矿产勘查开发情况，努力做到心中有数，把地区的矿产资源规划工作放在全省及全国的宏观大局中加以考虑，处理好国家、省域、市域以及个体、整体利益的关系。

（3）处理好当前利益与长远利益的关系。要充分体现可持续发展的理念，兼顾当前利益与长远利益，不能急功近利，制止和杜绝滥采乱挖、采富弃贫、浪费资源现象发生。统筹安排矿产资源勘查、保护与开发利用、矿山环境保护与恢复治理。

（4）处理好资源开发与环境保护的关系。合理开发资源，有效保护环境，从根本上离不开政府的规划主导。矿产资源开采不可避免地会对矿山环境造成一定的破坏，要以人为本，统筹人与自然和谐发展。要贯彻环境意识，统筹安排矿产资源的开发利用与矿山环境的保护，落实国家有关环境保护政策，加强矿业活动监督管理，积极建设绿色矿山，以科学规划和有序开采产生资源开发和环境保护的双向效应。

（5）处理好保护资源与保障发展的关系。必须坚持"在保护中开发，在开发中保护"的方针，按照有序有偿合理开发的要求，开源与节流并举，开发与保护并重。一方面，通过资源勘查、合理利用满足国家和当地经济社会发展需求；另一方面，通过切实保护资源，满足国家和当地经济社会可持续发展的长远目标。

（6）处理好规划管理与矿业权设置的关系。必须严格按照矿产资源规划，对矿产资源调查评价、开采、保护项目和矿山环境恢复治理与土地复垦项目，探矿权采矿权的设置、申请审批、招标、拍卖、挂牌出让和处置，认真做好规划审查，提出规划意见。对不符合矿产资源规划的项目，不得批准立项，不得审批、颁发勘查许可证或采矿许可证，不得批准用地。

三、矿产资源规划的研究内容

矿产资源总体规划的基本内容包括六个方面，即现状与形势，指导思想、基本原则与规划目标，矿产资源调查评价与勘查，矿产资源开发利用与保护，矿山环境保护与恢复治理，规划实施的保障措施。

（一）现状与形势

在总结前一轮规划实施成效的基础上，根据规划辖区内的经济社会发展需要，结合矿产资源特点与矿产资源勘查、开采及环境保护现状和问题，预测矿产资源及矿产品供需形势，准确判断矿产资源开发面临的内外部环境，明确规划的任务和要求。

规划辖区的矿业开发现状主要包括：

1. 区域经济发展概况、趋势以及与矿业发展的关联性；

2. 矿产资源的基本特点及优势，核实矿山数量、矿山类型、矿石储量、年产量等规划编制的基础数据；

3. 矿山资源调查评价和勘查的工作程度；

4. 主要矿产和主要矿山开发利用现状；

5. 主要矿产探矿权和采矿权现状；

6. 矿山环境保护与恢复治理现状及问题；

7. 矿政管理中存在的突出问题。

分析现状与形势时要坚持实事求是的科学态度，认真调查研究，在如实反映矿产资源优势的同时也要客观剖析资源的劣势。要善于比较，既包括区内各种资源之间的比较，也包括将区内的优势资源与区外同类资源的比较。要预测和把握现有资源的优劣势相互转化，重视区内外资源配合，把握好外部条件的机遇与挑战。在规划中，要把制约区域经济发展而十分短缺的资源和具有区际相对优势需要优先开发利用的资源作为重点。

（二）指导思想、基本原则与规划目标

1. 指导思想。

以邓小平理论和"三个代表"重要思想为指导，贯彻落实科学发展观，体现建设资源节约型和环境友好型社会以及构建和谐社会的要求，根据国家未来发展战略，结合本地实际，坚持"在保护中开发，在开发中保护"的指导方针，提出规划指导思想。

2. 基本原则。

要体现有效保护与合理利用统一、资源开发与环境保护并重、市场配置与宏观调控结合、两种资源与两个市场统筹等原则。

3. 规划目标。

矿产资源规划的主要目标包括总体目标和规划指标。前者通常是宏观的、定性的，后者则是需要量化的，通常以指标体系的形式出现。科学合理的指标体系既是对规划目标区域矿产资源总体状况综合评价的依据和标准，又是编制矿产规划、确定规划目标的基础和前提，还是实施和落实规划的重要保证。矿产资源规划指标具有发展现状描述功能、运行结果评价功能和未来发展的导向功能。

按照矿产资源规划的性质和作用，结合国家"十一五"规划指标的设置属性，矿产资源规划量化指标的设置分为预期性指标和约束性指标两大类。预期性指标作为规划的指导性指标，是指矿产资源规划期望的发展目标，主要依靠市场主体的自主行为实现，政府要创造良好的宏观环境、制度环境、市场环境和政策基础，并适时调整宏观调控方向和力度，综合运用各种政策引导社会资源配置，努力争取实现矿产资源相关的经济指标。而约束性指标作为规划的刚性指标，是指在预期性基础上进一步明确并强化了政府责任的指标，是中央政府在公共服务和涉及公众利益领域对中央政府和地方政府有关部门提出的具体要求。政府要通过合理配置公共资源和有效运用行政力量，确保实现，如矿业权投放数量、矿产开采总量、最低开采规模等。

实际规划工作中，应在充分调查研究和论证的基础上，从国情、区情、矿情出发，合理制定规划目标，明确规划的预期性指标和约束性指标，合理设置近期目标和远期目标。规划指标的设置要坚持目的性、简明科学性、系统整体性、可比可量可行性、动态导向性等原则。同时，下级矿产资源规划要分解执行上级矿产资源规划的总目标，特别是矿产资源勘查、开发利用与保护、矿山生态环境保护与恢复治理等方面的具体指标不低于上级矿产资源总体规划的要求。

（三）矿产资源调查评价与勘查

关于地质调查以及矿产资源勘查的重要性及相关基础内容在本书的第十二章将有详细阐述，这里只对矿产资源规划中调查评价与勘查工作的具体部署作出说明。

1. 研究内容。

结合规划辖区经济社会发展对基础性地质工作的需求，根据中央、省与地方财政可能的经费支持力度，对各类基础性地质调查作出科学全面的部署。结合辖区内资源潜力状况和基础性地质调查工作的安排，对矿产资源调查评价和勘查工作作出合理部署，圈定重点调查评价区和重点勘查区。明确鼓励、限制、禁止勘查的矿种，科学划定禁止、限制、鼓励勘查规划区，制定勘查的规划准入条件，提出引导和鼓励商业性矿产资源勘查的政策措施，合理划定勘查规划区块，指导探矿权的设置和投放数量以及投放时序。

2. 矿产资源重点调查评价区。

按照全面部署、突出重点、提高基础地质调查程度、加强远景调查与潜力评价的总体要求，在明确公益性基础地质调查和矿产资源调查评价的重点任务和区域的基础上，符合以下条件的区域可以圈定为矿产资源重点调查评价区：

（1）辖区内国家级重点调查评价区；

（2）基础地质调查和矿产资源远景评价工作程度较低的区域；

（3）国家和省（自治区、直辖市）极缺矿种、重要矿种的调查评价区域；

（4）有重要找矿前景的地区；

（5）优质、高效、新型非金属矿产资源调查评价的区域；

（6）老少边穷和严重缺水地区的供水水文地质勘测地区。

3. 勘查规划区的划分。

勘查规划区分为鼓励勘查区、限制勘查区和禁止勘查区。

（1）鼓励勘查区。

按照矿产资源勘查的总体要求，根据地质工作程度、资源潜力和主要勘查方向，以下区域圈定为鼓励勘查区：

①全国鼓励勘查区在辖区内的区域；

②成矿地质条件有利、找矿潜力和市场需求量大的大中型危机矿山的深部和外围区域；

③国家规划矿区、对国民经济有重要价值的矿区及外围具有资源潜力的地区等。

（2）限制勘查区。

按照矿产资源供需关系、国家产业政策、相关规划要求以及资源环境承载能力等因素，划定以下区域为限制勘查区：

①受国家产业政策影响，实行保护性开采的矿种（钨、锡、锑、离子型稀土等）以及具有地方特色且资源储量有限，需要保护的矿种的矿产地。

②虽有可靠的资源基础和市场需求，但目前乃至今后相当长时间开发技术条件不成熟的矿区。

③国家级和省级自然保护区的外围保护地带；省级湿地自然保护区的缓冲区、实验区及外围保护地带；除核心景区外国家级或省级风景名胜区的范围；国家级和省级地质遗迹保护区的重点区和一般区；重要饮用水水源保护区的二级保护区和准保护区；国家级和省级生态功能区；等等。

④其他按有关规定限制勘查矿产资源的地区。

（3）禁止勘查区。

依照法律法规规定、特殊功能区等多种因素，划定以下区域为禁止勘查区：

①国家级或省级自然保护区；地质遗迹（地质公园）、省级湿地自然保护区的核心区；国家级或省级风景名胜区的核心区；国家级或省级森林公园；世界遗产（包括文化遗产、自然遗产和文化景观）；文物古迹；生态小区；等等。

②国家或省（自治区、直辖市）确定的禁止勘查和禁止开采矿种的矿产地。

③铁路、高速公路、国道及省道两侧一定距离或直观可视范围；重要城镇、重要河流、水库、重大工程设施的一定范围内；重要饮用水水源保护区的一级保护区；军事禁区和军事管理区、军事设施的保护范围；宗教圣地；等等。

④其他按有关规定不得勘查矿产资源的地区。

4. 勘查规划区的管理措施。

（1）鼓励勘查区的管理措施。

区内积极配套国家和省地质勘查基金，并以多种形式引导、鼓励社会资金投入区内的商业性矿产勘查工作中。

（2）限制勘查区的管理措施。

限制勘查区的管理措施包括：

①区内对国家实行保护性限量开采矿种和稀缺矿种不再新设探矿权，对现有探矿权没有达到勘查的规划准入条件的，限期提出整改措施建议，到期不符合要求的注销探矿权许可证；

②在资源环境承载能力有限、生态环境脆弱的区域内原则上不新设探矿权，现有探矿权对周边生态环境造成不可恢复影响的，限期进行整改，到期不符合要求的注销探矿权许可证。在规划期内确需设置探矿权的，必须由相关部门组织具有资质的评估机构进行严格的评估，确认可以设置探矿权后，方可制定探矿权方案；

③受目前开发利用技术水平与外部条件限制，资源利用方式不合理的矿产资源开发区域内原则上不新设探矿权。矿产资源开发利用技术条件已达到规定要求或外部条件允许的情况下，符合勘查的规划准入条件的可以制定探矿权设置方案。

（3）禁止勘查区的管理措施。

禁止勘查区的管理措施包括：

①规划区内不再新设探矿权；

②根据实际情况注销区内现有勘查许可证，到期的不再延续。

（四）矿产资源开发利用与保护

1. 研究内容。

（1）合理调控矿产资源开发利用总量。

科学制定重要矿产资源开发利用的总量控制指标，确定矿产资源开发利用鼓励、限制和禁止的矿种，调控采矿权投放数量；对国家、省实行保护性开采的特定矿种和优势矿产，提出限制性开采和总量控制要求；市级规划要将调控指标分解到县（市、区），县级规划要将调控指标具体落实到矿区；提出稀缺矿种的资源保护措施。

（2）优化矿产资源开发利用布局。

合理进行矿产资源区域布局；科学划分鼓励、允许、限制、禁止开采规划区，明确区内矿产资源开发利用的空间布局、规模、准入条件和相应管理措施；合理划定开采规划区块，有效指导矿业权的科学设置，促进资源优化配置和整合；可根据资源赋存和开发利用条件，圈定重点开采规划区；确定矿业经济区，制定相关政策措施，促进优势矿产资源勘查、开发利用和区域经济的可持续发展；落实国家、省级规划矿区、对国民经济具有重要价值的矿区开发的管理措施。落实重要矿种和重点矿区的规划要求，对低风险矿产进行全面规划，对高风险矿产做好布局安排，达到合理布局、开发有序。

（3）优化矿产资源开发利用结构。

提出矿山企业开采规模结构、产品结构和技术结构的调整方向；按照矿山开采规模与矿区储量规模相适应的要求，制定和完善主要矿种最低开采规模标准，促进矿山企业结构的优化调整和资源整合；落实新建矿山企业准入条件，合理确定矿山最低服务年限；提出延长矿产品产业链、促进矿业领域运用新技术新方法的要求和政策措施。

（4）节约与综合利用矿产资源。

确定区内主要矿种及其共生、伴生矿种的开发利用条件和方向，加强综合勘查、综合评价、综合开发；科学制定主要矿种的开采回采率、选矿回收率和综合利用率规划指标；提出推进非常规油气资源、低品位资源、难利用资源开发利用的政策措施；明确加强尾矿、废石等综合利用的方向，提出矿产资源领域循环经济发展示范工程，建立适合本地区经济发展和资源特点的矿产资源开发利用模式。

2. 开采规划区的划分。

开采规划区分为鼓励开采区、限制开采区和禁止开采区。

（1）鼓励开采区。

在充分考虑区域矿产资源特点、勘查程度、开发利用现状、矿山环境保护等因素及其动态变化的基础上，将以下区域划定为鼓励开采区：

①矿产资源相对丰富、资源禀赋和开发利用条件好且开发利用强度较大的地区；

②重要矿产及辖区内优势、特色矿产集中分布的区域；

③大中型危机矿山的深部和外围；现有油气田、资源枯竭城市所在矿山的深部和外围区域；

④国家规划矿区及对国民经济具有重要价值的矿区等。

（2）限制开采区。

依据相关法律法规，根据国家产业政策、资源开发利用水平、勘查程度、资源与生态环境保护等因素，划定以下区域为限制开采区：

①受国家产业政策控制，国家实行保护性限量开采的矿种分布区域；具有地方特色且需要保护性限量开采的矿种分布的区域，如湖北省的磷矿、江苏省宜兴市的紫砂矿等。

②虽有可靠的资源基础，但当前市场容量有限，应用研究不够，资源利用方式不合理的地区。

③受目前开发利用技术经济条件与外部条件限制，规划期内开发利用方式不合理的区域。

④重要矿产资源储备区。

⑤地质灾害危险区以及矿产资源开采活动可能诱发次生地质灾害的区域，但通过矿山保护与恢复治理工作可以达到矿产开采要求的区域。

⑥国家级和省级自然保护区的外围保护地带；省级湿地自然保护区的缓冲区、实验区及外围保护地带；国家级和省级地质遗迹保护区的重点区和一般区；重要饮用水水源保护区的二级保护区和准保护区；国家级和省级生态功能区；等等。

（3）禁止开采区。

按照国家法律法规及产业政策，考虑经济社会发展、资源环境保护等因素，划定以下区域为禁止开采区。

①国家或省（自治区、直辖市）确定的禁止商业性勘查和禁止开采矿种的矿产地。

②国家级或省级自然保护区；地质遗迹（地质公园）、省级湿地自然保护区的核心区；国家级或省级风景名胜区的核心区；国家级或省级森林公园；世界遗产（包括文化遗产、自然遗产和文化景观）；文物古迹；生态小区；重要饮用水水源保护区的一级保护区；等等。

③铁路、高速公路、国道及省道两侧一定距离或直观可视范围；重要城镇、重要河流、水库、重大工程设施的一定范围内；大中城市规划区；军事禁区和军事管理区、军

事设施的保护范围；宗教圣地；等等。

④矿产资源开发易引发一系列矿山环境问题，造成较大生态破坏，严重危害人居环境、生态系统、工农业生产和经济发展的区域。

⑤其他按有关规定不得开采矿产资源的地区。

3. 开采规划区的管理措施。

（1）鼓励开采区的管理措施。

区内已经设置的采矿权可根据实际情况进行重点整合，区内根据矿产资源开采规划区块的划分指导采矿权的设置。

（2）限制开采区的管理措施。

限制开采区的管理措施包括：

①对国家、省实行保护性开采的特定矿种和优势矿种，提出采矿权总数和开采总量控制指标，有效调控采矿权投放数量和开采总量。对于规划关闭的矿山，必须按时依法关闭；

②对在矿山未达到该区开采规划准入条件的，责令限期整改，到期仍达不到要求的依法注销采矿权许可证；

③在地质灾害危险区原则上不新设采矿权，对在采矿山提出矿山环境保护与治理的目标和保障措施，并要求限期治理，到期不符合治理要求的依法注销采矿许可证。在规划期内确需设置采矿权的，必须由相关部门组织具有资质的评估机构进行评估和论证，确认可以设置的，方可设置；

④受目前开发利用技术水平与外部条件限制，在资源利用方式不合理的矿产资源开发区域内原则上不新设采矿权。对资源浪费的矿山提出限期改进措施，到期不符合要求的依法注销采矿许可证。矿产资源开发利用技术条件已达到规定要求或外部条件允许的情况下，按开采的规划准入条件新设采矿权。

（3）禁止开采区的管理措施。

禁止开采区的管理措施包括：

①规划区内不再颁发采矿许可证，根据实际情况注销区内现有采矿许可证，到期的不再延续；

②区内已建矿山定期予以关闭，根据矿山规模大小、开采时间长短以及矿山投入成本收回情况和提前关闭时间的长短，决定是否给予采矿权人经济补偿。各地自然资源部门可根据实际情况会同相关部门制定具体的补偿措施；

③针对现有生产矿山、已关闭矿山提出禁止开采区内矿山环境保护与恢复治理的具体方案和措施。

（五）矿山环境保护与恢复治理

1. 研究内容。

矿山环境保护与恢复治理内容包括：

（1）评价和划分矿山环境影响区域；

（2）确定矿山环境保护与治理区域，提出矿山环境恢复治理及土地复垦重点工程；

（3）建立和完善矿山环境保护与恢复治理责任机制和补偿制度；

（4）建立和完善矿山环境保护与恢复治理的动态监测体系；

（5）区分新建矿山、生产矿山和闭坑矿山的具体情况，明确保护与恢复治理的责任、范围和时序，提出相应的政策措施。

2. 矿山环境保护与恢复治理规划区的划分。

为促进矿产资源开发与环境保护协调发展，保护和改善矿山环境，制定重要矿山环境整治与恢复区域。矿山环境保护与恢复治理规划区包括重点保护区、重点预防区、重点治理区。

（1）重点保护区。

重点保护区主要包括国家地质公园、国家森林公园、旅游风景名胜区、城市饮用水源地、基本农田保护区、重要交通干道直观可视范围内以及其他不允许开采的区域。

（2）重点预防区。

重点预防区主要是指进行矿产资源开发容易引发一系列矿山环境问题、造成较大生态破坏、严重危害到人居环境、生态系统、工农业生产和经济发展的区域。

（3）重点治理区。

重点治理区主要是指历史时期矿产资源开发对环境造成极大破坏，矿山环境问题对生态环境、工农业生产和经济发展造成较大影响的区域。重点指如下几方面：

①历史时期建设的国有大中型老矿山、闭坑矿山和无法找到责任人的环境问题严重的矿山；

②矿产资源开发造成的环境问题随时对当地人民生命财产构成严重威胁的矿山；

③矿山环境恢复治理后经济、社会效益显著提升的矿山等。

（六）规划实施的保障措施

规划实施的保障措施内容包括：

1. 健全和完善矿产资源规划体系；

2. 科学制定法律、经济、行政和科技等综合措施；

3. 建立和完善规划实施监督机制和责任考核体系，明确政府、企业和个人的责任和义务；

4. 建立健全规划重要指标年度实施计划和矿产资源年度开采计划制度及考核体系；

5. 推进规划预审，完善规划审查制度；

6. 建立规划实施奖惩机制；

7. 建设规划管理信息系统，建立规划实施的动态监测、评估和管理保障体系。

四、矿产资源规划的编制程序

矿产资源规划的编制过程，是拟定区域资源开发目标、进行资源有效配置与开发决策以及实施规划的过程，是对资源的勘探、采掘、加工、运输、利用等进行全方位的动态规划的过程，是一个科学决策的过程。矿产资源规划的程序大致分为四个阶段，即准备阶段、基础研究阶段、成果编制阶段和规划报批阶段，如图 12-1 所示。

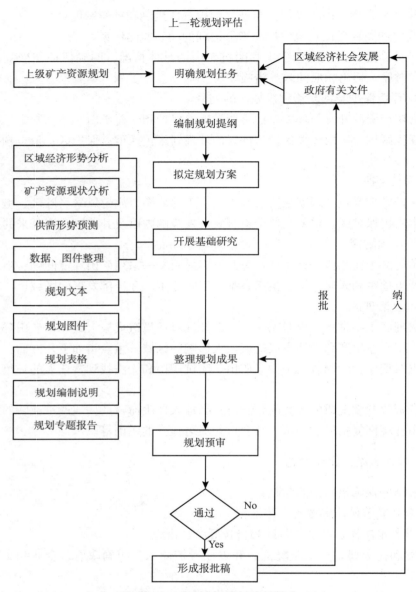

图 12 - 1 矿产资源规划编制程序

（一）准备阶段

1. 上一轮规划评价。

对上一轮规划实施评价既包括对规划目标和任务确定和实施过程中正反两方面经验的总结，也包括对政府相关部门执行规划情况的评价，以达到有经验可借鉴、有问题可剖析、有对策可制定的目的。

2. 明确编制任务，落实编制计划。

成立矿产资源规划编制领导小组和编制工作组，组建编制组、技术协调组和重点项目科研组，分别负责主体规划的编写工作，横向、纵向及内外技术联系与协调，开展资源现状评价、矿产资源需求预测、规划矿种选择、规划区确定和保证措施研究等。

3. 拟定规划编制提纲和设计方案。

规划编制组在充分调查研究并广泛听取各方面意见的基础上，根据自然资源部发布的《矿产资源规划管理暂行办法》和《省级矿产资源规划编制指南》的有关要求，提出规划研究报告和规划文本的提纲，并形成详细的设计方案。

（二）基础研究阶段

矿产资源规划的调查研究突出以下几个方面：

1. 收集和掌握相关资料文件，包括区域经济社会现状及发展计划；同级或上级矿产资源规划；相关行业、相关部门的规划资料，主要有土地规划、旅游规划等；

2. 区域内地质情况和矿产资源特点；

3. 矿业发展环境和发展前景、相关产业发展的协调；

4. 产业结构和产业结构调整方向；

5. 对基本数据和图件进行整理。

（三）编制阶段

本阶段的主要任务是根据前期的研究，整理规划成果，包括：

1. 规划文本。规划文本是对规划目标、原则和内容提出规定性和指导性要求的文件，要求目标明确、任务具体、内容简明、重点突出，具有较强的针对性和可操作性，文字表达规范，数据准确。主要包括：总则，现状与形势，指导思想、基本原则与规划目标，矿产资源调查评价与勘查，矿产资源开发利用与保护，矿山环境保护与恢复治理，规划实施保障措施，附则等。

2. 规划附表。规划附表内容应与规划文本一致。主要包括：主要矿产资源储量表，主要矿区资源储量基本情况表，主要矿产开发利用现状表，主要矿山开发利用现状表，矿山一览表，主要矿产探矿权现状及规划表，主要矿产采矿权现状及规划表，主要矿产品产量、需求量及其预测表，矿产资源调查评价规划分区表，矿产资源勘查规划分区表，主要矿产资源勘查规划区块表，矿产资源开采规划分区表，矿业经济区规划表，矿区（床）、规划区块最低开采规模规划表，矿山环境保护与恢复治理及土地复垦规划表，矿业权整改、联合、关闭规划意见表，自然保护区、风景名胜区一览表，基本农田保护区、生态保护小区一览表，矿山采选技术结构调整规划表，地质遗迹、文物古迹一览表等。

3. 规划图件。规划图件表达的内容应与文本一致。主要包括：矿产资源分布图，矿产资源开发利用现状图，矿产资源调查评价和勘查规划图，矿产资源开发利用与保护规划图，矿山环境保护与恢复治理规划图等。

4. 规划数据库。建设规划数据库是实现矿产资源规划信息化管理的基础，除了电子化的文本、图表外，还应该参照《矿产资源规划数据库标准》和《省级矿产资源规划数据库建设指南》，做好矿产资源数据库建设，有条件的还可以开发"矿产资源规划管理信息系统"。

（四）报批阶段

1. 规划预审。

将矿产资源规划的成果（初稿）广泛征求意见，组织召开不同形式的专家讨论、论证会，进行修改、补充，形成预审稿，提交专家委员会进行预审。

2. 规划报批。

预审通过后，根据专家委员会提出的评审意见进行修改、补充、完善，形成最终的报批稿，报上级管理部门审批，经同意后下达批准文件，由同级人民政府组织实施。

第四节 矿产资源的可持续利用

一、矿产资源可持续利用的内涵

可持续发展的内涵十分丰富，涉及社会、经济、人口、资源、环境、科技、教育等各个方面，究其实质是要处理好人口、资源、环境与经济协调发展的关系，目的是满足人类日益增长的物质和文化生活的需求，不断提高人类的生活质量，为经济的发展提供持续的支撑力。

矿产资源可持续利用是可持续发展战略的一个重要方面。所谓可持续发展就是能长期延续的发展，可持续性也就是长期延续性。按照世界环境和发展委员会的定义，可持续发展是指"在不牺牲未来几代人需要的前提下，满足我们这代人的需要"。显然，可持续发展的核心内容之一就是强调公平和代际平等的重要性。

可持续发展概念有着十分广泛的内涵，它涉及人口、资源、环境以及社会经济等各个方面。然而，过去我们对可持续发展问题的研究，往往把重点放在环境保护方面，以致有些人把可持续发展狭义地理解为环境保护。事实上，资源的可持续利用与环境保护同样重要，两者均是可持续发展战略的重要组成部分。目前，我国的许多环境问题大都是由于人们对资源利用不当引起的。因此，如何采取有效措施促进资源的可持续利用，实际上也是保护环境的一种积极措施。但矿产资源具有可耗竭性和不可再生性的特征。如何有效利用有限的矿产资源来满足当代人的需要，又不对后代人满足其需要的能力构成危害，从而实现社会和经济可持续发展的目标是摆在人们面前的一个深刻的课题。

矿产资源可持续利用要解决的核心问题是提高资源利用率和综合利用水平，最大限度地减少乃至消除废弃物，保护矿山生态环境，实现资源的增值。矿产资源可持续利用，主要包括以下几方面的内涵：

1. 人们在利用矿产资源满足自身需要的同时，不能对社会和其他人的净福利产生负的影响。任何一个国家、地区和个人在资源开发利用的过程中，除其自身获取经济价值外，还可能会对其他国家、地区和个人产生一种外部效应。这种外部效应是市场交易对交易双方之外的第三者所造成的影响，包括正的和负的影响。因此，在评价一个矿产资源开发项目对社会所产生的净福利效应时，应从其自身获取的经济价值中，减去其所产生的净负外部效应（负外部效应减去正外部效应）。只有在其对社会所产生的净福利大于零的条件下，这种资源利用才算得上是可持续利用。

对矿产资源进行开发和利用的过程，既可能会对人类自身发展产生一些有利的影响，也可能会产生一些不利的影响。我们把这种有利影响称为矿产资源利用的正效应，而把其不利影响称为矿产资源利用的负效应。从价值量上，正效应可以看作矿产资源开发利用所形成的自然资本、人力资本、人造资本和社会资本的总和，负效应主要包括由于资源利用不当造成资源、生态环境破坏的直接经济损失和为恢复生态平衡、挽回生态损失而必须支付的生态投资。

2. 当前人们在利用矿产资源满足自身需要的过程中，要同时考虑到不能牺牲未来几代人的需要。这实际上反映了人们在资源利用方面的代际平等问题。也就是说，我们这代人在对资源进行开发利用的过程中，不仅要考虑当前的需要，而且也要同时考虑到未来几代人的需要。我们不能采取"有水快流"和高消耗的政策，过度采掘和消耗浪费地球上的矿产资源，更不能任意破坏和污染人类赖以生存的环境，给子孙后代留下一片废墟和一个千疮百孔的地球。因此，从代际平等的角度看，人类对矿产资源进行开发利用所产生的净经济价值应该逐步增加，或者至少应该保持不变。

3. 人类对矿产资源的合理保护和有效利用，是实现矿产资源可持续利用的重要前提条件。我们不仅要保护好那些可供人类利用的矿产资源，而且也要保护好那些由于技术条件的限制，目前还无法加以利用或没有价值的潜在资源，更要保护好人类赖以生存的环境。积极地保护好矿产资源和环境，是提高矿产资源使用效率的前提。同时，要实现资源的可持续利用，首先就必须提高资源使用效率，有效利用而不是浪费矿产资源。随着时间的推移，人们对矿产资源利用的效率应该逐步提高。

二、矿产资源可持续利用的基本条件

（一）开采利用不得超越通量极限

资源的开采利用客观上应有一定的限度，它不以人的意志为转移。对于矿产资源来讲这一限度则是在人类有意义的时空尺度找到具有经济价值的可替代的可更新资源，并成功地向可更新资源过渡，使其耗竭不再影响经济、社会、资源、环境的协调发展，矿产资源在功能上完成其使命，则意味着矿产资源达到了持续利用。若对矿产资源的开采利用强度超过了这一客观尺度，来不及寻找替代资源，人类的发展与生存环境将受到威胁。当然，这种限度不是绝对的，超过了限度并不会出现突发性灾难，通常表现为资源的贬值所带来的社会成本上升和收益的下降，其结果是资源利用的负态效应所带来的时空尺度上的不经济。因此，研究矿产资源的可持续利用问题，实际上就是研究可持续发展意义下的最适耗竭速度问题。

（二）废弃物排放不得超越环境吸纳降解极限

矿产资源在被开采利用中，排放到自然环境中的废弃物（包括废水、废气、固体废物等）进入自然环境后，进行降解，被吸收和转化。自然环境有自我净化与自我调节的能力，但是这个能力有一定的限度，自然界的自我修复需要一定的周期，因此人类开采利用活动干扰不得超过其净化能力周期。废弃物的排放不可逾越自然环境在单位时间内的有效吸纳、降解和转化量，因此，环境吸纳降解极限是矿产资源的开采利用所必须遵循的另一约束。可持续的排污量不应高于回收利用、环境吸收或转化为无害物的速率。

由此可见，矿产资源的开采既受限于资源的储量，又受限于环境吸纳的容量，两者是一个动态的相互联系的系统，矿产资源规划必须坚持生态经济平衡法则。

（三）建立资源的公平配置机制

公平性法则主要包括三层意思：一是同代人之间的横向公平性，二是世代人之间的纵向公平性，三是公平分配有限的资源。因此，矿产资源的可持续开采利用，不仅是一个经济问题。

由于市场经济的高度个体逐利性，后代人不能在当代人的市场中直接成为交易行为的主体，无法实现与当代人竞争并争取公平的资源享用权利。因此，为确保资源的代际公平，实现矿产资源的可持续开采利用，必须建立在一定的约束和激励之上，如经济手段（价格、利率、成本核算等）、法律手段（资源法规的制定和实施等）、行政手段（制定资源利用定额、颁发资源利用许可证等），其关键是要防止和限制对不可再生资源的过度、过速消耗。

（四）资源耗减量与补偿量动态平衡

对资源的损耗要给予等量补偿，使资源减量与可更新资源的补偿量达到动态平衡。确保在某种矿产资源耗竭之前，人类有足够的时间有序地过渡到其他具有经济价值的可替代资源，使矿产资源在功能上达到持续利用，否则，资源耗竭将导致整个经济系统的崩溃。因此，应将矿产资源的开采所获取的利润中的一部分，重新投入资源（包括一些新能源，如太阳能、风能、地热能、生物能等）的开发中，使其取之于资源、用之于资源，以便对资源的损耗给予合理补偿。

（五）推进科技进步，实施资源储备战略

当经济发展系统以不可持续的速度获取资源或排放废弃物时，经济系统便处于一种越限运行状态。如果系统的这种动能对支撑其发展的原动力产生的压力尚不够强烈时，资源的获取或废物的排弃速度都不会立即减少。例如，煤炭资源目前有约 1 万亿吨的可采储量，即使新增可采储量为零、可更新资源的替代率为零，仍可持续几十年的开采时间。因此只是简单地关注可采储量的绝对量，而忽略可采储量增量的变化趋势以及可替代资源的替代率，将导致后备资源不足，其结果就会使系统长期越限运营，处于危险状态。因此，短期密切关注可采储量的变化与长期关注探明储量趋势并重；传统资源开发（煤炭、石油、天然气等）与新资源开发（太阳能、风能、地热能、生物能等）并举，推进科技进步实施资源的储备战略，通过科学技术提高非再生资源的替代能力，才能保证资源的可持续利用。

（六）减缓资源开采速度，实施节约型资源消耗战略

如果矿产资源储量的耗减速度超过探明储量的增长速度，必将引起资源耗竭，人类

将面临毁灭性的灾难，避免越限的重要措施就是减缓开采利用速度。我国部分矿产的储量耗减速度已经明显超过探明储量的增长速度，如果通过科学的管理变粗放型经营为集约型经营，减缓资源开采速度，遏制环境污染的进一步升级，将矿产资源的开采及废弃物的排放严格地控制在极限范围内，使矿产资源的开采利用逐渐趋于零增长乃至负增长时，资源利用才有可能迈进可持续发展的门槛。这就要求对一定区域的矿产资源实现整体规划、合理开发和协调管理。

（七）提高矿产资源的利用率

矿产资源规划必须通过制度安排，使矿产资源的利用率达到最高。为此，必须建立若干支持系统。

1. 制度支持系统。

建立完善的产权制度，明确产权；建立公众参与机制；健全资源合理利用与有效保护的法律法规体系；健全资源管理机构与职能；建立高效的投资制度；建立有力的技术创新体系和产业约束机制。

2. 技术支持系统。

技术支持包括生产技术和评价技术两方面。生产技术的现代化和技术进步水平的提高，有益于推进资源经营和利用的最优。评价技术中对投入产出分析方法进行改造而扩展的建设项目资源环境成本收益分析法，通过资源的综合规划、跨区域规划等规划功能和机会成本比较、工艺创新等手段，实现资源的集约化经营和资源的综合利用，使资源利用的社会经济福利在现值上最大化并符合持续发展准则。

3. 信息支持系统。

信息业的发展是保证人类能否生存下去的必备手段，只有信息功能的充分发挥，才能对有限的矿产资源进行优化配置，实现资源增值。信息支持系统包括资源供求关系的预警支持和资源管理决策中的可持续发展评价制度。

三、地质矿产调查评价及矿产资源勘查

资源与环境是当今国际社会的两大主题。资源与环境的调查评价，得到各国政府和社会日益广泛的关注。地质矿产调查评价及矿产资源勘查是挖掘资源潜力、获得新的资源储量、实现矿产资源可持续利用的基础工作。在世界范围内，发达国家的地质调查已不仅局限于探明矿产资源，早已开始进行生态环境、气候变化、生命起源和演化等方面的调查研究。基础调查范围更宽，方式方法更新更快，成果应用范围更广，这已形成一种趋势。

（一）地质勘查工作的基本特点

地质勘查工作是为开发利用矿产资源而进行的先期投入，是整个社会生产的重要组成部分，是同后续产业及整个国民经济相联系的一项生产与调查研究相结合的经济活动。地质勘查工作是运用地质科学理论和各种技术方法手段，对地质情况和矿产资源进行的调查研究活动，并为国民经济和社会发展提供基础地质资料和矿产资源储量。

矿产资源勘查是一项知识密集型的调查评价工作，具有较强的科学性、探索性和风险性，同时又是一项产业活动，这些都决定了矿产勘查的特殊性。

1. 地质矿产勘查是先行的基础工作。由于矿产资源从发现到探明，直至开发利用，需要一个相当长的周期，快则需要数年，慢的需要十几年甚至更长时间。因此，矿产资源勘查工作必须先行。这一特点决定了矿产勘查投资的长周期性，同时，为适应和满足经济社会发展对矿产资源的需求，必须提供充分的地质资料和矿产资源保障。地质调查工作的对象是地下矿产资源，它所产生的社会效益和对人类社会的长远影响，是市场无法涵盖的，一些涉及长远的工作只能由政府来主持。

2. 矿产勘查工作是一项调查研究并具探索性的工作。这一特点决定了矿产勘查成果评估的复杂性和矿权交易的特殊性。

3. 高风险性是矿产勘查的另一个重要特点，这使矿产勘查企业具有不同于一般企业的组织形式和风险分担机制。

虽然地质勘查工作具有基础性、公益性的特点，但它作为一种产业活动的性质并未改变。目前矿产勘查同采矿生产关系存在两种情况：一种是一些综合性的大型矿业公司兼备勘查和采矿的功能；另一种是矿产勘查工作与采矿分离，成为专业性的地质勘查企业，并成为相对独立的产业部门。前一种情况矿产勘查工作本身就是矿业活动的重要组成部分，后一种情况由于矿产勘查工作独立以后，其产品失去了物化形态，具有风险性、不确定性，增加了市场操作的难度。

（二）市场经济国家地质调查工作运行机制和管理方式

地质调查工作的风险性和不确定性，可以通过市场来解决，但市场不是万能的，特别是一些公益性较强的地质调查工作，所产生的主要是宏观经济效益而非微观效益，市场的自发作用是难以根据市场需求有效推动这些经济工作的，所以出现了"市场失败"（或市场失灵）。国民经济中由于市场失败而出现的真空，要由政府来填补。西方市场经济国家在生产实践中，逐步形成了一整套比较完善的地勘管理制度和运行机制，以促进地质调查工作的开展。目前，我国地质调查工作管理制度正面临重大变革，借鉴、吸收西方国家一些有效的管理制度，对建立有中国特色的地勘管理体制是有益的。

在市场经济条件下，地质勘查工作一般分为两大类：非营利性地质调查工作和营利性矿产勘查工作。国家地质调查机构主要承担非营利性地质调查工作，包括区域地质调查、水文地质、工程地质、环境地质调查评价、矿产资源前期预测评价、基础理论研究等。营利性矿产勘查工作包括各类矿产资源勘查工作、地质专业技术劳务和咨询服务以及为特定项目服务的矿产勘查工作，一般都按市场机制运行，以营利为目的。从社会职能上讲，非营利性地质调查工作是政府的宏观调控手段之一，是为营利性矿产勘查工作服务的，并对营利性矿产勘查工作起导向作用。

在市场经济条件下，矿产勘查运营机制的重要特点就是把矿业权作为市场交易的对象，从而把矿产勘查和市场联系起来，为实现矿产资源勘查的企业化经营创造条件，这就大大地调动了矿产资源勘查企业寻找矿产资源的积极性，促进矿产资源勘查开发工作的开展。在矿业权管理上，各国矿业法规对经营者的权利和义务都有明确的规定，如为保护经营者的权利都有保持矿业权连续性的规定，即上一阶段矿业权持有者在下一阶段矿业权的申请和获得上具有优先权。由于矿业权市场是一种功能不完全的市场，主要是市场运营规范化程度较低，也给市场导向带来许多限制。针对矿业权市场缺少标准价格或价格体系，也缺乏规范化的价格形成机制，再加上矿产勘查投资回收周期长，以及对未来市场动态预测的不确定性，许多国家加强了矿权立法，制定了严格的市场操作规范；同时制定矿产资源发展战略和中长期规划，引导地勘企业的发展。由于矿产资源勘查的特殊地位和性质，各国政府在加强对矿产资源宏观调控的同时，制定许多鼓励政策。

1. 保护探矿权人权益。在矿业权管理上除了规定矿床发现者有获得使用矿业权的优先权外，对由于某种原因，矿业权不授予矿床的勘查者而授予第三者时，第三者要对勘查者给予补偿，补偿额不低于勘查投资总额的150%。除补偿外，政府矿产资源主管部门还可能根据发现矿床的吨位、品位和选冶性能等，给予发现者特别的酬金。

2. 税收优惠。在矿业经营过程中为了连续生产而进行的地质勘查工作费用，从公司的收益中支付，这部分收益免交所得税，公司也可以建立勘查基金，这部分基金也免交所得税。

3. 政府补贴。政府根据国家需要，对某些特定矿种或某些地区的地质勘查工作，按勘查投入给予一定比例的风险补贴。

4. 优惠贷款。有的国家如日本，对矿产资源勘查工作提供优惠贷款，以鼓励国内和国外矿产勘查。

5. 减免权利金或尽可能采用灵活的与利润挂钩的办法。

6. 支持本国公司进行国外投资。

（三）公益性地质调查工作

1. 公益性地质调查评价工作的内涵。

公益性地质调查工作是不以营利为目的，并为全社会服务的地质调查工作。公益性地质调查工作具有以下特征：

（1）为社会提供国土资源基本信息资料，为经济建设和社会发展服务。具体来说，包括：

①为国民经济建设和社会发展而进行的全国性的地质调查评价工作；

②为国家经济建设规划区进行的地质调查评价工作；

③为重要地区和重要城市进行的地质调查评价工作；

④为国民经济建设和社会发展而进行的战略性矿产资源调查评价工作；

⑤其他为满足国民经济建设和社会发展而进行的地质调查评价工作。

（2）按受益对象不同，投资主体主要有中央和地方财政。涉及全国性的基础性和公益性的地质调查工作由中央财政支付，而直接为地方经济建设和社会发展服务的基础性地质调查工作，则以地方财政投资为主。投资规模取决于基础设施建设对经济增长的制约程度和中央、地方财政的支付能力。

（3）公益性地质调查工作主要采用事业性体制运作。由于这一类工作更注重社会效益，操作上重点在于项目的管理和质量的控制。

2. 我国公益性地质矿产调查评价工作部署原则。

紧密围绕国民经济建设与社会发展的总体要求，根据国家对矿产资源进行规划、管理、保护与合理利用的需要，有重点地部署基础性、公益性地质调查评价工作，做到"一个基础（以地学为基础）、两个并举（服务于国民经济建设与满足公众社会需要并举、资源调查与环境评价并举）、三个优先（优先安排国家重要经济区的综合性基础调查工作、优先安排促进社会进步所需的公益性调查评价工作、优先安排国家宏观规划所需的矿产资源潜力调查评价）、四个结合（野外调查与室内研究相结合、继承与创新相结合、培养年轻人才与发挥老专家作用相结合、调查与科研教学相结合）"。

3. 公益性地质矿产调查的内容。

基础性、公益性地质工作的基本任务是：进一步加强矿产资源综合调查评价和基础测绘工作，全面开展矿产资源总体调查评价，查明一批矿产资源勘查基地，加强海洋矿产资源调查评价工作，进一步开展地下水监测工作，积极推动地质技术方法研究与开发，努力实现地质矿产信息化。

基础性、公益性地质矿产调查评价工作，主要包括区域地质和区域矿产地质调查、区域水文地质调查、工程地质调查、环境地质调查、区域地球物理调查、区域地球化学调查、遥感地质调查、地质灾害调查、海洋地质调查、矿产资源前期预测评价以及与上述区域性调查工作相关的科学技术研究等。它是在我国领土和管辖海域范围内开展的以地学为基础的资源综合调查评价工作，其目的是为国家进行宏观调控提供基础性资料和依据，为政府履行矿产资源"规划、管理、保护和合理利用"的管理职能服务，为社会公众提供公益性矿产资源信息。面对严峻的矿产资源供需形势，自然资源部开展了新一轮国土资源大调查，这项工作属于基础性和公益性的地质矿产调查评价工作之一。

（四）商业性矿产勘查工作

商业性矿产勘查工作是指以盈利为目的、为投资主体服务的矿产资源勘查工作。

1. 商业性矿产勘查工作的主要特征。

与公益性地质调查工作相比，商业性矿产勘查工作的主要特征有：

（1）"私人物品"属性。其成果具有营利性，为特定的企业服务，成果产权归投资者所有，其合法权益受到法律保护。

（2）企业运作机制。商业性矿产勘查工作必须通过企业这个载体来进行，这是商业性矿产勘查工作最本质的要求。在市场经济国家，商业性矿产勘查工作主要由独立的矿产勘查公司和大型矿业公司的勘查子公司来进行。

（3）投资主体多元化。商业性矿产勘查工作的另一个显著特点，是商业性矿产勘查工作通常与金融业紧密地融合，遵循"谁投资，谁受益"的原则，逐步形成比较完善的资本市场和风险机制。

目前世界上大多数国家商业性地质工作（主要是矿产勘查）的投资，是从企业和民间资金（通过资本市场）筹集而来，政府一般不在商业性矿产勘查领域投资。商业性矿产资源勘查投资主要有三种来源：一是小型勘查公司的资金投入；二是矿业公司的投入；三是通过筹组股份有限公司吸引社会投资。其中勘查公司的投资，主要用于找矿发现阶段。一旦发现矿床，需做进一步的勘探与评价时，一般勘查公司难以独立承担巨大的找矿风险和投资，则需要通过大型矿业公司或股票市场进行筹资和投资。从近年的发展趋势看，以发行股票、债券等形式筹集社会资金的做法趋于普遍，这也是矿业公司和勘查公司分担风险的重要途径。

2. 商业性矿产勘查工作的指导思想及宏观调控目标。

商业性矿产勘查工作的指导思想是在加强国家对矿产资源勘查开发的宏观调控下，充分发挥市场配置资源的基础性作用，根据国家产业政策和工业布局总体规划要求，坚持经济效益、资源效益、环境效益以及社会效益的协调统一原则。在矿产勘查工作中，坚持公益性与商业性分开运行的原则，以营利为目的的商业性矿产勘查工作，实行在政府宏观调控下的业主依法投资负责制，鼓励引导企业投资矿产资源勘查开发，促进矿业的可持续发展。

一般而言，市场经济条件下政府对商业性矿产勘查工作的宏观调控目标包括：

（1）制定和监督商业性地质勘查市场运作规则。即遵循"在保护中开发，在开发中保护"的总原则，推进矿业权制度及其市场的全面建立和运行，探索矿产勘查发现借助证券市场筹资的运作模式，建立与完善以物权为基础的法律法规体系，保障矿业权人的归属和流转权益。

（2）减少勘查业、矿业的外部成本。即纠正勘查成果及矿产品价格扭曲，治理地方土政策，整顿地勘业、矿业秩序，杜绝社会不合理摊派，为企业减负。

（3）引导社会资本向勘业流动，为企业提供更多的盈利机会。即调整所有制结构，提供各类扶持政策，提升地勘业的平均收益率。这些扶持政策，包括建立政府的矿产勘查风险补贴，提供财政政策（税收优惠）、金融政策（优惠贷款）、投资政策和地区政策优惠，制定市场准入限制（如指导目录、产业政策）等。

（4）国家组织开展战略性矿产勘查，对商业性矿产勘查工作起引导作用。

3. 商业性矿产勘查工作的主要部署方向。

（1）商业性矿产勘查投资的矿种。

①国家鼓励商业性投资的矿种为石油、天然气、煤层气、铁、锰、铬、铜、铅、锌、金、银、铝、镍、钴、钾盐、金刚石、硫铁矿、硼、北方磷等紧缺矿种；

②国家限制商业性投资的矿种为钨、锡、锑、钼、铋、稀土、萤石、菱镁矿等市场供过于求的矿种；

③国家禁止商业性投资的矿种为放射性矿等涉及国家战略利益的矿种。

（2）商业性矿产勘查投资的地区。

①国家鼓励商业性矿产勘查投资的地区为中西部地区、边远及民族地区、经济欠发达地区等。

②国家限制商业性矿产勘查开发投资的地区为港口、机场、国防工程设施圈定地区以内；重要工业区、大型水利工程设施、城镇市政工程附近一定距离以内；铁路、重要公路两侧一定距离以内；重要河流、堤坝两侧一定距离以内；国家划定的自然保护区、重点风景区、国家重点保护的不能移动的历史文物和名胜古迹所在地；国家规定不得开

采矿产资源的其他地区；国家规划矿区以及对国民经济具有重要价值的矿区范围内；等等。

③国家限制对资源利用率低，造成严重资源浪费的商业性矿产勘查开发，禁止可能破坏生态环境或造成环境污染的所有矿产资源勘查开发活动。

（五）到国外勘查开发矿产资源

矿产资源是我国国民经济发展的基础，矿产资源的稳定供应是保障我国经济安全的重要任务，这是我国矿产资源战略的核心。

我国矿产资源十分短缺，据预测，未来 20 年，我国石油、天然气、铜、铝等矿产资源的累计需求总量至少是目前储量的 2～5 倍（王世进，2006）。一份来自中国地质科学院的题为《未来 20 年中国矿产资源的需求与安全供应问题》的报告首次提出，未来 20 年中国石油需求缺口超过 60 亿吨，天然气需求缺口超过 2 万亿立方米，钢铁缺口总量为 30 亿吨，铜缺口超过 5000 万吨，精炼铝缺口 1 亿吨（赵腊平，2004）。由于国内矿产品短缺使进口不断增长，矿产资源已成为我国最大的进口产品大类之一。到国外勘查开发矿产资源的必要性有三个方面：首先，我国矿产资源短缺日益显著，长期大量依赖国外是大势所趋；其次，到国外勘查开发矿产资源是确保我国经济安全的重要措施；最后，到国外勘查开发矿产资源是我国发展矿业经济、促进矿业结构调整、增强矿业国际竞争能力的新的增长点。

矿产资源供给的多来源性和多种方式，是保障矿产资源稳定供应的重要因素。各国特别是矿产资源需求大国（如美国、日本、德国）都对保障矿产资源稳定供应极为重视，并将其作为矿产资源工作的首要任务。因此，到国外勘查开发矿产资源是解决我国矿产资源短缺、确保矿产资源稳定供应的重要途径，对确保我国经济安全运行具有重要意义。同时对调整矿业结构、发展矿业经济，特别是带动相关技术和设备出口，具有很大的推动作用。"利用两种资源、面向两个市场"是发展我国经济、扩大改革开放的重要战略方针。

在利用国外矿产资源方面，目前我国基本上以从国际市场上直接进口矿产品为主。通过在国外的勘查开发获得的矿产品份额占我国矿产品进口量的比例非常小。20 世纪 90 年代以来，随着我国综合国力的增强、国际矿业投资环境的不断改善，我国石油、冶金、有色金属、化工、地矿等部门的矿业企业以及社会上其他企业，积极开拓国外矿产资源勘查开发市场，先后在 20 多个国家实际从事矿产勘查开发活动，一批项目已取得较好的社会效益和经济效益。

"十五"期间中国就已经加大了矿产品的国际合作。"十五"期间中国矿产品进出口贸易额年均增长 24%，2005 年达到 3075 亿美元。国内企业对外开发油气资源投资额累计近 150 亿美元，在澳大利亚和南美洲、非洲以及周边国家合作勘查开发了一批黑色金属、有色金属项目。但是，到国外勘查开发矿产资源是一项风险高、投资大、技术性强、周期长的工作，难度较大。我国矿业企业开展这项工作无论在技术、资金上，还是在经营经验上，国际竞争能力还比较弱，而国家对这项工作又有较高的要求和期望。因此，国家在这方面应加强宏观调控，进行统筹规划和指导管理，通过规划、扶持、引导和管理，将这一工作引导到满足国家对短缺矿产资源需求的轨道上来，同时使我国到国外勘查开发矿产资源有序化、正规化，减少在国外投资的风险和盲目性，避免不必要的损失。

1. 到国外勘查开发矿产资源的指导思想。

根据我国国情和矿情的特点，从全球资源战略出发，坚持以市场为导向，以经济效益为中心，以对国民经济发展有较大影响的大宗矿产和短缺矿产为重点，以周边国家、拉丁美洲、非洲等发展中国家为优先发展地区，通过全面规划，统筹安排，重点扶持，稳步实施，逐步建立长期、稳定、安全的国外矿产资源供应体系，为保障我国国民经济持续、健康、快速发展提供所需的矿产资源。

2. 国家鼓励支持到国外勘查开发矿产资源的原则。

主要包括如下原则：

（1）国际矿产贸易和到国外勘查开发矿产资源并举；

（2）重点鼓励和支持我国资源不足但国民经济发展需求较大的矿产，如石油、天然气、铜、富铁矿、富锰矿、铬铁矿、钾盐等；其次是运输方便、销售容易的贵重矿产资源，如金、银、铂族金属、金刚石等；

（3）国家鼓励到拉丁美洲、非洲和我国周边地区的发展中国家进行矿产勘查开发，重点支持到资源相对丰富，勘查开发潜力大，投资环境相对有利，与我国有一定合作基础，以及我国外交和外经贸重点鼓励的国家勘查、开发矿产资源；

（4）勘查与开发并重；

（5）重点鼓励综合实力较强、信誉较好、有从事国际项目经营经验的企业到国外勘查开采矿产资源。

（六）国际海底矿产资源调查与研究开发

《联合国海洋法公约》确定了约占地球表面积50%（2.57亿平方千米）的国际海底区域及其资源为"人类共同继承财产"。随着技术的进步和科学探索的不断推进，这一广阔区域内的多金属结核、富钴结核、热液硫化物、气体水合物、碳酸盐、深海黏土、生物基因等资源已逐步为人类所认识，同时新的潜在资源正在被发现。因此，公平分享这一区域及其资源可能带给人类的利益，将是"21世纪是海洋的世纪"这一命题中无法回避的重大政治、经济、技术、科学和军事现实。我国作为世界上人口最多的国家，国际海底区域是我国在新形势下实施"两种资源、两个市场"战略的重要领域，应从国民经济可持续发展这一基本战略需求出发，建立国家的"区域"战略观念，部署我国"区域"研究开发战略。

1. 国际海底区域资源。

广布于多数洋盆中的锰结核和锰结壳，可能是未来可利用的最多的金属资源。多金属结核广泛分布于水深4000~6000米的海底，含有70多种元素，其中，镍、钴、铜、锰的平均品位分别为1.30%、0.22%、1.00%、25.00%，其总储量分别高出陆上相应储量的几十倍到几千倍，具有很高的经济价值。据测算，多金属结核资源总量达3万亿吨。富钴结壳产出在水深1000~3000米的海山上，是富含钴、铂、镍、磷、钛、锌、铅、铈等金属的矿产资源，其中，钴的平均品位高达0.8%~1%，是多金属结核钴含量的4倍，钴平均含量较陆地原生钴矿高几十倍，铂平均含量高于陆壳80倍。

海底热液矿床是近年来颇为引人注目的海底重金属资源，其中作为目前研究重点的是热液硫化物矿床。其成分主要有Cu、Fe、Zn、Pb及贵金属Au、Ag、Co、Ni、Pt。此外海底热液矿床还包括铁锰氧化物、重晶石、石膏、黏土矿物等。海底天然气水合物是一种由碳氢气体与水分子组成的白色结晶状固态物质，外形如冰雪，普遍存在于世界各大洋沉积层孔隙中，目前已发现近60处产地，其分布区域约占海洋面积的10%。根据国际天然气潜力委员会的初步统计，世界各大洋天然气水合物的总量换算成甲烷气体约为（1.8~2.1）×10^{16}立方米，大约相当于全世界煤、石油和天然气等总储量的两倍，被认为是一种潜力很大的"21世纪的新型能源"。深海中的黏土矿物是潜在的建筑材料和工业用料，它的储量是异常巨大的，与其他海洋资源相比，其开采技术运输就简单得多。日本等国已经开始探索性地开发深海黏土矿物资源，并已试制成产品。从环境的角度考虑，对深海中的黏土和碳酸盐的开发利用有许多优点。

在某些地区，如冰岛，陆上没有可用的碳酸盐岩，现代海洋碳酸盐沉积和碳酸盐岩可部分地用作建筑材料，主要用于生产水泥。应当指出，世界各大洋含有各种矿产和能源，只有其中一部分较充分地做过勘探，另一些可能尚未被辨认出来，对尚待发现并分类的新资源的鉴别是地球科学工作的一个重要目标。

2. 研究开发形势。

基于政治、经济、军事、技术、外交等综合因素的考虑，西方国家以深海大洋资源研究开发为基本表象，组织开展大规模活动始于20世纪五六十年代，并在所有方面主导了21世纪的国际海底区域活动。当前，国际社会对国际海底区域的勘探开发活动已经从以多金属结核为主要对象的单一活动转向面向"区域"所有资源的多方位活动。俄罗斯于1998年8月管理局会议期间公布其位于西太平洋麦哲伦海山富钴结壳矿区范围，则进一步昭示出当前以积极抢占富钴结壳矿区为主要特征的国际海底区域资源争夺的形势。

以获得多金属结核资源开辟区为标志的我国国际海底资源研究开发活动始于20世纪80年代初。在这一国际竞争的重要格局中，我国的研究开发活动已经走出了重要的一步，但在战略上尚处于形成阶段，主要表现为资源研究单一、技术开发薄弱。国际海底区域蕴藏丰富的金属矿产、能源、生物资源作为21世纪重要的陆地可接替资源，国家应把国际海底资源的占有和开发视为一项基本资源战略，同时，应把发展与储备深海高技术作为一项基本技术战略。

国际海底竞争的核心将是高新技术的竞争，谁掌握了深海资源勘查开发技术，谁就取得了21世纪开发海洋资源的制高点和主动权。只有发展深海高技术，才能确保以强大的技术实力支持我国进入"区域"的战略，提高我国占有和开发国际海底区域资源的国际竞争实力。

四、矿产资源战略储备

发达国家和中等发达国家都十分重视矿产资源储备，如美国、日本、德国、法国、瑞典、瑞士、挪威、芬兰、英国和韩国等许多国家，都不同程度地建立了矿产战略储备制度。美国战略矿产储备有 63 类 93 种，其中，金属矿物原料 30 类 59 种（其中稀有金属 24 类 48 种占全部金属储备物资的一半以上）、非金属矿物原料 19 类 21 种、其他 14 类 13 种。日本的矿产储备对象为有色金属（铜、铅、锌、铝）、稀有金属（镍、铬、钨、钴、钼、钒、锰）及石油。日本对稀有金属特别重视，认为 21 世纪是稀有金属的世纪，确保稀有金属的供应，是 21 世纪领先全球的重要战略。法国的矿产储备对象主要是铜、镍，其次是铅、锌、锡、铬、钨、钴、钼、锆、汞等。联邦德国从 20 世纪 70 年代就开始进行矿产储备，有钴、铬、锑、铂族金属、锡、钨、锰、铌、钽、钒、钼、钛、蓝石棉等。瑞典矿产储备的目标是铬、钒、锰、钴、钼、镍及钛等。

（一）矿产资源战略储备的内涵

矿产资源战略储备，国外是没有这种提法的，因为储备的对象不可能是资源本身。国际上通常的提法有两种：一是所谓的"战略矿产储备"或称"矿产品战略储备"，二是所谓的"矿产资源战略地区储备"或称"矿产资源战略储备地区"。

1. 战略矿产储备。

战略矿产储备，又称矿产品战略储备，主要针对对国家安全具有战略意义且国内相对紧缺的矿种建立的储备。目前，美国、日本、法国、德国、瑞典、瑞士、挪威、芬兰、英国和韩国均有战略矿产储备制度。这些国家所储备的都是根据它们的国情、矿情考虑作为战略矿产和急缺矿产的矿产品。

2. 矿产资源战略储备地区。

矿产资源战略储备地区，又称矿产资源战略地区储备，储备的对象是蕴藏或可能蕴藏重要战略矿产的地区。据目前了解，只有美国在阿拉斯加北坡划出了大片含油土地作为国家石油储备地，其最初是为海军而建立的，目前划归为内政部管理。此外，玻利维亚、墨西哥以及其他一些国家也曾将国土面积中的一部分作为矿产资源战略储备地区保留起来，但自 20 世纪 80 年代末 90 年代初以来，为了适应其矿业对外开放的要求，大多又将这些地区重新开放，供投资者勘查开发。

3. 我国矿产资源战略储备的内涵。

我国的战略矿产储备，是指为保障国家安全（包括国防安全和经济安全）及在国际上保持独立自主的地位而由国家实施的对具有较强供应脆弱性的战略矿产和急缺矿产所进行的储备。我国的矿产资源战略储备地区，是指为满足国家紧急或非常情况下的需要，将某些已知蕴藏或可能蕴藏重要战略矿产的地区，作为战略保留区，从矿产资源法的管辖范围内撤出来或进行专门的规定，在战略储备地区内，由国家投资普查，不向矿产勘查和矿业公司签发探矿许可证和采矿许可证从而限制其从事商业性勘查开发活动。

（二）矿产资源战略储备的必要性

矿产资源储备在世界各国经济发展中的重要作用，已成为关系国家安全的重要组成部分，这使矿产资源战略储备显得尤为重要。因此，矿产资源战略储备是世界各主要国家必须考虑的问题之一。国家安全包括国家政治安全和国家经济安全两个方面，矿产资源战略储备与这两个方面均有着息息相关的联系。

1. 矿产资源储备是保障国家政治安全的重要基础。

国家政治安全主要体现在国家政治制度和政权稳定，对外关系和军事利益平等等几个方面，直接关系到国家政治安全的因素就是战争和经济危机。历史经验表明，不论是战争还是经济危机均与资源危机密切相关。以1991年的海湾战争最为明显，它是以能源矿产石油为起因的。因此说，矿产资源储备是保障国家政治安全的重要基础。

2. 矿产资源储备是维护国家经济安全的重要保障。

国家经济安全是指以实现国民经济稳定增长为目的，以最小投入消除影响国民经济稳定增长的国际争端、事故、灾害等不利因素为形式和条件，通过对国民经济各部门经济活动的合理组织、控制和调整，达到国民经济增长的最佳安全运行效果。从市场竞争的范围看，国家经济安全又包括对外经济安全和对内经济安全。经济的发展是以自然资源满足为基础的，随着工业化进程的推进，矿产资源对经济发展的影响也日益增强，以世界经济为例，1948～1973年，世界经济基本实现了稳定增长，年均增长率为5%。而1973年石油危机的出现，导致了1974年世界经济几乎为零增长，体现了矿产资源的重要作用。一些国家开始进行矿产资源储备，其中美国动作最快，1975年便由国会授权，开始兴建庞大的应急石油储备系统，1977年进行了第一次政府购买。由此可见，矿产资源储备不仅是关系国家政治安全的大事，也是维护国家经济安全的可靠保障。

（三）我国矿产资源储备的矿种

目前，我国还没有真正意义上保证国家安全的矿产资源储备，只有矿产资源的自然储备，也就是矿产资源储量。在已探明的158种矿产资源储量中，包括能源矿产10种、金属矿产54种、非金属矿产91种、水气矿产3种。矿产资源储备具有一定的规模，部分矿产储量有一定的世界优势。但总的来看，我国的矿产资源储备存在着严重的问题：一是对矿产资源储备的必要性认识不够，缺乏储备制度；二是我国的矿产资源储备主要为矿产资源探明储量，而我国矿产资源赋存状况复杂，因此所进行储备的矿产资源情况也变得较为复杂，质量不高，市场应变能力差，没有达到矿产资源储备的根本目的；三是矿产资源储备量严重不足，部分矿产主要依赖进口满足供应需求。如石油、天然气人均探明储量分别仅相当于世界平均水平的7%、8%。石油剩余可采储量仅占世界总量的1.3%。2005年中国石油消费量已达3.3亿吨，而国内生产量只有1.8亿吨。

矿产资源储备的矿种，其决定因素主要依据我国矿产资源的特点和我国矿产资源在国际上的优劣状况与形势。储备的矿种主要是对国家经济安全具有战略性和危机性的矿产资源，其矿种分为三类。

1. 供应短缺会对我国工业生产、经济发展、国家安全造成较大冲击的矿产。

这种矿产主要是指占全部矿产品用量及产值90%以上的15种国民经济支柱性矿产：煤、石油、天然气、铀矿、铁矿、铝土矿、铜矿、铅矿、锌矿、金矿、硫铁矿、磷矿、钾盐、钠盐、水泥石灰岩。这15种矿产主要是铜、金、石油资源储量存在短缺，尤以铜、石油最为不足。确定该类矿产是否需要储备的定量指标有两大类五个指标，即实物指标和价值指标。

（1）实物指标。

①矿产品用量指标；

②其他资源替代量指标；

③开采量与经济可采储量比指标。

（2）经济价值指标。

①矿产品产值占矿业总产值比重指标；

②该类矿种矿业及相关产业产值占国民生产总值的指标。如石油、富铁、铜、锰、金刚石、钾盐等供应短缺会对我国经济发展造成较大损失，如铀、铜、锰、钴、铂、稀土供应短缺会对国防安全造成严重影响，对于我国急缺矿种，需要储备。

2. 依赖国外资源，需要大量进口满足需求的矿产。

确定该矿种是否为储备矿种的定量指标有：

（1）资源对国外的依赖程度指标，即我国矿产品进口量与消费量之比；

（2）资源经济对国外的依赖程度，即矿产品进口额占全部矿产进口额的比重；

（3）矿产品贸易逆差；

（4）矿产品进口贸易绝对值。如石油、富铁矿、富铝矿、镍矿、钛矿、钴矿、锆矿、宝石、大理石、硫矿、硼矿、矿物氮肥及化学氮肥、钾矿、磷矿等，这14种矿产品1997年年进口额均在1000万美元以上。

3. 我国富有，但对国际市场影响大的矿产。

确定此类矿种的标准首先是我国资源总量居世界第一、第二位的矿产；其次是人均矿产资源量高于世界平均水平。如钨矿、锡矿、锑矿、稀土矿、石膏矿、铌矿、钽矿、钛矿、膨润土、芒硝、重晶石、菱镁矿、矾矿、钼矿、石墨矿、石棉矿、锂矿等，尤以稀土、钨矿、锡矿、锑矿、锂矿等矿种的储备值得注意。

（四）我国矿产资源战略储备方式

矿产资源战略储备按其储备的目的不同，可分为战争储备、国家经济安全保障储备和市场安全储备三种类型。矿产资源战争储备，是从维护国家政权安全和军事利益的需要出发而进行的矿产资源储备，其主要用途是供战争时期使用，作为战争储备的矿产资源大多为战略物资，有很高的机密性，储备工作主要由国家政府来实施。国家经济安全储备是为保障和平时期经济发展，防止矿产资源供应中断，确保经济稳定，消除市场大幅度波动而进行的储备，这类储备也主要由国家来实施。市场安全储备是为防止由于季节性变化，供求变化以及各种原因造成的供应障碍，生产停滞等引起供应紧张而进行的必要的矿产资源储备，由于这类储备是为了保证矿产品供给，满足市场需求而进行的，因此也叫商业储备。市场储备可以分为国内市场储备和国外市场储备两种，后者是为对外贸易，履行经济合同而进行的矿产资源储备。市场安全储备一般由国家和大型企业进行。

矿产资源的储备方式有两种，即分散储备和集中储备。分散储备包括形式分散和地区分散，形式分散以探明储量、矿产品、矿产品加工原料、材料、金属、非金属、原油、成品油等多种形式储备，而地区分散储备指东中西相互结合相配套的不同重点储备。矿产资源储备方式因矿种而异，如石油储备可采用美国的方式，用旧油井回灌储油、自流水盆地储油，即利用自流水盆地储水层自流水采空后再用于储存原油（回灌技术）。其他矿产以矿产品加工企业和矿山企业分别储存。由现在无意识的库存量储备转变为有意识的矿产资源储备。矿产资源探明储量储备以国家储备为主，由全国矿产资源储量管理部门负责储备与管理。

我国矿产资源战略储备形式可以有四种选择：一是矿产资源探明储量的储备，即只探不采；二是形成生产能力后的矿山产能储备；三是矿产品储备；四是矿产品加工产品——原材料的储备。具体来讲矿产资源探明储量储备可在矿产资源总体规划中进行，东部地区则应以后三种储备形式为主，具体地点在老矿区深部和同一地区的深部及外围，西部地区应以只探不采形式为主。

习　　题

一、名词解释

1. 资源　　　2. 矿产资源　　　3. 矿产资源规划

二、选择题

1. 下列矿产资源的开发利用方式中，有利于人类可持续发展的是（　　）。

A. 采易弃难、保护环境

B. 计划勘探、采富弃贫、保护环境

C. 只采一种、抛弃其他

D. 计划勘探、合理开发、综合利用、保护环境

2. 目前我国采用与国际接轨的固体矿产资源/储量分类中，332 类型储量类别为（　　）。

A. 探明的内蕴经济资源量　　　　　B. 控制的内蕴经济资源量

C. 推断的内蕴经济资源量　　　　　D. 预测的内蕴经济资源量

3. 下列不属于煤的产物的是（　　）。

A. 焦炭　　　　　　　　　　　B. 煤气

C. 石油

4. 下列选项中，属于非金属矿产的是（　　）。

A. 金刚石　　　　　　　　　　B. 赤铁矿

C. 煤

5. 下列选项中，属于能源矿产的是（　　）。

A. 云母　　　　　　　　　　　B. 赤铁矿

C. 页岩气

6. 下列关于开采矿产资源的说法，正确的是（　　）。

A. 开采矿产不会带来环境问题　　　B. 矿产资源不能私自开采

C. 人类可以无节制地开采矿产资源

7. （   ）是最重要的炼铁矿石，矿粉可制作红色涂料和红色铅笔。

A. 赤铁矿   B. 石墨

C. 方铅矿

8. 下列说法错误的是（   ）。

A. 铝矿石可以用来做易拉罐   B. 金刚石可以用来切割玻璃

C. 煤可以用来做粉笔

9. 铁是从（   ）中提炼出来的。

A. 黄铜矿   B. 铁矿石

C. 花岗岩

10. 下列说法错误的是（   ）。

A. 不同的矿石有不同的用途   B. 我们的生活离不开矿产资源

C. 我们可以随意在矿山开采矿石

三、解答题

1. 矿产资源的特征有哪些？

2. 矿产的种类有哪些？

3. 矿产资源可持续利用的基本条件有哪些？

4. 矿产资源规划的特点有哪些？

四、论述题

1. 论述矿产资源开发利用存在的主要问题。

2. 论述矿产资源可持续利用的内涵。